文化中国

天地日新

中国民生的开拓

刘石吉 主编

总 序

林载爵

这一套“文化中国”丛书原来是以“中国文化新论”之名，于1982年10月在台湾由联经出版公司出版，总共12册，将近4000页，约400万字。这套丛书讨论了10个主题，包括：文明的根源、思想、文学、科技、制度、经济、学术、社会、艺术、宗教礼俗。以118个题目全面性的讨论了中国历史与文化的各个层面，组合成一幅比较完整而丰富的中国文化图像。撰写者一共96位，网罗了当时年龄约30到40岁的青年学者，反映了1970年代以来台湾年轻一代对中国文化的反省与思考，构成了中国文化再诠释的新篇章。这些学者在三十年后的今天，几乎都位居台湾学术界与文化界的重要位置，当年所发表的论点今天仍然具有新意，可以提供读者了解中国文化的另一种视角。

我们当时的想法是，在受到西方文化长期的冲击以及连带对传统文化进行无情的批判之后，好不容易终于体认到传统与现代是连续性的整体，不可分割断绝。因此，一部超越传统的论述，适合于当时处境与需要，又有系统的中国文化史论著，显得十分迫切。其次，中国文化在1970年代的华人世界需要重新被检视，而台湾则是一个恰当的地方。台湾的学生从小接受中国文化的教育，在大学又接受了西方式的学术训练，西方汉学家或台湾出身在美国获得博士学位并在美国任教的文史学者，不断在台湾传播新的观念与思维，他们给台湾学生带来了深刻的影响。到1970年代，这样一批受到西方式现代教育熏陶，对传统中国文化又有新见解的年轻学者已经在台湾出现，成为台湾学术界的一股新兴力量，他们对中国传统历史与文化，自然有着不同的视野与不同的解释。我们感觉到有必要将他们集合起来，总体呈现一个全然有别于过去的中国文化的新观点与新解释。

于是，《联合报》的创办人王惕吾先生以他所设立的"文化基金会"资助了这个庞大的出版计划，目的就是要"提供一部丰富新颖、流畅可读的中国文化史丛书"。撰述者之所以以年轻一代的学者为主，最重要的原因是，想借着这次机会呈现二次世界大战以来三十年台湾文史教育的成果，并且深信年轻一代学者以其所吸收的西方知识、所接受的近代治学方法训练，必能对传统文化提出新的解释观点。

从历史背景来看，1975年是台湾思想发展很重要的一年。这一年，林毓生教授首度返台任教，开启了一批想要获得更精密的思想方式的青年学生的视野。他在这一年的5月发表了一篇长文:《五四时代的激烈反传统思想与中国自由主义的前途》，点燃了沉闷气氛下青年学生重探狂飙年代的兴趣，与领会思想问题的不同讨论方式。同年年底，余英时教授发表了《清代思想史的一个新解释》，文章中深入而前所未见的观点，让青年学生发现思想的新世界，这个世界辽阔无边，只要运用理智的思考与分析，加上一些想象力，便可展翅飞翔，一股思想史研究的热潮开始出现。

隔年，1976年，余英时在《联合报》副刊上陆续发表《君尊臣卑下的君权与相权》、《反智论与中国政治传统》、《唐、宋、明三帝老子注中之治术发微》等文，为当时争论不休的"专制"问题提出了中肯而又有说服力的解释。9月，余英时将上述文章及其他论著结集为《历史与思想》，由联经出版，这是余英时在台湾出版的第一本著作，产生极为广泛的影响。

不论林毓生或余英时，在讨论问题时都不时引用当代西方学者的观点，对台湾青年学生带来极大的刺激。此后，翻译现代思想名著成为几家出版社的共同职志，知识青年在这方面所表现的求智渴望，是1970年代末期台湾文化界极为突出的现象，这是一个思想燃烧的年代。在这个年代中，知识青年一方面向西方看，一方面又回望中国传统文化，企图让中国传统文化在长期受到批判之后赋予新的解释，这是一个奇妙的组合，“中国文化新论”就是这个组合的产物。

这套丛书的编撰过程也有其新颖之处。一般丛书的编撰，惯例上都是汇集单篇论文而成，这一次突破了旧有的方法，从开始就采取了以研究讨论为基础的共同参与方式。自丛书的主题、篇目，各篇间的相互关联，以至各篇文章的论旨，都经过每册作者讨论后才决定。初稿完成时，也经过切磋、问难，然后，再次修改定稿。所以，这套丛书并非过去旧有形式的论文集，而是具有主题、结构的集体创作。

有关文化史的研究，不论通史式的概述或断代式的专论，都不可避免的有其缺失。概述易省略其深奥与意涵，专论易疏忽其源流与发展。这套丛书则采取以问题为主的研究，完全根据问题的性质，或通贯而观，或断代而论。这种研究方式，保留了方法上的极大弹性，同时，也更容易彰显问题本身的性质，提出更周全的解释。以关于文学的两册为例，一册从人与自然、人与社会、人与历史、人间情爱的关注、幻想与神话，到智与美的融合，一共设计了六项我们认为能够充分表征中国文学传统的主题，给予系统性的解说，并讨论了文学的形式与意义、抒情精神与抒情传统。另一册则分别就诗经、楚辞、汉赋、唐诗、宋词、宋诗、咏怀、咏物、小说、戏剧等重要的文学类别加以论述。两者配合，相信不但突破了旧有的文学史形式，而且更能深入了解中国文学史的内容。有关学术的一册，问题的选定则侧重每个时期的不同成就，从学术的萌芽到经学、注疏、理学、考据学，一一论列，以见学术的发展。关于制度与艺术的卷册则又注重各个不同的部分或类别。制度的一册里讨论了皇帝、宰相、监察、选举、考试、史官、地方行政、君主教育等官僚体系中的重要制度，并申述中国政治制度的特色与历代政治改革的理想。关于艺术一册的内容包括了美学思想、青铜、玉器、陶瓷、雕塑、书法、绘画、文人生活工艺品、建筑等重要部分。

这套丛书既然是以问题为主的研究，自然而然，提出了不少新的问题。这些问题的提出，一则反映了年轻一代学者的主要关心所在，一则想透过新问题表达新的解释观点。以关于思想的两册为例，讨论了忠、孝、仁、礼、公、私、仕、隐、常、变等传统思想中的重要观念，并作了新的阐释；同时也提出了理想人格、政治权威的合法性、德治与法治、儒家政治理想、法理依据、个体自由与社会秩序、均富理想、管制与放任、道德自主与社会约束、道德与政治、自然秩序与人文秩序、自然观念等新问题，赋予传统思想新的意义。借着尝试提出新解释，中国文化的重要特质更能显现出来。

然而，新的解释观点并非凭空杜撰而来，在这一点上，这套丛书特别强调广泛利用前辈学者的杰出研究成果，以此为根基，再作进一步的发挥。因此，钱穆、萧公权、李济、徐复观、牟宗三、杨联陞、屈万里、全汉昇、刘若愚、陈世骧、李剑农、赵冈、劳榦、张光直、余英时等等许多前辈学者的优异著作，都随时被年轻一代的学者所征引。这种现象除了说明前辈学者的研究成果受到年轻一代学者的绝对肯定与尊敬外，更表示了处于变动之中的中国近代学术生命，在台湾的一脉相传，其意义自是无限深远。

尽管当时两岸隔绝，但各篇文章中，凡是论及根源，都运用了最新的地下考古材料来印证解说，根据最新的地下出土文物，分别从居址、器物、食粮、国家等方面，完整而清晰地描绘了八千年前开始的新石器时代文化的发展。我们对先民活动起居的情形、食米（小米、稻米）吃肉（以猪为主的家畜饲养）的文明、上古社会形态的变迁、国家组织的出现，也就有了比较清楚的了解。特别是提出“满天星斗”

的上古文明的多元发展史观，更是开启了对中国传统文化多样性的了解。其他诸如讨论到地理环境、原始艺术、原始宗教、人文思想、天下观念等问题的文章，也都能参证地下材料。

这套丛书自始即希望能涵盖较为广阔的文化活动层面。不可否认，近代历史教育过于偏重政治史，这使得历史教育的文化内涵，显得极其贫乏。这套丛书除了具备广为熟知的学术、思想、文学、艺术、制度之外，更包含了以往较受忽视的社会、经济、科技、宗教、礼俗等层面。过去，对于中国科技史的了解，总是借助于英国李约瑟或日本薮内清的著作，现在终于有了第一本与科技有关的专著，这也代表着年轻一代的科技史研究者踏出了一大步。在台湾，经济史是当时的一门新兴学问，年轻一代投入这项研究工作的，愈来愈多，相关经济的这本便是这些研究者所展现的成绩，分别从农业的自然环境、农业水利、新耕地的开发、土地分配、生产技术、商业、城市、货币信用、交通、海外贸易、财政税务等十一个方面，建构一部经济发展史。关于传统宗教，也选择了几个重要的问题来讨论。特别要一提的是风尚礼俗。近代以来，在对传统进行批判时，礼俗必定首当其冲，自命新派者，即清末所谓的“文明人”，弃之如敝履。然而，这套丛书中关于礼俗的则本着学术研究的客观立场，探讨了祭祀之仪、婚丧之礼、长幼之伦、以及民间节庆、娱乐的文化意义，赋予这些传统礼俗一个新的文化生命，纳入中国文化的主流之中。

在简述这套丛书的编撰过程与内容特色后，作为当年的执行编辑，我非常高兴这套丛书在李安小姐的主持之下，以新的面目重新出版，期待书中的观点能够对读者了解中国历史文化有所助益。

2011年11月

目 录

导　言

刘石吉

有关中国经济史的研究，过去均偏重于专题式的深入探讨，少数通史性的论著，也都受制于断代而论；两者均很难使我们对于传统经济有整体的认识。本书各个主题的编排便是为补救这项缺失而设计，分别从农业环境、水利兴建、耕地开发、土地分配、手工业、商人与商业、城市、货币、交通运输、海外贸易、财政税务等11个经济部门，加以贯通性的论述，期能组合成一部明白晓畅的中国经济发展史。

在中国农业的发展方面，陈良佐先生的《择地顺时——农业的自然环境》指出：早在新石器时代，黄河和长江流域在相距不远的期间，先后都展开了农作物的栽培工作，成为两个不同的农业中心。前者以栽培旱地作物的粟为主，后者则以水稻为主。但此后的发展却是黄河流域领先长江流域，这种结果与自然环境有密切关系。原先在公元前五千年左右，我国气候大体是温暖多雨，当古代气候由湿热转向干冷时，黄河流域也由北亚热带转变为温带，使得适宜湿热地区发生的疾病，如疟疾以及其他疾病，因之减少或完全绝迹，这对人口的成长必然相当有利。相反的，长江流域或以南地区仍属热带、亚热带，湿热的气候使得疟疾瘴疫流行。换言之，黄河流域的自然环境，对于人的健康，以及人口的成长，都优于长江流域。准此以论，长江流域农业发展缓慢的原因包括：人口的成长缓慢，缺乏健康的劳动力，湿泞、干硬的酸性土壤使整地困难，缺少广大平原，同时天然食物的丰富也造成江南人民不去努力改进农业生产技术。而黄河流域农业迅速发展的原因则为：较少的疾病有利于人口的增长，人口的压力又促使生产方式改进，艰苦的自然环境塑造了勤劳、节俭、刻苦的习性，土质疏松、肥沃，气候的多变化产生了精确的历法来指导农业生产。以上这些因素使得黄河流域在战国时代，便已奠定了中国农业精耕细作的基础；反之，长江流域直到西汉初期仍未脱离原始农业的特征。

黄河流域的自然环境既无天时与地利，它的农业发展自有待于水利的开发与利用，于是古代的农民，用尽心思与智慧，克服自然环境的限制，开发水利以灌溉经营农业。如此，不但使中国的经济迅速发展，凌驾于其他文明古国；农业水利事业发达的结果，也开创出以北方旱地农业经营为中心的秦汉统一大帝国，其后更发展出以南方水田农业开发为重点的隋唐大帝国。水利事业在中国农业经济开发上，显然扮演着极其重要的角色。黄耀能先生的《沟洫之利——古代农业水利的发展与成就》一文便从古代到隋唐帝国的诞生，逐代叙述农业水利事业的发展与成就，借以了解古代农业水利经营与古代帝国形成之间的密切关系。

中国境内广大的农业区，并非自古以来即已存在，而是历史长期演变的结果，梁庚尧先生的《披荆斩棘——新耕地的开发》说明了这个扩展的过程。大体而言，中国农业疆域的扩展有自北而南的趋势。如前所述，自远古以至汉末，农业主要在北方发展，南方农业远比北方落后。汉末以后，由于长期战乱的破坏，北方农业受到严重打击，开始衰落，农业地理的重心于是逐渐往南方转移。经过魏晋南北朝时期北方人口的大量南迁，唐代以后，南方农业才有飞跃的发展，并且超越北方，成为农业地理的重心。唐宋以后，人口持续成长，并且继续往南方集中，南方土地被充分利用，精耕农业在南方高度发展。到了明清时代，内地耕地已垦辟无遗，过剩的人口往外谋求生活的出路，除了移民南洋之外，便是四向迁往西南的四川、云南、贵州和广西，西北的内蒙古和新疆，山海关外的东北，以及东南海上的台湾等地广人稀的地区，逐步地开发了边疆的土地。近代农业疆域扩展的方向，也就由北而南转而为向四方发展。在这一个扩展的过程中，农作物的种类愈来愈繁多，耕作的方法愈来愈精细，中华民族生活的范围愈来愈广大。不仅如此，中国人的生活传统在这个扩展过程中逐步形成，中国文化也伴随着这个扩展过程而扩展。

土地的开发必然造成土地所有权的问题，戴晋新先生的《有土有财——土地分配与经营》对此有详细的分析。中国历史上的土地制度，战国以前是公有制时期，战国时代是从公有制走向私有制的转变期，战国以后，除了北魏太和年间至唐代中叶的二百七八十年之间曾有一些地区实施过性质特殊的均田制外，大体上皆为私有制。土地私有制的最大特色，就是可以自由买卖土地。在古代，土地又是个人社会地位和一切权力的基础，一个人有能力购买大量土地，就能拥有势力。土地既然如此可贵，自然成为人人争逐的目标，稍有财力者，无不竞相把资本投资在土地上，土地兼并的现象于是产生，这是土地私有制的根本问题。秦汉以后，历代都有学者留心这个问题，并提出各种对策，其措施可分两类：一类是以法律来限制私人拥有土地的最高面积，手段比较温和；另一类则倾向于以强制分配、禁止买卖的土地国有制来取代土地私有制，做法比较激烈。前者包括西晋的占田制和历代的限田措施，后者则包括新莽的王田制、北魏至隋唐的均田制。

陈慈玉小姐的《多能巧思——手工业的发展》，以纺织业为中心，分从丝织、麻织、棉纺织三部分来观察中国手工业中表现最辉煌的一面。唐代以前，一般农家的织布作业是以自家消费和贡纳为前提，商品生产性质的织布业在农家尚未发达。唐末以降，商业资本导入农村，促进农村经济的分解，自给自足的农村社会逐渐崩坏，农村手工业的商品生产特征也就渐渐明显。明中叶以后，广大的佃农阶层因为收入低微，必须将剩余劳动力投入农耕以外足以补充家计的副业，农家的手工业便因此成为赋税与田租的来源，不再是单纯的自给生产。

农业、手工业之外，商业的发展也颇有可观。陈国栋先生的《懋迁化居——商人与商业活动》描述了它的进展。中国的商人起源极早，到了战国时代，商品流通广泛，商人甚至在政治上也取得了很高的地位。汉初虽行抑商政策，但商人依旧保有他们的声势，而且继续发展，出现了一些大商业。魏晋南北朝时，原本周流天下的商贾，遭遇到战争的阻滞，暂时销声匿迹，商业也从而萧条。直到隋唐，政治秩序恢复后，商人再度抬头，陶瓷、茶、盐等大宗商品脱颖而出，而且南方经过大力开发后，奠定了后日宋代物阜民丰、百业繁盛的基础。社会上对商人的观念，在唐、宋之间也有了很大的改变，商人的社会地位大为提高，称为“行会”的同业组织也发达起来。这种商业发达的现象一直持续绵延，历久不衰。从明朝嘉靖以来，至于清末，山西商人和安徽（新安）商人占据了我国陆上的商业舞台。

拙作《城郭市廛——城市的机能、特征及其转型》对于中国城市的性质作了简单的说明。就历代城市的数量与人口，以及城市的建筑规划来看，中国城市在人类史上占有特殊显著的地位。中国的都市基本上是“城墙都市”，面积远较欧洲与日本的城堡为大，特别是中古以降的许多主要都城，其规模建置，在人类史上常居首位。历代的京城人口，在工业革命以前，甚至直到19世纪50年代伦敦兴起以前，也常是当时全世界的最高记录。城市数量之夥，亦堪媲美西方。城市的内部规划在整个世界的城市发展史上更具有十分显著的成功地位。唐宋时代，中国的城市产生了“革命”，那就是商业性城市的兴起，一方面行政中心的经济机能强化，一方面非行政中心的市镇出现。到了明清时代，市镇的涵义完全以商业机能为标准，甚至有了专业市镇的诞生，市镇人口与数量都愈来愈多，造成了城市化的现象。传统中国城市的特质是城镇一致性，此与西方迥异。中国一直没有都市优越性的观念，也一直不轻视农村和乡土的生活方式及文化，事实上，传统中国文化的主要据点应是乡村，并没有明显的城市文化。只有唐宋以后商业城市兴起，城市在中国文化的经济生活中才占有较显著的地位。只有近代西化的通商口岸出现后，才改变传统城市的性质，中国城市才具备西方工业化后城市的特征。

商业的活动需以钱币为媒介，陈国栋先生的《通货利商——货币与信用》即在叙述货币的发展。先秦是货币的创始时代，先有贝币，后有金属货币。秦汉时代，铜钱成为社会上的主要货币。三国以迄隋唐属于“自然经济”，是实物货币的时代。唐以后铜钱又恢复了主要货币的地位，铜钱的广泛流通造成长期的经济繁荣与社会安定。宋时，由于交易量大增，纸币及其他信用工具应运而生。明、清之间，经由菲律宾流入了大量的美洲白银，是白银与铜钱并行的时代，但也造成了经济史上的“物价革命”，以白银表示的物价大幅度上扬。不过因为货币供给的充足，刺激了生产与就业，而有嘉靖——万历与乾隆——嘉庆两段长时期的经济繁荣。

张瑞德先生的《舟车之利——交通与运输》分别从道路、馆舍与驿递制度、人工河道、车、船等几方面探讨传统的交通与运输。综合来看，历代交通建设和政治有着密切的关系，此表现于道路网和运河均以都城为中心向外发展。方式上，水运极为发达，但陆运不发达。没有水运可供利用的区域，发展的程度通常也都远较有水运的区域落后，但是中国的水运在传统末期已发展至最高点，运费无法再降低。技术上，不论是交通工程或交通工具，都有许多省力的发明。胸式马具、鞍套式马具、独轮车、马镫、船尾舵、纵帆、船闸、运河等都是领先西方的发明。运输上，速度缓慢且运费高昂限制了长程贸易的发展，这是历代交通在促进经济发展上的局限。

中国的对外贸易在唐宋元时代曾发展至足以称为“海权国”的地步，李东华先生的《梯山航海——海外贸易的发展》对此有详细的解说。秦汉时代是中国海外贸易的萌芽期，交通路线一由山东、河北沿海东行往韩、日，一由广东、交址沿海南行往东南亚。六朝时期为进展期。由于印度佛教的大量东传及南朝诸国努力向外发展，使得海外交通、贸易有相当重大的进展。隋初至元末为兴盛期。唐中期以后由于世界性海上贸易圈的形成，东西交通、贸易大为发展，宋元时代的海外贸易更达于鼎盛，其时万邦来会，商旅络绎于途，海外贸易收入增加，贸易地区扩大，广州、扬州等贸易口岸空前繁荣，国家财政依赖海外贸易的程度日甚一日。不幸，明初至清中叶鸦片战争期间却进入闭关时期，对外贸易受到压抑，而对外开放心态的消失，影响尤为深远。

国家赋税，关系国计民生，庄吉发先生的《轻徭薄赋——财政与税务》指出：中国历代赋役政策，大体根据儒家的理论，主张轻徭薄赋，藏富于民，对赋税的负担，力求公平合理。就其发展来看，上古税收甚为宽大，汉代税额颇轻，三国两晋时代，农民荫附豪门，租额加重，直到北魏均田制出现，租额锐减，始复汉制。唐代租庸调制是由北魏的田制蜕变而来，在轻徭薄赋的传统精神下，使农民有一份最低限度的生活凭借。唐、宋的二税法，明的一条鞭法，都是赋税制度的改革。但明季私征滥派，民不聊生，清初再度宽减。

透过以上11篇文章，我们相信已为传统经济勾勒出较为完整的图像。读者若能从中获得整体的认识，则是我们编辑这本书的最大愿望。

择地顺时

农业的自然环境

陈良佐

农作物由野生进到人工培育，尤其谷类作物的开始种植，是人类文化演进的一个重大的里程碑。古代文明如中国、埃及、巴比伦、印度、中美洲，其起源几乎都是建立在农作物由人工栽培的基础上。

探索中国农业的起源，既重要而复杂，历年学者意见众说纷纭，但大体可分为单元论和多元论两种说法。单元论者认为：（1）中国农业传自西方或东南亚[1]，（2）起源于黄河流域的核心地区[2]；多元论者则认为黄河、长江、珠江流域，可能同时是中国农业起源的三个中心[3]。

照近年在中国南部，特别是长江流域所发现的新石器时代遗迹来看，上述单元论者的说法并不能成立。愈来愈多的证据，显示长江流域是一个很重要的农作物栽培中心。由于中国地跨热带、亚热带和温带三大气候区，各个地区都有适合当地自然环境的植物群。最晚到新石器时代，或许是同时，或者在相距不远的期间内，在中国南方和北方已有人工栽培的农作物出现。探索其起源，本属考古学家和古生物学家的研究领域，作者不拟越俎代庖。照近年地下出土的资料显示，在公元前五千年，长江流域的农业似乎比同时代的北方进步。然而直到汉初，南方的农业仍然停留在较原始的阶段，黄河流域此时却成了农业高度发达地区。自然环境对促成此一结果究竟产生了什么样的影响，这是本文所要探讨的主题。

1. Carl O. Samez, *Agricultural Origin and Dispersals* (New York, 1952), pp. 33 - 34；C. D. Dorlington, *Chromosome Botany and the Origins of Cultivated Plants* (New York, 3rd (revised) edition, 1973).

2.《中国上古史待定稿》，第一本（台北，中央研究院史语所，1972年），页285—314，434—436；何炳棣，《黄土与中国农业的起源》（香港，中文大学，1969年）。

3. 夏鼐，《碳十四测定年代和中国史前考古学》，《考古》，1977年第4期，页221；李惠林，《东南亚栽培作物之起源》（香港，中文大学，1966年）；李惠林，《中国植物栽培起源之生态地理观》，《科学发展》，上卷第12期（1978年），页1120。

新石器时代作物栽培和农业发展的概况

新石器时代文化最重要的特征，就是农作物的栽培。1921年瑞典地质学家安德森（G. Anderson）在河南仰韶村所发现的新石器时代文化遗址中，出土的陶器上，带有人工栽培的水稻外壳。晚近三十年来，考古学家在中国境内陆续发现了更多的新石器时代遗址，有的遗址不仅有农作物，甚至有农具的出现。今就黄河和长江流域，有谷物出土的新石器时代遗址，列表如下（此两地区以外者，均未列入）：

遗址名称	文化期	植物名称	碳十四年代（B.C.）（树轮校正）	资料来源[4]
河北邯郸磁山	磁山	腐烂的谷物（粟？）	5885 ± 150	《考古》1977.6，p.362；1979.1，p.45；1974.4，p.336
陕西西安半坡	仰韶	粟 (Setarlia Italica)，白菜或芥菜	4770 ± 135 4290 ± 200	《西安半坡》p.223-224
陕西华县柳子镇	仰韶	粟		《考古》1959.2，p.73
陕西华县泉护村	仰韶	粟		《新中国的考古收获》p.11
山西泉荆村	仰韶	粟		《考古》1959.2，p.73
陕西宝鸡斗鸡台	仰韶	粟		何炳棣1969，p.123
青海乐都柳湾	马厂	粟	⋆2280 ± 140 2145 ± 120	《考古》1976.6，p.366；《考古》1960.3，p.10
甘肃临夏大何庄	齐家	粟	⋆2050 ± 115 1695 ± 95	《考古》1974.2，pp.56、59
河南渑池仰韶	仰韶	稻（O.Saliva）		何炳棣1969，p.140
浙江余姚河姆渡	河姆渡	籼稻（O.Sativa L. Subsphsien Ting）⋆ 菱　角（Trapa SP） 小葫芦（Lagenaria Siceraria）	5005 ± 130	《考古学报》1978.1，pp.103－104

江苏吴县草鞋山	马家滨	籼稻	＊4325 ± 205	《文物》1973.6，p.57
浙江吴兴钱山漾	良渚	粳稻（O.Sativa L.Subsp Keng）蚕豆（Vicia faba L.）芝麻（Sesamum indicum L. 或 Sesamum orientale L.）花生（Archis hypogaea L.）甜瓜子（Cucumis melo）菱（Trapa natans L.）或（T.bispinosa Roxb）	＊3310 ± 135	《考古学报》1960.2，pp.84-89.
浙江杭州水田畈	良渚	稻、芝麻、西瓜子、葫芦子		《考古学报》1960.2，pp.94-105
江苏无锡仙蠡墩		稻		《考古学报》1959.4，pp.38、40
江苏南京庙山		稻		同上
江西修水跑马岭		稻、花生、山桃	＊2810 ± 145	《考古》1962，pp.365-367
湖北京山屈家岭	屈家岭	粳稻	＊2695 ± 195 2635 ± 150	《考古学报》1959.4，p.32
湖北京山朱家咀	屈家岭	粳稻	屈家岭早期	《考古》1964.5，p.215
湖北武昌天门	屈家岭	粳稻		《考古学报》1959.4，pp.31、33
石家河				同上
湖北武昌洪门	屈家岭	粳稻		

放鹰台				
测北江陵毛家山	大溪文化	稻壳		《考古》1977.3，p.159
四川巫山大溪		稻壳	仰韶后期	《考古》1979.2，pp.163-164

*表中碳14年代载于《考古》1977.4附表

上表中，发现有栽培作物的新石器时代遗址，黄河流域有9处，长江流域有14处。此虽不足以表示长江流域的农业比黄河流域更普遍，或更发达，但从出土的个别作物可以看出，黄河流域与长江流域基本上是两个不同的农业中心。前者以栽培旱地作物的粟为主；后者则以水稻为主。

由于黄河流域与长江流域的自然环境不同，植物种类自然会有很大的差异。植物学者李惠林根据气候、地理以及植物之不同，认为中国农业并非起源于一个地区。李氏主张北方以抗旱、耐冷的粟、黍为主，另配合其他干果作物如柿、栗、枣等，构成一个复合的旱地作物农业系统；南方则以水稻为主，结合其他水生作物如菱、藕、菰（Seen – Zi Zania）等，而成为一个复合的水生作物农业系统[5]。

截至20世纪80年代，中国新石器时代农业文化遗址中所发现的谷物，以河北磁山为最早，浙江河姆渡次之，西安半坡又次之。河南新郑裴李岗的遗址，曾出土农具，但未发现谷物的遗迹，其年代则较磁山尤早，根据树轮校正，时当公元前6280年及其前后五百年左右[6]。以现有资料综而论之，长江流域农业的出现，比黄河流域仅

4.《河北磁山新石器遗址试掘》，《考古》，1977年第6期，页362；严文明，《黄河流域新石器时代早期文化的新发现》，《考古》，1979年第1期，页45－50；安志敏，《裴李岗、磁山和仰韶》，《考古》，1979年第4期，页336；《陕西柳子镇考古发掘简报》，《考古》，1959年第2期；《青海乐都柳湾原始社会墓地反映的主要问题》，《考古》，1976年第6期，页366；《临夏大何庄，秦魏家两处齐家文化遗址发掘简报》，《考古》，1960年第3期；《江西修水山背地区考古调查与试掘》，《考古》，1962年第7期，页365－367；《湖北京山朱家咀新石器遗址第一次发掘》，《考古》，1964年第5期，页215；《江陵毛家山发掘记》，《考古》，1977年第3期，页159；李文杰，《讨论大溪文化与屈家岭文化、仰韶文化的关系》，《考古》，1979年第2期，页162；《甘肃永清大何庄遗址发掘报告》，《考古学报》，1974年第2期，页56－59；《河姆渡遗址动植物遗存的鉴定研究》，《考古学报》，1978年第1期，页95－107；《上海市青浦县崧泽遗址第一次发掘报告》，《考古学报》，1962年第2期，页4－5；《吴兴

晚了千年左右。不过从河姆渡出土遗物的内涵来看，它是一个相当进步的农业文化遗址。河姆渡第四层遗址，曾发现木构的住屋，说明当时的人类，已经开始有长期耕作的定居生活，而且稻米已成为主要的食物[7]。据此判断，在产生河姆渡农业文化以前，南方地区的农业，必已经历了相当长的演化过程。

黄河与长江流域两地出土的石器中，都已有磨制相当精细的农具，如石铲、犁形器、石刀、石镰等[8]。在浙江吴兴钱山漾遗址中，还曾出现过三角形石犁与耘田器[9]，此在黄河流域尚未发现过。耘田器本身，说明长江流域的农作，已开始有中耕除草的技术。黄河流域是否如此，则尚未可知。此外，磁山、西安半坡、河姆渡皆曾出土骨铲，其中河姆渡出土者，制作最为精致，体形厚大。有一件长28.5厘米，刃宽17.5厘米[10]，此在黄河流域也尚未发现。在出土的农作物方面，黄河流域的新石器时代遗址中，仅发现有粟、稻和一种蔬菜；长江流域则有水稻（籼稻和粳稻）、蚕豆、芝麻、花生、瓜、葫芦等。

综上所述，大体可见在新石器时代，我国黄河和长江流域在相距不远的期间，先后都展开了农作物的栽培工作，并且长江流域农业发展的程度较之黄河流域，似乎有过之而无不及，至少由作物种类的多寡看来是如此。

钱山漾遗址第一、二次发掘报告》，《考古学报》，1960年第2期，页73－92；《杭州水田畈遗址发掘报告》，《考古学报》，1960年第2期，页93－106；蒋缵初，《关于江苏的原始文化遗址》，《考古学报》，1959年第4期，页38，40；丁颖，《江汉平原新石器时代红烧土中的稻谷考古》，1954年第7期，页31－34；吴山菁，《略论青莲岗文化》，《文物》，1973年第6期，页45－61。

5. 李惠林，《中国植物栽培起源之生态地理观》，页1118－1120。

6. 严文明，《黄河流域新石器时代早期文化的新发现》，《考古》，1979年第1期，页45。

7. 游修龄，《对河姆渡第四层文化层出土稻谷和骨耜的几点看法》，《文物》，1978年第8期，页23。

8.《西安半坡》（1963年），页63－64；《大汶口》（1974年），页35－40；《河姆渡遗址第一期报告》，《考古学报》，1978年第1期，页56；牟永抗、魏正瑾，《马家滨文化和良渚文化——太湖流域原始文化的分期问题》，《文物》，1978年第4期，页64－67。

9. 吴汝祚，《从钱山漾等原始文化遗址看社会分工和私有制的产生》，《考古》，1975年第5期，页271。

10.《河姆渡遗址第一期报告》，页54。

历史时期中国农业发展的概况

中国传统的农业技术，是在黄河流域历经战国到汉代所完成的。

汉以后，中原地区的农业技术和文化，不断地输入南方，使当地日臻开发。唐朝时，长江流域不但摆脱了落后的局面，进而凌驾黄河流域，成为中国的经济中心。当时珠江流域的农业则十分落后，到宋代以后才进一步获得开发。

关于长江流域的农业发展情形，在汉代以前，除了知道金属农具已经开始使用外，其他方面从文献上所见甚少。在中国自商代已有少量的青铜农具开始使用。山西和江苏六合（长江北岸）也曾出土过春秋时代的青铜农具[11]。据《考工记》的记载，吴越地区使用青铜农具的情形，似乎要比黄河流域来得普遍。《周礼》上就曾说："粤之无镈也，非无镈也。夫人而能为镈也。"郑玄注："粤地涂泥，多草薉，而山生金锡，铸冶之业，田器尤多。"[12]

今就出土的资料综而论之，春秋末期楚人发明了生铁冶炼的技术，并用以制造农具。当铸铁技术传入北方后，铁制农具的使用，很迅速地传播开来。等到战国中期时，铁制农具在黄河流域农业核心地区使用情形反较长江流域普遍[13]；而淮水流域有些地区，竟然到了东汉时代，还不知道使用铁制农具和牛耕技术（见《后汉书》，卷七十六，《王景传》）。

单从金属农具的使用情形，很难看出长江流域与黄河流域在春秋时代，双方农业发展程度的高下。不过，从出土农具和文献记载看来，可以确信的是在战国时代，黄河流域的确已成为农业高度发展地区；长江流域当时则仍停留在相当落后的水平上。事实上，铁制农具的使用，对农业的发展，具有革命性的意义。假设由于黄河流域铁农具的使用，使南北双方农业发展程度，起了很大的差距，那么，前述楚人首先发明了铁制农具，何以长江流域农业发展竟不能胜过北方呢？因此，长江流域农业发展迟缓的原因，似乎不能单从铁制农具的使用与否来解释，真正原因或许是自然环境使然。

11. 陈良佐，《中国古代的金属工艺》，《中央研究院历史语言研究所集刊》，五十二本二分（1981年6月），页323－396。

12.《周礼郑注》（《四部备要》本），卷三十九，页26。

13. 陈良佐，《中国古代的金属工艺》。

古代学者对自然环境影响及于人类的认识

伟大的历史家司马迁曾明确指出自然环境与人文相互之间的关系。他认为中国南北文化的差异，地理环境是一个很重要的因素，这可以从如下几点具体看出来：(1) 南方湿热多疾病，影响人口的增加；(2) 温暖的气候使南方天然食物丰富，以致养成土著怠惰不事储蓄的习性；(3) 北方人口众多，且受恶劣的自然环境挑战，因此养成居民勤于农作、节俭的习性。

《史记》中曾明言："邹鲁……地小人众，俭啬，……夫自鸿沟以东，……好稼穑，虽无山川之饶，能恶衣食，致其蓄藏。……楚越之地，地广人稀，饭稻羹鱼，或火耕而水耨，果隋蠃蛤，不待贾而足，地势饶食，无饥馑之患，以故呰窳偷生。"(《史记·货殖列传》)

此外，班固在《汉书》中也提到："巴、蜀、广汉……土地肥美，有江水沃野，山林竹木蔬食果实之饶……，民食稻鱼，亡凶年忧，俗不愁苦，而轻易淫泆，柔弱褊阸"(《汉书》，卷二十八，《地理志》下)。在同书中，班固还认为："凡民函五常之性，而其刚柔缓急音声不同，系水土之风气……"(《汉书》，卷二十八，《地理志》下)。这大致上可以代表汉代一般人，对于自然环境影响人文发展关系的基本认识。

中国古代的气候

关于中国的气候，有两种截然不同的说法。胡厚宣根据甲骨文资料，主张古代黄河流域的气候比现在温暖潮湿，同时森林沼泽也比现在多[14]。董作宾同样也以甲骨文资料为依据，却有完全不同的意见。他认为古代的气候较之今日，并没有多大的差异[15]。进一步根据地下出土遗

14. 胡厚宣，《气候变迁与殷代气候之检讨》，《中国文化研究汇刊》，第4卷(民国三十三年)，页1－88。

15. 董作宾，《殷历谱》(1956年)，上编，卷九，页95；下编，卷九，页47。

物，同样也有两种互相矛盾的结论。张光直主张中国古代气候比今天温暖潮湿[16]，而何炳棣则认为古代黄河流域是半干旱的气候区[17]。这是因为在西安半坡发现了獐和大量竹鼠的骨头，这两种动物在华北现已绝迹，只居于南方，这反映在公元前五千年左右，西安半坡附近有竹林，气候也比现在温暖湿润。但西安半坡同时也发现一些耐旱的蒿属和藜科植物的花粉，这又表示半坡地区气候属半干旱型，与今日相仿[18]。

其实蒿属确实是华北常见的植物，就笔者所知，许多蒿属植物在山东东部雨季时生长旺盛，而山东半岛在北方又是雨量较多的一个地区。其次浙江河姆渡新石器时代文化遗迹，也发现了蒿属和藜科植物的花粉[19]。这说明蒿属和藜科植物不仅是耐干旱的植物，而且也能在温湿的地区生存。因此，西安半坡发现蒿属和藜科植物的花粉，并不足以证明当地古代气候属干燥型。此外，还有一个因素值得考虑，就是西安半坡原是新石器时代的一个聚落，它的生态环境必然遭到人为的破坏，当树木被清除后，繁殖力强的蒿属植物出现于该地，以至于其花粉在遗址中被发现，这毋宁说是很自然的事。总之，蒿属或藜科植物孢粉的出现，并不足以作为判断古代气候干湿与否的唯一凭借。

关于中国古代的气候，气象学家竺可桢根据考古发现的动物骨头，以及物候的记录认为：在距今约五千年前的仰韶时代，黄河流域的气候比现在温暖潮湿，年平均温度约高2℃，1 月平均温度则高3 至5℃。到了周代初期，气温开始下降，春秋时期又回升，直到战国、秦和两汉时代，气温仍比现在为高[20]。

照史书所载，在春秋战国时代，今日的陕西、山西、河南和山东均盛产竹[21]，但现在，竹转以长江流域为盛产区域。就作者个人所见，山东今日仍产竹，但生长不良，若乏适当照料，多于冬天落叶甚至枯

16.《中国上古史待定稿》，第一本，页226－227。

17. 何炳棣，《黄土与中国农业的起源》，页35－106；*The Cradle of the East*（香港，中文大学，1975 年），pp.23－24。

18.《西安半坡》，页263－264。

19 .《河姆渡遗址动植物遗址的鉴定研究》，《考古学报》，1978 年第1期，页104。

20. 竺可桢，《中国近五千年来气候变迁的初步研究》，《考古学报》，1972 年第1期，页15－37。

21.《诗经·卫风·淇奥》、《竹竿》；《史记·货殖列传》、《河渠书》、《乐毅列传》。

死。因此，若以竹所能适应的环境来看，古代的黄河流域气候较之今日应当略微温暖湿润才是。

1973年在河南淅川下王岗发掘的遗址共分9层。包含从仰韶一直到西周各时代的遗物，从出土的大量骨骼中，古动物学家一共发现了31种动物，其中较适应寒冷气候的动物占3.23%；适应温暖或偏南气候区的动物如犀牛等，占35.48%；生活于长江南北两岸，适应性较强的动物占61.29%。又根据性喜温或寒的动物骨骼，在各文化层出现的多寡数量来看，仰韶时期的气候最为温暖，屈家岭中或晚期，气温有下降的趋势。龙山文化又稍回暖，一直到西周时代，气温又有下降的趋势[22]。这个现象正好证实了竺氏古代气候变动的主张。

山东泰安大汶口是一个新石器时代文化遗迹，墓葬中普遍以獐牙随葬，可见当时獐在山东一定不少，獐又称水鹿，性喜温暖，今日多栖息于太湖一带温暖潮湿的沼泽地区，在黄河流域则早已绝迹。若结合西安半坡、章丘城子崖以及安阳出土的动植物遗迹来看，适足以说明古代黄河流域的气候是较温暖的[23]。

浙江河姆渡出土的47种动物骨骼，都属于热带和亚热带动物，其中红毛猴（red faced monkey，Macaca Speciosa），在长江流域早已绝迹，现多分布于广西、广东、福建和四川一带。在河姆渡第四层遗迹中，还发现了狭叶海金沙（L. microstachyum）和柳叶海金沙（L. salicifolium）的孢粉。这两种植物现只能在广东、台湾、马来半岛和泰国等地找到。这都说明当地古代气候较现在更为温暖潮湿，大致接近现今广东、广西南部和云南等地的气候[24]。

现在中国最冷的1月份等温线，从广东中部到广西中部为12℃，福建北部经广东北部到昆明为8℃，长江流域为4℃，淮水流域为0℃[25]。若衡之以现今的气温，则河姆渡时期，长江流域1月份平均温度可能高于8℃；0℃温线则须从淮水流域北移到黄河流域。

22. 夏兰坡、张振标，《河南淅川县下王岗遗址中的动物群》，《文物》，1977年第6期，页41—49。

23.《大汶口》，页122。

24.《河姆渡遗址动植物遗址的鉴定研究》，页102。

25. 凌江，《中国地理知识》（香港，商务印书馆，1977年），页193。

现在中国年降雨量，长江流域大部分地区在1200毫米以上，岭南大部分以及东南丘陵地区为1600毫米以上。长江以北到山东、河南南部为800至1200毫米[26]。以之估计仰韶时代的黄河流域降雨量，可能接近淮水流域，约为1200毫米，因此植物资源当亦比现在丰富。

综合上述可得一结论：在公元前五千年左右，我国气候大体是温暖而多雨的。除西北地区属半干旱区外，黄河流域气候大致类似现今长江以北、淮水以南，属北亚热带气候型。当时冬季较短，气温也稍温和，平均在0℃以上。至于长江流域则炎热多雨，接近现今岭南北部地区气候。

自然环境与人口成长和健康的关系

人口成长是一个很复杂的问题，与营养、教育以及文化背景等都有很密切的关系，但在文明初期，影响人口成长最大的因素，可能来自食物的供给、疾病和战争等等。在长江流域以南地区，由于天然食物丰富，不致发生食物短缺的现象，从而为掠夺食物而发生战争的可能性也相对减低。因此，食物供应充分与否和战争对这一地区人口成长的影响，较之北方似乎要小。但文明初期的人，对疾病毫无控制力，所以疾病可能是影响当时人口最大的因素，而自然环境与疾病滋生的关系又是密不可分的。

在初民社会中，各种疾病中的传染病，影响人口的成长最为严重。宋代以前见于文献，又为近代人所认定的几种传染病计有伤寒、霍乱、疟疾、痢疾、痘疮、麻疹、白喉、肺痨病等[27]，此外还有南宋时代流行的风土病（endemic disease），如丝虫病（Filariasis）、住血吸虫（Schislosomiasis）、恙虫（Tsutsugamushi）、疟疾（Malaria）等[28]。

所谓风土病是仅流行于某一特定地区的疾病。此种疾病是造成原

26. 凌江，《中国地理知识》（香港，商务印书馆，1977年），页197。

27. 陈邦贤，《中国医学史》（上海，商务，民国二十六年），页28、144－146、310、372－373、377。

28. 宫下三郎，《宋元の医疗》，收于薮内清编，《宋元时代の科学技术史》（京都，京都大学人文科学研究所，1961年），页129－134。

始社会各地人口不能均衡成长的因素之一，也是中国南方人口成长缓慢的一个重要因素。古代中国究竟有多少流行性疾病，又有哪些属于风土病，吾人无法尽悉，不过湿热的南方，所流行的地方病必然超过北方。据文献所载，疟疾从古代直到今天，一直是南方普遍感染的一种疾病。

疟疾是疟菌（plasmodium）借着疟蚊传播于人体而发生的一种传染病。其流行范围相当广，北到西伯利亚平原诸大河流区，南到阿根廷。在高纬地区疟疾只生于夏秋期间的低平之地，而且很轻微。在低纬地区则终年皆有疟患，因为疟蚊最易在16℃以上，特别是介于24至30℃，滋生于沼泽低洼地区[29]。通常不同的疟菌各有不同的适存温度，其中恶性疟菌（plasmodium faciparum）需要高温才能生存，最低的生存温度是在28℃，所以恶性疟疾多发生于热带或亚热带，我国江南各地即流行这种恶性疟疾[30]。

疟疾是危害人类健康相当严重的传染病，死于该病者很多，尤以孩童为甚[31]。通常疟疾不仅影响人口的成长，而且也造成居民体力衰弱、意志消沉、委靡不振[32]。意大利疟疾专家米索利（Missorli）曾将两千余年来，罗马近郊疟疾与农业之盛衰关系，绘成两条曲线，此两者之升降，适成反比趋势[33]。

美国地理学家亨廷顿（Ellsworth Hungtington）在他的著作《文明与气候》（*Civilization and Climate*）中，曾多方讨论气候对人类文化的影响。他指出疟疾及其他热带性的地方疾病，是造成热带地区文化落后的一个重要因素[34]。根据亨廷顿的观察和研究，他认为热带地区不适宜白人居住。在巴拿马虽然由于医药卫生的改善，使人口死亡率减低了一半，但从1912至1917年的资料来看，该地人口的死亡率，仍然是美国的两倍。在巴拿马运河地区有70%的工人感染了疟疾的病原菌。

29. 孙宕越，《疟疾与地理》，《地理学报》，第3卷第3期（民国二十五年）。

30. 沈嘉瑞，《疟疾的真相及其防治的重要性》，《科学时报》，第14卷第1期（民国三十年）。

31. 孙宕越，《疟疾与地理》，页6；沈嘉瑞，《疟疾的真相及其防治的重要性》，页69。

32. 孙宕越，《疟疾与地理》，页3－4。

33. 同上书，页4。

34. Ellsworth Hungtington, *Civilization and Climate*, p. 60.

疟疾以及其他热带性疾病，不仅对白人是一大威胁，就是对土人也是如此。当地土著有许多婴孩和青年死于疟疾和其他的热带病[35]。疟疾在各种疾病中，所造成的死亡比例，虽然不算是最严重的一种，但对患者而言，往往使其身体虚弱不堪，而有些热带病甚至可能伤害到患者的内脏（原按：疟疾能伤害患者的脾脏）[36]。

公元前五千年左右，黄河流域的气候接近现在的长江流域，所以在新石器时代亚热带的疾病，应该会扩及到黄河流域。当古代气候由湿热转向干冷时，黄河流域由北亚热带转变为温带，使适宜湿热地区发展的疾病，如疟疾以及其他疾病，因之减少或完全绝迹。毫无疑问，这对人口的成长必然相当的有利。

汉代许慎《说文解字》（121年）中对疟疾症状的描写说："热，寒休作"[37]，可见古代疟疾与近代相同。《周礼》卷五记载："秋时有疟寒疾"[38]。《吕氏春秋·孟秋纪》也说："孟秋……行夏令，民多疟疾"[39]。从这几种文献看来，战国时代黄河流域仍有疟疾流行，不过并非经常性的，只有在气候不正常的情况下，才比较严重，即使如此，延续的时间也可能不太长。至于长江流域，疟疾必然是经常性的疾病，每年流行的时间也较长。

在古代典籍中所见的瘴气、瘴疠[40]和瘴等名词，是包括疟疾在内的热带或亚热带疾病的总称。照宋人的描写，可以断定瘴气就是疟疾。范成大在《桂海虞衡志》（1175年）《杂志》中曾说："瘴，二广惟桂林无之……其中人如疟状。"[41]此等热带疾病及其自然环境对人的健康、习俗和农业的影响，文献上有很多生动的叙述，南越王赵佗（公元前3—前2世纪）即曾描述岭南地区说："南方卑湿，其众半羸"（《汉书》，卷八十五，《南越传》）又《后汉书》卷八十六《南蛮传》中记载："南州水土（岭南以及越南中部地区）温暑，加有瘴气，致

35. *ibid*, pp. 67, 329.

36. *ibid*, pp. 60, 391.

37.《说文解字》七下，疒部。

38.《周礼郑注》，卷五，页26。

39. 许维遹，《吕氏春秋集释》（台北，鼎文影印本），卷七，页36。

40.《南史》，卷五十九，《任昉传》；《北史》，卷六十四，《柳述传》。

41.《说库》（台北，新兴书局影印本），页146、188。

死者十必四五”。周去非《岭外代答》(1178年)中也说:“广民凋弱,人无固志……,广右……生齿不蕃,……其耕也,仅取破块,不复深易,乃就田点种,更不移秧。既种之后,旱不求水,涝不疏决,既无粪壤,又不耔耘,一任于天。既获则束手坐食以岁卒。其妻则贩以瞻之,已则抱子嬉游,慵惰莫甚焉。彼广人皆半羸长病,一日力作,明日必病,或至死耳。”又,“南方盛热不宜男子,特宜妇人……男子身形卑小,颜色黯惨;妇人则黑理充肥,小疾多力,……钦之小民皆一夫而数妻。”[42]

从以上列举的文献资料,我们对岭南的人文概况,可以得到下列几点认识:(1)人口稀少和人民体力衰弱,是湿热的自然环境所使然;(2)女多男少;(3)粗放的农业是因缺乏健壮的劳动力使然。

中国历史上保存下来的人口记录,以《汉书》为最早,照《汉书》卷二十八《地理志》的记载,西汉末年的人口是59,594,978人。在长江以南,今江西、安徽、江苏、浙江四省,汉代设了会稽、丹阳和豫章三个郡,人口共计1,789,740人。这一地区在春秋时代,分属楚、吴、越三国。它的文化与河姆渡、青莲岗等新石器时代的文化有关。今日的湖北、湖南和广东、广西北部,汉代设了五郡一国,分别是江夏郡、南郡、武陵郡、零陵郡、桂阳郡和长沙国,人口一共是1,655,207人。和上一地区合计一共是3,444,947人。在长江南岸的湖南、湖北地区,是楚国的发祥地。楚国可能是从屈家岭文化发展出来的。长江北岸在安徽、江苏省内,汉代设了卢江郡和六安、广陵二国,人口合计为776,671人。这一地区在新石器时代属于青莲岗和湖熟等文化[43]。此地以北属淮水流域的九江和临淮郡,人口分别是780,525人和1,237,764人。

战国时代的人口记录并未留存下来,梁启超根据苏秦所言各国兵

42.《岭外代答》(台北,新兴书局影印,《笔记小说大观续编》本),卷三,页76—86,《土丁》、《保丁》、《效用》、《惰农》。卷四,页1—26,《广右风气》、《瘴地》。卷十,页76,《十妻》。

43.曾昭燏、尹焕章,《试论湖熟文化》,《考古学报》,1959年第4期,页47;尹焕章、张正祥,《对江苏太湖流域地区新石器文化的一些知识》,《考古》,1962年第3期,页146、150。

卒的数目，估计战国末期中国的人口约有三千万[44]。近人管东贵主张古代的家庭平均六口人，有两个人服役。以此标准推算，战国时代的人口约有二千五百万[45]，而苏秦言及楚国士卒为百万[46]，则楚国（包括淮水与长江流域）的人口大概有三百万人。

上述人口的记载未必正确，但有一件事实是确定的：从战国到两汉，黄河流域的人口最多，密度也最大；淮水流域次之；长江流域又次之；珠江流域的人口最少。

由于长江流域新石器时代的农业并不比北方落后，当地又有许多野生植物可供食用，江湖鱼类也极为丰富，且气候温暖，水旱灾稀少，无饥寒之患。何以长江流域人口竟比黄河流域稀少？

司马迁说："江南卑湿、丈夫早夭"，不单指男人而言，女子应该也包括在内。江南地区地势卑下，空气潮湿。长江流域的盆地原是由长江及许多湖泊构成，从两湖到江苏，长江两岸的湖泊绵延不绝。两湖地区是古代的云梦大泽，从公元前3世纪开始，湖泊的面积日渐缩小[47]。新石器时代的屈家岭文化遗址，以及楚国都城郢（今之江陵）都是位于云梦大泽的附近。位于钱塘江口的河姆渡，根据当地出土动物骨骼判断，这个遗址的地形原是平原、湖泊和丘陵交接的地带[48]。以太湖为中心，长江三角洲的青莲岗、良渚等文化，有许多遗址是在地面以下，甚至淹没于水中。这是因为当地地层下沉的缘故，其中有些地区是到战国时代才沉至水面以下的。在安徽、江苏境内，长江两岸的湖熟文化，是新石器末期到铜器时代的一种文化，这些文化遗址同样分布在靠近河湖的山坡和台地上[49]。

由上述可知，从新石器时代一直到秦汉时期，长江流域的居民大多居于河湖附近。亨廷顿曾指出湿热的气候对人类有害[50]。疟疾是在

---

44. 梁启超，《中国历史上人口之统计》，见《中国历代人口问题论集》（香港，1965年），页305－306。

45. 管东贵，《战国至汉初的人口变迁》，未刊本。

46.《战国策》（《四部备要》本），卷十四，页56。

47.《中国地理知识》，页179。

48.《考古学报》，1978年第1期，页102。

49.《试论湖熟文化》，页47－56。

50. Ellsworth Hungtington, *Civilization and Climate*, p.113。

热带和亚热带盛行的疾病[51]。公元前五千年左右，长江流域的气候接近广东，当地北部韶州的疟疾瘴疫流行，宋代周去非称之为大法物，言其使人致死之多。古代长江流域的自然环境所形成的疟疾，以及其他热带或亚热带疾病，对人口的影响，可能类似宋代的珠江流域。

司马迁说南方的丈夫早夭。《汉书·地理志》记载南方女多男少。《周礼·职方志》的记载[52]，南方也是女多男少。扬州的人口平均二男五女，荆州一男二女，平均男女之比为1:2.25；至于北方各地男女之比分别为2:3，2:2，3:2，1:3，5:3，2:3，平均男女之比为1:1.39。

古代的南方男少女多，应当是事实。近代的医学告诉我们，从出生到老死，男性的死亡率一直高过女性，并且男性对疾病的抵抗力亦远逊于女性[53]。初民以及医药幼稚的时期，尤其在疾病繁多的亚热带地区，男少女多应该是很正常的事。

司马迁告诉我们，长江流域的人体弱多病。赵佗称岭南“其众半羸”。宋人周去非说：“广人皆半羸长病”，妇人则“少疾多力”，这种情形在云南南部边境地区的土著，直到明代还是如此。朱孟震（16世纪）撰《西南夷风土记》就曾说：“夏秋多瘴，……冬春瘴消尽，可耕也。”又，“男耕稼女织纴，土地肥饶，米谷、木棉皆盛，故夷中无饥寒苦乏者，男反好闲，……盖女壮健而男萎靡也。”[54]南方男子委靡不振，原因固然由于男子易感染疾病以及疾病后所留下的后遗症，而多妻的生活，同样消耗了男子的精力。据亨廷顿的研究，热带地区的男子容易放纵情欲[55]。汉代的南方有以女性待客的风俗，《汉书·地理志下》说：“初，淮南王异国中民家有女者，以待游士而妻之，故至今女多而少男。本吴粤与楚接比，数相兼并故民俗略同”。秦始皇的会稽刻石，特别规定“禁止淫泆”[56]。从这些记载看来，南方人似乎比较放

---

51. *ibid*, p.392.
52.《周礼郑注》，卷三十三，页68—86。
53.《男人健康短命女人多病长寿》，陈和美译自合众国际社特稿，《大华晚报》（1978年10月28日）。
54. 朱孟震，《西南夷风土记》（台北，新兴书局影印《笔记小说大观》，第六编，第五册），页2782、2784。
55. Ellsworth Hungtington, *Civilization and Climate*, pp.68, 73-75.
56.《史记》，卷六，《秦始皇本纪》。

纵情欲。这一现象无疑是很自然的事。因为南方气候温湿，女子衣着简单、早熟以及女多男少，都是使男人容易放纵情欲的原因。

前已论及，新石器时代中国的气候与今日不同。黄河流域接近今日之长江流域，而长江流域却接近珠江流域。所以黄河流域的气温与温度都比长江流域低，干冷的季节亦较长，因此，热带或亚热带地方性的疾病，如疟疾以及其他疾病的流行，比之长江流域为少。换言之，黄河流域的自然环境，对于人的健康，以及人口的成长，都优于长江流域。鲍丝洛（Ester Boserup）对自然环境与人口的成长，以及人类早期文化的影响和发展，有很精辟的见解，她说："现代原始民族居住的多雨热带地区，由于高温和多雨的环境固然可以使植物全年生长，但同时也提供了细菌和寄生虫生长的良好条件。这些疾病造成了原始民族人口的大量死亡。另外一种情形就是在比较干燥而温暖的地区，其人口的死亡率似乎要较低，对于人口的成长，后者在环境上具有的积极因子，大于消极的因子（干冷的季节较长，植物生长季节短，而形成食物供给的困难）。就以上所论之人口成长对农业技术带来的深远冲击而言，毫无疑问的，人口的差异有助于我们解释为什么大多数的文明，都是发生在气候干而温暖的地区。"[57]

长江流域农业发展缓慢的原因

从以上的叙述，我们很容易发现南方农业发展迟滞的首要因素，是人口的成长缓慢。鲍丝洛在她的名著《农作物生长之条件》*The Condition of Agricultural Growth* 中，提出一个重要的理论，认为：原始农业发展的主要动力，是由于人口的压力，使原有的生产方式和技术不能获得足够的生存资料[58]。人类从采集或狩猎的经济生活，转向作物的栽培或动物的驯养，也是由于人口增加的压力造成的[59]。其次，耕作制度改变，从长期的休耕，

57.Ester Boserup, "Environment, Population and Technology in Primitive Societies" , *Population and Development Review*, Vo1.2, No.1(1976), p.34.

58. Ester Boserup, *The Condition of Agricultural Growth* (9th printing ,1977), pp.15-16,28, 56, 75.

59.Ester Boserup, *The Condition of Agricultural Growth*(1976 edition), pp. 28-29.

渐渐转成短期的休耕，由休耕到连年耕作，连年耕作到复种，都是人口压力所使然[60]。假使某些民族生存的自然环境完全相同，以人口来解释农业的发生和发展，特别就原始民族而言，作者完全同意鲍丝洛的理论。（不过，历史时期促使农业发展的因素比较复杂，不是人口趋向的理论所能完全涵盖。）中国历史上有很多的例子都可支持鲍丝洛的理论，例如战国的荀子，就主张以精耕技术和一年两获来增加粮食，解决食物之不足。《荀子·富国篇》中说："墨子之言，昭昭然为天下忧不足。夫不足非天下之公患也，特墨子之私忧过计也。今是土之生五谷也，人善治之，则亩数盆，一岁而再获………"[61]相反的情形，如果一个地区因疾病或战争造成人口的锐减，就能使原来进步的农业，退回到长期休耕制[62]。这种情形在中国也有类似的例证。例如淮水流域在北宋时原是一个农业发达的地区，可是因为战争的关系，人口大减，所以到南宋时，该地的农业已返回粗放的农业。《建炎以来朝野杂记》（1202年）"陈子长筑绍熙堰条"说："两淮土沃而多圹，土人且耕且种，不待耘籽，而其收十倍，浙民每于秋熟，以小舟载其家（人）之淮，为淮民获……"[63]从新石器时代到汉代初期，长江流域一直是地广人稀，人口的成长不足以推动农业发展到更高的层次，这是长江流域农业停滞的最基本因素。

长江流域各处新石器时代社会发展的形态，目前还不能完全厘清，不过，有的文化大概已进入父系社会。例如屈家岭文化遗迹，似乎表明它是一个父系社会。男子从事水稻栽培，担负一般较重的体力劳动[64]。水稻在所有作物栽培中，是需要劳动力最多的一种作物，但因为气候关系，长江流域缺乏高素质的劳动力。不仅男少女多，而且男子体弱多病，不能从事劳动力需求大的工作。到了南宋，岭南地区水稻的栽培虽由男人担任，但周去非描写当地男子体弱，不能做劳苦的工作，如努力工作，必然生病，甚至致死。照司马迁的记载，汉代以前长江

60. *ibid*, pp. 25-30.
61.《荀子集解》，卷六，页119。
62. Ester Boserup, *The Condition of Agricultural Growth*(1976 edition), p. 24.
63. 李心传，《建炎以来朝野杂记》（台北，文海出版社影印本），卷八，页76。
64.《屈家岭》（1965），页74。

流域必然也是如此。长江流域缺乏健康的劳动力，是农业发展迟缓的第二个因素。

一个天然食物丰富的地区，对农业的发展是不利的。因为农业生产是很辛苦的工作，如果能从自然界直接获得生存资料，何必又从事辛苦的农业劳动？古代执政者为促使人民从事农业生产，甚至有禁止人民采集和渔猎的想法，如《商君书》“垦令”第二中说：“壹山泽，则恶农慢惰倍欲之，民无所于食，无所于食则必农，农则草必垦矣。”[65] 长江流域温暖多雨，生长季节长，有许多野生植物可作食物，栽培简易的芋、薯等根茎作物，产量也相当的大。此外，沿着长江两岸，湖泊河流绵延不绝，可作食物的水生动植物非常丰富。所以《史记》、《汉书》称江南衣食常足，无饥馑之患。这种生活环境塑造了江南人民懒惰苟安、不事储蓄的习性。换言之，江南地区因为自然资源丰富，对谷物的依赖不像黄河流域那样迫切，他们缺少一种“需求”的刺激，以使他们奋发和改进农业生产技术。关于此，我们可归因于前述第一因素，即江南人口压力始终未能超过生存空间所能提供的生存资料。不过，有一点应当特别提出来，就是长江流域富饶的自然环境塑造了当时江南人懒惰苟安、不事储蓄、得过且过的习性，这与当时黄河流域的人，以及今日中国人的勤劳、节俭的习性大相径庭，反而与宋代的岭南人和今日南洋热带地区的土著相同，这是一件非常值得重视的事实。

最后的因素是土壤问题。C. F. Show 把中国土壤分成两大类。淮水以北是钙层土（pedocals），属中性或碱性反应。淮水以南是淋余土（pedalfers），为酸性反应[66]。Show 氏的推定，大体是正确的。现在的土壤学家把淮水以南的土壤，分为红壤和黄壤，属酸性土壤；黄河中下游包括了陕西、山西、河南、山东和河北称为褐土（即以往所谓黄土 losses），是中性或盐碱土壤[67]。

65.《商君书》(《四部备要》本)，卷一，《垦令》第二，页5上。

66. 李庆逵，《中国土壤之概述》，《地理学报》，第1卷第2期，页1－17。

67.《中国地理知识》，页223－227。

酸性土壤物理性之特点湿时泥泞，干时密结坚硬，整地时甚为困难[68]。湖南长沙以及浙江杭州以北的土壤就是如此[69]，长江流域的土壤可能大都如此。这种土壤与黄河流域疏松的黄土来比，对农业的发展相当不利，尤其是使用原始工具而身体又不健康的南方人，更是如此。

南方农田不能迅速又大规模的扩张，除与土壤性质有关外，与地形也有关系。因为长江流域大部分是丘陵以及河流湖泊，缺少像黄河流域那样广大的平原，故不易形成一个广大的农业区域。

至于南方茂密的森林，对农业的发展，似乎不应当构成不可克服的障碍，因为原始民族已知利用环形剥皮法，可以将树林清除。

黄河流域农业迅速发展的原因

新石器时代黄河流域的气候比今日温暖而湿润，接近北亚热带的气候。在古代，亚热带地区的疾病虽然也流行于黄河流域，但与长江流域相比，要轻微得多。例如亚热带流行的疟疾，到了战国时代，在黄河流域已经不是经常发生的疾病，而且黄河流域与长江流域相比，有一较长的干季和稍寒的冬季，因此，疾病的发生较少，时间也较短，这对黄河流域人口的成长，是一个非常有利的因素。

山东泰安大汶口是新石器时代晚期的文化遗址，早于龙山文化，时间大致是公元前三千年[70]。当地出土的石器全属磨制，硬度很高，刃口锋利，其中玉器制造也很精致[71]。大汶口遗址现有面积达825,000平方米，西安半坡仅有5,000平方米[72]。这些事实表明当时黄河下游的农业已大有改进，人口可能也已相当的增多。

照河南淅川出土的动物骨骸来看，约当屈家岭文化中、晚期时，

68. 刘和，《土壤学》（上海，商务，民国二十五年），卷中，页260。

69. 刘和，《土壤学》，卷上，页320；吴汝祚，《从钱山漾等原始文化遗址看社会分工和私有制的产生》，《考古》，1975年5期，页272。

70.《大汶口》，页127；高广仁，《试论大汶口文化的分期》，《考古学报》，1978年4期，页148。

71.《大汶口》，页34、122。

72.《大汶口》，页1；《西安半坡》，页9。

气候开始变动，气温有下降的趋势。屈家岭晚期两个碳十四年代为公元前2695年（及其前后195年）和前2637年（及其前后150年）[73]，大致与泰安大汶口文化相当。当气温下降，亚热带的疾病亦必随之减少，这是有利于人口的增长的。

到了战国时代，黄河流域的人口可能不下二千万，到西汉时，黄河流域已是地狭人众，而长江流域则仍然是地广人稀。总而言之，从新石器时代开始，黄河流域的人口似乎一直不断地增加。在人口增加过程中，原有的生产方法必然不足以维持其人口的需要，从而促使其生产方式的改进或移民。

由于人口压力以及水、旱、虫灾等因素，饥荒在黄河流域是经常发生的，例如《诗经·大雅·云汉》记载，因天旱发生饥馑；《左传》僖公十三年（公元前647年），晋国饥；十四年秦国饥；《孟子·梁惠王上》说："民有饥色，野有饿莩。"生计的困难，是一个非常迫切的问题。当饥馑发生，统治者有时必须向邻国购粮[74]，或以本国的粮食救助邻国。若饥民过多，便须移民至有粮的地区。如《孟子·梁惠王上》所述："河内凶，移其民于河东，移其粟于河内；河东凶，亦然。"先秦的思想家也尝试从不同角度，提出解决生存资料不足问题的方法。如孔子重视生存资料的分配，《论语·季氏》第十六说："闻有国者，不患寡而患不均"。墨子主张统治者应"节用、节葬"。《墨子·节葬下》说："故衣食者，人之生利也，然且犹有节；葬者，人之死利也，夫何独无节于此乎？"[75]孟子除了在消极方面认为统治者要节俭、薄赋，避免在农忙时征调人民外，在积极方面，则主张采用精耕方法以增加食物，如《孟子·梁惠王上》说："不违农事，谷不可胜食也。……百亩之田，勿夺其时，数口之家可以无饥矣！……狗彘食人食而不知检，涂有饿莩而不知发，……薄税敛，深耕易耨。"[76]荀子认为只要改革生产技术就可以解决食物不足之困难。商鞅解决人口过剩的方法，主张开辟农田或扩张领土，《商君书·算地》第六中说："凡世主之患……治草莱者不

73. 夏鼐，《碳十四测定年代和中国史前考古学》，页230，表。

74.《左传》僖公十三年。

75.《墨子》，(《四部备要》本)，卷六，页100。

76.《孟子》(台北，大通书局影印，《通志堂经解》卷三五)，卷一，页4、7上。

度地，故有地狭而民众者，民胜其地；地广而民少者，地胜其民。民胜其地者，务开；地胜其民者，事徕。”[77]

就中国农业发展的过程而论，从新石器时代到历史时期，技术的改进可能相当缓慢。春秋战国时代黄河流域的发展，牛耕、铁农具以及许多农业技术的应用，具有革命性的意义。中国精耕细作的农业特色，大概到了战国后期便确立了。《吕氏春秋》的《上农》、《任地》、《辨土》、《审时》诸篇，可以代表黄河流域一般农业技术的水平。战国时代农业核心地区采用的精耕农业技术，大致有如下数项：牛耕、使用铁农具、灌溉、施肥、中耕、除草、间苗、通风、通光、连年耕作、一年两获或二年三获、轮种。关于精耕农业与粗放农业，庄子有很清晰的描述，他说："昔予为禾，耕而卤莽之，则其实亦卤莽而报予。芸而灭裂之，其实亦灭裂而报予。予来年变齐，深其耕而熟耰之，其禾繁以滋，予终年厌飧。”[78]

黄河流域的气候，固然比长江流域更适合人类的健康和人口的增长，但它的自然环境也有不利的一面。由于中国东部降雨量主要来自季风雨。如果东南季风强而且能适时到达各农业区，则降雨适量又适时，配合夏季的高温，必然为丰年，此即所谓“风调雨顺”。但夏季风的强弱很不稳定。凡夏季风强雨量就多，冬季风如滞留在华北，阻止夏季风北上，则南方成水灾，北方则成旱灾。反之亦然。故中国水旱灾几乎经常发生，尤以黄河流域为甚。黄河流域春天干旱是一个普遍性的问题。在华北一旦发生旱灾以后，往往接着便是虫灾。中国雨量的年际变化很大，而且每年的降雨量也很不平均。黄河流域的雨量集中于6、7、8月，尤以7、8月为最多，可达全年雨量的70%[79]。而且黄河本身又是一条难以控制的河流，经常改道，所以每次水灾或黄河改道，都造成无数生命财产的损失以及饥馑。

上述自然条件是对黄河流域人民一个严酷的挑战。古代的中国人

77.《商君书》，卷二，页4。

78.《庄子集解》（商务，《国学基本丛书》本），《则阳》，页75。

79. 张其昀主编，《中国之自然环境》（台北，《现代国民基本知识丛书》第3辑，1955年），页103—111；《中国地理知识》，页213—215。

如何应付这个挑战呢？他们为了控制黄河的泛滥，发明了筑堤防的技术。同时改良农业技术，努力增加谷物的产量，并且盛行节俭储蓄以备荒年。这就是司马迁所谓的北方地小人众，数被水旱之灾，故民好蓄藏且好农。黄河流域艰苦的自然环境，塑造了中国人勤劳、节俭、刻苦的习性。

黄河流域年雨量分配不均固然是缺点，但雨季发生于高温的夏季又是它的优点。第一，黄河流域可以不必依赖灌溉而发展农业[80]。第二，因为雨季是在高温的夏季，故作物生长迅速，许多作物6月播种，9、10月就可以收获；现在开封、洛阳的初霜期大致在11月3日到5日左右[81]，因此黄河流域可采取一年二熟或二年三熟的复种制。第三，假设春天干旱无法播种，夏季有雨仍可播种。在华北春粟通常在4月播种，10月收获，秋粟则在6月播种，12月收获；黍5月播种，8月即可成熟[82]。我国古代6月仍可种粟，《齐民要术·种谷》第三中即曾说："岁道宜晚者，五月、六月初亦得"[83]，所以黄河流域一年有两次播种的机会。

中国北方原始农业发生在小河流沿岸，并不在泛滥的黄河两岸，这件事应当是确定的。然而当地农业的发展，黄河仍有正面的贡献。广大而肥沃的黄淮平原，大部分地区是由黄河带来的泥沙冲积而成。通常黄河泛滥期很短，大部分地区水在9月份以后就可退走。退水后有足够的时间播种小麦，同时盐碱质被冲洗掉后，覆盖河泥的农田尤其肥沃。近代山东境内黄河大堤以内，以及山东微山湖等湖田，都是在退水以后才种植冬麦，此在古代亦然。如春秋时代，黄河中下游冬麦的种植，已占有重要地位。由于小麦的栽培使中国从一年一获变成了一年二获，这对中国粮食的供应和农业的发展实具有重大的意义。

黄河流域的土壤，对古代农业的发展，同样是一个重要因素。黄河流域的土壤多是原生黄土和次生黄土，它的优点是肥沃，含有丰富

80. 邹豹君，《我国文化发源地为什么在黄淮平原》，《大陆杂志》，第5卷第8期（1952年），页8。
81. 竺可桢，《中国近五千年来气候变迁的初步研究》，页20。
82. 汪呈因，《食用作物学》（1966年），页329—331、336。
83. 贾思勰，《齐民要术》，卷一，页7。

的矿物质；土质疏松，储水和排水性优越；土壤结构优良，养分和水分可以借毛细管作用上升，为植物所利用[84]。一般而言，华北黄土的优越性绝非南方的黏土所能比拟。尤其是疏松的土质，对古代农业的发展，更是一个有利的条件，因为初民使用木棒就可以轻易把黄土挖起来，无论是利用人力或兽力整田，在华北都比南方容易而且省力。而铁农具使用之后，黄河流域农业的发展更是快速。

最后我们要讨论气候的转变，对黄河流域农业和文化发展的影响。当华北史前的气候由温湿的北亚热带转变为温带后，它的生态环境必然有所改变，动植物有减少的趋势。例如竹子生长的范围缩小，使一部分地区失去了可供采集的竹笋。而湖泊中生长的芡、菱角和藕也有同样的情形[85]。此外，生长季节的缩短，使采集食物的时间也随之缩短。由于生态环境的改变，迫使人们减少对自然界的依赖，转向努力提高作物的产量，应该是确定不移的事实。

气候对中国文化的影响，还有一项明显的例证，就是历法。人类发明历法的目的是否与畜牧或农作有关，甚难断言，但中国的历法却是无法与农业分开的，并且充分显示出黄河流域地区气候的特点。

在一个生长季节长，而气候又少变化的环境里，从事农业生产对历法的需要并不是很迫切，但在一个气候变化很大的地区，则必须有精确的历法来指导农业生产，否则很容易导致灾歉。《尚书·尧典》记载帝尧布政的第一件事就是观察天象，颁布历法，便于人民从事耕作。《尧典》中说："乃命羲和，钦若昊天；历象日月星辰，敬授人时。……寅宾出日，平秩东作。"屈万里先生注云："人时，史记、汉书俱引作民字，……民时谓耕种收获之时。东作即春作，谓春日之农作也，……使民治其春作。"[86]

由于黄河流域的气候变化很大，农民必须知道解冻的时期、霜的

84. 邹豹君，《我国文化发源地为什么在黄淮平原》，页10；何炳棣，*The Cradle of the East*, p.49。

85.《诗经·陈风·泽陂》："彼泽之陂，有蒲与荷"；《吕氏春秋·恃君览》："柱厉叔事莒敖公，自以为不知，而出居于海上（按：湖上）。夏日则食菱、芡，冬日则食橡、栗"；许维遹，《吕氏春秋集释》，卷二十，页3下—4上。

86. 屈万里，《尚书释义》（台北，商务，1968年），页4—5。

终止期、土壤的水分以及风向等等，在黄河流域从事农业生产的第一要事，就是必须掌握最适当的时间，从事各种农工，诸如耕地、播种、中耕、除草、收获等等。《诗经·豳风·七月》以及《孟子》中所谓“不违农时”,《吕氏春秋》的《月令》、《审时》篇、《氾胜之书》的“趋时”[87]，都是说从事农业生产必须在最适当的时间内进行。

在历法还不太精密的时期，黄河流域的农民主要凭借“物候”来确定田间的工作。如某种植物开花的时间、动物的移动，特别是候鸟的移栖等等。至于作物本身生长的情形，也是他们的依据。例如《氾胜之书》说:“获豆之法，荚黑而茎苍，辄收无疑。”[88] 历法的发明和改进，在中国可说完全是为了农业的生产，大概到战国时，二十四节气也开始用来指导农业生产活动[89]。二十四节气是依战国时代所观测到的黄河流域的气候而制定的[90]。它所反映一年间的气候变化和长江流域并不完全吻合。

由以上所述，吾人可以得到一结论，也就是黄河流域气候变化比长江流域大，而气候趋向寒冷，对于农业生产必然有很大的影响，因而对历法精确性的要求，就成了一个迫切的问题，因此作者认为，黄河流域气候的转变，对于历法的改进也是一个刺激的动力。

87.《齐民要术·耕田》第一，卷一，页3。

88.《齐民要术·大豆》第六，卷二，页7。

89. 李长年，《农业生产上的时宜问题》，《农史研究集刊》(1959)，页65。

90. 竺可桢，《中国近五千年来气候变迁的初步研究》，页20。

结 语

中国农业的起源，长江流域和黄河流域何者较早，两者之间的关系又如何？这是考古学上一个重大的课题。不过，从出土的遗物来看，在公元前五千年左右，长江流域与黄河流域分别是作物栽培两个不同的起源地。南方以种水稻为主，北方则以种粟、黍为主，并且两地农业发展的水平，似乎长江流域要略胜一筹。

从新石器时代以后，数千年长久的时间内，长江流域农业的发展实在很缓慢，直到西汉初期，当地仍未能脱离原始农业的特征；反之，黄河流域则在战国时代，便已奠定了中国农业精耕细作的基础。

长江流域与黄河流域农业发展过程中，所形成的巨大差距，主要原因是自然环境差异所促成的。中国古代气候比现在温湿。长江流域气候接近今日之岭南；黄河流域大体接近今日之长江流域。在当时长江流域因为高温多雨，不利于人类的健康，同时热带以及亚热带地区的疾病流行，人口死亡率很高，使人口成长非常缓慢，特别是缺乏健壮的男子。一直到西汉初期，长江流域还是地广人稀，女多男少的局面。这种缺乏人口压力和健康的劳动力，对于促进原始农业的发展，是一个不利的因素。而长江流域生长季节长，河湖分布广泛，天然食物甚为丰富，当地人民衣食无虑，无形中也减低了人们从事农业生产的热忱。此外，南方的黏性土壤，多少也妨碍了当地农业的快速发展。

黄河流域在新石器时代，虽然也是属于北亚热带的气候，但温度与湿度都比长江流域低，它有一个长而干冷的冬季。因此，黄河流域气候较之长江流域更适于人体的健康，人口的增加也较为迅速，到战国后期，北方的人口大概不少于二千万人（从低估计），而淮水和长江流域的人口则不会超过五百万人（从宽估计），这个结果是长期积累形成的。我们从大汶口广大的遗址来看，可能在公元前三千年以后，黄河流域的人口以及农业的发展，业已超过了南方；人口日渐膨胀所形成的压力，使原有的生产方式或技术，不足以维持其生存资料的需要，从而促进了农业的改进。

黄河流域的高温和多雨的季节，都是在同一个时期，这对农业的发展非常有利，因为可以不必依赖灌溉；一年有春夏两次播种的时期，并且能发展一年二熟或二年三熟的复种制度。此外，黄河流域的土壤所具备的优良条件，对农业的发展是一个不可忽视的有利条件，尤其疏松的物理性，对木制和石制的农具而言，特别有利。

中国雨量分配很不平均，而黄河又是一条容易泛滥、无法利用的河流，水旱以及虫灾经常在黄河流域发生，这种严酷自然环境的挑战，对黄河流域文化的发展，产生了深远的影响。英国史学家托因比（A.Toynbee）在他的《历史研究》第二卷《挑战与反应的限度》（“The Range of Challenge and Response”）中，提出一个理论，认为优越的环境对文化的发展是有害的；文化的产生是由于人类对环境挑战的回应。黄河流域所以成为中国文化的发祥地，是由于黄河流域的人受到艰苦环境的挑战，而长江流域则否[91]。从中国古代自然环境来观察中国文化的发生和发展，我们很难完全接受汤恩比的意见。长江流域和黄河流域的古代自然环境，对原始农业的发生，都有相当有利的一面。而黄河流域自然环境有利的因素比长江流域更多，尤其就疾病的发生和健康而言，更是如此。但我们仍然不能完全否定艰苦环境对人类挑战的影响。黄河流域自然环境艰苦的一面，对中国进入历史时期文化的发展，确实是一个显著的推动力，我们似乎可以将汤恩比的理论修正为：如果环境的挑战，不超过当时人类潜力回应的限度，则可以成为人类文化发展的动力。

91. A. Toynbee, *A Study of History* (London, 1935, 2nd printing), Vol.II, pp. 31-33.

沟洫之利

古代农业水利的发展与成就

黄耀能

水利是发展农业的命脉。中国农业的起源，虽始于北方旱地农业的经营，它的发展却有待于水利的开发与利用，始成为可能。中国虽是世界四大文明古国之一，但农业发展的条件并不优越。其他如埃及、巴比伦、印度，有尼罗河流域，底格里斯河、幼发拉底河的两河流域，以及印度河流域得天独厚的冲积土，以及河水泛滥造成的肥沃平原。中国虽也有黄河流域，中国的农业却不始于黄河流域的河边，而始于黄土台地或黄河河谷台地的旱地农业经营。而后随着农民日积月累的经验，才逐渐懂得利用水利来灌溉农田，开拓了灌溉农业。中国农业的发展因此比其他文明古国要慢上几千年。正由于得不到天时与地利，于是中国古代的农民，用尽心思与智慧来克服自然环境的限制，开发水利来灌溉经营农业。如此，不但使得中国的经济迅速发展，凌驾于其他文明古国，而且农业水利事业发达的结果，也开创出以北方旱地农业经营为中心的中国古代第一期统一大帝国——秦汉大帝国——的形成；其后又发展到南方水田农业开发的古代第二期大帝国——隋唐大帝国——的诞生，不仅成为东亚世界唯一的古代统一大帝国，而且在世界史上也占有一席极其重要的地位。水利事业在中国农业经济开发上，显然扮演着极其重要的角色。本文便由古代到隋唐帝国的诞生，逐代叙述农业水利事业的发展与成就。借以了解中国古代农业水利经营与其在古代帝国的形成过程中，彼此间的密切关系。

春秋战国时代农业水利事业的兴起

近几十年来考古学发达的结果，已可得知中国早在170万年前便有人类的存在。尽管中国于新石器时代以后的公元前六千年已进入农耕文化时期，龙山文化期等的考古发现以及文献上的古代传说，多少都曾涉及农业经营，却一直找不到水利经营的痕迹。中国农业经营与水利有所关联，还是要等到信史时代以后才开始，亦即是在夏商周之后。根据文献记载，夏朝曾有遭到水患的记事，有夏禹治水的传说，从《尚书》、《诗经》、《左传》、《国语》、《庄子》以及《史记·河渠书》均可找到这种说法。但却未见到农业水利灌溉事业的任何叙述，无论夏朝，就是到了殷商时代，近几十年来的殷墟遗址地下发掘也没有找到任何有关水利灌溉的遗迹[1]。直到西周末年，从《诗经·小雅·都人之什》的《白华》篇："滮池北流，浸彼稻田"的记载，才逐渐出现与农业水利事业有关的记事。到了春秋时代，由于政治、社会、经济情势的转变，各国才在农业经营上对水利一事有了更进一步的认识，如《左传》所载郑国已知排水而后耕种之事[2]。春秋战国间，更由于铁器时代的来临，引起了经济上剧烈的变动。尤其在农业经营方面，不仅因铁制农具的出现，促使农耕地扩大，生产量提高，作物种类变化，而且还由于铁工具的出现，促使水利事业的兴起。最显著的例子，有《史记·滑稽列传》所载，战国初期魏文侯致力于政治革新之际，曾不遗余力地从事于农业经济的开发，先有李悝（克）尽地力之教，后有西门豹在邺城（安阳）从事治水水利事业的经营——这件事在《史记·河渠书》仅记作"西门豹引漳水溉邺，以富魏之河南"，是中国古代凿渠引河水灌溉农田的最早记事，也是中国古代北方经营渠水事业的开始。此一漳河渠，经数十年后，因未能妥善维护而渐次荒废，故《吕氏春秋》卷十六《乐成篇》载有魏襄王之臣史起从事此一水利工程之修复工作。魏襄王，据《吕氏春秋集释》注云："其为孟子所见梁惠王之子也。"即为《竹书纪年》所指的梁惠成王（魏哀王），其年代当在公元前318年，距西门豹有百年之久。在《乐成篇》里，史起曾对西门豹加以批评并对邺地农田详细叙述，可知魏国之从事河内地区的农业水利事业，是由西门豹开其先河，而后有史起加以发扬光大。魏国这种水利事业，逐渐西传到秦国。秦崛起较晚，早期竭力应付西戎，后来又与晋、楚交恶，国势始终难于向外扩展。战国以后，秦孝公下令求贤，用商鞅主政，于公元前350年实施变法，废井田、开阡陌，极力奖励三

1. 黄耀能，《中国古代农业水利史研究》（台北，六国，1978年），页26，所引殷墟发掘简报及孙海波、陈梦家、赤塚忠等说法。

2.《左传》襄公三十年。

晋移民，所以广大的土地得以相继开发，农业水利事业，也随着兴起，据《史记·河渠书》载，秦昭襄王时蜀郡太守李冰治蜀，从事岷江流域的水利事业经营。他首先修治河道以消弭水患。原来岷江自灌县以下汇集诸水、奔腾而下，夏秋之际，雨量骤增，水流上涨，往往泛滥成灾。李冰便在都安立堰，并从灌县城西凿离碓山使通水流，并引入灌县西境，分别开凿郫江、捡江以分散岷江水势，又在玉女房、白沙邮下立三石人，开凿羊摩江、灌江以分散岷江外江部分水量，消除了岷江的水患。这件事在《史记·河渠书》[3]、《华阳国志·蜀志》[4]以及《水经·江水注》[5]均曾提及。李冰这些作为，直接受到魏国西门豹治邺的影响。其结果不但消弭了长期的水患，还进一步兴修水利，灌溉农田。李冰在蜀郡的水利事业，并不止于此，当亦遍及附近地区，但就其规模及对后世贡献而言，还是以都江堰的建设为最重要。它使得秦国经济得以富足，奠定了称霸的经济基础，并成为南攻强楚的政治资本。

在李冰治蜀，兴修都江堰水利事业以后数十年的秦王政时代，更有韩国遣来水工郑国，建议秦王在陕西关中平原渭北泾水流域开凿沟通洛水，东西全长三百余里，灌溉四万余顷农田的郑国渠水利灌溉工程。郑国渠所在的渭水关中平原，于秦王政元年（公元前246年）开凿之前，农耕事业早已相当发达。就农业水利事业而言，西周末至东周初，在长安附近似已知利用池水灌溉农田。但由于地处中国西北部干旱地区，开发较晚，所以，等到战国中期秦孝公用商鞅变法，才在政治制度上进行改革，奖励军功，重视农耕，并割裂田地，开立阡陌。但由于对东方的魏、南方的楚用兵，战争的消耗，造成人口减少，虽然曾有奖励东方三晋人民移住关中的徕民政策以充实此一地区的人口，却因气候干燥、雨量稀少与农业灌溉事业尚未开发，而未收到理想的效果。直到秦王政元年，据《史记·河渠书》及《李斯列传》所载，他

3.《史记·河渠书》:“于蜀，蜀守冰，凿离碓，辟沫水之害……穿二江成都之中。”

4.《华阳国志》，卷三，《蜀志》:“七国称王，杜宇称帝，号曰‘望帝’……会有水灾，其相开明，决玉垒山以除水害。”

5.《水经·江水注》:“江水又历都安县……李冰作大堰于此。壅江作堋，堋有左右口，谓之湔堋……又穿羊摩江、灌江……。”

接纳了由韩国派来的水工郑国的建议，兴建了郑国渠引水灌溉农地，情形才逐渐改观。这一水利事业的经营，原是韩国为了阻止秦国入侵的政治军事阴谋。然而秦王政何以会接受这种建议而付诸实施？据《汉书·沟洫志》的一段说明："然渠成，亦秦之利也。"正道出了秦王政当初所以接纳郑国建议的心意所在。而韩国当时所以会利用水利灌溉事业来打动秦王，自然也有其时代背景，此不外以下两种：其一，当时秦国正从事对外战争，在军事财力上，对农业生产量的增加有迫切的需要，当时关中平原的农业生产因气候干燥、雨量稀少而无法满足需要。其二，因李冰治蜀，兴建都江大堰引水灌溉，结果，成都平原的农业生产获得极大成就，使秦国对内足以安定经济，对外可以支持战争的消耗，因此，促使秦王政对关中地区经营水利灌溉事业发生了浓厚的兴趣与信心，故韩水工郑国提出开发关中平原四万余顷农田的水利灌溉计划，正符合秦王的心意。虽然工程艰巨，但秦王仍乐于从事，可见秦王对此工程之重视与期待。

秦王政当时开凿郑国渠规模之大，可谓空前。至于年代，系在秦王政元年（公元前246年），即战国末期。此一艰巨的水利工程完成后，使得关中平原渭北地方多出了四万余顷田地的农业生产，充实了秦国的经济资源，增加了政治军事力量，且从秦王政十四年（公元前233年）以后得以陆续消灭韩、赵、魏、楚、燕、齐，平定六国，开创了中国古代统一大帝国——秦汉帝国。

西汉时代北方渠水事业的开发

中国古代农业水利灌溉事业的兴起，如上所述，从东方黄河中下游的河南一带开始而后扩及西南的四川，以至西北的陕西关中平原等处，得到"点"的发展，奠定了北方渠水在农业水利事业开发上的基础，为北方的农业经营布下了未来发展的远景。然而，由于战国初期进入铁器时代，促进了农耕地的开发与水利事业的兴起，引起了经济上极大的变化，且带动了社会、政治的巨大变动。随之，刚成立不久的秦帝国很快便告夭折。随着秦帝国的灭亡与先后长达4年的楚汉相争之破坏，农业生产力及生产组织蒙受严重的损害，数百年相继发展下来的水利事业受到致命的打击。汉帝国创立后，北方各大都市的人口减少了一大半，农业生产也几乎陷于停顿，这种情形在汉高祖时期相当严重。后经惠帝、吕后前后28年的修养生息，文帝、景帝的减田赋、息徭役、与民休息的政策，农业经营才逐渐复苏，恢复了正常的发展。据《汉书·食货志》第四所载："民人给家足，廪庾尽满，太仓之粟陈陈相因，充溢露积于外，腐败不可食。"可充分看出当时国家之富有与人民生活之充裕。然而，尽管当时农业如此发达，但由于在政治上采取了息徭役与民休息的缘故，这段期间的农业水利事业，却似乎没有任何进展，新开发的水利事业经营相当有限，虽然汉高祖时在汉中地区有张良渠，景帝时蜀郡太守文翁曾扩大了李冰原有的水利事业规模，但其规模不但小，数量也有限。经过汉初70年的安定，与民休息，农业生产逐渐恢复正常，国力也逐渐强大起来，然而，到汉武帝时，情势又有了改变。武帝即位以后，开始从事种种对付匈奴的战争准备，对外从事开边工作，对内采用酷吏及商人参与国政，实施均输、平准、盐铁专卖政策。对人民增加税收，兴徭役，征兵开凿河渠。其中除了依然推行汉初以来移民关中，并令豪强迁徙关中的政策外，为了巩固首都关中的国防以及对匈奴作战，并达到关中农业自给自足的目的，更进一步集中全力于关中平原农业水利事业的开发。固然关中平原经秦国数百年的开发与汉初六七十年的经营，已颇具规模，但以国都所在，人口众多，而且地处西北，环境欠佳，所以在经济上一直无法自给自足，每年总需要仰赖关东漕运数百万石粮食的补给。于是，汉武帝便着手建设大规模的渠水灌溉事业，继战国时代魏、秦兴修水利，奠定北方渠水事业的基础后，在中国西北部又开始了大规模渠水事业的经营。其过程如下：

1.漕渠的开凿　汉武帝即位以后，据《史记·河渠书》载，最早于元光六年（公元前129年）由大农郑当时提议在渭水以南开凿长达三百余里的漕渠。此一漕渠的兴凿主要是为了提供首都长安的漕运需要，因为以关中有限的农业生产供给首都大批官吏与庞大军队的需要是不够的。最简便的解决方法便是从关东地区漕运粮食，但黄河到处有急流石滩，对水运时有阻碍，为了减轻水运的耗损并节省运输的时间，所以才有开凿这条漕渠的构想。预计完成后，漕运可从九百余里缩为三百余里，缩短了三分之二，运输时间也从六个月缩为三个月，这在对匈奴战争的紧急时刻是相当有用的；同时可因漕渠的兴凿而增加万余顷民田的灌溉，真是一举两得。于是，得到武帝的赞许。从元光六年（公元前129年）起动工，经三年时间，于元朔三年（公元前126年）竣工，西起今西安城西的昆明池，东至华阴附近，与黄河相接。

2.河东渠的开凿　上述漕渠开凿的实际功效如何？史书虽无明确的交代，但陕西渭南地区的农业水利事业因其开凿而获得进展，当毋庸置疑。所以，在开凿漕渠之后，据《史记·河渠书》载，武帝又听从河东太守番系奏议，在山西汾水下游开凿了专为农业水利灌溉用的河东渠。当时，国家虽富有，但关中每年仍需自关东输入百万石粮食补给。再者，关中与关东之间的漕运，由于屹立在黄河水中的砥柱山阻碍了水上运输，增加了漕运上的许多困难。武帝因为对关中经济的自给自足非常关切，加上漕渠开凿的顺利，才同意这一计划的进行。这件工程动员人数与施工时间，大致与漕渠相似，但是，这一水利工程的美好构想，据《汉书·食货志》载，由于靠近黄河，因河边多沙土及黄河的经常改道，所以最后并未成功。河东渠的开凿，当在武帝元狩或元鼎年间（公元前120年左右），开凿地点则在汾水下游与黄河相接之处。

3.龙首渠的开凿　武帝开发关中农业水利事业以期达到经济上自给自足的目的，由于河东渠开凿的失败，而一时宣告中断，转而回到原来消极的漕运水路方面的改善。如褒斜道，欲从西安以西宝鸡附近穿小道至汉中南部以东的褒水，连接水水沔路，结果也因水中多湍石，不利漕运而告失败。虽然屡次失利，却未动摇武帝开发关中平原水利事业的决心。据《史记·河渠书》载，接着又有庄熊罴开凿龙首渠的计划。（原按，龙首渠在陕西东部，黄河以西，澄城以南，渭北洛水与黄河之间的大荔县城一带。）此时武帝仍热衷于水利事业开发，亟欲再冒险一试，加上当时对外有匈奴的战争，对内又有关东的大水灾。所以，虽是斥卤不毛之地也不放过，便同意了庄熊罴的奏请。龙首渠的开凿，虽号称万余顷之多，但开凿规模却远较以往工程小，动员人数也仅万人，与往日动辄数万人的规模，实不可同日而语。此因以往数次工程规模太大，加上关东一直发生大水灾，加上对匈奴的战争，以致缩小了规模。但是由于此渠土性松疏，且属黄土，渠岸容易崩坏，不得已而凿井，井深须数十丈，工程艰难，进行前后达十余年之久始告完成。其工程技术，以其为井渠，在山中开暗渠，所以，在技术上有了突破性的进步。

4.六辅渠的开凿　正当武帝对外全力袭击匈奴之际，关中也正不断地进行水利事业的开发工作，关东地区十几个郡却不断发生水患。而关东地区历来又是中国经济最发达的地带，每年须供给关中数百万石的粮食，为当时国家经济命脉所在。由于关东灾情严重，使得武帝不得不暂时转移关中的经济开发，而从事关东的治水工作，缩小关中开发的规模。故继龙首渠之后，据《汉书·沟洫志》所载，于武帝元鼎六年（公元前111年）左内史兒宽奏请在渭河以北，泾水中游，即音郑国渠渠首谷口附近，更引一条灌溉郑国渠以北高地农田的六辅渠。此渠长度、面积及施工时间、动用人数，由于史书叙述过于简略，不得其详。不过据颜师古《汉书·沟洫志》注及《兒宽传》注，大概可知一二。《汉书·沟洫志》注云："在郑国渠之里，今尚谓之辅渠，亦曰'六渠'也。"而《兒宽传》注云："……此则于郑国渠上流南岸更开六道小渠以辅助溉灌耳。今雍州云阳，三原两县界此渠尚存，乡人名曰六渠，亦号辅渠。"因此，六辅的意义便是开六条小渠以辅助灌溉。至于其地点，大概是在汉代云阳、池阳两县界，即从谷口的对岸到浊水之间。

而六辅渠之所以开凿，与郑国渠当有关联。按郑国渠开凿以后，经历秦末的大乱及楚汉相争，史书虽未明载，但可能已遭到相当的破坏，至汉文、景帝以来，这条渠道大部分已恢复了原来灌溉农田的机能，但较之开凿当初，可能已略有逊色。所以，兒宽才开凿了六辅渠，利用郑国渠原上流泾河之水灌溉郑国渠以北较高的农地。也许由于规模不大，所以，连生逢其时的司马迁对这条渠道的说明也极为简单。然而，可能因六辅渠的开凿为渭北云阳一带增加了一份灌溉的力量，所以，继兒宽之后，有白公之奏请，又在郑国渠之南开一条渠道，这无疑是受兒宽的影响使然。

5. 白渠的开凿　兒宽开凿六辅渠之后，汉帝国内有关东大水灾，流民二百多万口，武帝动员数万更卒亲临治水；又征讨匈奴，并对朝鲜、南越、西南夷甚至西域，连年用兵，国计民生陷于最困苦的地步。赵国中大夫白公便于武帝太始二年（公元前95年），在关中郑国渠渠首另开一条灌溉渠南的渠道。此渠起自郑国渠上游渠首谷口之南，引泾水经三原以东，再经高陵东北之栎阳，注入渭河。这一带地势较为平坦，渠道发源与郑国渠同处。这意谓着郑国渠此时已逐渐淤积，开始败坏，故先有兒宽在北岸开六辅渠，后有白公在南岸开白渠，全长200里，灌溉4,500顷农田。其面积虽不甚广，但因引泾水，一定带有相当浓厚的黄土，肥沃度极高，故《汉书·沟洫志》曾载有后人对郑、白二渠的赞辞，可知此二渠的开凿相当成功，对关中经济亦有相当裨益。特别是白渠的开凿，更助长此地区的农业发展，故时人才会将此二渠相提并论。它对供给京师长安粮食的重要性，从“衣食京师，亿万之口”可知。固然这句话似嫌夸大，但也是说明其重要性的最好写照。

上述五项水利设施是武帝一朝在关中地区所开发的水利事业当中最重要的部分。此外，尚有在渭水以西的一些水利设施。

6. 灵轵渠、成国渠、沣渠等渠的开凿　在武帝中晚期，除了上列各渠，尚有一些较小规模的水利事业，《史记·河渠书》曾载有灵轵渠、《汉书·沟洫志》载有成国渠及沣渠等。后二渠的开凿，若不是司马迁的疏忽，便是较灵轵渠为晚。就武帝的年代推之，灵轵渠当在元鼎年间，另二渠不见《河渠书》，其开凿年代最早也不会早于武帝太初天汉年间。至其渠道所在，成国渠起于郿县的渭水，系自郿县经杨陵镇，再经武功县至兴平县的一段之称。而后北流经盩厔县北、至咸阳县北，东经汉天子诸陵，至桃园附近注入渭水，称为蒙笼渠，或灵轵渠。据此，这两条渠水名称虽异，但所指却同属一条渠道。至于沣渠，系在盩厔县西南三十五里处，其规模甚小，故史书的记述相当简单。

以上有关武帝时代在陕西关中平原所从事的六项主要渠水事业经营，是继战国初期魏国以及后来秦国之后，在中国西北故秦之地所从事的大规模渠水事业的开发。以规模而言，都相当大，均由中央权臣提议，而由皇帝来执行，动员人数甚多，动辄上万人。中国历史上开发关中平原，至此可谓达到空前。当然其开发是配合着政治军事上的需要。虽然其成效并不如预期大，然而，国家投入过分庞大的支出与付出太多的代价，大兴土木，以致民生凋弊，国库空虚，结果北方渠水事业经营从此停顿。代之而起的是往黄河以南淮河流域小规模陂水事业的发展。其发端是在武帝末年，据《汉书·沟洫志》载，武帝在末年下诏鼓吹利用陂水来灌溉农田。武帝何以有这种诏文，当因历年开凿渠水花费太大，一旦停顿，当然要有代替的措施，那便是一般为人所忽略的小规模陂水事业的经营。这种陂水并非始于武帝的鼓吹，早先即有这种水利事业的存在，如《史记·魏其武安侯（灌夫）列传》所载的颍川（河南禹州一带），此地区开发甚早，一直是中国古代农业发达区，其水利事业向来以渠水为主。灌夫之时有陂池田园，并有食客数十百人。可见，武帝时颍川地区的陂水水利事业的确已相当发展。另在《史记·酷吏（宁成）列传》中，也有河南西南部之南阳曾买卖陂田千余顷的记载，上引二例均在河南，且彼此相距不远。而宁成拥有陂田千余顷，其陂田当指利用陂水灌溉的农田，可见规模不小。据此，可知武帝时陂水事业已逐渐在发展。经武帝下诏鼓吹以后到西汉末年，陂水水利事业发展很快，其中以元帝时循吏邵信臣、东汉光武帝的外祖父樊氏与其岳父阴氏等豪族所经营的陂水事业最为出色，而且都在淮河流域上游的南阳地区。南阳太守邵信臣于汉元帝建昭五年（公元前34年）在南阳断湍水，立穰西石堨，至汉平帝元始五年（5年）将三门扩大为六石门，称为六门堨或六门陂。此为地方政府经营陂水水利事业的例子。至于樊、阴两豪族，樊宏是东汉光武帝刘秀的舅父，樊重为其外祖父，元帝时樊重已有三百余顷农田，且有陂渠灌注其间。陂渠灌注情形，据《水经·淯水注》："朝水又东……为樊氏陂，陂东西十里，南北五里，俗谓之凡亭陂，陂东有樊氏故宅。"阴识为光武帝后阴丽华之兄，阴子方即阴识之先祖。阴氏发展较樊氏为早，规模亦应较大。宣帝时已有田七百余顷，且地处南阳新野一带，同为淮河流域上游，这些农地均属陂水区域无疑。可见西汉一代北方渠水水利事业的开发是集中于西北部的关中平原一带，由国家力量经营而且有莫大成就。但由于武帝对内大兴土木，对外大事征伐，致使国库空虚，民生凋弊。于是，大规模的渠水事业经营停顿，黄河以北的渠水事业转为衰微，而由黄河以南江淮流域的小规模陂水事业所取代，中国古代农业水利事业也由北方转到华中的江淮流域。

东汉时代淮汉流域陂水事业的发展

西汉末年，河南汝南、南阳一带的陂水事业虽已相当发达，但当时的发展仍属局部性，真正普遍而全面的开发，还是要等到东汉光武帝以后。在此期间，王莽篡汉，新朝末年赤眉的起义，以及光武中兴的战争等，前后达二十几年的动荡（9－37年），造成政治紊乱、社会不稳。结果，不但使西汉以来关中平原所维持的富庶与繁荣化为乌有，也使秦汉以来一直受到重视且惨淡经营的北方渠水事业，因战争的破坏与人口的激减而衰落。加上东汉开国皇帝光武帝以出身华中淮河流域的南阳，其政权的经济基础又以此地为中心，国都随之迁到洛阳，中国古代政治社会中心因而东移，更使汉武帝以来逐渐成长的淮河流域陂水事业从此迅速发展，中国古代农业水利的渠水事业正式为陂水事业所取代。这一点不仅说明了水利事业由渠水转变为陂水，还说明了中国古代经济基础也已由北方的黄河流域逐渐转移到南方的江淮流域。所以，它在中国古代农业经济发展史上所具有的意义极为重大。以下就针对这种陂水事业的经营加以论述。

如前所述，中国古代陂水事业经营，于西汉末年已在淮河流域打下了相当的基础。但这种水利事业的开发，经西汉末年数十年间的战乱，就整体而言，不是遭到破坏，便是一时没有进展，这从当时江淮地区到处发生饥馑情况[6]可以看出。其中虽然仍有一小部分豪族还在不断地从事陂水事业经营，如光武帝中兴汉室，便是以此为经济基础。论其普及，则有待东汉初期光武、明、章诸帝数十年间的发展。这从南阳地方豪族社会经济的结构演变以及地域分布的情形可以看得出来[7]。由当时光武帝能立刻招募到数千名军队，可知其所掌握势力之大。他年少时，游学长安，曾资助学友，后值灾荒又运谷至宛地出售[8]。刘氏在南阳地方所拥有的农业经营势力，以陂水为主，当时从事这方面的经营，除与光武帝有直接关系的亲戚外，尚有不少周围的人物。其中有光武的学友并兼具姻亲关系者，如邓晨就是。据《水经·湍水注》载，在湍水至县西北邓禹与邓晨两人故宅住处，均有陂水经营。东汉一代未经记录的私人陂水一定很多，至于官吏所经营的陂水事业则多少载之。如《后汉书·邓晨列传》所载，汝南鸿却陂早在西汉末期便已开发。只因当时到处滥开陂池，造成了严重的水患，故有翟方进奏毁鸿却陂之议[9]，结果并未得好处，反蒙其害。故至后汉光武帝邓晨为汝南太守时，重新修复此陂水，并起塘四百余里[10]。继西汉末年邵信臣之后，东汉杜诗曾修南阳地方的陂水事业，《水经·淯水注》也载有地方官堵阳侯朱祐

6.《后汉书·光武帝纪》第一云："莽末，天下连岁灾蝗，寇盗蜂起。地皇三年，南阳荒饥，诸家宾客，各为小盗。"

7.黄耀能，《中国古代农业水利史研究》，页201－204。

8.《后汉书·光武帝纪》："光武避吏新野，因卖谷于宛。"

9.《汉书·翟方进传》："初，汝南旧有鸿隙大陂，郡以为饶；成帝时，关东数水，陂溢为害。方进为相，与御史大夫孔光遣掾行事，以为决去陂水，其地肥美，省堤防费而无水忧，遂奏罢之。"

10.《后汉书·方术》上《许扬传》。

在南阳开发陂水事业的事迹。朱祐为南阳宛县人，其年代与光武帝同时。以上均属南阳地区。至于汝南一带的淮河流域，史书虽未明载，但在光武帝时，陂水事业的开发可能也已相当普遍。据《水经·淮水注》所载，汝南有富陂县，早在建武二年（26年），光武帝曾封王霸为富陂侯，而富陂县之名，则是汉和帝永元九年（97年）以多陂塘溉稻故称之。据此，汝南一带的陂水事业开发，最迟到和帝时已相当发达。在富陂附近，据《水经·淮水注》所载，有许多不明年代的陂塘，似均可视为这个时期所开发的水利事业。此外，与光武帝有极密切关系的李通，不但与光武帝是亲戚，而且又是为他打天下的一员大将。他是大商人，同时也是经营农业的大地主[11]。所以他曾经营过陂水事业自无问题。以上所述，均为当时一些豪族经营陂水事业的例子。由此推论，当时从事一些规模较小的陂水事业而未为史书所载者，必定很多。诸如光武帝时，河南上蔡、洛阳、南阳、颍川、弘农[12]等地，不仅豪族，就是官吏们也都争相购地，造成了社会极其严重的贫富不均现象。当时政府虽有意限制私人农地数量，却无法阻止。何以如此？当与这一带正是淮河流域陂水事业最发达地区有关，故禁不胜禁，防不胜防。可见此时淮河流域中上游陂水事业已发展到相当地步。明、章二帝时，陂水事业的经营更为充实。据《后汉书·鲍昱列传》所载，鲍昱原为光武帝建武时人，其为汝南太守却在明帝永平年间。当时汝南郡多陂池，只因经常决坏，故鲍昱为太守时加以重修。文中“郡多陂池，岁岁决坏”，说明了汝南郡，至少在光武时期陂池的开发确已相当普遍。由于岁岁决坏，所以才需年费三千余万的管理费用。

到了章帝，据《后汉书·张禹列传》载，陂水事业更延伸到东南部的江淮下游地区。文中提到下邳与蒲阳陂。下邳，在安徽泗县西北一带，亦即淮水流域的中下游。蒲阳陂在张禹以前就有，唯久已堙废未修，可见此地早经开发。然而早期的开发属局部性，规模甚小，至明、

11. 杨联陞,《东汉的豪族》,《清华学报》,第11卷第4期（民国二十五年十月）。

12. 黄耀能,《中国古代农业水利史研究》,页213－214。

章帝时，规模变大，故张禹更开水门，灌田由数百顷增至千余顷。据《后汉书·循吏列传》王景条以及《马援列传》马棱条所载，王景修芍陂，马棱为广陵兴陂湖。（原按：芍陂在安徽寿春附近，广陵则在江苏扬州一带。）这两个地区，芍陂兴筑于楚相孙叔敖兴水利时，后由王景加以修复；至于广陵之陂湖，除于西汉宣帝时曾有过相关史料[13]外，未见任何记载。芍陂的规模，《水经·肥水注》说："其陂周有百二十余里"，至于广陵的陂湖，能灌田二万余顷，规模相当大。可见当时的陂水事业不但已由淮河流域中上游延伸到下游，规模也由小而大。此后，于和帝初，仍偶有修陂池之事，可见东汉时代淮河流域的陂水事业开发已达顶点。于是，经光武、明、章诸帝至和帝，户数、人口、垦田数一直都在增加。户数从光武帝时的427万户，而明帝时的586万户；章帝时的745万户，至和帝时的923万户。人口由光武帝时的2,100万人，明帝时的3,400万人，章帝时的4,300万人，至和帝时的5,300万人。垦田数到和帝时已有732万顷[14]。这些都是江淮流域陂水事业开发的成果。此后江淮流域陂水事业的开发暂时告一个段落，且于安帝时呈饱和状态。在《文选》中，张衡的《南都赋》有如下的描述："于其陂泽，则有钳卢玉池，赭阳东陂，贮水渟洿，亘望无涯……其水，则开窦洒流，浸彼稻田，沟浍脉连，堤塍相輑……决渫则暵，为溉为陆，冬稌夏穱，随时代熟。"张衡系东汉安帝时人，在上文里，对南阳的位置、山川、河流及物产都叙述得相当详尽。其中与水利有关并值得注意的是提及南阳地区的陂塘泽水，以及南阳地区灌溉事业之盛，到处有灌溉用的水路，可见当时南阳陂水事业开发，的确相当发达，又为汝南或淮河中下游陂水事业兴盛的另一证据。

13. 佐藤武敏，《古代における江淮地方の水利开发》，《人文研究》，十三の七（大阪市大文学会，1962年）。

14. 黄耀能，《中国古代农业水利史研究》，页218附表。

总言之，淮河流域陂水事业的开发，从西汉中晚期，即武帝末年北方渠水事业中止以后开始，当时开发地区仅限于汝南、南阳一带的局部经营，及至东汉初的光武、明、章时代，因其政权建立在淮河流域豪族的基础上，陂水事业才进入大规模的开发。此时不管是南阳或汝南，陂水事业都已相当发达，为陂水事业开发的全盛期。到安帝时代，并由淮河中上游的西部延伸到中下游的东南沿海地区，可视为陂水事业发展的普及期。随后由于政治社会的不安定，农业水利事业的发展也受到影响。

东汉时代淮河流域陂水事业的开发，虽为当时的主流，北方的渠水事业从汉武帝末年中止以来，又一落千丈，然其地具有数百年的开发根基，仍为国家政治社会文化经济的中心，水利事业经营之隆衰，对国民生计影响至巨。所以，经西汉末年一时的停顿后，到了东汉时代，依然未敢放弃对北方黄河流域渠水事业的维护。如光武帝时代，在治水水利事业上虽没有什么特别成就，但以国都东迁洛阳，故从洛阳开始，以至各地区仍有一些水利事业的经营。据《后汉书·王梁列传》所载，王梁曾在洛阳一带凿洛阳渠，穿渠引谷水经洛阳城下以至巩地，作为东西漕运之用。然以设计失当，水量不足，结果渠成而水不流，故随后有张纯续成其水利事业。接着，张堪曾在河北狐奴利用沽河之水溉稻田八千余顷。到了明帝时代，因自从武帝末年中止北方渠水事业经营以后，治水事业也告停顿，于是北方又有不少河患发生，其中河南以下的河患特别严重，不得已才由王景与王吴修汴渠水患。至于水利事业却未曾见到，这不仅是在明帝时代，就是到了章帝，渠水事业还是很少[15]。如此，经过长期间的停顿，致使各地水利设施逐渐败坏而影响到农业灌溉的推行，故在和帝与安帝时有疏导河堤、维护农业水利灌溉的措施。汉和帝系于永元十年（98 年）下诏令，其中特别强调对沟渠的疏导，可见当时水利事业的荒废已严重地影响到农业的经营，故须下诏令以维护水利设施。安帝则于元初二年（115 年）二月下诏，范围包括漳河流域的临漳地区，即战国时代魏文侯时西门豹为邺令治水且凿渠十二之所在；三辅，即关中长安一带，郑国渠、漕渠、白渠、龙首渠、成国渠之所在；河内，即河南中部，

15. 佐藤武敏，《古代における江淮地方の水利开发》，页 240－241。

黄河以北，沁水、济水之修武、获嘉一带；并有河东地区，即山西西南部之河东渠一带；以及上党，即山西中南部之清漳水、浊漳水上游；与太原，即山西中北部。这些都是秦汉以来北方渠水事业最发达、最兴盛的地区。但从此以后，由于战乱以及政治的黑暗，社会动荡不安，维护工作难以持续，以致水患频繁，水利设施败坏，北方渠水事业趋于没落。

三国屯田制度下的渠陂事业经营

东汉中期以后的政治与社会，由于外戚宦官的明争暗斗，加上士族清流的介入，出现了打击民心士气的党锢之祸。使得东汉帝国的中央集权政治从此日渐败坏，终于爆发了黄巾起义。结果，四海沸腾，往日繁华的中原地区，一时死伤无数，使得大帝国所维系的政治体系动摇，也使春秋战国以至西汉所惨淡经营的北方黄河流域农业经济基础毁于一旦。其中尤为严重的是董卓之乱，将一直作为国都的长安都城夷为废墟，西周以来的东都洛阳也成为彼此残杀的战场。如此前后达数十年，北方人口一空，至献帝年间，将近两百年的东汉统一大帝国，又分崩离析为州郡、牧守、豪强的小天地。由于长期的战乱，北方农业经济遭到彻底的破坏，到处有严重的缺粮现象。于是各地群雄为了确保本身军粮的来源，便采取军屯的办法从事农业生产。其中最有成就的，最先是陶谦在徐州用陈登屯田[16]。后来能巧妙运用，且收到重大成效的是曹操。曹操于建安元年（196年）采纳枣祗、韩浩的建议，命任峻在许昌一带从事屯田事业，结果不但获得丰足的军粮，巩固军事上的优势，更进而得以开创曹魏王朝。后来曹魏不仅借此安定了本身的经济，而且尚有余力对西蜀、东吴用兵，后日司马氏之得以统一中国，也全赖曹魏继续不断实施屯田的成果。以下叙述三国时代屯田事业经营下农业水利事业的发展。首先从当时屯

16.《三国志·魏志·陈登传》注引《先贤行状》。

田最力，水利事业经营成绩最佳的曹魏开始。

曹魏的屯田从建安元年在许昌募民屯田开始。在曹操据有华北经济的关键地带以后，东南与孙吴对立，西南与蜀汉对峙。于是在西南的边境，东南的前线以及东北河北等边境实施军屯，而在内部各地实施民屯。就农业水利事业的经营而言，以东北的河北、西南的陕西，以及东南的安徽的军屯事业较有成绩。至于内地的民屯地区，大致是维持农业生产而已，对水利灌溉事业的开发较不重视。

三国分立，魏蜀吴各据一方，其中成为曹魏最大祸患者，就是南方的孙吴，故曹魏军屯事业亦始于东南与孙吴相接之地。据《三国志·魏志·刘馥列传》载，刘馥原为沛国相人，为避战乱移住扬州，投靠曹操后被命为扬州刺史。他在扬州广屯田，治陂堨，所兴治芍陂、茹陂、七门、吴塘，均在安徽寿县附近或在怀宁一带。在建安年间，这一带是对抗南方的军事重地，故刘馥死后，曹操仍继续固守，于建安十四年（209 年）引水军入淮，驻军合肥，并从事芍陂屯田。由于地属军事重地，魏文帝黄初二年（221 年），吴魏两国在此曾有过一次大战。后来更加强并扩大经营，齐王芳时，邓艾建议扩大对淮南屯田以备粮，并重修扩大魏文帝时豫州刺史贾逵所开运渠为广漕渠。他的计划得到司马懿的采纳，便在安徽凤阳以南、寿县以西，颍水、百尺水、河水、濉水一带大治陂水穿渠，北至河水，使通江淮。并修淮阳、百尺二渠，使溉田二万顷，可见其规模之大。这是曹魏在南方边境对付孙吴的军屯所经营的水利事业开发情形。至于西北方面，不但时间较东南要晚，同时规模也小得多，而且也没有什么与发展水利事业有所关连的记载。

中原地带的情形，除了有一部分是为了漕运水运而开凿外，对农业水利事业经营少有新的建设，而是集中于修复工程上。曹操曾对战国初魏国西门豹所凿的漳河渠加以复修。其次，于魏文帝、明帝时代，河南西北的沁水亦有司马孚之修治石门。这些都是修复旧有水利设施的例子。此外，江苏境内，另有郑浑之从事农业水利灌溉事业。郑浑所开之陂在萧、相二县，即今江苏萧县西北二十里及今安徽宿县西北九十里。最后在关中一带，为配合屯田，也修复成国渠，并开凿临晋陂。成国渠为魏尚书左仆射卫臻征蜀所开，卫臻并于魏明帝青龙元年（233 年）延长成国渠，并筑临晋陂，引汧水及洛水溉舄地三千余顷。

总之，曹魏王朝不管在民屯或军屯方面，始终相当重视农业水利事业的经营。结果，从境内到边境，水利事业都非常发达。只是在境内较着重于旧有水利设施的修复与维护；而在边境或国防前线，特别是东南孙吴的前线，则有一些新开发的水利灌溉事业经营。

其次，谈到孙吴与蜀汉的屯田与水利事业经营。这两个国家就地理环境与农业水利事业发展的条件而言，均与北方的曹魏不同。孙吴虽据有长江中下游湖、皖、江、浙的一部以及闽、粤的东南沿海一带广大地区，从古以来，这一带地区的开发却相当缓慢。固然，早在春秋时代，这一带是吴越的大本营，且为了争霸称雄，在水利建设方面也颇有成就。可是在农业经济上却没有什么特别的贡献。到了秦汉时代亦然，农业仍属于火耕水耨的落后地带。及至东汉明帝以后才逐渐改观，由北方传来犁耕法。顺帝永和五年（140 年），会稽太守马臻又筑镜湖以灌溉九千顷农田，如此，东南沿海的开发才逐渐兴盛起来，人口也逐渐增多。直到东汉末年豪强之间的混战，中原地区烽火连年，东南沿海渐成为北方人避难的好去处。为此，促进了东南沿海地区的开发。孙吴就是这一股势力的代表。孙氏于建安十三年（208 年）与刘备联军，大败曹操于赤壁，阻止了曹操南进统一中国的野心，政权始得以安定，于黄初三年（222 年）自号吴王，太和三年（229 年）在建业称帝，并维持了七十多年的国祚。在此期间为巩固本身政权及对抗曹魏与蜀汉，所以在国力的充实、人口的增加、土地的开发、农业经济的发展上，都曾下过相当的努力。其中，尤以农业经济开发最为重要。

农业经济开发，不但牵涉到屯田事业经营，同时还关联到水利灌溉事业的开发。在江东，农业经营方面，土地不成问题，问题在于人口稀少与劳动力不足，这成为孙吴发展农业的最大阻力。至于农业水利事业经营，孙吴开国以后也与北方曹魏一样实施屯田政策，大抵以军屯为多，民屯较少。可是屯田所经营的水利事业却是少之又少。屯田事业虽有规模较大的，却与农业灌溉事业无关。至于孙吴当时的屯田地区，大抵又以吴都建业附近为多，其中军屯大致集中在与曹魏相邻的庐江、皖口一带。民屯则分布较广，东起海口，西迄西湖。这一带屯田地区刚好都是水利灌溉较方便的地带，故屯田事业的经营很少与水利开发有关联。虽然如此，孙吴为了促进灌溉事业的发展，也曾经有过筑堤、开陂塘的水利工程。如孙亮建兴元年（252 年）十月诸葛恪率军遏巢湖，兴东兴塘；永安三年（260 年）秋，用都尉严密议，作浦里塘；天玺元年（276 年），有临平湖的开通[17]。固然开陂塘、兴堤，可能是为了防水患或为了水运，但如上所述，似乎都是为了灌溉上的需要。然而，可能由于这些工程规模太大以及人力不足，结果并没有什么重大的成就。

17.《三国志·吴志·三嗣主传》云："（永安）三年秋，用都尉严密议，作浦里塘。……天玺元年，吴郡言临平湖自汉末草秽壅塞，今更开道。长老相传，此湖塞，天下乱，此湖开，天下平。"

至于蜀汉，其所据有的四川地区，据史书所载，早在西周时代便与中原有所接触，其发展却始于战国秦蜀郡太守李冰开发成都平原的农业水利事业后，才使四川的经济得以自给。故东汉初年，公孙述据此得以形成一股势力。但能自成一个国家，且能维持数十年的政权，则始于三国的蜀汉时代。此地于献帝时代，原为刘焉势力范围，其子刘璋因受张鲁威胁而引刘备入川，遂为刘备所乘。刘备于建安十九年（214 年）入据四川，经数年整顿，才巩固其地位，于建安二十五年（220 年）自立为帝。然仅过三年，以蜀吴素有荆州之怨，刘备兴兵伐吴，兵败病亡。后主刘禅践祚，在位达四十年之久，以国家贫弱，终为曹魏所灭。刘氏父子经营四川，前后四十余年，对四川的开发自有相当贡献。刘备崩亡，刘禅继位后，蜀汉渐趋安定，同时军政大权又操在丞相诸葛亮之手，在政治、外交、经济上都曾有某些程度的发挥与成就。他为了安定内部，曾在建兴二年（224 年）推行劝农政策，并为了确保成都一带的农业生产而派兵防卫都江堰。都安大堰由战国秦蜀郡太守李冰开凿，后经各代的维护与扩大，成为全国经济最富庶的地区。但蜀汉终因政权不稳定，国家贫穷而未能有新的水利事业建设，因此，诸葛亮只有派遣军队来防卫原有水利设施不被破坏。此外，为了讨伐北方曹魏，加上北方多山，补给不易而有屯田措施。起初在汉中南郑以北，褒城以西的北伐中途站的黄沙屯有屯田措施，但因运输不便，最后又在关中平原长安以西的郿地屯田。蜀汉的屯田主要以上述为主，其性质又属军屯，加上在这些地区的屯田时间甚短，且未见与水利事业有何种关联，若有也仅是对都安大堰的维护而已。可知蜀汉的屯田经营与水利事业并无多大关系与成就，由此也可看出蜀汉在政治军事上衰弱之原因所在。

两晋南北朝水利事业的变化

三国时代曹魏的屯田措施，恢复了中原地带的农业生产。终曹魏一朝，华北的基本经济地带得以维持。司马氏篡魏，秉承其经济建设成果，开创了西晋王朝。开国之际以孙吴未灭，所以仍继前代奖励农耕，并从事水利事业经营。自天下一统，四海升平，君臣荒嬉，农政开始废弛，水利事业逐渐停滞。加上中央权力衰退，诸侯争权而酿成了“八王之乱”，引来“五胡乱华”、西晋灭亡之巨变。王族司马睿仓卒继立于东南，开创东晋王朝。然以崛起江东，无政权基础，加上北人南来，志在收复中原，无心久留南土，以致水利事业偏向水路之建设以供北伐之需，无心农业水利事业的经营。所以东晋一代在江东对水利灌溉事业经营并不积极，数量也极有限。及至南朝各代，南来北人已感北伐成功不易，而觉悟定居江南。因之，在江苏、浙江、安徽一带有许多水利灌溉事业的经营，奠定了日后发展江南农业的基础。

至于北朝，自从西晋灭亡，华北地区的黄河流域便成为北方草原民族的争斗之地。经过了“五胡十六国”的乱局，生灵荼炭、经济萧条，及至北魏拓跋氏崛起，才逐渐恢复安定，且重视农耕与水利灌溉事业。后经东魏、西魏的分裂，北齐、北周相继兴起。特别是北周，虽处西方，但因重视农耕及水利事业经营，国力甚强。后来隋文帝篡北周，享有了北朝以来农业水利事业的成果，而后配合政治军事的优势，得以消灭南陈，统一全国，促进隋唐大帝国的诞生。以下就将两晋至南北朝的农业水利事业经营，分成几个段落加以叙述。

1. 西晋　武帝于咸熙二年（265 年）篡魏，接着平吴统一全国。前一段以孙吴未灭，故不仅继续重视农业生产，而且对水利事业也能承袭前代旧规。傅祗曾于武帝泰始七年（271 年）为荥阳太守，以河水泛滥造成灾害，而筑沈莱堰以杜塞之。此系就魏黄初以后邓艾所开之石门，至西晋初为患而加修复。至于农业水利事业方面，大都在首都洛阳一带，以旧有水利工程的修复为主。泰始十年（274 年），充禄勋夏侯和修新富寿游陂三渠，溉田千五百顷，因文献不足，未知何地。然以国都位置及夏侯和身份猜测，当不出河南、安徽的江淮流域。平吴以后，则有镇南将军杜预修治南阳一带的水利事业。他在南阳地区不但修复历代所建造的水利工程，并予以扩大。《水经·湍水注》说："晋太康三年，镇南将军杜预，复更开广，利加于民。……六门侧又有六门碑，是部曲安阳亭侯邓达等，以太康五年立。"据此得知他于晋太康三年（282 年）修复六门陂，并加扩大。因此，南阳地区的水利事业更为发达。除了河南之外，淮南相刘颂，更修复安徽寿春的芍陂。接着于惠帝年间，刘弘修治河北北平一带的车相渠，其祖刘馥，曾修芍陂、茹陂、七门、吴塘等水利事业[18]，其父刘靖，曾广修广陵堰和车相渠[19]，刘弘则于镇幽州时修车相渠。至于江南地区的新建水利事业，仅有地方官陈敏的练塘水利经营而已。他于西晋石冰起义时，曾为晋朝尽力平乱有功，而为广陵相。惠帝永兴元年（304 年），见中原八王之乱起，却举兵反

18.《三国志·魏志·刘馥列传》："刘馥字元颖，沛国相人也。馥既受命……于是聚诸生，立学校，广屯田，兴治芍陂及茹陂、七门、吴塘诸堨以溉稻田，官民有畜。"

19.《三国志·魏志·刘靖列传》："馥子靖，黄初中从黄门侍郎迁庐江太守……遂开拓边守，屯据险要，又修广广陵渠大堨，水溉灌蓟南北，三更种稻，边民利之。"

晋，后为甘卓等人所灭。

综上所述，西晋一代的水利事业，可说皆属中原地带的修复工作，仍是曹魏水利事业的延续。固然当时对于一些漕运水路尚称注意；但前代以来军屯所经营的水利事业却为西晋带来严重的水患，加上当时北方农业因有水碓事业的经营，也影响了水利事业的经营与发展[20]。

2.东晋　东晋自元帝自立于建业，直到为刘裕所纂，历十一帝，共一百零四年，享祚刚好多出西晋一倍。然其水利事业经营，似乎尚不及西晋，其中部分系属新建，部分属于维护。张闿于元帝大兴四年（318年）为晋陵内史，所管辖四县天旱，便于曲阿一带丹阳县北三十里兴筑安丰塘，动用211,400人工灌溉田地，以未得皇帝许可，擅自兴造，致遭免官。后因公卿代申诉冤，而得复官。此为东晋以来第一次在江南吴地兴修之水利工程。其次，于成帝咸和（326－334年）年间，有孔愉修复浙江慈溪一带句章县之旧陂故堰，可灌田地二百余顷。穆帝永和八年（352年）更有殷浩于桓温横行之际，受命为中军将军，率诸军北上对抗桓温，在江西开沟灌田[21]千余顷，以供军需。此外，吴兴一带有殷康兴造水塘，殷康系吴兴太守，地点则在乌程，即江苏之江南一带，三国孙吴故地。

以上所载，东晋的水利事业经营寥寥可数，其地区分布，也仅限于南方江浙一带的维护工作。至于当时水利事业所以如此不振，大概有下列几种因素：其一，东晋开国之初，政权不稳，加上南来的北人一心一意志在北伐，无心久留。其二，南方土豪先占地利，拥有土地肥沃、水利方便的地区，无心另谋发展。加上江南地方，多湖泊河川，雨量充沛，得利天然，不待另造水利工程也能从事万顷农田之经营[22]。

3.南朝　由于东晋以来一百余年在江南地方的经营，到了南朝时代，增强了对江南的开发。且经东晋以来对北方草原民族之征战，深感收复中原之不易，不得不迁就现实定居江南。所以，南朝以来劝农

20.黄耀能，《两晋南朝农业水利事业的历史地位》，《中山学术文化集刊》，第26集（1980年11月），页25－28。

21.同上书，页34。

22.参看《晋书·文苑传》伏滔条引文。

垦田之事，一直很受重视，水利事业的经营也随之而兴。

南朝始于刘宋，刘裕早年在国家政治利害上，即与北方对立，而有北伐之举。开国后，时常进讨北方，故在劝农与水利事业上，相当注重。对与北方交接的军事前线注重维护工作，所以在东北部国境安徽寿春一带有修芍陂以应军事需要的水利事业，随后各代也时有维护。其次，在西北部的襄阳修治水利事业。宋文帝元嘉（424－453年）年间，襄阳曾有筑长围修堤堰或修六门堰的水利事业，使得农业生产得以恢复。不仅襄阳，就是襄阳东北的南阳一带，也有修陂堰者。在《宋书·自序》中，便提及宋文帝曾修治南阳马人陂。此外，在南朝首都建康附近及吴地一带也从事水利事业经营。宋文帝元嘉十三年（436年）修治钱塘的水塘堤防[23]。“文帝纪”也载有元嘉廿二年（445年）起江苏、丹阳以东湖熟之废田千顷，及在浙江余姚等三县开湖田[24]，并修江苏常州之阳湖。

23. 黄耀能，《两晋南朝农业水利事业的历史地位》，页55。

24. 同上书，页55－56。

25. 同上书，页58－59。

26. 同上书，页61－62。

南齐初年，齐武帝、高帝也很注重江南的水利事业经营。如齐高帝时，齐郡太守刘怀慰决江苏六合县之沉湖灌江废田两百顷。齐高帝建元三年（481年），刘僧瑗到丹阳溧阳一带，得荒熟田八千多顷，欲动工修塘，事未成，遇刘僧瑗迁官[25]。当时江南，尤其是靠近江浙吴地一带的湖海农地之陂堰相当普遍，湖田的开发时有所闻。齐明帝时曲阿令邱仲孚在曲阿以西，练湖一带开凿长冈埭水利事业。南齐的水利建设如上所述，偏重长江以南，建康以至江浙吴地一带，而后伸及南方的湖南南昌，如齐明帝时，龙骧将军周山图在湖南南昌引水灌田。同时继刘宋之后，在东北部有项崇祖，承齐高帝之命屯田修芍陂。

至梁武帝萧衍，除在江浙一带之吴地外，还在长江以北至芍陂一带从事军屯水利事业之经营。如梁武帝天监九年（510年）新作缘淮塘，十三年（514年）在淮河寿阳附近作浮山堰，同年梁武帝率康绚督众军在淮河寿阳上游作荆山堰[26]。为了与北魏对峙而行屯田，在前线也有修治芍陂的水利事业，如：普通六年（525 年）在宿预附近筑宿预堰，并修曹公堰，大通二年（528 年）在徐州东南筑寒山堰，中大通六年（534 年）在寿阳一带立苍陵堰。这些均与当时的屯田有关。在江淮流域，寿春西南一带也有水利事业。至于南方或东南沿海之吴地，则有中大通二年（530 年）陈庆之至吴地义阳郡江南诸州的经营，开田六千顷。以及梁武帝都水使者沈瑀于天监二年（503 年）在扬州江苏句容等地修筑赤山塘。以上数例，皆可看出梁朝武帝一代的水利事业经营着重于以军屯来充实军事需要。

及至陈朝，虽有武帝时修复破冈渎（在句容县东南）之水利事业，但以江北尽为北周所有，且陈朝承梁侯景之乱的破坏后，退守长江以南，虽思振作以抗北齐、北周，但心有余而力不足，故水利事业经营无暇顾及。

4. 北朝　水利事业的经营，应始自北魏，经东西魏，再经北齐、北周以至隋文帝篡北周，前后约二百年左右。北方早从“五胡乱华”及西晋灭亡后，便有“五胡十六国”崛起，当中除了前秦苻坚曾经修过郑白渠外，其他均以政情不安、社会不稳，所以谈不上有任何水利事业的经营。

及至北魏道武帝拓跋珪立为代王（386 年），从绥远盛乐迁都山西平城以后，才逐渐注意农业经营。其发展则须至太武帝时（444 年），才有薄骨伊镇将刁雍之在黄河上游的绥远河套一带开艾山渠[27]。及至孝文帝太和四年（480 年），有徐州刺史薛虎子利用徐州一带清汴渚水灌田，怀州刺史沈文秀在怀州从事农业经营。太和九年（485 年）颁发了均田诏，太和十二年（488 年）下诏维护北方六镇、云中、河西及关中的水利事业。以上各种水利事业措施，恢复了以往历朝对水利事业的关心。至宣武帝永平年间（508 年），不但实施军屯来修水利事业，同时还从事了一些漕运水路经营[28]。所以，北魏一朝的水利

27. 黄耀能，《北朝农业水利事业经营的历史地位》，《幼狮学志》，第 16 卷第 3 期，《中国农业史专号》（1981 年 6 月），页 54—55。

28. 同上，页 58—59。

事业经营逐渐有了规模。但孝明帝以后，由于内部发生羽林兵变及六镇起义，以致政情紊乱，孝文帝以来的建设遭到破坏，以往的水利事业又缩小到洛阳附近地区的经营。

及至北魏分裂为东、西魏，东魏与北齐据有黄河以东的华北地区，水利事业经营仅止于漳河一带的邺城及河北戾陵堰、车相渠等水利事业的维护工作。西魏以地处西方，故从事了关中白渠以及北地富平堰的水利维护，北周继而在陕西开龙首渠。隋文帝篡北周后，更由西北以至东北地区从事水利事业经营[29]，使关中平原的水利开发扩及黄河中下游与江淮中下游地区；随后吞并了上述南朝在南方所经营的水利开发成就，开创了中国古代第二期大帝国——隋唐大帝国的诞生。

29. 黄耀能，《北朝农业水利事业经营的历史地位》，页66－67。

结 语

中国农业的起源始于华北的旱地农业经营，可是它的发展，却是得力于春秋战国时代水利灌溉事业的兴起，尤其是进入铁器时期的战国时代以后，水利事业的发展相当迅速。到了战国末年，北方已有大规模的水利工程出现，促进了秦汉大帝国的形成。至西汉武帝，更为了配合对匈奴的战争与保卫首都安全，而在关中平原从事了大规模的渠水水利事业经营，结果在技术上也有重大的突破。然以对内大兴土木，对外大事征伐，造成国库的空虚，导致大规模渠水事业经营的中止，代之而起的是由西汉中期直到东汉，地方豪族在淮河流域丘陵地带的陂水事业经营，为华中地方农业经营带来相当的发展与繁荣。三国鼎立后，由于军事上的需要，实施了屯田政策，恢复农业的生产，更带动了江淮流域及东南沿海的农业开发以及水利灌溉事业的发达。东晋崛起江左，政局不稳，人心未定，于是水利不修。然南方自然环境优越，故尚能自持。及入南朝，南来汉人久居江右，知北复中原不易，而作久留南土之计，故水利事业在江浙一带颇有进展。而北朝则于北魏开始注重农耕，并留意水利事业的经营与维护，逐渐恢复农业旧观。北周为隋文帝所篡，他秉承北朝之政，注意南北各地农业水利事业的经营，终得以开创古代第二期大帝国的诞生。

披荆斩棘

新耕地的开发

梁庚尧

从地理来观察中国历史上的农业发展，农业疆域的扩展无疑是一个重要课题。中国境内广大的农业区，并非自古以来即已存在，而是历史长期演变的结果。随着人口的增加和扩散，人们不断地开辟新耕地来生产粮食，以维持生活，于是农业疆域也跟着不断地扩展；从最早黄河中、上游的黄土台地，到黄河下游的黄土平原，然后往南方发展，从华南各地的平原而渐次及于沼泽、山区，最后及于近世新开拓的边疆地带。在这一个扩展的过程中，农作物的种类愈来愈繁多，耕作的方法愈来愈精细，中华民族生活的范围愈来愈广大，不仅如此，中国人的生活传统在这个扩展过程中逐步形成，中国文化也伴随着这个扩展过程而扩展。

北方农业的兴衰

中国历史上农业疆域的扩展，大体而言，有自北而南的趋势。自远古以至汉末，农业主要在北方发展，南方农业的起源虽不比北方迟，土地的开发却比北方晚，农业远比北方落后，因此农业地理的重心偏在北方。汉末以后，由于长期战乱的破坏，北方农业受到严重的打击，开始衰落，久久不能复原，农业地理的重心于是逐渐往南方转移。

远古华北农业的起源，可以追溯到新石器时代。黄河上、中游黄土高原的中南和东南部，包括今日陕西省渭河流域、山西省汾河流域和河南省西部，是新石器时代考古遗址分布的核心区，华北最早的农业，也就是起源于这一个地区。华北农业虽然起源于黄河流域，却和黄河本身很少直接的关联，而是发生于黄河的支流流域小河旁边的黄土台地上，这些台地通常高出河面十余尺至数百尺。换言之，华北最早的农业和黄河的泛滥或河水的灌溉无关，而是旱地陆种农业。因此，华北最早的栽培作物是小米，包括古代典籍所载的粟、黍和稷，是耐旱性很强的作物，最适合在华北干旱的黄土台地上繁殖[1]。

1. 何炳棣，《黄土与中国农业的起源》（香港，中文大学，1966年），页107－133。

这种以小米为主要农作物的旱地陆种农业，自新石器时代的仰韶文化期已是如此，再经龙山文化期、商代、西周到春秋，农业区已从黄河上、中游扩展到黄河下游，也就是河南省东部及其以东的黄土平原地带，农业的形态基本上一直没有很大的改变[2]。

旱地陆种农业固然是春秋以前农业的主流，但是殷商以后麦作、稻作和豆作的出现，说明华北农业逐步从高旱的台地推展到低湿的地带。粟、黍和稷都是华北的原生植物，麦则传自域外。麦作所需要的水分，较小米为多，不适宜在黄土高原种植，而是栽培于近海、雨量较多的华北平原。殷代卜辞中已有麦字，但是一直到春秋时代，麦作仍不普遍，大概只是贵族的食品。稻是在高温多湿的条件下才能生长的农作物，新石器时代华南江、淮一带已有稻作，可见中国应该是最早栽培稻米的地区之一。华北的稻作传自南方，仅在少数温度较高而低湿的沼泽地带推广。殷商时代华北是否已经种稻，尚难十分肯定。西周以后，稻米已经用作酿酒的原料，并非一般人民所能享用的食物。大豆的生长也需要相当多的水分，甚至超过麦作。中国是大豆的原产地，应无疑问，但是豆作的出现，却晚至西周以后。春秋以前，大豆在农作物中所占的地位也并不重要[3]。麦、稻和豆的进一步推广种植，是战国灌溉事业发达以后的事，尤其是大豆，在战国时期已经成为一般人民的主要粮食[4]。

春秋末年以前，由于农业技术的限制，农耕地是很有限的。在周代封建制度之下，各级封君的领地以封疆为限，农耕地仅限于封疆之内，封疆之外，也就是各个领地之间，尚有十分广大的荒地存在。春秋战国之际，农业生产技术有了飞跃的发展，使得原来荒芜的土地可以大量开辟成为农田。古代耕地的农具以耒耜最为常见，耒耜以手操

2. 张秉权，《殷代的农业与气象》，《中央研究院历史语言研究所集刊》，四十五本三分（1970年）；钱穆，《中国古代北方农作物考》，收入于宗先等编，《中国经济发展史论文选集》（台北，联经，1980年），下册，页801－823。

3. 何炳棣，《黄土与中国农业的起源》，页140－172；许倬云，《两周农作技术》，《中央研究院历史语言研究所集刊》，四十二本四分（1971年）；黄耀能，《中国古代农业水利史研究》（台北，六国，1978年），页43－51。

4. 黄耀能，《中国古代农业水利史研究》，页45－46。

作，用来挖掘土地，多用木制或石制。以木、石制造农具而以手操作，自新石器时代就已经如此，其后虽然经历商代、西周灿烂的青铜文化，考古发掘却极少发现青铜农具。一直到春秋末年，农具才有明显的进步。这可以分两方面来说：首先是铁制农具的使用。冶铁业自西周以来一直不断的发展，春秋以后进步尤其快速，春秋、战国之际，木、石制造的农具已逐步淘汰，铁制农具开始大量的使用。其次，新型的农具——犁，以及和犁配合的牛耕技术，也出现在春秋末年[5]。铁制农具远较木、石制造的农具锋利，犁的构造也比耒耜更易于翻转和压碎泥土，牛耕则显然较人力耕作有效率得多，在有利的工作条件下，农人渐有能力开垦更多的土地。

灌溉技术的进步是春秋战国之际农业技术的另一项重大进展。春秋以前，尚不重视灌溉；春秋中叶，郑国才首度出现灌溉设施[6]。战国初期，魏国邺令西门豹曾经凿沟渠引河水灌田，所凿沟渠有12条之多，至战国中期，邺令史起又重加修复，可见灌溉设施的兴修已经成为地方官的政务之一。战国末年，秦国更从事大规模的水利建设，蜀郡太守李冰在成都平原修建都江堰，溉田万顷；而水工郑国在关中平原所筑的郑国渠，溉田更达四万顷之广。这些灌溉设施，除供给农作物水分外，尚有冲洗盐分以改良土壤的作用，便利荒地的大规模开垦[7]。大规模的灌溉设施之外，还有小型的井和水塘，而且也有了以桔槔抽井水的简易机械装置[8]。

除农业技术的进步有助于新耕地的开发，政治因素也促使战国时期大规模地开垦荒地。各国为了富国强兵，争雄于天下，对于农业都十分重视，广地殖谷成为当政者一项重要责任。例如李克在魏国推行“尽地力之教”，妥善计划土地资源的利用；商鞅在秦国推行变法，以“农战”为最高目标，鼓励男丁多的家庭分家，从事农耕而能增高生产量的农民，给予免役的优待；齐国的政策，则反映于《管子》一书中，

5. 萧璠，《先秦史》（台北，长桥，1979年），页120。

6. 何炳棣，《黄土与中国农业的起源》，页119－120。

7. 黄耀能，《中国古代农业水利史研究》，页57－112；许倬云，《两周农作技术》。

8. 许倬云，《两周农作技术》。

所谓“民事农则田垦，田垦则粟多，粟多则国富，国富者兵强，兵强者战胜，战胜者地广”，便是鼓励垦荒的最好说明[9]。各国君主为了激励人民奋勇作战，常以土地作为奖赏，战士可以凭借军功取得土地，这对荒地开垦也有促进的作用[10]。总之，由于各种因素的配合，到战国末期，许多草莱之地都已经开辟成为良田了。

自战国末年以至秦汉，华北荒地已经大量地转变成为农田，可以从这段时期精耕农业的发展反映出来。在有大量荒地存在的时候，开垦荒地是提高农产量的最佳途径，荒地逐渐消失之后，要继续提高产量，便只有仰赖精耕细作，以增加单位面积的生产量。战国末年的农业知识，总结于《吕氏春秋》的《任地》、《辨土》两篇，根据这两篇的记述，可知当时的农业已经懂得如何改良土壤，使用肥料，深耕密种，实施条播，有适当距离的密植，重视中耕除草及除去冗苗，从事整地及畦种，也有了轮耕的观念。这些知识，说明当时已有了相当水准的精耕技术[11]。春秋初期以前，诸侯国的都城，“人虽众，无过三千家”，到战国后期，齐国都城“临淄之中七万户”[12]，这样高度的人口成长，粮食供应如何维持，可以从农业的发展得到解释。

秦汉以来，人口继续增加[13]，而耕地有限，尤以汉代首都所在的关中地区，已有地狭人稠而粮食不足的现象，因此在汉武帝以后，有更进一步的精耕农作技术出现，这就是赵过的代田法和氾胜之的区种法。代田法是将一亩田挖掘成三甽，从甽中掘起的土壤堆置于甽旁，成为高起的垅，甽和甽间由垅隔开，甽和垅的位置每年更换一次，播种于甽中，苗逐渐长大后，除草时将垅土拨下，覆于甽中苗根之上，到盛夏时甽和垅的高低已经相等，成为平地。这一种方法，能使苗根深植，又可以防风耐旱，生产量也就特别高[14]。区种法是以代田法为基础而

9. 唐庆增，《中国经济思想史》（台北，三人行，1975年），页209—218、251—255、267—271；钱公博，《中国经济发展史》（台北，文景，1976年），页65—68。

10. 萧璠，《先秦史》，页125。

11. 许倬云，《两周农作技术》。

12. 齐思和，《战国制度考》，收入许倬云主编，《中国上古史论文选辑》（台北，国风，1966年），第2册。

13. 李剑农，《先秦两汉经济史稿》，页236—237。

14. 班固，《汉书》（武英殿本），卷二十四，《食货志》。

发展出来的更精密的耕作方式，不仅可行之于平地良田，山坡丘陵之上也可以应用。又可以分为两种类型，一种是将一亩地划分为15条长形的町，町和町间有14条人行道，在町内依代田法的方法横分为许多条沟，沟的宽狭依作物而不同，作物种于沟中；另一种则是将一亩地划分为500至3,000个方形小区，以小区为单位，种植作物。这两种方式，都采用密集栽培，配合施肥、灌溉，提高单位面积的生产量[15]。从区种法应用于山坡丘陵之上，可知关中地区的土地利用已几近饱和了。

这样沉重的人口压力，自然有待于更多的新耕地开发才能缓和。可行的途径之一，是将部分人口迁往地广人稀的南方。此外，就北方而言，也仍有尚未善加利用的荒地。政府所拥有的公田是其中之一，这些土地原供皇室游乐狩猎之用，数量颇不小，自汉武帝以后，逐步开放给贫民耕种[16]。更重要的是西北边地的屯田。早在汉文帝时代，晁错已提出屯田实边的构想，到汉武帝时，几次出征匈奴，从匈奴手中取得河套和河西的土地，进而扬威西域，于是开始大规模地移民屯田。西北边地的屯田是有组织的行动，农民从政府那里领到一定数量的田地，由政府供给牛、犁等生产工具，而在开垦有成之后向政府缴纳田租，对于从事开垦的农民，政府设有田官管理。迁徙前往边地从事开垦的农民，来源不一，有来自招募的，有饥乏的灾民，也有罪犯和奸猾吏民，数量十分庞大，往往一次移徙十万人甚或数十万人。这是民屯。此外又有军屯存在，由驻防当地的军队屯田。自汉武帝元朔二年（公元前127年）开始屯田河套，至元狩、元鼎间（公元前122－前111年），河套、河西一带已经构成一个广大的屯田网，有田官塞卒六十万人戍田其地[17]。这不仅增强了边防的力量，也使边郡的荒地大量开垦，并且减轻了内地的人口压力。

---

15. 贾思勰，《齐民要术》（《国学基本丛书》本），卷一，《种谷》第三，引《氾胜之书》。

16. Cho-yun Hsu, *Han Agriculture: The Formation of Early Chinese Agrarian Economy, 206 B.C.-A.D. 220* (Seattle, University of Washington Press, 1980), pp. 29-34.

17. 管东贵，《汉代的屯田组织与功能》，《中央研究院历史语言研究所集刊》，四十八本四分（1977年）。

北方农业的兴盛，在汉代达于顶点。撇开技术的因素不谈，仅就农业劳动力的数量来观察，汉代北方农业生产力已显然远超出南方之上。汉平帝元始二年（2年），全国人口共计39,594,978（编者按：疑有误，约为6千万），其中华北人口占了45,510,551[18]，约占总数的76%。北方成为当时农业地理的重心，是极其明显的。政治中心所在的关中地区缺粮，也仅仰漕于同属华北的关东地区[19]，南方的农业生产并没有提供中央政府任何的经济支持，这种情形，和唐宋以后大不相同。

汉末以后，北方长期成为战场，经济严重破坏，农业从此一蹶不振。东汉末年，首先有黄巾起义，然后又有军阀之间的混战，到三国鼎立的局势形成，三国之间仍然常有战争，由于兵连祸结，北方人民或死于战乱、饥荒、疾病，或结合成为流民南逃，北方人口因而锐减。曹魏灭亡之前两年，也就是曹魏元帝景元四年（263年），全国人口不过4,432,881[20]，不及汉平帝时代华北人口的十分之一。上溯曹魏初年，人口自必更少。这个数字虽然可能由于豪民荫庇及其他因素而偏低，但人口锐减的趋势是可以确定的。人口既然锐减，土地自然无人耕作，由良田变而为荒土。曹魏时代，将汉代行之于边郡的屯田转行于内地，便反映了这种农业衰败的情况。由于有大量的无主荒地，曹魏才能将土地收为国有，强制将军民分别组成军屯和民屯，在政府管理下，以政府佃户的身份从事耕作[21]。实际上就是一种荒田开垦政策，和汉代的边郡屯田相比，其经济上的意义远大于军事上的意义。曹魏的屯田，在复兴农业方面的确收到若干效果，但直到西晋统一时期，仍有相当数量的荒地存在。西晋时代所行的占田之法，和曹魏的屯田同样是一种荒田开垦政策，其不同在于占田以土地私有来鼓励农民发挥开垦的

---

18. 马持盈，《中国经济史》，第2册（台北，商务，1981年），页256；萧璠，《春秋至两汉时期中国向南方的发展》（台北，台湾大学文史丛刊，1973年），页181。

19. 劳榦，《两汉户籍与地理之关系》，《中央研究院历史语言研究所集刊》，五本二分（民国二十四年）。

20. 蔡学海，《三国的人口问题》，《东海大学历史学报》，第2期（1978年）。

21. 何兹全，《三国时期农村经济的破坏与复兴》，《食货》，第1卷第5期（民国二十四年）；韩复智，《三国时代的经济思想与政策》，收入韩复智，《汉史论集》（台北，文史哲，1980年）。

能力。按规定，男子一人占田限额是70亩，女子是30亩，不论耕种面积多寡，男子只有50亩田地必须缴纳租税，女子则只有20亩。多余的土地全归私有，显然具有奖励开垦的作用[22]。

西晋安定的时间很短，自从“八王之乱”爆发，继之以“五胡乱华”，北方经历了较东汉末年时间更久、局面更乱的战乱，经济所受到的破坏也更加严重，幸免于难的人口再次聚结南迁，北方农业劳动力锐减，农业生产停顿，“千里绝烟”、“白骨横野”、“荆棘成林”，都是这时北方田地荒芜的写照。北方草原民族相继南下中原，北方的经济景观发生很大的改变，广大的空地成为牛、羊、马、骆驼的牧场，畜牧业取代农业成为北方的基本产业，生产事业趋于胡化，进而影响及于生活，乳酪成为北方的主食[23]。北魏统一北方之后，局面渐形安定，而北魏政府也致力于劝课农耕[24]，衰颓的北方农业才渐有起色。到北魏孝文帝太和九年（485年）颁行均田法之后，北方农业有了更大的转机。均田法的基本精神和曹魏的屯田、西晋的占田是一致的，同是一种荒田开垦政策。政府将所有土地收为国有，以丁为单位授田给农民，男子受露田40亩、桑田20亩，妇人仅受露田20亩，奴婢和良民相同。露田是栽种谷物的田地，身没之后必须还给政府；桑田则种植桑、枣、榆，可以由子孙继承，但买卖不得逾越定额。麻布之土，男子则给麻田40亩，妇人5亩，身没之后也必须还给政府。在授予露田时都按应授面积加倍授予，“三易之田”再加一倍[25]。这种制度也是只有在政府拥有大量无主荒田的情况之下才能够施行。奴婢同样可以授田，说明政府的目的在使劳动力充分运用于开垦上，而不在于土地分配的平均。加倍授予露田的规定，反映了由于人口锐减，北方的农作技术和汉代比起来已经趋于粗放，因为以两块土地轮流休耕，才有加倍授予的必要；所谓“三易之田”，则是更粗放的耕作，三块土地轮流休耕，

22. 赵冈、陈钟毅，《中国历史上的土地所有制》，《食货》，复刊第9卷第11期（1980年）。

23. 李剑农，《魏晋南北朝隋唐经济史稿》，页1—19、39—45。

24. 蔡学海，《北魏农业之研究》，《东海学报》，第16卷（1975年）；黄耀能，《北朝农业水利事业经营的历史地位》，《幼狮学志》，第16卷第3期（1981年）。

25. 魏收，《魏书》（武英殿本），卷一一〇，《食货志》。

三年才轮耕一次。晋武帝太康元年（280年）全国统一，南北人口合计是16,163,863，中间经过晋末、“五胡十六国”的动乱，至北魏孝明帝正光元年（520年），也就是均田法颁布之后的35年中，北魏人口反增至西晋南北人口合计的“倍而余”[26]。北魏人口数因户口调查严密而较为确实，西晋人口数则因豪民荫庇而有偏低的可能，即使如此，上述现象仍然显示长期动乱之后北方人口的显著成长，可见北魏农业政策的成功。

自北魏以后，经北齐、北周、隋代，至唐代安史之乱以前，仍然继续施行均田法，仅在内容上略有变动[27]。在这段期间，北方农业有明显的复兴趋势。这种趋势，自然是和政治安定、人口增加等因素相配合而产生。从户籍人口看，唐玄宗天宝十三载（754年），全国人口增加至52,880,488，已接近汉平帝时代的水准，北方人口虽然不比北魏孝明帝时代增多，却仍维持有31,458,687，占全国人口总数约60%。但这时户口逃漏的情况已颇严重，逃漏户口数当不下于户籍户口数的一半[28]，因此北方实际人口数可能超过4,500万。由于人口增加，均田法在唐玄宗时代已有授田无法按规定数额授足的现象，而且常是零星的几块田地，分散在不同的地方[29]。可见政府可控制的土地日少，分配已经发生困难，从反面来看，也就是土地垦阔日广了。唐代北方麦作逐渐普遍，和粟作配合而有二年三作的出现[30]，反映农作技术又由粗放返回精细。尽管如此，唐代北方农业在全国农业中所占的比重已经无法回复到汉代的情况，从唐代开始，北方中央政府所需的粮食，必须由南方来供应，而隋代所开凿的大运河，也从唐代开始充分发挥其联系南北经济的作用[31]。

安史之乱以后，北方又是一个长期战乱的局面，藩镇的割据和混

26. 蔡学海，《北魏农业之研究》。

27. 万国鼎，《北朝隋唐之均田制度》，《金陵学报》，第1卷第2期（民国二十年）；陶希圣、武仙卿，《南北朝经济史》（台北，食货，1979年），页18—29；陶希圣、鞠清远，《唐代经济史》（台北，商务，1968年），页16—21；李剑农，《魏晋南北朝隋唐经济史稿》，页160—165、173—177。

28. 杨远，《唐代的人口》，《香港中文大学中国文化研究所学报》，第10卷下册（1979年）。

29. 赵冈、陈钟毅，《中国历史上的土地所有制》。

30. 西嶋定生，《中国经济史研究》（东京，东京大学，1970年），页244—252。

31. 全汉昇，《唐宋帝国与运河》，收入全汉昇，《中国经济史研究》（香港，新亚研究所，1976年），上册。

战，五代的纷扰，在在对北方农业造成严重的打击。秦所开的郑国渠和汉代所开的白渠，到安史之乱以前的唐高宗永徽年间（650－655年），在关中尚可灌溉田地一万顷左右，而乱后的唐代宗大历年间（766－779年），灌溉的面积只剩下六千二百余顷，到北宋太宗至道二年（996年），二渠灌溉农田的面积竟连二千顷都不到，和汉代二渠溉田四万余顷相比，水利的衰颓可以想见[32]。北宋是一个安定的局面，北方农业却没有大幅度的进步。以首都开封府附近的州郡来说，自唐末五代受战争破坏之后，经后周、宋初的鼓励垦荒，至宋太宗至道二年，开国已有30年了，仍然是"幅员数千里，地之垦者十才二三"。再经60年，到宋仁宗嘉祐年间（1056－1063年），京西路唐、邓二州依旧"尚多旷土，入草莽者十八九"[33]。首都附近如此，偏远州郡可知。不仅如此，陕西边境，因宋夏战争而民生凋敝；河北边境，为防止辽骑南下而将农田开辟成一连串的塘泊；再加上黄河自五代以来，多次大规模决口泛滥，河南、山东、河北一带农田均蒙其害[34]，北方农业自难有所进展。南方在北宋时已成农业精华地区所在，北方政治中心所需要的粮食，大多由南方供应，唐代运河转运食米每年最多为400万石，北宋时最多则达到800万石了[35]。南北农业地理重心的转移从汉末开始，到这时彻底完成，此后北方农业再也无法赶上南方。

32. 全汉昇，《唐宋帝国与运河》。
33.《宋史》（武英殿本），卷一七三，《食货志》。
34. 张家驹，《两宋经济重心的转移》，页103－108。
35. 全汉昇，《唐宋帝国与运河》。

南方农业的发展

南方农业的起源，也可以追溯到新石器时代，其发展却远较北方迟缓。一直到汉代，南方虽然逐步开发，可是仍然地广人稀，农业落后。经过魏晋南北朝时期北方人口的大量南迁，唐代以后，南方农业才有飞跃的进展，并且超越北方，成为农业地理的重心。唐宋以后，人口持续成长，并且继续往南方集中，南方土地被充分地利用，精耕农业在南方高度发展。

由于气温和雨量的适宜，自古以来稻米一直是南方主要的农作物。从新石器时代到殷商之前，东南沿海和长江中下游的考古遗址，多处发现有稻谷存在，可知在史前时期，南方已有稻作农业，而且起源甚早[36]。然而可能由于南方气候温暖而又多沼泽、森林，以渔猎、采集维持生活十分容易，阻碍了农业的进步。当殷商、西周北方农业逐步发展时，南方的农业状况却几乎无迹可循。直到春秋战国时代，楚、吴、越均立国于南方，这时见于记载的南方农业已显然比北方落后。当地使用铁制农具和牛耕等新农业技术在时间上都比北方迟，而渔猎在三国都是一项重要的生产活动。但是三国也和北方各国一样，在富国强兵的要求下，从事农垦，自然也因此开辟了不少新耕地[37]。经过秦代和汉初对南方的经营，除了四川地区成绩颇有可观，成为一个重要的粮食产区之外，南方的农业并没有显著的进步。汉武帝时代，北方农业已在人口压力之下趋向精耕，南方楚、越之地，却仍然是地广人稀，采集和渔捞在经济生活中占有重要的地位，农业则是火耕水耨式的稻作[38]。所谓火耕水耨，是先放火烧除地面上的杂草，然后灌水浸毙余剩的草根，到次年直接播稻种于田间。这是在低湿地区一种粗放的耕作方式，直到隋代，这种耕作方式仍然没有改变。

36. 何炳棣，《黄土与中国农业的起源》，页142－145。

37. 萧璠，《春秋至两汉时期中国向南方的发展》，页69－71、92－94。

38. 同上书，页156－160。

39. 同上书，页148－152、181。

尽管如此，由于北方人口的南迁，南方逐步地开发了。秦汉时代，政府多次将人口强制迁往南方，灾荒饥馑也造成了人口自北往南的移动。西汉平帝元始二年，南方人口凡12,160,850；东汉顺帝永和五年（140年），则为17,481,617[39]，可见已有显著的增加。这自然有助于南方新耕地的开垦。除四川已是农业先进区外，开发最显著的地区，是偏近华北的淮水流域。西汉末年，淮水中上游已建有不少灌溉用的陂池，到东汉中期，不仅灌溉设施的兴建已由淮水中上游伸展到淮水下游，而且规模日渐扩大，垦辟的土地日益增多[40]。继淮水流域之后发展的地区是江南。东汉中期以后，江南地区已有大规模的灌溉设施，但是该区的积极开发仍是在汉末以后。汉末中原大乱，北方人口不少流徙到南方来，孙吴便依赖这股流民的力量立国于江南，为了民食军粮，自必注重农业的发展，孙吴仿效曹魏，采用屯田制度，对于农地的垦辟有不小的贡献[41]。西晋末年以后北方的混乱，造成另一次持续更久的人口南移。南朝宋武帝大明八年（464年），全国人口却只有4,685,501[42]，显然是由于豪民荫庇以及其他因素导致户籍记载严重的漏失，与事实不符。南来的人口主要集中在江南，宋武帝时代，全国约近30%的户口集中在此一县数不及全国10%的地区[43]。东晋南朝先后以此一地区为核心，统治淮河以南广大的南方。由于人口的集中，东晋、南朝的农业发展便以江南地区为重心。历朝政府都积极推动劝农政策，从事水利建设，到南朝末年陈宣帝的时代，这里已经是“良畴美柘，畦畎相望”[44]。

唐代继承了东晋、南朝所奠定的基础而继续发展，南方的经济地位已经足以和北方相抗衡。汉平帝时代，南方人口占全国人口总数不及四分之一；而唐代安史之乱以前，也就是唐玄宗天宝十三载，南方户籍人口为20,439,193，约占全国人口总数的40%[45]，若加入逃漏的户口数，南方的实际人口数应超过三千万，是汉平帝时代南方人口数的两倍半。安史之乱以后，北方残破，而南方未受战乱影响，南方人口所占的比例自然继续升高。以农业的地位来说，据估计，自上古至隋朝见于记载的88件水利工程中，华北占72件，华南仅占16件；而唐代见于记载的212件水利工程中，华北占101件，华南占了111件[46]，清楚地显示南方农业地位的提升。在这种经济条件下，南方的农作技术在唐代终于有了较大的改变，火耕水耨的粗放稻作技术被放弃，精耕稻作技术

40. 黄耀能，《中国古代农业水利史研究》，页203－217。

41. 同上书，页311－315。

42. 徐益棠，《中国南北之人口升降》，《中国文化研究汇刊》，七卷（民国三十六年）。

43. 黄淑梅，《六朝太湖流域的发展》（台北，台湾师范大学历史研究所专刊，1979年），页40－45。

44. 黄淑梅，《六朝太湖流域的发展》，页112－121；黄耀能，《两晋南朝农业水利事业经营的历史地位》，《中山学术文化集刊》，二十六集（1980年）。

45. 杨远，《唐代的人口》。

46. 钟快鸣，《唐代东南地区经济开发的研究》（台中，东海大学历史研究所硕士论文，1977年），页57－73、88－97。

开始发展。隋代以前的火耕水耨农业，是直接播种于田间，而不移植秧苗，北魏时代北方稻作首先采用了移植秧苗的方法，到唐代，南方的稻作也有了插秧的记载[47]，而插秧是精耕稻作的一个重要步骤。《唐六典》记载了当时生产各种农作物每顷所需的人力，种稻所用的人力是948日，种粟则只需283日[48]，说明这时种稻已经需要投入大量的劳力，远超过北方粟作所需的劳动量了。精耕稻作的开始发展，反映出南方耕地的开辟已经达到某种程度。虽然如此，福建、湖南、广东等地区在唐代人口仍然十分稀少。

自唐至宋，人口继续往南方集中，唐末五代的战乱和北宋末年的金人入侵，都促使不少的人口避难南迁，而南方逐渐开发之后，对北方人口又产生了更大的吸引力，再加以自北宋以来长期安定所造成的人口持续成长，使得宋代南方户口不仅超出北方，而且可以和汉、唐盛世全国总户口相颉颃。由于宋代户籍中的口数实际上只是丁数，人民为逃避身丁钱，又有漏口的情形，因此不能以口数来和历代人口相比较。至于户数，虽然宋代富家也有为逃避差役和科敷而分立诡户的现象，但富家究竟只占当时人口中的极少数，而且也有人户以隐户的方式来逃避税役，足以和诡户相平衡，因此户数的记载应该比较接近事实[49]。以户数为依据，保守的以一户五人估计，观察宋代的人口，在北宋仁宗嘉祐八年（1063年），全国人口已达到6,230万有余，超过汉代最高的数字；北宋神宗元丰六年（1083年）再增至8,605万有余，超过唐代最高的数字；北宋徽宗崇宁二年（1103年）全国人口达于顶点，有10,265万有余，这是中国历史上人口第一次超过一亿[50]。南方人口在北宋元丰三年（1080年）达到5,604万有余，占全国总人口的69%，远超北方之上[51]。南宋宁宗嘉定十一年（1218年），南宋全国总人口有6,834万有余，比北宋元丰三

47. 西嶋定生，《中国经济史研究》，页210、231。

48. 天野元之助口述，赵雅书译录，《中华农业史概论》，收入沈宗瀚、赵雅书编，《中华农业史》（台北，商务，1979年）。

49. 梁庚尧，《南宋农村户口概况》，收入宋史座谈会编，《宋史研究集》，第12辑（台北，中华丛书，1980年）。

50. 陈一萍，《北宋的户口》，《食货》，复刊第6卷第7期（1976年）。

51. 梁方仲，《中国历代户口、田地、田赋统计》，页150－151，甲表三十七载《元丰九域志》数字。

年又增加了将近1,800万人，这一数字，虽然比唐玄宗天宝十三载全国实际人口数尚少约1,000万，却超出汉平帝元始二年全国人口数近900万。以汉、唐盛时一半的疆土，而有相当于汉、唐盛时全国的人民，人口的稠密可想而知。南宋时，两浙、江东、江西、福建、四川以及湖南北部，都是人口稠密地区，位于宋金边境的两淮和湖北，在北宋时也人口颇众，这时却因为受宋金战争的影响而变为人口稀疏了[52]。

自南宋以后，历元、明至清，这种南方人口的优势一直维持着，全国总人口也呈现继续上升的趋势。蒙古进入中原时，动乱加剧，因此元代人口在元文宗至顺元年（1330年）只有58,201,657，和宋代盛时一亿的人口相差甚远，但是元朝人口的减少，主要是在北方，这年南方的人口仍有50,073,968，占全国总人口的比率达到86%，这是中国历史上南方人口的最高比率[53]。明朝初建，在明太祖洪武二十六年（1393年），全国人口也只有60,545,812，此后人口回升，由于明太祖以后的户口调查只是虚应故事，不可信赖，因此根据人口年平均增长率推计，至明神宗万历二十八年（1600年）时，全国人口已经超过15,000万以上，甚至有可能达到二亿[54]，远超出宋朝最高人口数。此后下至清高宗乾隆五十五年（1790年），全国人口已达到30,148万有余。明清时期的人口成长是全国性的，并不限于南方，但是直到清代，南方的人口数字仍然在北方之上，清高宗乾隆二十六年（1761年），南方人口是116,341,515，占全国总人口约59%，这一数字，已经超过宋徽宗崇宁二年全国人口总数。广东在南宋尚是一个地旷人稀的地区，这时也已有地狭人稠的感觉[55]。

相应于高度的人口成长，宋代以后南方农业也有明显的发展。为了供应众多人口所需的粮食，南宋时期精耕稻作技术已有更大的进步。

52. 梁庚尧，《南宋农村的土地分配与租佃制度》，收入宋史座谈会编，《宋史研究集》，第十一辑（台北，中华丛书，1979年）。

53. 徐益棠，《中国南北之户口升降》。

54. Ping-ti Ho, *Studies on the Population of China, 1368-1953* (Cambridge, Harvard University, 1959), p. 20, pp. 263-264；赵冈，《中国历史上人口压力的问题》，《经济论文》，第9卷第1期（1981年）。

55. 全汉昇、王业键，《清代的人口变动》，收入全汉昇，《中国经济史论丛》（香港，新亚研究所，1972年），第2册。

由于累积了过去长久的农业经验，这时的精耕稻作技术达于纯熟。农家从秋收之后，便开始整地，将田土翻转，到正月之后，再耕几次，使田土细碎，然后才下种；整地的工具，除了犁之外，又有耙、耖和碌碡。在下种之前，稻种先经过三四日的浸种，再浇以温水，称为催芽，使稻种能够早发芽。秧苗培植约四五十天，便要移植，也就是插秧，这是农家最忙碌的时候，全家男女壮少都必须下田，有时连全家劳力都感不足，必须雇募佣工。对于施肥十分重视，农家房舍旁边，常置有粪屋，屋中凿有深池，铺以砖块，于其中堆积灰土、糠粃、藁秆、落叶等废物，焚烧之后，加入粪汁，制成经济而含丰富有机物的堆肥，在耕田时就要在田中施加肥料，播种时将粪壤拌和种子，生长期间经常施肥，收成后又再施肥使土地恢复地力。除草也是一项重要的工作，通常在三次以上。在大暑时，又放干田水，让稻根曝晒于强烈的阳光之下，使稻根坚固，称为靠田，然后再车水入田，称为还水，还水之后，即使遇到干旱，也不必担忧。对于灌溉也十分重视，大小规模的灌溉设施，如陂、塘、堰、渠、堨等散布各地，立有详细的管理规则，一方面是为了维护灌溉设施的完好，另一方面也为了灌溉用水的公平分配。灌溉器具则龙骨车已经普遍地使用，以水力运转的筒车也开始出现。这些工作，要投入大量而辛苦的农家劳力，单位面积的生产量也因此大大提高，南宋时稻作每亩最高的收获量是三石，其次也有二石[56]。而东晋时代的稻米产量，一般不过是每亩三斗而已[57]。并且火耕水耨式的稻作，土地必须隔年休耕，南宋时代的精耕稻作，土地可以年年利用，农业生产力的大幅提高，于此可见。

南宋时期，不仅耕地可以年年利用，并且发展出来一年两作：包括稻二期作和稻麦轮作，在同一块土地上，一年可以栽培两次作物。促成稻

56. 周藤吉之，《南宋稻作の地域性》，收入周藤吉之，《宋代经济史研究》（东京，东京大学，1962年）；天野元之助，《中国农业史研究》（东京，御茶の水书房，1962年），页211－256；赵雅书，《耕织图与耕织诗》（一）—（四），《食货》，复刊第3卷第7期、9期、11期，第4卷第5期（1973－1974年）；陈良佐，《我国水稻栽培的几项技术之发展及其重要性》，《食货》，复刊第7卷第11期（1978年）。

57. 李剑农，《魏晋南北朝隋唐经济史稿》，页133。

二期作和稻麦轮作出现的共同因素，是早熟稻品种的育成。南宋时期，已经培育出许多生长期较短的稻米品种，由于生长期短，一年两作才有可能。以占城稻为例。占城稻是北宋真宗时从越南引入的品种，大中祥符五年（1012年）遣使福建取占城稻五万石，分给江、淮、两浙播种。占城稻初传入时，在二三月间播种，到8月成熟，生长期约在180日左右，而到南宋时，已经培育出120日、100日、80日、甚至60日等早熟的品种。占城稻容易栽培，而且得米多，价钱便宜，是南宋中产以下人家的粮食，所以栽培很广。由于生长期缩短，再加上农家重视施肥，土地的养分可以迅速恢复，在温度适宜的地区，有些品种一年可以种植两次。例如苏州的稻米品种，60日稻是3月种、5月熟，红莲稻、穲稏稻、师姑粳稻都是5月种、9月熟，早晚稻配合，一年可以有两作[58]。

麦作在南宋以前，已经推广到南方，但是直到北宋末年，种植仍不普遍。南宋初年，由于北方人口大量流寓到南方来，喜好面食的人大增，农民种麦能获厚利，再加上政府为了预防饥荒，鼓励佃户种麦，准予麦作收成不必向地主缴纳租课，南方种麦才普遍起来。南方的温度、雨量，原以种稻为适宜，南宋麦作，主要是利用稻作收获之后到次年播种之前的时间，运用麦的耐寒特性，在原来种稻的土地上种植，也就是稻麦轮作。由于若干稻米品种的生长期缩短，即使受生长期和温度的限制，一年不能栽两季稻，也可以在稻作收获之后，施肥使地力迅速恢复，短期间之后就可以种麦，到次年种稻之前收成，同样是一年两获[59]。

这样精细的土地利用，说明平原耕地的开辟已几达极限了，可是人口继续增加，对于粮食的需求有增无已，耕地便只有继续向沼泽和丘陵地区发展。开发新耕地的第一个方式，是排水为田，主要行之于

58. 加藤繁著，于景让译注，《中国栽培占城稻的沿革》，收入于景让，《栽培植物考》（台北，台湾大学农学院丛书，1958年）；Ping-ti Ho, "Early-Ripening Rice in Chinese History"，收入于宗先等编，《中国经济发展史论文选集》，下册；周藤吉之，《南宋における稻の种类と品种の地域性》，收入周藤吉之，《宋代经济史研究》。

59. 周藤吉之，《南宋における麦作の奖励と二毛作》，收入周藤吉之，《宋代经济史研究》；梁庚尧，《南宋的农地利用政策》（台北，台湾大学文史丛刊，1977年），页23—29。

宋代的两浙和江东，这一类耕地，在浙东多称圩田，在江西多称围田，在浙东多称湖田，三种名称有时也交互使用，都是疏排溪、湖、沼泽的水，筑堤围裹，然后在堤内新生的土地耕作。江浙一带多沼泽、溪、湖，自五代、宋初时起，已有人在低湿之处构筑这一类耕地。例如南唐时期，芜湖县已有秦家圩；吴越有撩清指挥的官职，负责整治圩岸；浙东著名的越州鉴湖湖田和明州广德湖田，都在宋初出现。但这一类耕地，在宋初经济上的地位并不重要。北宋中期的庆历改革和熙宁变法，由于重视农政，开始注意到这一类耕地的利用，尤其是江东的圩田，兴筑了不少。至于江浙地区大规模的排水成田，要到北宋末年。宋徽宗时，无论民间、政府，都大量地构筑这一类耕地，例如南宋初年闻名的永丰圩，管田950顷，就是在政和五年（1115年）围湖成圩；次年，苏州兴修了围田二千余顷；浙东早年为防止湖田扩大会导致湖泊失去灌溉的作用，对于围湖成田颁有禁令，到政和年间也解禁了。

南宋初年，由于宋金战争的影响，国用浩大，为了财政上的需要，对于这一类型的耕地更加重视，一面开发新的围田，一面修补原有的圩岸。此后人口增加，对于土地的需求迫切，田价上涨，权势富有之家也因为有利可图，大量地侵占湖泊、溪流，围裹成田，使得圩田、围田和湖田在南宋农地中占有相当的地位。圩田、围田和湖田的重要性，可以从这类农地在南宋江浙地区农地面积中所占的比例看出来。例如建康府五县中四县有圩田，总面积是714,806亩，占全府农地面积的16.4%；其中溧水县有圩田291,109亩，占全县农地面积的98.3%；宁国府的圩田集中于宣城县，面积有758,024亩，占全县农地面积的54.5%，占全府农地面积的25.6%；太平州则是“圩田十之八九”；平江府（苏州）常熟县官围田有54,016亩，占全县官田面积的26.9%；嘉兴府华亭县的田亩以围为单位来登记，可知几乎全是围田；绍兴府会稽、山阴两县湖田有20万余亩，占两县农地面积的20.3%；庆元府鄞县湖田有7万余亩，占全县农地面积的25.9%。江浙一带是南宋最重要的稻米产区，当时有“苏、湖熟，天下足”或“苏、常熟，天下足”的谚语，而圩田、围田、湖田在江浙农地面积中占有如此高的比例，清楚地说明了这一类型农地的重要性。南宋中期以后，圩田、围田、湖田无限制地扩张，“陂塘淹渎皆变而为田，年岁既深，围田日广，往日潴水之地，百不一存”，由于许多原来具有调节水量功能的湖泊、溪渠都被侵占为田，湖水、溪水失去蓄积和宣泄的处所，于是水旱灾时常发生。南宋政府因此严令禁止任意围溪、湖成田，但是没有收到效果，这一类型耕地仍然继续发展，到南宋晚期，财政困难，为了增加赋入，只好解除禁令[60]。

与水争地的农田，除了最主要的圩田、围田、湖田之外，据元代王桢《农书》所载，尚有柜田、架田、涂田、沙田数种。柜田是小型的围田。架田又名葑田，作木架浮于水面，以泥土、水草依附于架上，作成田丘，在上面种植作物。涂田是在海滨涂泥之地，筑堤阻挡潮水，种水草排除泥土的盐分，然后在堤内种植作物。沙田则是利用江边出没的沙涨之地种植作物[61]。这几种农地的面积都很有限，不能和圩田、围田、湖田相比，但是反映出对于耕地需求的迫切。

明代以后，同一形态的新耕地开发也在湖南、湖北的洞庭湖流域进行。自明初以来，农民在流域内各处湖泊的湖边修筑长堤，排出湖水，在堤内开垦。这一类耕地，称为院、垸或围，又称为湖田。由于湖田没有税额，所以明代中叶以后，聚集于此的农民愈多，垦辟也愈广。类似南宋时期江浙地区圩田、围田和湖田扩展所引起的水利问题，在明代两湖地区也形成一个很大的困扰，水灾经常发生，反映湖边的新耕地正在无限制的扩张之中[62]。这趋势并没有因为水利问题而中止，清代筑堤垦田的活动仍然继续进行，而且发展更迅速。以湖南省湘阴县为例，自明神宗万历年间至思宗崇祯年间前后72年（1573－1644年），共筑田四围，面积21,187亩；自清圣祖康熙二十八年（1689年）至高宗乾隆十一年（1746年）前后58年，共筑田65围，面积多达

60. 梁庚尧，《南宋的农地利用政策》，页131－190。

61. 李剑农，《宋元明经济史稿》，页13－14。

62. 顾炎武，《天下郡国利病书》(《四部丛刊续编》本)，第25册，《湖广》。

145,888 亩。洞庭湖沿岸的其他县份，也有相同的发展，因此在清朝盛世时，堤垸已经成为这里地理景观的一大特色，“大者周围百余里，小者二三里，方圆不一，星罗棋布”[63]。由于新耕地的开发，洞庭湖流域成为重要的粮产地，“湖广熟，天下足”的谚语在明清之际出现，取代了以往的“苏常熟，天下足”。

开发新耕地的另一个方式，是垦山为田。自唐代以来，南方各地由于人口增加，已使用刀耕火耨的方式开发山区。所谓刀耕火耨，也是一种很粗放的耕作方法，在山林中以刀芟除草木，乘天将雨时，放火焚烧所斫草木成为灰烬，然后播种于暖灰中，雨后作物蕃生，但三年之后，地力已尽，必须转移到其他山地，重新垦辟。这种耕作方式，既不犁田除草，又不施加灌溉，所种多为耐旱的农作物。宋代部分落后的山区，仍然使用刀耕火种的方式，称为畲田，其他南方山区则由于人口继续增加以及灌溉技术的进步，采用了平地的耕作方式，将山地开垦成畦，种植水稻了。稻作能够从平原引进山地，也和占城稻的传入有密切的关系，占城稻是一种耐旱的品种，适宜在得水较难的高地种植。山区的水稻栽培，在北宋末年已经相当发达，福建的泉州，便有“水无涓滴不为用，山到崔嵬尽力耕”的景象；四川农人于山间积蓄雨水植稻，俗谓雷鸣田。南宋时期，山区稻作更加普遍，境内各处丘陵山地，大概都有这一类型耕地存在，而以福建地区最为发达。范成大于《骖鸾录》中描述他在南宋孝宗乾道九年（1173 年）游历江西袁州仰山所见的景观：“岭阪山皆禾田，层层而上至顶，名梯田。”这是梯田名称的首次出现。以后下至元、明，稻作继续在南方山区推广，地势较低的丘陵地带因此逐步开发[64]。

更进一步的山地开发，是明代中叶以后美洲粮食作物传入以后的事。这些粮食作物，包括蕃薯、玉蜀黍、马铃薯，耐旱而多产，适合

63. 全汉昇，《清朝中期苏州的米粮贸易》，收入全汉昇，《中国经济史论丛》，第 2 册。

64. 李剑农，《宋元明经济史稿》，页 19－27；Ping-ti Ho, “Early Ripening Rice in Chinese History”；梁庚尧，《南宋农村的土地分配与租佃制度》。

在贫瘠的土地种植，使得地势更高、更为干旱的山坡地，也有了开发的价值。蕃薯和马铃薯都在明代中叶传到中国来，传入的路线有西南、东南两路，西南一路经印度、缅甸传至云南，东南一路经海路传至福建。最初传入时，只在云贵和闽粤山区种植，清朝盛世以后才向内地推广。清朝盛世高度的人口成长，使得粮食发生问题，东南丘陵和长江流域平原地区的众多贫民，生活困难，纷纷迁往长江和汉水流域的山地，大量种植蕃薯和玉蜀黍，作为糊口的粮食，这两种作物因此发挥了补充稻米不足的作用。马铃薯传入中国，似乎较晚，迟至清初，才出现于福建北部。马铃薯的生命力比蕃薯和玉蜀黍更强，能在更加高旱的坡地生长。清朝中叶以后，马铃薯也随着人口的激增而广植于长江和汉水流域的山区，成为贫民的主食。明清时期山坡地的大量开发，使得南方山区的原始森林遭到砍伐摧毁，水土保持发生问题，清代中叶以后，长江流域常有河川淤塞及洪水泛滥的现象，便是这一山坡地无限制开发过程的反映[65]。

除了上述粮食作物之外，若干经济作物也有助于山坡和沙地的开发。茶是南方温湿山区的一项特产，饮茶风气起源于汉，最初茶叶多采自野生，唐代以后饮茶风气大盛，茶才由野生进而为大规模的人工栽培[66]。宋代茶的产区，遍及南方淮南、两浙、江南、荆湖、福建、广南及四川各地，产茶场即名为山场，每年总产量可达四千万至五千万斤，可见栽培之盛[67]。水果是宋代山区出产的另一类作物，如荔枝盛产于闽粤山地，柑橘在许多地方都有栽培，而太湖中洞庭东西二山所产尤为有名，粮食生产不足的山乡，水果成为另一重要的收入来源[68]。明清时期的山区开发，用作染料的蓝靛也是重要作物之一，蓝靛原产于福建丘陵，清初以后，大批福建人迁移到浙江、江西山地去开垦，多以种蓝靛为

---

65. Ping-ti Ho, "The Introduction of American Food Plants into China", *American Anthropologist*, Vol. 57, No. 2, 1955. Ping-ti Ho, *Studies on the Population of China*, 1368-1953, pp. 143-153, 186-189.

66. 李剑农，《魏晋南北朝隋唐经济史稿》，页197—202。

67. 朱重圣，《宋代茶之产区及其种类与数量》，《中国历史学会史学集刊》，第12期（1980年）。

68. 斯波义信，《宋代商业史研究》（东京，风间书房，1968年），页203—215。

业[69]。再就沙地的开发来说，棉花的传入显然有重要的意义。棉花传入中国，分南北两路，北路经西域，直到元代，才通过河西走廊，传到陕西北部；南路经云南，元初以前，已经由两广、福建传入江南。元明时期，棉花在中国普遍推广种植，特别在长江下游滨海一带，成为重要的棉花产区。主要原因，便在于棉花对于土壤的适应性很强，滨海沙涨之地，不适种稻，却可栽培棉花，增进土地的利用[70]。另一项有助于沙地开发的作物，是明代中叶传自美洲的花生。花生最初从海外传到广东，再由广东传到福建和浙江，清初以后，长江下游的河边沙地也成为重要的花生产区[71]。

因此，清朝中叶以后，南方耕地的开辟已达巅峰。不仅南方如此，北方经济虽然比不上南方，可是黄河中下游的河北、山东、河南及山西等地区，经过明、清长期的安定，在政府奖励开垦和人口持续增长的情形下，土地也已大量开发[72]。然而人口增加的趋势在乾隆年间以后并没有中断，至清文宗咸丰元年（1851年），全国人口已经达到43,189万有余[73]。经济精华地区的耕地既然已难以继续发展，于是粮食的供应发生问题，乾隆年间以后米价的长期上涨，便是这种情况的反映[74]。过剩的人口，在无法获得耕地的压力下，必须向外寻找出路，因而有近代边疆的垦拓。

69. 刘翠溶，《明清时代南方地区的专业生产》，收入《大陆杂志史学丛书》，第五辑（台北，大陆杂志社，1981年），第3册。

70. 赵冈、陈钟毅，《中国棉业史》（台北，联经，1977年），页4—34、40；刘翠溶，《明清时代南方地区的专业生产》。

71. Ping-ti Ho, *Studies on the Population of China, 1368-1953*, pp.184-185.

72. 罗尔纲，《太平天国革命前的人口压迫问题》，收入包遵彭等编，《中国近代史论丛》，第二辑，第二册（台北，正中，1977年）；全汉昇、王业键，《清代的人口变动》；王业键，《清代经济刍论》，《食货》，复刊第2卷第11期（1973年）。

73. 全汉昇、王业键，《清代的人口变动》。

74. 全汉昇，《乾隆十三年的米贵问题》，收入全汉昇，《中国经济史论丛》，第2册。

近代边疆的垦拓

近代边疆的垦拓，包括西南的四川、云南、贵州和广西，西北的内蒙古和新疆，山海关外的东北，以及东南海上的台湾。明清以来，内地耕地既已垦辟无遗，过剩的人口往外谋求生活的出路，除了移民南洋之外，便是四向迁移往这些地广人稀的地区，逐步地开发了边疆的土地，近代农业疆域扩展的方向，也就从由北而南转而为向四方发展。

四川、广西自秦汉以来即为中国的疆土。四川原是南方开发最早的地区，战国末年已有都江堰的水利建设，宋代南方成为中国农业地理的重心，而南方的农业精华地带则分别在江浙和四川[75]，北宋中期，四川已经是“旷土尽辟”[76]。明末张献忠入川，使得四川人口锐减，在清初反而成为农业上的边疆地带。因此在清初以后，四川成为容纳内地过剩人口的重要地区，政府也积极鼓动人民移往开垦，湖广、江西、广东等省的人口大量移入，使得四川人口激增，耕地也大量开发。清世祖顺治十八年（1661年），四川耕地面积只有118万余亩，至清高宗乾隆三十一年（1776年），已增至4,600万亩有奇。此后移殖四川的人潮仍未中止，乾隆二十六年（1761年），四川人口仅278万有余，至清宣宗道光三十年（1850年），已增至4,416万余人，成为全国人口最多的省区。两百年之间，四川可说是国内移民最大的容纳地[77]。广西则是南方开发较晚的一个地区，直到清初人口仍然稀少，可以容纳外来的人口。移入广西的人口，以邻近地区的湖南、广东、福建几省人民为多，他们开山垦地，“虽蚕丛峻岭，老林邃谷，无土不垦，无门不辟”，使得山多田少的广西，达到地无遗利的地步[78]。

云南、贵州也早在汉代就收入中国的版图，可是魏晋南北朝的动乱，使得这地区脱离了政府的控制。唐宋时期，云南先后建有南诏、大理国，贵州则散布着许多半独立的小部族。直到元代，才又将云南、贵州收入版图。元明两代，都派有军队在云贵屯田，明初沐英父子镇滇，垦田尤广[79]。但是军队屯田大概只能在平坦的沃壤，至于云贵高

---

75. 宋晞，《北宋稻米的产地分布》，收入宋晞，《宋史研究论集》（台北，国防研究院，1962年）；全汉昇，《南宋稻米的生产与运销》，收入全汉昇，《中国经济史论丛》，第1册。

76. 李焘，《续资治通鉴长编》（台北，世界，1964年），卷一六八，皇祐二年六月条。

77. 罗尔纲，《太平天国革命前的人口压迫问题》；*Ping - ti Ho, Studies on the Population of China*, 1368 - 1953, pp. 139 - 143；全汉昇、王业键，《清代的人口变动》。

78. 罗尔纲，《太平天国革命前的人口压迫问题》。

79. 陈安仁，《中国农业经济史》（台北，华世，1979年），页146、160。

原广大山区的开发，要到明朝中叶玉蜀黍传入以后。明清两代，云贵因为矿产的开发而移入不少的人口，清朝中叶，又有内地各省众多的无业贫民迁移到这里来，高产耐旱的玉蜀黍成为云贵地区居民的主要粮食，甚至云南南端的山林，也被大量砍伐，转变成玉蜀黍田[80]。

早在汉代，中国已经进入内蒙古和新疆，此后这里经过了多次政权更迭，到清代，这里完全成为中国的疆土。察哈尔、绥远、宁夏、青海近边的土地，在清世宗和清高宗的时代，也就是雍正（1723－1735年）、乾隆（1736－1795年）年间，已多次募民前往垦种，或发遣人犯前往开垦，至清末为防止俄国势力南下，更设蒙旗垦务大臣，大修渠道，广集垦户。察哈尔南部在雍正年间垦辟已有成绩。宁夏西套一带自明代以来水利兴盛，在雍正年间以后又陆续新建灌溉水渠多所。绥远后套一带自乾隆以后，由于内地人稠地狭，开始有人越界开垦蒙地。蒙地的地主是蒙旗，而地主和垦辟者之间的关系，由地商包办，地商包租蒙地，每年向蒙旗纳租金，除留一部分土地自种之外，再分别租给佃户耕种，灌溉水渠的开辟，则由地商负责。自乾隆至清德宗光绪年间（1875－1908年），不少能干的地商对于后套农垦水利有重大贡献。尤其是道光三十年黄河北溢之后，在后套新形成一条塔布河，所过之地，尽成膏腴，于是垦殖者接踵而至，王同春等地商以私人资本修成灌溉水渠大干渠九道、小干渠二十余道，支渠四达，田畴被野，往日荒野几同于内地，使后套成为漠南重要农业区，容纳了许多由直隶、山东、河南三省移往的贫民[81]。新疆屯垦始自康熙五十四年（1715年），此后直至清末，陆续推广，屯垦区主要在天山北路。屯垦初期，以军队、犯人为主要劳力，亦即兵屯和犯屯；至乾隆以后，内地民户和当地人的重要性渐增，亦即户屯和回屯。此外尚有旗屯，

80. Ping-ti Ho, *Studies on the Population of China*, 1368 - 1953, p. 147.

81. 顾颉刚，《王同春开发河套记》，《禹贡》，第2卷第12期（民国二十四年）；蒙思明，《河套农垦水利开发的沿革》，《禹贡》，第6卷第5期（民国二十五年）；王喆，《后套渠道之开浚沿革》，《禹贡》，第7卷第8、9合期（民国二十六年）；罗尔纲，《太平天国革命前的人口压迫问题》；天野元之助，《清代の农业とその构造》（一），《アジア研究》，1956年10月号；申丙，《黄河通考》（台北，中华丛书，1960年），页191－246。

但八旗子弟懒散成习，所以旗屯远不及前四种类型重要。新疆气候干燥，灌溉对于开垦尤不可缺，除仰赖河水、沟渠、涌泉外，坎井为一大特色[82]。

东北是满人的发祥地，当地原来早已有农业。满人源出于女真，北宋时期，东北的女真人过着田猎和农耕并重的生活[83]。满人在清太祖时代以前，生活也仍然是渔猎、畜牧和农耕混杂。而东北南部辽东一带，则在明代已有汉人出关耕垦。清太祖攻取明辽东之地后，一方面因俘获众多从事农耕的汉人，另一方面为充实继续作战的军粮，满人的经济形态开始转变，放弃渔猎、畜牧，农业逐渐居于主要的地位。到清太宗时代，庄、屯等农业生产组织，已经成为满人的社会基层组织，军事上的全兵皆农制，也由此产生。然而满人人数本来不多，因此自清太祖至清太宗时代，都以俘获的汉人为主要的农业劳动力[84]。及至清朝建都北京，不仅八旗满人移入内地，驻防各省，原在辽东为满人耕种的汉民也随之入关，于是原来良田遍野的辽东地带，顿形荒芜，“沃野千里，有土无人”[85]。

东北既因满人入关而空虚，于是自清初以来，有鼓励开垦的措施。自顺治元年（1644年）起，多次晓谕民众出关耕垦，至顺治十年（1653年），更颁布辽东招民开垦条例，凡能招民前往辽东开垦者，授以官职，移垦的旅费、食粮及牛具，全由政府供给。然战祸之余，河北、山东一带尚多闲田旷土，因此顺治年间辽东招垦成效不著，至康熙初年，出关垦殖的汉人渐增，清廷却为了保护满人在东北的利益，对于东北垦拓的态度转向消极，康熙六年（1667年）废止辽东开垦条例。但是康熙年间出关垦殖者仍源源不绝，其来源大致有两类。一是因犯罪而被清廷遣放关外的流人，顺治（1644－1661年）、康熙（1662－1722

---

82. 林恩显，《清代新疆垦务研究》，《中华文化复兴月刊》，第5卷第8期－10期（1972年）。

83. 林瑞翰，《女真初起时期之寨居生活》，收入《大陆杂志史学丛书》，第1辑（台北，大陆杂志社，1966年），第5册。

84. 陈文石，《满人入关前的农业生活——太祖时代》、《清太宗时代的农业生活》，均收入《大陆杂志史学丛书》，第2辑（台北，大陆杂志社，1970年），第4册。

85. 刘选民，《清代东三省移民与开垦》，《史学年报》，第2卷第5期（民国二十七年）。

年）年间，流放关外者不下数万，均拨给各官庄充庄丁耕种，最初流放仅在沈阳一带，以后越放越北，远至吉林、黑龙江。一是个人迁徙前往东北的流民，康熙年间黄河下游平原多次发生灾荒，山东饥民尤其众多，往往出关谋食，至康熙五十一年（1712 年），至少已有十余万人[86]。

康熙年间东北虽已恢复开垦，但主要在南部奉天一带，北部的吉林、黑龙江，则实施封禁政策，除流人谪戍之外，一般人民不许进入。南部的奉天和北部的吉林、黑龙江间，有柳条边墙隔绝，柳条边墙起自山海关，东北行至开原，析为两支，一支东南下而止于鸭绿江口，一支东北上而至吉林城，原为防蒙古、朝鲜人而设，其后则为防止汉人私自出入。封禁的目的，原非为禁止垦殖，而是为保护采参的山场、捕珠的河流及围场、牧群。然而这一类地区既极广大，实无异于完全的封锁[87]。除柳条边墙外，无论满人、汉人出入山海关也都必须缴验文票，其目的在查验有无挟带人参、貂皮，并未禁止人民出关开垦[88]。因此在康熙年间，清廷对于奉天一带土地的垦拓，仅是不加以鼓励而已，汉人拓殖实际丝毫不受影响。至于柳条边墙以北，虽禁止人民私自出入，但是仍设有旗屯，由八旗官兵屯田[89]。

康熙年间以后，黄河下游平原人口增加迅速，耕地逐渐不足，人民生活困难，于是迁移前往东北开垦的人民愈来愈多。奉天由于山东、河北人民大量移入，垦拓日广，除禁地之外，空旷土地已日见减少，原来划归八旗所有的旗地，也由于旗人不惯耕稼，而逐渐转移与汉人垦种[90]。在移垦人口继续增加的情形之下，偷越柳条边墙而潜入吉林、黑龙江垦拓，在所难免。乾隆初年以后，柳条边墙逐渐破坏，形

86. 刘选民，《清代东三省移民与开垦》；谢国桢，《清初流人开发东北史》（台北，开明，1969 年）；郭廷以，《东北的开拓》，收入《边疆文化论集》（台北，中华文化事业出版委员会，1954 年）；管东贵，《清初辽东招垦授官条例的效果及其被废原因的探讨》，《中央研究院历史语言研究所集刊》，四十四本二分（1972 年）。

87. 刘选民，《清代东三省移民与开垦》；萧一山，《清代东北之屯垦与移民》，《学术季刊》，第6卷第3期（1958 年）；郭廷以，《东北的开拓》。

88. 刘家驹，《清朝初期的八旗圈地》（台北，台湾大学文史丛刊，1964 年），页186。

89. 萧一山，《清代东北之屯垦与移民》。

90. 刘选民，《清代东三省移民与开垦》；萧一山，《清代东北之屯垦与移民》。

同虚设，流民出边耕垦者更多。政府屡颁禁令，甚至将奉天无业游民遣放，不许内地流民再往奉天，实际上却禁不胜禁，出关人民仍源源不绝，柳条边墙以北私垦土地者也日众。不仅如此，乾隆以后，关内八旗生齿日繁，加以闲散成习，于是生计日窘，为解决旗人生活问题，将京旗移屯东北，从事开垦，柳条边墙以外因此成为京旗屯垦区。然而旗人疏懒之习不改，不能亲身耕作，往往雇觅汉人代耕，其本人则逃回关内，田地也逐渐转移入汉人之手。清仁宗嘉庆年间（1796－1820年），鉴于以往京旗移垦方式的失败，于是改变方式，先招募汉人垦拓，十年以后，荒地成为熟地，才拨给京旗移往。在这种情形下，汉人可以合法进入柳条边墙以北从事开垦，私垦土地自然更难禁止。因此到嘉庆十六年（1811年），在吉林私垦土地的内地流民，已经是“人数众多，难以驱逐”，而黑龙江也渐有流民潜入[91]。

道光（1821－1850年）以后，进入吉林、黑龙江开垦的汉人更多，东北已有不能不开放之势，加以俄国势力东来，东北岌岌可危，移民实边成为一大要务，于是自咸丰十一年（1861年）起，封禁之地陆续开放，招民垦荒的政策也积极推行。自此之后，东北人口数急剧增加，乾隆二十六年，东北只有六十六万余人，至咸丰十一年增至三百一十五万余人，至光绪三十三年（1907年），已将近有一千五百万人。东北的耕地面积，自然也相应于人口的增加而急剧增长，但至清末为止，土地的垦拓最北仍仅至黑龙江的南部[92]。移垦东北的汉人，主要为山东、河北、山西等省的人民，而以山东人为最多。他们抵达目的地后，建造窝棚作家屋，然后开始在近旁土地烧荒，分年轮种高粱、大豆、粟麦。甲午战争以后，东北已有大豆及豆饼输出国外，可见农业已经发展到相当的程度[93]。东北地广土沃，能容纳众多人口，这个耕地的开发，在民国时期仍然继续进行。

---

91. 刘选民，《清代东三省移民与开垦》；刘家驹，《清朝初期的八旗圈地》，页197－200。

92. 刘选民，《清代东三省移民与开垦》；萧一山，《清代东北之屯垦与移民》；全汉昇、王业键，《清代的人口变动》。

93. 罗尔纲，《太平天国革命前的人口压迫问题》；天野元之助，《清代の农业とその构造》（一）。

台湾也是近代容纳内地过剩人口的地区。在汉人大量渡海来台之前，岛上土著以渔猎、农业为生，可是农业技术十分落后，仅用简单的锄和锹，也不知施肥，种植的作物是粟、黍及蕃薯等干旱作物[94]。简陋的农业技术，使得土著所能垦辟的土地十分有限，台湾的耕地开发，可以说要到汉人移殖之后才积极进行。早在宋元之际，已有汉人移居澎湖，明代中叶以后，东南沿海走私贸易兴盛，前来台湾本岛活动的汉人也渐多，但在明末荷兰人占领台湾之前，岛上的农业没有明显的改进。荷兰人以台湾作为贸易的基地，为了输出农产品以博取商业上的利益，在台湾采取奖励农业的政策。然而农业劳动力十分缺乏，土著的农业技术又过于落后，为解决劳力的问题，荷兰人招纳中国内地人民渡海来台，在荷领时代，岛上的汉人因此增加到十万之众。荷兰人将所有的土地收为王田，而将这些汉人组织起来，作强制的集体开垦。从这时起，台湾的农业才开始使用耕牛和犁，也才开始兴修水利，稻、蔗两项作物从这时起成为岛上最主要的农产品。开垦的区域，大概以台南为核心，向北延伸到云林北港，向南延伸到高雄冈山[95]。汉人较具规模的垦殖台湾，应该从这时算起。

94. 周宪文,《台湾经济史》(台北，开明，1980年)，页51－65。

95. 周宪文,《台湾经济史》，页125－134。

明郑时代，台湾有更进一步的垦拓。郑成功驱逐荷兰人，以台湾作为反清复明的根据地，如何充实军粮，是一个重要问题，因此郑成功入台之后，便颁布奖励开垦的命令。从事开垦的人力，自然包括原先已移居岛上的汉人，以及明郑的军队和他们的眷属，此外，清廷在郑成功据台之后，为了断绝郑氏的海上接济，颁布迁界之令，将沿海人民内徙，这一项措施引起了很大的混乱，许多不愿内徙的人民，便渡海来台，增加了垦拓台湾的人力，明郑盛时，在台的汉人大概已有二十万左右。明郑的垦拓台湾，从多方面进行，荷领时代的王田，收为官有，称为官田，耕种的农民成为政府的佃户；郑氏宗党、文武官员以及民间富豪，自己招佃开垦，称为私田，又称文武官田；军队就所驻之地，自耕自给，称为营盘田。这时的农作物，仍然以稻、蔗两项为主，由于明郑的农业政策以充实军粮为主，和荷兰人重视商业利益不同，稻作较蔗作更为重视，因此水利建设较荷领时代为多，但这些水利建设的规模都很小，耕作方式也很粗放，一年只栽培一季稻。垦拓的范围，仍然承荷领时代之旧，以台南及其南北为重心，但是向南至屏东以南，向北至台中以北，也都有零散的垦拓据点存在。就整个台湾而言，到明郑时代为止，所开拓的耕地仍然是微不足道的，虽然如此，日后台湾开发的基础已经奠定下来了[96]。

清廷在康熙二十二年（1683年）从郑氏手中取得台湾，从此台湾和大陆在政治上连为一体。清朝统治台湾初期，岛上汉人不少被迫或自动返回大陆，使得台湾人口一时顿减，田园荒芜，然而不久之后，闽粤移民又大批涌入，使得台湾人口激增。清朝取得台湾之后，虽然取消了迁界之令，但是对台湾采取封禁政策，内地人民来台，有各种严格的限制，因此闽粤移民大批涌入，并不是满清政府鼓励的结果。推动闽粤人民不顾禁令而冒险来台的主要力量，还是这两个地区沉重的人口压力，而台湾土旷人稀，农业条件优良，更对他们产生莫大的吸引力量，因此他们千方百计，偷渡来台，开创自己未来的生活，使封禁政策为之废弛失效。到嘉庆十六年（1811年），全台人口已经达到1,944,737，和明郑时期相比，百年之间增长十倍。清穆宗同治十三年（1874年），以日人窥伺台湾，才解除封禁之令，鼓励内地人民来台开垦，但这时人口增加的速度已经减缓下来了，至台湾割与日本的前夕，也就是光绪二十年（1894年），全台人口是2,545,731[97]。在人口急剧增加的情况下，台湾的垦拓更积极进行。

清廷对于内地人民渡海来台虽然有各种限制，但是为了赋税的收入，却允许在台的流民开垦土地。清代台湾的开垦，主要是在一种垦

96. 曹永和，《郑氏时代之台湾垦殖》，收入曹永和，《台湾早期历史研究》（台北，联经，1979年）；周宪文，《台湾经济史》，页157－174。

97. 盛清沂等，《台湾史》（台北，众文，1979年），页290－299；黄富三，《清代台湾的耕地取得问题及其对土著的影响》（上），《食货》，复刊第10卷第12期（1981年）。

首制度之下进行。内地一些士绅、富农或富商以合法的身份来到台湾，用他们的资本来主持开垦事业。他们以垦户的资格向政府请领荒地，政府发给他们垦照，列明开垦地名、界址，并规定必须在一定时间内开垦成功，向政府纳税。垦户取得垦照之后，便招徕佃户，将土地分给他们开垦。那些偷渡来台的无业贫民，身无长物，于是投入垦户之下承佃土地。佃户必须向垦户缴纳租课，而垦户则提供他们开垦所需的农具、种籽，并代政府负责维持治安，防卫土著的袭击，形成一个开垦组织，垦户是这一个开垦组织之首，所以又称为垦首[98]。一个垦户，并不一定由一个人主持，往往由数人合资组成，而以垦号为名，也有由几个小垦号合组为一个大垦号的情形[99]。汉人有组织的开拓荒地，难免会和岛上土著发生冲突。清朝垦例虽然规定开垦不准侵犯番地，但是就土著的观念而言，除荷领及明郑时期汉人已开发的台南及其附近地区之外，岛上绝大部分的土地均属他们所有。他们的土地制度是族有制而非私有制，因此汉人不易以汉人社会中合理的买卖或租佃方式从土著手中取得土地开垦。在这种情况下，便发生了各种巧取豪夺的现象，造成土著的许多悲剧，而他们广大的猎场也在汉人垦区不断扩张的过程中向深山缩小[100]。

清代台湾垦拓的方向，以台南为核心，分别向南北两方发展，最后才及于东部。从康熙中叶到雍正初年，经大约四十年的发展，台南一带已显现出地狭人稠的景象。台南北端的嘉义、云林，南端的高雄、屏东，在雍正年间耕地面积的增长最为迅速；乾隆初年以后，发展趋向缓慢，显示该地已接近饱和的程度。往北彰化、台中、苗栗一带，康熙末年已有人来此开垦，至乾隆初年，耕地面积才有急剧的成长。再往北的新竹、桃园、台北，康熙三十六年（1697年）郁永河来此游

---

98. 周宪文,《台湾经济史》, 页221、227；陈其南,《清代台湾汉人社会的开垦组织与土地制度之形成》,《食货》, 复刊第9卷第10期（1980年）；张胜彦,《清代台湾汉人土地所有型态之研究》, 收入张胜彦,《台湾史研究》（台北, 华世, 1981年）。

99. 尹章义,《台北平原拓垦史研究》,《台北文献》, 第53、54合期（1981年）。

100. 黄富三,《清代台湾之移民的耕地取得及其对土著的影响》（上）（下）,《食货》, 复刊第10卷第12期、第11卷第2期（1981年）。

历，所见尚是一片荒芜，康熙末年也开始有人来此开垦，至乾隆末年已经开辟殆遍。大致上，经康、雍、乾三朝，西部的平原、台地已完全开发，此后向内陆山地及东部海岸发展，东北角的宜兰、内陆的南投，均开拓于嘉庆年间以后，花莲、台东和南端恒春一带的山地则更晚，同治十三年以后，政府才积极地从事招垦[101]。

在这个垦拓过程中，农业形态也显示出明显的变化，从粗放耕作向精耕农业发展。清代的台湾，仍然以稻、蔗两项作物为主要的农产品。康熙末年以前，以蔗园为主的旱田增加速度远较稻作的水田为快，蔗作随着移民的垦拓，不断由南部向中部延伸。而蔗作的土地隔年休耕，是相当粗放的农业。不仅蔗作如此，这一段时期的稻作经营也是相当粗放的。由于缺乏足够的水利设施，使得旱季稻米无法生长，加以移民尚少，人力缺乏，所以既不施肥，又不除草，任其自生，每年仍然只有一获。这种情形，在雍正以后有了改变，蔗糖的生产额一直到清末没有明显的增加，水稻耕作则随着移民的北向开垦而愈加普及。大规模水利设施的建设，是一个明显的指标。从康熙末年起，才有较多的水利建设，规模最大的彰化县八堡圳，便是在康熙末至乾隆初修建的。大约在乾隆年间，重要的水利设施大部分都已由垦户投资完成，这是稻作推广的一个有利条件。其次，由于人口的急剧增加，粗放耕作的稻米生产量已经不能满足对粮食的需求，乾隆年间米价明显的上涨，显示了粮食不足的事实。因此，必须投入更多的劳力，才能增加单位面积的生产量，施肥、除草等精耕稻作程序开始受到重视，经营方式和内地不再有差别，稻二期作也渐形普遍[102]。这个精耕农业的发展过程，反映出平原耕地已经高度地开发。嘉庆年间以后，武夷茶种引入台湾，彰化以北的中北部丘陵台地逐渐发展成为重要的茶产地，使茶叶成为稻、蔗之外的另

---

101. 盛清沂等，《台湾史》，页329－348；周宪文，《台湾经济史》，页213－220；陈秋坤，《台湾土地的开发》，收入黄富三、曹永和编，《台湾史论丛》，第1辑（台北，众文，1980年）。

102. 周宪文，《台湾经济史》，页231－243；陈其南，《清代台湾汉人社会的开垦组织与土地制度之形成》；陈秋坤，《台湾土地的开发》；陈秋坤，《清代台湾地区的开发》，《食货》，复刊第8卷第5期（1978年）。

一项重要农产品，更说明了耕地的开发已经从平地伸展入山区[103]。自康熙以迄嘉庆，不过百余年的历史发展，台湾的耕地已被充分利用。

自宋代以来，中国人口开始高度成长，至清代成长尤其迅速，巨量人口所需的粮食如何维持，显然是一个迫切的问题，然而这段期间中国的农业发展把这一个问题在某种程度上解决了，农民虽然未必丰衣足食，在承平时却也不至于饥寒饿死，这不能不说是经济发展上的一项重大成就。造成这一项成就的因素，就技术而言，精耕技术的发展在宋代已经达于纯熟，以后并没有太多的进展，明清以来，农业的成长显然仰赖耕地面积的不断增加，而明清以来耕地的扩张，除一方面承宋代之旧，继续向沼泽和山地开拓外，边疆地区的垦拓也提供了重大的贡献[104]。

103. 周宪文，《台湾经济史》，页281—285；林满红，《茶、糖、樟脑业与晚清台湾》（台北，台湾银行，1978年），页28。

104. 王业键，《清代经济刍论》。

105. 真德秀，《真文忠公文集》（《四部丛刊初编》本），卷四十，《福州劝农文》。

结 语

农业生活是中国文化的基本要素之一，如果以文化史的眼光综览中国历史，农业疆域的扩展显然具有重要的意义。当农民离开故里，迁移到一个新的天地，必须在赤手空拳的情况下，不畏劳苦，披荆斩棘，和大自然相搏斗，才能开辟出一片能够生长作物的田地。及至人口逐渐稠密，耕地开发将尽，又必须在小块的田地上，辛苦投入大量劳力，才能提高生产量，以维持一家的生计。“凡为农人，岂可不勤，勤且多旷，惰复何望”。[105]中国人刻苦勤劳的生活传统，便是在这一个新耕地不断开发的过程中逐步形成。

再进一步看，任何新开拓的疆土，也只有在农业生根之后，中国文化才可能在其上成长茁壮。历史上中国文化扩展的趋势，和农业疆域扩展的趋势相同，也是由北而南然后扩散向四方。秦汉天下一统，农业地理重心在北方，文化学术也以北方为盛，南方仅四川可以和北方相比，而四川是当时南方唯一的农业先进区；南方很早就是中国的疆土，却一直到宋代成为农业地理的重心之后，才人才辈出，文化发展超越北方；边疆地区的台湾也在清朝中叶耕地已经大量开发之后，文教才有高度的成长，士绅成为社会的中坚，和大陆以文化为基础紧密结合，虽受政治力量的分割亦不可变。因此，农业疆域的扩展实际也就是中国文化的扩展。

有土有财

土地分配与经营

戴晋新

经济活动包罗万象，从历史上来看，每一个民族皆有其经济活动的特征，这些经济活动的特征，有时会明显地反映在文化的面貌上，如游牧民族与农业民族在社会伦理和道德规范方面颇不相同，这多少受到经济活动的影响。另一方面，经济发展的程度，对于文化的变迁，也有很大的作用。因此，如果能掌握经济活动的本质与特征，再据此以了解一个民族的文化，则亦不失为一种有价值的研究。

以往中国人的经济活动，显然以农业占主要地位。中国的农业不但起源很早，可以上溯至新石器时代，并且最迟在商代后期即已进入农业社会，以后逐步发展，一直到20世纪初，农业都是经济的重心。不但中国人的生活与农业有密切关系，中国农业的发展对中国文化的影响也是既深且巨。

在一个以农业为主要生产部门的社会中，各种生活所需，直接、间接都要从土地上获得，土地的重要性是显而易见的。同时，由于土地具有不虞被抢劫、偷盗、焚毁和损坏的特性，既可生利，复易保有，所以它又是一种最可靠的财富，并因此成为各种财富的最后归宿。土地之可贵如此，其为人人所争逐的对象遂为理所当然。“有土斯有财”固然是一般人普遍具有的观念，“有财辄以购土”，更是一般投资行为的写照，这种情形尤以土地私有化之后为然。

土地问题，主要是分配与经营，分配讲究的是公平，经营追求的是效率，透过分配方式和经营形态的分析，可以对一个社会的经济结构作大致的了解。本文即基于此一观点，对中国历史上的土地分配与经营问题作一大体上的说明。

土地的公有与私有

土地的分配制度，可粗分为公有制和私有制。公有制是指土地的所有权与处分权都归公，私人对于土地只有使用权。公有的“公”，可以指国家，也可以指氏族，总之，是指能够完全支配土地的公权团体。

私有制则允许私人对土地拥有合法的产权，并且这种产权可以在私人间自由转移。换句话说，就是土地可以自由买卖，而买卖受到法律的承认。这样的区分虽稍嫌简略，但大意应可明白。此外尚有两个相关的问题须作进一步的说明。

有的学者认为国家主权超越个人私权，当私人土地可能受到国家主权的干涉或限制时，私有权即不存在。这一见解似乎过分强调了私权与国权抵触时的弱性，并且没有划清国权与私权间的界线。事实上，虽然个人对土地的私有权低于国家对土地的最高主权，但是这种关系并不排斥个人对土地私有权的存在。因为土地是否具备私有的性质，应以能否自由买卖为前提，如果一个社会已经有私有财产的观念和事实，而土地和其他的财富一样，可以在私人间做自由交换的话，那么土地的私有性质当然应被承认。至于国家对私人土地的征收或籍没是另一回事，不能视为土地私有权存在的反证。

其次，有些人把土地国有和国有土地混为一谈，一看到国有土地，便立刻怀疑土地能否私有。这是没有把土地私有和土地国有之间的逻辑关系弄清楚的结果。土地私有制允许土地可以私有，同时并不排斥国有土地的存在；土地国有制则意味一切土地都是国有，绝不允许私有土地的存在。换言之，国有制具有排斥性，排斥私有土地，私有制没有排斥性，不排斥国有土地。国有土地，是指产权属于国家的土地；土地国有，是指土地都是国家的，其间的不同，显而易见。因此中国历史上习见的公田、官田、屯田，都是政府所有，都可以解释为国有，但只要同时民间能自由名田，则土地制度的前提仍是私有，而非国有。

基于以上的了解，再来看中国历史上的土地制度，我们可以说，战国以前是公有制时期；战国时代是从公有制走向私有制的转变期；战国以后，除了北魏太和年间至唐代中叶的二百七八十年之间曾有一些地区实施过性质特殊的均田制外，大体上皆为私有制。

战国以前的土地制度，文献不足征，史料的解释也常有出入，结果不是空白一片，无从谈起，就是众说纷纭，莫衷一是。其间虽也不乏高明的见解，但终究只能是一家之言。像孟子所说的“井地”，就是学者们聚讼千年，迄无定论的一宗悬案。因此，战国以前的情形，本文不拟讨论。

土地私有与兼并

从文献上看，战国是私有土地出现的时代。虽然在《论语》、《庄子》、《墨子》、《左传》和《国语》的记载中，有一些春秋晚期的人物颇具自耕农的色彩[1]，但都不过是占地自耕，并没有说到土地的买卖。土地的自由交易，似乎以《韩非子·外储说》左上里的一个故事为最早，这个故事的大意是说：赵襄子在一天之内赏了两个中牟的贤士为中大夫，于是中牟地方大约有一半的人纷纷卖掉田宅去读书学做贤士。另外像李悝对魏国农民生计的计算方法[2]和苏秦“且使我有洛阳负郭田二顷，吾岂能佩六国相印乎？”[3]的口吻，也都含有土地可以买卖的意味在内。到了战国晚期，名将赵括、王翦之流皆以买田宅为平常事[4]，更可见土地的私有早已是不争的事实。

土地从公有到私有，原因当然很复杂，这里只拟就经济方面的因素稍作说明。大概在个别生产力还很幼稚的时期，个别劳动尚不足以构成一个最小的生产单位，初民利用土地的方式只好是集体的。其后文明渐进，生产力也逐步提高，当个别劳动可以成为最小的生产单位时，土地便会被分割成小块，以“份地”的方式，分配给个人或家庭使用，为了公平，“份地”要定期重新分配，即《公羊传》宣公十五年何休注所谓的“肥饶不得独乐，墝埆不得独苦，故三年一换土易居，财均力平”。当生产力得到更进一步的发展后，在分配周期内因土壤的肥瘠等因素所造成的不平等也逐渐明显，这样便会导致土地重新分配

1. 如《论语·微子》篇中的长沮、桀溺，《庄子·天地》篇中的汉阴丈人，《墨子·鲁问》篇中的吴虑，《左传》昭公二十年奔吴的伍员，《国语·晋语》九中出奔到齐的范氏和中行氏的后裔。
2.《汉书》，卷二十四，《食货志》。
3.《史记》，卷六十九，《苏秦列传》。
4.《史记》，卷八十一，《廉颇蔺相如列传》；卷七十三，《白起王翦列传》。

时限的延长；而一旦采取延长的做法，不平等更甚，延长重新分配时限的要求便更高。因果循环的结果，土地私有的观念和事实乃逐渐衍生。这是个别生产力与土地分配方式之间的一种常规，我国古代“井田制”的瓦解，不能说与此毫无关系。

春秋战国间，由于铁制工具的出现、牛耕的发明、耕作技术的进步、灌溉设施的改良以及肥料的普遍使用[5]，农民生产力的提高是不成问题的。生产力提高以后，一方面可以增加单位面积的产量，一方面可以推广耕作的面积，于是农民除了耕种分内之田外，渐有余力开垦一些附近的荒地，这些私垦地不在原来分配的土地之内，其收获当属私垦者所有，私垦地就成了私田的一部分。农民对其封建领主的劳役负担不变，私田却可逐步增加，则勤者多劳以求多获，就自然成为普遍的要求了。同时，由于生产力的提高，封建领主对于荒地开辟的兴趣也跟着提高，越出封疆的土地因而日增，此即孟子所谓的“辟草莱，任土地”[6]，这些越出封疆的土地，性质上与受封而来的不同，应可由领主自由处分，成为领主私人占有之地。总之，在地广人稀和份地分配的前提下，生产力的提高可以开发一些分外之地，这些分外之地就是土地私有化的一个重要因素。

在生产力提高的同时，战国列强间的战争与聘贡逐渐频繁，封建国家的负担增加，原有的田赋遂有不敷所需之感。为解决财政上的困难，田赋的改革势在必行，改革的方向则朝着将助耕的劳役地租改为纳粟的实物地租进行。春秋中期已有征收实物地租的情形，管仲曾说：“相地而衰征，则民不移。”[7]这句话一般解释为根据土地的好坏来决定地租的多寡，在助耕的制度下，平衡地力的方式是定期重新分配，不易采取这种弹性地租。公元前594年，鲁国的“初税亩”，即在助耕公田之外对私田履亩而税，征取实物地租[8]。春秋晚期晋国也采用了实物地租，一名税吏曾经问赵简子赋税轻重的问题，赵简子告诉

5. 杨宽，《战国史》（香港，文昌书店），页26－28。

6.《孟子·离娄》。

7.《国语·齐语》。

8.《左传》宣公十五年。

他说:"勿轻勿重，重则利入于上，若轻则利归于民。"[9] 税可轻重，似乎也是指具有弹性的实物地租。大概春秋战国间田赋的确是由"小人农力以事其上"[10] 向"今农夫入其税于大人"[11] 演变的。当劳役地租转化成实物地租后，助耕的约束打破，农民的生产活动比较自由，这时如果勤勉一些，交完租赋后自己保留的也可多一些，农民的劳动意愿因而增高，对于土地的占有性因而增强，土地私有的要求亦就孕育在其中了。

9.《韩非子·外储说》右下。

10.《左传》襄公十三年。

11.《墨子·贵义》。

12. 赵冈、陈钟毅,《中国历史上的土地所有制》,《食货月刊》, 复刊第9卷第11期(1980年2月)。

13. 罗振玉,《贞松堂集古遗文》。

此外，如人口的增加、工商业的发达、封建体制的瓦解、郡县制度的推行等，对于土地的私有化，都有一定的作用，其理甚明，本文从略。

土地的私有化，是历史条件下的产物，一旦发生，便成为一股势不可遏的潮流，冲破了当时的阡陌和封疆。一般认为，公元前356年至前338年商鞅在秦国所进行的废井田、开阡陌、鼓励耕织、强迫分产等措施，是从政治上承认和推广土地私有制的里程碑。百余年后，秦国统一天下，商鞅之法通行全国，不久秦灭汉兴，制度却循而未改，土地私有制至此完全确立。

两汉的史料里，留下很多土地私有的证据。首先，土地私有，是以产权的合法与自由转移为前提，这一点在已经发现和见于著录的汉代地券与刻石中可以得到充分的证明[12]。东汉灵帝建宁二年(169年)王末卿买地的铅券上载道:

> 建宁二年八月庚午朔廿五日甲午，河内怀男子王末卿从河南河南街邮部男子袁叔威买睾门亭部什三陌西袁田三亩，亩价钱三千一百，并值九千三百钱。即日毕。时约者袁叔威沽酒半，即日丹书铁券为约。[13]

内容包括交易时间、买卖双方的姓名、界址、面积、亩价和总价，还要以“丹书铁券为约”，完全是买卖契约行为。在其他的地券和石碑里，甚至还有更详细的规定，可见当时的人不但产权观念相当进步，交易的手续也很郑重。像这样的立券立碑为凭，当然是土地自由买卖的铁证。两汉以后，土地交易的契约文件出现得更多，有时即使是自行开垦的土地，也要刻石立碑，载明土地是由山神或土地公一类的神祇手中买来[14]。

除了真凭实据的地券，两汉的史籍中有关土地买卖的记载也不少，像萧何利用特权，以贱价强买田宅至数千万[15]，司马相如拿了岳丈卓王孙所送的嫁妆到成都买地成为富人[16]，李蔡盗卖阳陵三顷得钱四十余万[17]，贡禹欲卖田百亩以供车马[18]，张禹在膏腴之区买田至四百顷[19]，都是很明显的例子，甚至西汉的成帝和东汉的灵帝贵为至尊，也喜欢到民间买田宅[20]，这些事迹，充分反映了两汉时期土地自由交易的盛况。

土地既可买卖，自然有地价，据说丰、镐之间的良田，号称“土膏”，每亩可卖到一金[21]，合万钱，这当然是最高的地价，多少有些夸张。前举王末卿的买地券，亩价是3,100钱，樊利家的买地铅券每亩是3,000钱[22]，李蔡盗卖土地的价格每亩大约在一千五百钱左右，扬雄家在蜀地，有田百亩，有产十金，平均计算，大约每亩是一千钱[23]，看来在当时一些比较富庶的地区，田价大约在一千至三千钱之间。至于边地的价格，则要低落很多，像居延汉简中关于家庭财产的登记，每亩田价，只值百钱，与当地其他的物价相比，显然偏低[24]。影响田价的因素很多，田价当然不易推算准确，不过从田可折价的这些事实看来，当时土地交易的发达，是毫无疑问的。

除此之外，董仲舒和荀悦曾分别以“民得买卖”、“买卖由己”等

14. 赵冈、陈钟毅，《中国历史上的土地所有制》。
15.《史记》，卷五十三，《萧相国世家》。
16.《史记》，卷一一七，《司马相如列传》。
17.《汉书》，卷五十四，《李广传》。
18.《汉书》，卷七十二，《贡禹传》。
19.《汉书》，卷八十一，《张禹传》。
20.《汉书》，卷二十七，《五行志》；《后汉书》，卷七十八，《宦者张让传》。
21.《汉书》，卷六十五，《东方朔传》。
22. 贺昌群，《汉唐间封建土地所有制形式研究》（1964年），页327、329。
23.《汉书》，卷八十七，《扬雄传》。
24. 劳榦，《居延汉简考释释文》，页455、463。

语来说明土地私有的情形[25]，而武帝和哀帝时的两次限田措施也足以证明法律是允许土地买卖的。

25.《汉书》，卷二十四，《食货志》；《申鉴》（《汉魏丛书》本），卷二，《时事》。
26.《明史》，卷七十七，《食货志一》。

中国的土地私有制度自从在秦汉时期确立以来，一直到近代，中间除均田制实施的一段期间外，大体上没有发生质的变化。在私有制的前提下，土地的分配，有几个值得注意的现象，分别说明如后。首先应该指出的是，私有制并不排斥公有土地的存在，因此自秦汉以来，历代皆有为数不少的公有土地。这些公有土地通常包括山林川泽、垦田、荒地三类，其中山林川泽一项，依照惯例，一向禁止私人占有，历朝皆设有专官管理；垦田和荒地则系开垦与否的问题，在公有土地中，当然两者都有，前者可统以“公田”名之，后者则可谓之“官荒”。它们的来源有四：（一）继承：即将前朝的公地，收为本朝的公地，这是一个王朝建立之初公地的基本来源。（二）没收：就是没收私人土地，主要有两种，一种是籍没罪犯原有的土地，称“没官田”；一种是收夺人民死亡流徙以后的无主土地，称“户绝田”，每逢大乱，人口大量死亡，户绝田亦大量增加。（三）新辟：如版图扩张新增的土地和为国防需要在偏远地区进行屯田所开辟出来的土地。（四）捐献：即私人自动捐献给政府的产业。皇室和政府所控制的土地数量并不一定，通常在大乱之后，因为人口死亡太多，无主的土地增加，公田亦因而增加。其他则视朝廷的政策而定，如赐田过多，公田自然减少；又如将公田出售，则公田也会转变成私田。一般而言，除了实施均田制的时期土地大部分为公有外，以明代的公田所占比例较高，差不多是当时土地的七分之一[26]。

其次，土地私有制的最大特色，就是可以自由买卖土地，土地既然能够自由买卖，有钱者当然就可以多买。由于土地在农业社会中不仅是最重要的生产凭借，同时也是财富的稳妥保障，所以它又是个人社会地位和一切权力的基础。一个人有了大量的土地，不但物质生活不虞匮乏，在乡党间也就颇有势力，司马迁所谓的“大者倾都，中者倾县，小者倾乡里”[27]，董仲舒所谓的“邑有人君之尊，里有公侯之富”[28]，都充分说明当时的社会中，一个人有了土地，几乎便有了一切。土地既然如此可贵，自然成为人人争逐的目标，稍有财力者，无不竞相把资本投资在土地上，土地兼并的现象也就无法避免。这是土地私有制的根本问题，制度不改，问题不变，自董仲舒以下，痛诋兼并之害的文字史不绝书，原因即在此。

27.《史记》，卷一二九，《货殖列传》。
28.《汉书》，卷二十四，《食货志》。
29.《汉书》，卷五十六，《董仲舒传》。
30. 陶煦，《租核·推原》。

土地兼并的结果，自然是少数人握有相当多的土地，相对的，也有一些人失去土地。富户买地，当然不愿任其荒废，也不是要自己耕种，而是让别人去种，他好抽取利润；贫户卖了地，并无其他营生，通常还是种田，不过种的已非自己的田，而是拿劳力来换取生活，于是有田者不耕，而耕者无其田的现象就发生了。不耕的有田者是地主，没有田的耕者则为佃农、雇农和一部分的奴仆。在一般情形下，奴耕的效率不佳，佣耕的成本较高，故多数为佃耕，租佃制因此发达起来，成为中国农业经营上的一个特色。

秦汉以后的土地分配，大部分时间都受到私有制的制约，在私有制之下，公有土地所占比例不高，多数的土地皆为私有，这些私人土地的分配，受到下列因素的影响：

第一，土地的超高价值，吸引了大量的资本。前文已经提到，在一个以农业为主要生产部门的社会里，土地在生产活动中所占的地位是极为突出的；同时，作为一种财富，土地的安全性也特别高，这两种特性使得土地在一般人心目中具有高度的价值，因此秦汉时期的人固然是“因乘富贵之资力……，广其田宅，博其产业，畜其积委，务此而亡已”[29]；到了清代，仍然是“金宝庐舍，转瞬灰烬，惟有田者，岿然而独无恙。故上自绅富，下至委巷工贾胥吏之俦，赢十百金，即莫不志在良田”。[30] 重视土地一至于此，土地自然成为资本的归宿，这应该是升高土地兼并的一股基本压力。

第二，人地的比例，是兼并压力的活塞。地广人稀，兼并压力小；地狭人稠，兼并压力大，这是不用说明的常识。大致而言，王朝初建之时，都是大乱之后，人口锐减，土地相对增加，这时不容易出现严重的兼并问题。反之，政治安定、经济繁荣的太平盛世，往往也就是土地兼并转趋激烈之际，这与人口的增加，当然有密切关系。同时，在每一个王朝面临灭亡之前，土地分配不均，往往也达到最高峰，而成为大乱爆发的重要因素之一。甚至，历史上著名的均田制之所以能够实施，就有不少学者认为和地广人稀的客观条件有关，其瓦解于唐朝天宝年间，和人口日增也不无关系。当然，我们无意以机械的人口理论来解释历史现象，不过，人地的比例对土地的兼并具有一定程度的影响也是不能否认的事实。

第三，资本的累积，增长了土地的兼并。在私有制下，土地主要是经由买卖才集中的，所以资本之有无和多寡对兼并有很大的影响，有土固然就可以有财，但是没财又哪能先有土呢？自战国以至秦汉，中国的商品经济已有发展，从《史记》和《汉书》的《货殖传》中，可以发现不少的富商大贾以经营工、商业致富，当时的人也深知“用贫求富，农不如工，工不如商”[31]的道理，由于战国以来重农抑商思想的发展和实践，不但一般人重视土地，即使是经商致富的人，也把大量的资金投向土地，即所谓“以末至富，以本守之”。汉代虽然抑商，武帝甚至禁止商人购置田地[32]，但是从杨可告缗，以致中等以上的商人大都破产，政府没收的田产达到“大县数百顷，小县百余顷”[33]的结果看来，商业资本大量流向土地是不可否认的事实。汉代如此，以后各朝不但没有大的改变，并且由于商品经济的日益发展，有些朝代，资本的累积更甚，土地的兼并也更激烈。

第四，租税制度，使农民破产。农民所要缴的税，一般分田赋、丁税、力役三类。田赋本来是农业收益税，如三十税一,十五税一，都

31.《史记》，卷一二九，《货殖列传》。

32.《史记》，卷三十，《平准书》。

33. 同上。

是按一定比例征收实物，东晋时改为“度田而税”，即按田亩征定额的土地税，不再计较实际收获物的多少，由于简便易行，遂经沿用。丁税是人头税，即每人或每户每年向政府纳定额之税。力役是由成年男子每年向国家服役若干日。一般而言，在重农思想下，田赋的征收并不重，大概历朝皆在10%以下；但是丁税和力役就不同了，以汉代言，丁税就是算赋，常例是每年每人要缴120钱，未成丁的缴20钱，如果拿算赋和常年的粟价相比，大约相当一石至一石半的粟，再考虑到丰年粟价暴跌、凶年粟价暴涨的情形，丰年以粟换钱，农民要吃大亏，凶年则无粟可换，120钱就不是很轻松的负担了[34]，如再以一家五口计，这个负担就更沉重。算赋已经是如此，力役就更不得了，汉制力役每丁每年30日，无法亲自服役的，可以每月2,000钱请人代役，谓之“践更”；另每丁每年又需戍边3日，不能到者，出300钱，谓之“过更”[35]。2,000钱比16算还多一点，其负担如何，概可想见。力役通常不会少，每逢多事之秋，只有增加，对农民劳力的损耗不可谓不大。汉代的情形如此，以后各朝平均计算，农民的负担亦与此相当，甚或过之，此处不再详论[36]。田赋和力役似乎只有农民才有，加上丁税，农民每年的净所得将不足以支付租税，在这种情形下，拥有小块的土地不但不是财，反而是一种债，农民只好将土地献给大户，以消失产业的方法来逃避租税。大户吸收田产，隐匿人口，只负担田赋，却得到土地和劳力，可说有利无弊，何乐不为？历史上常见的荫户浮客，就是这样产生的。

34. 永田英正，《汉代人头税的崩溃过程》，《东洋史研究》，第18卷第4期（1960年3月）。

35.《汉书》，卷七，《昭帝纪》如淳注。

36. 有关农民租税结构的问题，请参阅赵冈、陈钟毅，《中国历史上的土地所有制》。

第五，历代的赐田和禄田，为数不少，一赐一禄，面积常以顷计，既赐之后，即为私田，经由赐、禄造就的地主不知凡几，这种情形对于土地的集中，自有一定的作用。

第六，多子继承制与族产制对土地集中所发生的正、反面作用。自从商鞅变法，强迫分产以来，中国民间的继承制度就是诸子平分。

两汉关于平分家产的记载已经不少[37]，《续齐谐志》里田真兄弟三人分产分到把堂前一棵树都要劈成三半的故事尤其可见平分的彻底[38]。诸子平分的办法不但是社会习惯，在唐律中甚至还有明文规定[39]，可见其由来已久。这种平分制度，当然对地权有分散的作用，尤其中国人一向喜欢多子多孙，更易造成分产对象的增加，使分配的结果更零碎。俗话说“富不过三代”，虽然是纨袴子弟败家行为的警语，但就均分制来说，不论贤与不肖，再大的产业，几代分下来，自然也就分光了。与多子继承制相对的是族产制，中国的家族盛行族产，如义田、祭田、墓田、学田等，都颇为常见，这些产业的所有权是整个家族的，通常不轻易出卖，这对土地所有权的集中当然有一定的作用。

37.《史记》，卷九十七，《郦生陆贾列传》；《后汉书》，卷七十六，《循吏传·许荆传》。

38.《太平御览》，卷四二一，《续齐谐志》。

39.《唐律疏义》，卷十二，《户婚上》。

节制兼并的思想与措施

在土地私有的前提下，如无适当的节制措施，则土地的趋向集中，乃是不可避免的现象。秦汉以后，历代都有学者留心这个问题，并纷纷提出各种对策，这些对策有的经朝廷采纳，成为具体的措施；有的则未获实施，只是一些构想或建议。归纳而言，各种解决土地兼并问题的构想和措施可以分为二类：一类是在承认土地私有制的前提下，以法律来限制私人拥有土地的最高面积，手段比较温和；另一类则倾向于以强制分配、禁止买卖的土地国有制来取代土地私有制，做法比较激烈。前者包括西晋的占田制和历代的限田措施与思想，后者则包括新莽的王田制、北魏至隋唐的均田制，以及各朝的井田思想。

秦汉是中国土地私有制奠定的时期。秦自商鞅变法以来，一直厉行土地自由买卖的政策，然统一未久，政权即告崩溃，当时的人对土地兼并现象的反应，现已不得而知。汉承秦制，对土地交易也采放任的态度，经文、景两朝的承平，土地兼并渐趋严重，武帝时董仲舒便曾以“富者田连阡陌，贫者无立锥之地”一语来描述当时土地分配不均的现象[40]。董仲舒的均产理想是恢复古代的井田制，但是他也知道一时不易做到，因此建议武帝以“限民名田”的手段来抑制兼并，结果武帝只把这个办法拿来对付商人，限制商人不得买田。其后在哀帝时，师丹又重提限田，经廷议后，哀帝颁布了一则限制吏民名田不得超过三十顷的诏令，结果因外戚丁、傅两家和嬖臣董贤等人的反对而作罢[41]。不久王莽取得政权，进行大规模的改制，土地改革尤其是重点，其法是将全国土地收归国有，名曰“王田”，任何人不得买卖，同时强迫原来的地主一家在八口以下的占田不得超过九百亩，余田就近分给没有田或占田不足的九族乡党，违令者最高科以死刑[42]。这个办法可说是以土地国有为前提的限田措施，做法激烈，又缺乏其他条件配合，所以立刻遭到强烈反对，逼得王莽不得不承认失败，恢复土地的私有权。王莽的政权因整个改制的失败，不久即告垮台，王田制亦烟消云散。东汉中叶以后，社会经济败象纷陈，有识之士鉴于土地兼并的流弊和王莽改制的失败，乃思有一种根本的解决办法，于是井田之说又大为盛行。仲长统、崔驷固然都怀有井田的思古幽情[43]。经师何休，更在他的《春秋公羊经传解诂》里把井田制描绘得淋漓尽致，堪称集井田论之大成。东汉末年的荀悦虽然认为井田制不宜在人多地少的地方实施，但是他所主张的“宜以口数占田，为之立限”的办法，还是立限授田，不准买卖的土地国有制[44]。社会愈乱，兴革的理想愈高，其结果自然是徒托空言，无补实际，整个东汉竟无一点改革的措施可言。

汉末天下大乱，人民四处流散，死亡者不计其数，史载东汉桓帝永寿二年（166年）全国有16,070,906户，50,066,856口，至三国末年，仅余1,473,423户，7,672,881口[45]，以口计，只存七分之一。在这样人口锐减、动荡不安的局面下，土地变成相对过剩，不但没有兼并问题[46]，

40.《汉书》，卷二十四，《食货志》。
41. 同上。
42. 同上。
43.《后汉书》，卷四十九，《仲长统传》；卷五十二，《崔实传》。
44.《文献通考》，卷一，《田赋考》。
45.《文献通考》，卷十，《户口考》。
46.《三国志·魏志》，卷十六，《仓慈传》。

反而到处都是乏人耕种的无主之田。针对这一情况，司马朗向曹操建议恢复古代的井田制，他的理由很简单：人民死亡流离，大部分的土地都成了无主的荒田，由政府收回再重新分配所可能遭遇的阻力最小，是实施井田的最佳时机[47]。司马朗只看到土旷人稀对土地分配作业有利的一面，却不了解当时问题的关键在农民因缺乏安定的环境和安全感，根本不能或不愿耕作，而不是没有田种，所以当务之急是如何驱使农民就地耕种，立刻恢复生产。对于这个问题，曹操最后选择了枣祗和韩浩的建议，迅速运用统治权，强迫或半强迫地招募或征发人民以佃客的身份去垦种政府控制的荒地，名曰“屯田”。屯田的地区多选在肥沃之地或军事要冲，屯田区的长官有相当于郡守的典农中郎将、典农校尉和相当于县令的典农都尉，不隶郡县。被征募来的农民称“屯田客”，予以军事化的管理和组织。屯田客用官牛耕种的，缴60％的田租；不用官牛的，则与官对分[48]。以负担论，和两汉的佃农相当，但是免除徭役。由于屯田区里的生产条件较佳，所以不论军屯、民屯，很快就恢复了农业的生产。曹魏如此，同一时期的东吴和蜀汉亦多行屯田，这可以说是人口锐减、生产力倒退的条件下恢复生产的治标办法。

47.《三国志·魏志》，卷十五，《司马朗传》。

48.《晋书》，卷四十七，《傅玄传》。

49.同上。

三国的屯田，只是一时权宜之计，不是土地制度的常轨，随着世局的日趋安定，屯田的军事组织已不再需要，屯田客也不宜再予以免役的优待，同时由于豪强大族的兼并，到曹魏后期，屯田制逐渐破坏。据傅玄说，当时屯田客的田租负担已分别调整为全部收获物的十分之八和十分之七，又因屯田面积扩大，耕作日益粗放，以致单位面积产量锐减，甚至所获尚不足以偿种[49]。豪强侵夺、屯客逃亡的现象，使得晋武帝在即位前后曾两次下令罢屯田官．为了拉拢世家大族，他又把原来租官牛的屯田户各以差等赐给公卿，屯田制度于是冰消瓦解，此后屯田客一部分成为国家的编户，一部分沦为私人的佃客。

晋武帝太康元年（280年），西晋颁行了户调式，也就是一般所谓的"占田令"，主要内容是分配土地和规定租税。首先规定官吏占田的面积，一品50顷，以下每低一品，递减5顷，至九品官可占田10顷。除田之外，官吏还可占有佃客，也依次自15户至1户不等，衣食客则自3户至1户不等，官吏庇荫亲属为自己的依附农民则"多者九族，少者三世"，没有一定。对一般农民则规定丁男占田70亩，丁女30亩；另有课田，丁男50亩，丁女20亩，次丁男25亩，次丁女免。《晋书·食货志》的原文不够清楚，曾引起很多争论，但现在对占田和课田的解释多认为占田是最高限制，课田是课税面积，换言之，即丁男最高可占田70亩，丁女30亩，不论实际上是否能占到这么多，需要纳税的面积丁男为50亩，丁女为20亩，次丁男为25亩。50亩课田的田租是4斛，大抵合每亩8升。另丁男每户每年调绢3匹、绵3斤，丁女或次丁男为户者折半。

从占田令的规定看来，占田制似乎是在农业生产尚未完全恢复的前提下，一面限制各色人等的最高占田额，一面规定征收田赋的法定面积和户调负担的办法，其占田的面积较课田为多，实寓有鼓励生产的作用在内，即超过五十亩，未达七十亩的部分免税。果然如此，则占田虽非良法，亦含有美意于其中。然而翻检西晋史籍，却可轻易发现，事实并非如此。以官僚的占田而言，在占田令颁布以后，官僚地主们占田过限的情形还是很普遍的[50]，似乎并未受占田令的影响。晋武帝晚年时李重也在上奏中说到："人之田宅，既无定限"[51]，这种情形显示，若不是我们对占田制的内容理解错误，就是占田令根本无法有效实施。不论是何种情况，总之，文献中所见地主的田绝不止法定之数。其次，占田令并没有规定还授办法，甚至一开始就不是由政府授田，因此它和后来的均田制大不相同，仍具有土地私有的性质。这一点不但李重在奏言中曾明白地指出，《晋书》里也不乏土地买卖的记载[52]。

50.《晋书》，卷五十三，《愍怀太子传》；卷四十三，《王戎传》；卷三十三，《石苞传》。

51.《晋书》，卷四十六，《李重传》。

52.《晋书》，卷五十三，《愍怀太子传》；卷四十三，《郭舒传》。

地主占田逾制，土地又可买卖，则法令形同具文并非过苛之论，何况西晋国祚甚短，占田制纵有部分效果，也只是昙花一现，在中国土地分配的问题上不占重要地位是可以断言的。

西晋建国不久便发生八王之乱，接着“五胡乱华”，北方陷入空前浩劫，黄河流域固然是“千里无烟”[53]；就是江淮之间，也是“百姓死者十有其九”[54]。良田千顷，一变而为“胡人”南下的牧场[55]，中原衣冠纷纷南渡，司马氏也在南方重新建立了东晋政权。南方本来就是地广人稀，由于自然条件较佳，农业技术也较落后，在南朝时期甚至有些地方还是火耕水耨。北方人士南渡，一方面带来了许多劳力，另一方面也带来了较为进步的技术，这对南方农业的发展有很大的影响。由于东晋和南朝政权对土地采取“良田废村，随便安处”[56]的放任政策，而南方又是一片尚未完全开发的新地，兼以南渡大族在政治及社会上的特权，自东晋以下，以迄于隋，南方都是放任的土地私有制，又基于上述原因，兼并更烈，当时许多地主的土地往往称“庄园”、“别业”，规模较大的，甚至自成一个经济单位。由于南方政权的积弱和世家大族的跋扈，南方的土地兼并虽已至空前的地步，政治上却无丝毫改革办法，只有听其兼并而已。

53.《晋书》，卷一〇九，《慕容皝载记》。

54.《晋书》，卷二十九，《五行志》下。

55. 李剑农，《魏晋南北朝隋唐经济史稿》（台北，华世，1981年），页1－19、39－45。

56.《陈书》，卷五，《宣帝纪》。

与南朝对抗的北朝则不然。北魏首创的均田制，是历代史家称美的良法，这个制度自北魏开始，历北齐、北周、杨隋，一直实行到李唐中叶，其间虽偶有斟酌损益，但土地国有和政府授田的制度精神大体不变，对土地分配大有影响。均田诏颁于北魏孝文帝太和九年（485年），主要内容大致如下：

1. 15岁以上的男子授露田40亩，妇人20亩，二年一休的土地加倍，三年休耕两年的土地加二倍。露田不准买卖，身死及年满70岁时还给政府。

2. 初授田的人，男子每人授给桑田20亩，作为世业，不须归还。

所授的桑田必须在三年之内种上规定的桑、榆、枣树。原有桑田超过规定的，无还无授，不足的按规定授足。桑田可以买卖，超过20亩的，其超过部分可以卖；不足20亩的，可以买足20亩。不宜植桑的地方，男子给麻田10亩，妇人5亩，皆从还授之法。

3.新定居者，三口给宅地一亩，奴婢五口一亩。

4.拥有奴婢和耕牛的人，可以额外获得土地，奴婢授田与良民同，人数不限，耕牛每头授露田30亩，只限4头牛。

5.土地不足之处，农民可以向空荒处迁移，但不得借此规避赋役。土地较充裕的地方，居民不得无故迁徙。

6.地方官按官职高低授给公田，刺史15顷，下至县令郡丞6顷，离职移交，不得买卖。

关于均田制的内容、性质及实施程度，学者们有很多不同的意见，兹先归纳均田制的几个特色，再解决其他问题。从均田制的主要内容来看，首先，均田制规定奴婢和耕牛皆可授田，牛虽然只限4头，奴婢却没有什么限制，并且授田办法与良民相同。换句话说，奴婢也授有露田和桑田，但是这些奴婢名下的田当属其主人，露田固然要依法归还，桑田却可成为主人的世业，因此主人养奴愈多，拥有的田产也就愈多，其中有一部分还是不需归还的桑田，同时奴婢的赋役远较良民为轻，在这种情况下，蓄奴之风自然大盛，家中有僮仆数千者并不罕见。于是所谓“均田”，实际上并未达到“均”的效果，甚至一开始就不是以“均”为主要目的。

其次，均田制虽然规定桑田为世业，可以私有，并且可以“盈者得卖其盈，不足者得买所不足”，但同时又规定“不得卖其分，亦不得买过所足”，因此世业的买卖是有限制的，人民的土地私有权也是不完整的，就此而言，均田制具备了土地国有的性质。

第三，均田制将土地区分为露田、桑田、麻田及宅地四类，分别授予，又考虑到休耕之田应按比例调整授田面积，并且对具有劳动力的奴婢和耕牛也授田，对宽乡和狭乡居民的迁徙也有规定。观其立法的原意，似乎着重于如何有效利用土地，这一点如与土地国有和不强调“均”的特色齐观，意义更为凸显。换句话说，均田制的主要功能在有效地结合土地与劳动，以恢复生产，增加税源。从李安世所强调的“力业相称”和当时北方的经济条件都可得到明证。

第四，均田令明文规定“均给天下之田”，令文中对宽乡、狭乡也有所区别，显然是一个全国性的制度。唐代的均田令也以“天下”为范围。不过，这个制度在执行上将因时因地，特别是因官府所控制的土地多寡而有程度上的不同。在均田令颁行两年后，齐州刺史韩麒麟还奏请“计口授田”[57]，宣武帝时源怀巡行北边六镇，也奏请把诸镇水田按“地令”分给贫民[58]，似乎都说明了均田制并未彻底执行。但是在西魏大统年间和唐朝开元、天宝年间敦煌残卷中的户籍资料里，也有许多“未授地”的记载，可以证明当地确是实施过均田制的[59]。这种矛盾的现象，应该可用上述的原因来解释。

均田制自北魏实施以来，一直到唐代中叶，差不多有二百七八十年之久。其间因个别情况，办法亦略有变更。以授田亩数言，北齐丁男露田加倍，北周不分露田、桑田，一律百亩，隋如北齐之制，唐则改露田为口分，桑田为永业，口分80亩，永业20亩。以授还年龄言，北齐为18至66岁，以后各朝，授田年龄皆为18岁，还田年龄，北周64岁，隋如齐制，唐制六十还半。以奴婢授田言，北魏不限，北齐限制亲王最高三百，依次递减，隋如齐制，北周与唐则无奴婢授田规定。他如各种优待、买卖等规定亦各有异同。不过大体而论，制度精神相同，而以唐制最为完备。

历代的土地国有思想，多半只能坐而言，不能起而行，何以北魏竟能够实施均田制？一般认为，这与拓跋氏的氏族遗习、孝文帝的仰慕汉化、土旷人稀的客观条件和制度中并未严重影响豪强既有的利益都有关系。当然，任何法令都难免有漏洞，执行上尤难避免偏差，因

57.《魏书》，卷六十，《韩麒麟传》。
58.《魏书》，卷四十一，《源贺传》。
59. 西村元佑，《中国经济史研究——均田制度篇》(《京都大学东洋史研究丛刊》之十七，1970年)，页305－323。

此在实施均田制的期间，如要翻检史料，找出一些例外的情形，并不困难，但这并不能完全否定均田制的存在。后来均田制的崩溃，主要还是因为内在的矛盾和客观条件的改变。归纳而言，有以下几点：

均田制实施的条件之一是土旷人稀，于是当人口增加率相对超过耕地增加率时，政府授田就会有捉襟见肘之感。史载唐永徽三年（652年）有户380万，神龙元年（705年）增为615万，开元二十八年（740年）又增为841万，天宝十三载（754年）已增至906万，自永徽至天宝，户口增加210%有余，同一时期耕地面积似不可能增加如此。据《通典》卷二所载，天宝年间按法定授田额计算全国应授田总数为1,430万顷，远超过当时所有耕地面积[60]。人地比例不能调和，还授之法自然形同具文，天宝年间敦煌残卷中的户籍资料即可证明[61]。

均田制中的永业田除绝户外，只授不还，随人口的增加，私田总面积不断增加，公田总面积自然相对减少，何况职田、赐田、勋田等常为永业性质，也有助于私田的扩大。这种制度内在的根本矛盾，自然使均田制实施一段期间后便难以为继。

北魏的均田制对永业的买卖是有限制的，但实行以来，非法买卖的行为仍然存在。唐代对买卖的限制大加放宽，不仅官吏的永业田、职田、勋田可以买卖，甚至连狭乡之民迁往宽乡时，口分亦可买卖。同时唐律也规定租佃是合法的[62]。买卖的自由扩大，均田的体制便难以维持。

由于丁男、丁女授田面积不同，再加上狭乡的“减分”规定，均田制的还授办法，长久施行，势必造成土地割裂，割裂至一定程度，则出现一家之田分成数块，且不毗连的情形，对实际的操作，颇多不便。据唐代敦煌户籍残卷显示，田块狭小有不及半亩的，一家之田相距也有超过三十里的[63]。敦煌是边地，情况如此或者有特殊原因，但唐代

60. 吴章铨，《唐代农民问题研究》（台北，商务，1963年），页140。

61. 西村元佑，《中国经济史研究——均田制度篇》，页305－323。

62. 贺昌群，《汉唐间封建土地所有制形式研究》，页371。

63. 西嶋定生，《中国经济史研究》（东京大学，1966年），页622。

的均田制也有允许隔州隔县的授田规定[64]，合而观之，长期还授所造成的土地分割应为事实，而这种零碎的分割，当然不利农民耕作。

64.《新唐书》，卷五一十，《食货志》。

65. 赵冈、陈钟毅，《中国历史上的土地所有制》。

最后，任何制度都需要安定的政局和高度的行政效率来维持，均田制亦不例外。自北魏以迄唐朝中叶，三百年间，战乱频仍，而政府亦不能长期维持廉能风气，随政治的窳败，均田制自亦不能维持。

均田制在唐玄宗开元、天宝年间已经废弛，安史乱后，丁口流徙，田亩移换，贫富升降，已难复旧观，在这种情况下，实行将近三百年的均田制乃彻底崩溃，自秦汉土地私有制成立以来，历代针对土地兼并所提出的限田、王田、屯田、占田和均田等纠弊措施，到此亦告一段落。此后土地私有制不再有重大变化，即使偶有改革，如北宋真宗乾兴初之“限田法”，南宋理宗时贾似道之“限民名田”，清朝雍正年间在直隶新城、灵州、永靖、固安四州县城试行的“井田制度”，以及太平天国颁布而未见实行的“天朝田亩制度”，不是局部的，就是暂时的，甚至议而未行[65]，对土地私有制并未发生摇撼的作用。

小农经济与地主经济

秦汉以来，土地兼并的现象一直存在，这不但是土地私有制本身必然衍生的结果，就是在历代痛诋兼并之弊的文献里也有清楚的反映，应该是不成问题的事实。土地兼并，就是土地所有权的分配不均，而分配不均应可包括有与无、大与小两种情形，因此在私有制下便产生了大土地所有者、小土地所有者和没有土地者三种人。大土地所有者习称“地主”，他们拥有较多的土地，通常只需以抽取部分利润的方式将土地提供给他人从事生产，便可雍容高卧，甚至富埒王侯。小土地所有者一般指的是自耕农，标准的情况是拥有一小块田地，恰好自耕自食；另有一些土地不足、半自耕半佃耕者，和自耕有余而将余田放租出去的也包括在内。没有土地者的身份复杂，主要的构成分子是佃农、雇农和奴仆。这些人失去生产凭借，只有提供劳力，替人工作，以谋生活。上述三种人当中，除了小土地所有者自耕自食，在土地的经营和利用上比较独立外，其余的两种人必须相互依存——大土地所有者需要劳力，而无土地者则需要土地，前者取得劳力的主要方式为租佃、雇佣和蓄奴，后者亦只有以佃农、佣工和奴仆的身份去与前者结合。

由于自耕农和地主拥有土地的面积大小和支配劳力的多寡有异，他们对土地的经营方式也可能有所不同。自耕农通常以个体经营为主，也就是以个人或家庭的劳力去经营这样的劳力所能负担的小块土地，在耕作方式上缺乏分工与协作，完全是小农式的生产。小型劳力和小块土地的紧密结合，正是这种小农经济的特色。

地主拥有的土地面积较广，能够支配的劳力也较多，于是在经营方式上就显得比较具有选择的余地。他可以运用大量的劳力在大块的土地上以分工协作的方式作大规模的农场经营；也可以把大块土地分割成若干小块，再将大批劳力分散成若干个体，作化整为零式的经营。这两种经营方式在本质上和效益上都有相当大的差异，对经济发展的影响当然也不同。一般而言，前者的经济效益较高，具有创造资本从事再投资再生产的性质，并可由此改变经济结构；后者的小规模生产方式，则除了可为地主累积财富以外，对经济发展并无裨益。

从历史上看，中国土地上的小农经济比较发达，这一点只要对直接从事生产者的经营方式略加分析，即可明白。

通常自耕农所拥有的土地总是狭小而零碎，刚好够一个家庭的劳力来经营，所获在平时亦勉可维持一家生计。有些富农土地稍多，将多余的土地租佃出去或雇工耕作；也有些贫农土地较少，不足的部分以承租或受雇的方式来补足。这两种情形均可与自耕农归为一类。自耕之家的生活是相当困苦的，战国时代的李悝和西汉初年的晁错都认为百亩（古亩）之田不足赡养五口之家，以致农民“不劝耕”，甚至

"卖田宅、鬻子孙"[66]。这两人都是颇务实干的名臣，所说的话应可采信。百亩之田已接近当时五口之家耕作面积的极限，何以犹不能维持一家的温饱呢？主要的原因恐怕是租税和徭役的负担太重，不但李悝和晁错有这样的看法，元帝时的贡禹也认为农民勤苦而负担过重，以致"民弃本逐末，耕者不能半；贫民虽赐之田，犹贱价以卖"。[67]前文对汉代算赋和力役的说明，也可以支持这一观点。两汉农民的负担已经较轻，尚且如此，其他的朝代更不必论。事实上，以田产为基础的租税结构一向对自耕小农不利，不但使他们的生活困苦，甚至使他们的经济破产，以致亡逃山林、卖田为佃或带产投靠。虽然如此，历史上的农民，似仍以自耕农占多数。以宋朝为例，当时的佃户多为"客户"，地主与自耕农多为"主户"，北宋真宗至仁宗时的主户与客户之数为[68]：

年代	主户	客户
真宗天禧五年（1021年）	6,039,331	2,638,346
仁宗宝元元年（1038年）	6,470,995	3,708,994
神宗元丰三年（1080年）	10,109,542	4,743,144

显然主户远较客户为多，主户之中当然以自耕农占多数，地主占少数，否则客户无法与地主相应；而且客户之中有些是为逃税而假冒者，有些则是官田的佃户，真正与地主发生关系的佃户要较表列客户数字少，易言之，即主户之中的地主还要少些，而自耕农也还要多些。宋代的官田不少，土地兼并也很激烈，自耕农犹占多数，其他朝代大致亦可类推。

自耕农的田块狭小，收获不多，又要负担不轻的徭役与租税，在一般的情况下，很难累积资本、扩大经营面积；何况自耕农所拥有的土地也要靠购买获得，这又要耗去其主要的资本，于是自耕农只能以

66.《汉书》，卷二十四，《食货志》。
67.《汉书》，卷七十二，《贡禹传》。
68. 加藤繁，《中国经济史考证》（台北，华世，1976年），页779—780。

极其有限的劳力在小块的田地上作小规模的生产，周而复始，因果循环，维持着一个薄弱的经济基础。

没有土地的人和地主的结合方式之一是透过租佃的关系成为佃农。历代的学者在谈到土地的兼并问题时，通常都会附带地提到租佃关系，文献中有关租佃的记载也相当多，足见租佃是地主经营土地的主要方式。租佃关系是一种契约关系，基本上系由地主提供土地，佃农提供劳力，双方言明期约期限和分成比例的一种契约。既然是契约，内容当然可以因人因时因地而异。不过从文献上看，历代的地租，似乎以收获物的50％为惯例，甚至还要更高。例如在魏晋时，用官牛耕官田的，官得六分，民得四分；用私牛耕官田的，与官对分[69]。又如前燕慕容皝时，用官牛耕田的，官收其八，二分入私；用私牛耕田的，官收其七，三分入私[70]。佃农将二分之一以上的收获物缴给了地主，所换来的生活自然是困苦异常，汉代学者董仲舒就曾经形容当时的佃农生活是“衣牛马之衣”“食犬彘之食”[71]。不过，佃农因为没有土地，通常可以合法地免缴田赋，有时连户口也隐匿起来，便可逃避自耕农所应负担的各种赋役，自耕农愿意卖田为佃或带产投靠豪强，常常就是因为国家的赋役比佃农的田租还重的缘故。对于地主而言，租佃是收益非常可靠的一种经营方式，假如佃农在缴了二分之一以上的收获后还不至于饿死，一个拥有几户佃农的地主已经是小富，何况是田连阡陌的大地主？因此地主都乐于采用坐享其成的租佃方式来经营产业。

69.《晋书》，卷四十七，《傅玄传》。
70.《晋书》，卷一〇九，《慕容皝载记》。
71.《汉书》，卷二十四，《食货志》。

有关租佃的记载很多，但是佃农在农民中所占的比例却不易推算，原因是这类数字通常都比较夸张。佃农与自耕农主要的差别为土地所有权的有无及由此而来的不同负担，在劳动力方面两者是差不多的，所能耕种的面积也相当。在租佃制下，单位面积的产量愈高，地主的利润也愈高，因此佃农所能租到的田地面积通常都要比他所能耕种的面积略小，这样他才会拼命工作，力求多获，地主亦因此可以多获利润。租佃制本来就是把大块土地分割成小块的小农生产，基于经济利益上的因素，这种分割只会小，不会大，所以佃农的经营方式只能是小规模的。清朝的陶煦说吴中之田十九为富绅所有，上农承租不过十亩[72]，足见佃耕面积的日小。

没有土地的另一种劳动者为雇佣。中国历史上的雇佣，见于文献者，最早当在战国[73]，到两汉时期记载已多，而且范围甚广，包括农业、手工业、建筑、运输、商场、官厅、学校和家事都有使用佣工的记录[74]。东汉以后，这些情形不但继续存在，而且随经济的繁荣，日益发展。佣工的范围虽广，此处仅讨论与农业生产活动有关的佣工。早在战国时代，就有雇佣播耕的记载，《韩非子·外储说左上》：

> 夫卖庸而播耕者，主人费家而美食，调布而求易钱者，非爱庸客也，曰：如是耕者且深，耨者熟耘也。庸客致力而疾耘耕者，尽巧而正畦陌畦畤者，非爱主人也，曰：如是羹且美，钱布且易云也。

这段话所显示的雇佣关系，基本上已和今天无异。此外，秦末的陈胜、西汉的兒宽、东汉的孟赏和第五访也都曾替人佣耕，汉代以后，佣耕的例子自然更多。

雇农本身是个别的劳动单位，雇主支配佣工的方式值得我们注意。依实际工作的情况来看，雇农应可分长工与短工两类，短工为农忙时临时雇用，只为帮忙，与经营方式无关。长工也要视个别情形而定，有的富农雇用一二名长工帮忙耕种面积较普通人家稍大的田产，这当然还不能改变经营方式。真正长期雇用大批长工在田里进行分工协作式的集体耕作的，虽然不能说绝无仅有，但就文献上所见，与租佃方式相较，实在少得太多。雇工耕作，大概以明朝为盛，当时江南的雇工，有一户至数百人者，另有些地方雇农可能占农村劳力的百分之十

72. 陶煦，《租核·推原》。
73.《韩非子·外储说》左上。
74. 翦伯赞，《两汉时期的雇佣劳动》，收入氏著《翦伯赞历史论文选集》，页346－359。

左右[75]。雇工耕作除了工钱，还要准备伙食，通常成本较租佃为高，因此明代的雇佣仍不如租佃之盛。到了清代，需要雇用大批长工经营农场，主要是些经济作物，如四川的甘蔗、江西的烟草等。总之，长期来看，雇佣在中国农村里所占的比例并不高，如只算长工，还要再低一点。大量雇用长工从事大规模耕作的农场，不但出现的时代较晚，而且数量也不多。换言之，历史上有关雇佣劳动的记载虽不少，却不能不加辨析的就遽以为是大规模的农场经营。一个地主雇佣工人，不一定要改变小规模的生产方式。

75. 赵冈、陈钟毅，《中国历史上的自营地主》，《中国土地制度史》（台北，联经，1982年），页293。

中国历朝皆有蓄奴的风习，但奴仆多从事贱役和服务性质的工作，从事农耕的较少。均田制下的奴婢可授田，也可能耕作，然其耕作的方式可能还是以个人或家庭为单位，并非集体式的分工协作。这方面史料里缺乏明白的讯息，故只能作这样的揣测。

如前所述，中国的农业经营，系以自耕和佃耕为主体，这两种耕作方式，都是小规模的，也就是所谓的小农经济。小农经济由小型劳力与小块土地紧密结合而成，其特征之一就是经济基础薄弱。由于每一个生产单位的土地和劳力都非常有限，收获自然非常有限，不论自耕还是佃耕，扣除一切必要的开销后，要维持一家的温饱已很困难，更遑论创造再生产的资本了，于是大部分的农民便只能在薄弱的经济基础上循环打转，天灾战祸固可轻易使其崩溃，豪强兼并亦可逐渐令其瓦解，而在崩溃瓦解之后的废墟上重建的经营方式依旧，年复一年，代复一代，始终无法突破本身的限制，改变其循环的轴线，发展出一个新的经济结构。

小农经济的特色之二是精耕细作。由于每一农户所能利用的土地面积非常狭小，而且不论是自耕还是佃耕，租税和徭役的负担都很沉重，生活的压力自然迫使农民对其小块土地作高度的利用，俾能获得最大的报偿。这种以相当劳力对小块土地作高度利用的经营方式，一方面当然提高了单位面积的产量；另一方面，从整体来看，这种劳力的使用有时并非是最经济的，如果条件许可，将同样的劳力施之于面积稍广的田地上，收获是否会更好？在中国历史上，固然有些时期因为战乱，土旷人稀的程度使得农民只能作粗放式的经营；也有一些太平之世的膏腴之区，其地狭人稠的情况，根本不允许个体小农推广其耕作面积；但是在大部分时间的多数地区，应该有这种可能，然而往往由于土地兼并的关系，自耕农固然无力扩大耕地，地主亦不希望佃农多佃土地，于是农民只能在较小的土地上耕作，长期发展的结果，乃产生了精耕细作的特色。

结 语

中国自秦汉以降，土地的分配，即以私有制为主。私有制的特征是自由买卖，由于土地本身所具有的高度价值，自由买卖的结果，必然是土地兼并，这是土地私有制成立以来的根本问题，也是历代具有均富思想的学者所亟欲解决的问题。然而除了在均田制实施的期间和地区情况稍好外，历朝的政府对于土地兼并，始终拿不出一套有效的办法。究其原因，主要还是各种办法均不能对症下药。土地私有制的产生，系以生产力提高，个别劳动可以是一个生产单位为前提。一旦社会的生产力到达这一水准，土地私有的要求必然会打破僵化的土地分配制；一旦私有制成立，除非生产力倒退回去，或其他条件可以长期抵消私有的矛盾，则任何办法均不能有效地遏止私有制的发展。中国历史上常见的限田思想，基本上已承认了土地私有，单凭一纸命令便想挽救私有制下的兼并狂澜，当然是不可能的事。至于井田思想，不论是哪一种解释，基本上都是土地国有制，这种思想的不能实现，主要是没有认清古代井田制瓦解的因素，妄想以不相同的条件硬行实施相类的制度。就建立制度的实际考虑而言，井田论者不能对人口增加后可分之地日狭这一问题作解决，即已充分显示其思想的不够周延。即以最称完善的均田制度而言，制度本身对人口增加后所面临的新局面也没有考虑，以致内部的矛盾促使了制度的瓦解。总之，土地私有制成立后的兼并之害是有目共睹的，解决兼并之害的办法却无一完善，此中缘由，实堪玩味。

土地的分配与经营是互有关联的。在私有制下，土地所有权分配经常不均，形成“富者田连阡陌，贫者无立锥之地”的现象，这样就为富者提供了大规模经营的可能条件。如果一切配合，土地兼并的结果，可能使地主不仅能累积财富，并且能创造资本，改变土地经营的方式。但是事实上中国的地主在各项条件的限制下，最喜欢的经营方式却是分割式的租佃，这样土地的集中对土地的经营就没有发生多大影响。其结果是不论土地大小，都是以小规模的经营为农村经济的主体。

土地兼并和小农经济是中国农业上的基本问题。兼并使大部分的农民不论自耕还是佃耕，都只能是小农，扣除应缴的负担后，小农的经济基础便十分薄弱，不易改变其经济条件。在这种情形下，如果政府不采取有效的干预措施，兼并只有愈烈，小农只有更苦，发展到最后，终不免使整个社会经济破产。破产之后，天下大乱，丁口流徙，死于道路，于是出现土旷人稀的局面，这时往往会有一些土地改革论出现，而不论采行与否，在废墟上重建的经济结构仍然是老套，周而复始，一切又回到老路上去。这种情形，一方面反映出经济演变的循环性，另一方面则反映了经济发展的迟滞性。循环性和迟滞性是中国经济的特色，对中国人和中国的历史，当然有一定的影响，至于影响到什么程度，则非本文所能讨论的了。

多能巧思

手工业的发展

陈慈玉

近代以前，东亚、中亚、西亚、欧洲各民族与中国接触的时候，在手工业制品及技术方面，得自中国者多，给予中国者少，因此中国手工业可以说是形成“地大物博”的“宗主国”政治权威之物质基础的重要一环。直至今日，Silk（丝）、Nankeen（南京棉布）、China（陶瓷器）等国际语言仍象征着往昔灿烂的中国手工业，曾经赢得西方的赞叹。16世纪后半至17世纪前半，江南一带的集约农业技术已达中国史上最高水准，棉纺织、制陶、造船等手工业部门也表现出最高的技术水准，此后，则以此技术水准为基石而作量的增长。缅怀先人智慧，或许多多少少能够捕捉到西方资本主义冲击之前的中国物质文明吧！

传统手工业的部门繁多，包括土木（城壁、皇陵、道路、运河、桥梁等）、建筑（宫殿、官厅等建筑物）、兵器、纺织、裁缝、陶瓷器、金属器具、制纸、薪炭、砖瓦、石灰、矿冶、制盐、茶业等。本文主要在探讨纺织业的发展，因为除了官营手工业工场之外，中国经济自给性最坚强的基础、最具体的表现是衣食两种生产活动的结合，这种结合组织最自然的形态是民间的家庭。中国神话里，神农氏发明耒耜，教民稼穑，黄帝的元妃嫘祖育蚕治丝，制作衣裳。所以在古代中国人的意识里，耕作是男子的工作，纺织却是女子的责任，这种“男耕女织”的观念成为传统的规范，也成为家庭内分工的原则。所谓“织”，在远古是指丝麻而言，自从宋元之际棉花传入内地后，便立即被应用于棉布生产上，丝织与棉纺织在中国手工业中表现了最辉煌的一面。

就手工业中最重要的纤维工业部门而言，事实上，唐代以前，一般农家的织布作业是以自家消费和贡纳为前提，商品生产性质的织布业在农家尚未发达，把布帛当成商品而生产的主要是都市手工业，但由于农村的自给自足，使都市手工业的市场非常狭隘，其规模也受限制，因此都市手工业不得不专以上层阶级的消费为对象。唐末以降，在华北开始二年三毛作，在江南也由于水田开发的扩大所产生的农业生产诸关系的变化，把商业资本导入农村，促进农村经济的分解，自给自足的农村社会逐渐崩坏，农村手工业的商品生产特征也就渐渐明显。

丝织业的发展

丝织业最早发源于中国，在西汉武帝与西域交通以后，丝织物即经由闻名的“丝路”输出到西方，价值和黄金相等。此后我国丝织产品在世界上有其光辉灿烂的历史，历朝政府也都十分重视这种精巧的手工业，设有官营工场来织造。在民间，由于丝织物过于奢华，不适于农户使用，因此他们大多只生产原料的生丝，而由小型的私营手工业工场来完成织造的过程，并且官私营手工业工场的关系非常密切，曾经促进了丝织业的发展。

• 蚕丝与绢帛 —— 蚕神女圣早成丝

自仰韶时代至今，我国最著名最特殊的纤维是丝，丝出自蚕，而蚕的养育有赖桑。1927 年，李济在山西省西南部汾河下游夏县城北西阴村的仰韶文化层中，已经发现人工切割的半个蚕茧。十年之后，维维·西尔韦恩（Vivi Sylwan）女士审慎地鉴定附着于殷代青铜钺上的绫织绢，确定是斜纹织法的丝帛，证明了殷代丝织的水准已相当高，可见丝织技术并非始于殷代，而是在殷以前就奠定了基础[1]。并且可推断当时存在着为王室生产高级丝织品的世袭职业氏族。从西周时代的金文中，亦可窥见当时对臣下的赏赐中，包括精致的丝织品[2]，这大概也是隶属于王室的专业氏族之作品吧！在地方的村落中，也有丝织品的生产，但非高级品，而是普通品质，多为向王室缴纳的贡品。据西周孝王时代铸造的曶鼎中的铭文，一匹马和一束丝的价格相当于五名奴仆的身价，可见当时丝价相当高，丝织品更贵重。

春秋中期以降，职业氏族解体，出产丝织品的列国乃新设公室直营的丝织工场，以供给公室的需要，而作为农家副业的蚕丝生产亦逐

1. 何炳棣，《黄土与中国农业的起源》（香港，中文大学，1969 年），页 172—174。

2. 例如：“王曰：盂、……锡汝鬯一卣、冕衣、绂舄、车马。”（盂鼎）；“王若曰：趞……锡汝赤巿丝弁、緐旂。”（趞鼎）等。其中，与织物有关的冕、衣、巿、舄、旂等，大多应为丝织品。

渐推广。由《诗经》、《尚书·禹贡》、《左传》、《吕氏春秋》的记载和出土文物的鉴定，可以推断春秋战国时代，在河南、山东、山西、陕西、甘肃、安徽、湖北、湖南、江苏等地的官营工场中，由专业的妇女从事织纴工作[3]，但规模并不大，产量不足以供给官方的需要，不够的部分就得依赖农村妇女的劳动，由她们将生丝或普通的丝织物贡纳给官方。在一般的农家，老年人才可以穿着丝织品（一般为麻织品），所以消费的数量有限，丝织生产以贡赋为目的。住在都市的士大夫家族也有购入生丝加工织造的，其目的是为了自家的消费[4]。

汉朝因宫廷需要的增加（包括宫廷本身的消费与对臣下的赠与）、一般庶民的喜爱、国外的需求，故丝织业飞跃成长，宫廷直营工场的规模扩大，在长安未央宫内设有织室，以妇女从事织造与裁缝，供给宫廷需要；而在齐郡临淄（山东）和陈留郡襄邑（河南）设置服官，作工各数千人，主要是生产刺绣和锦等高级衣料[5]。东汉时期，洛阳也有织室的设立，和长安的织室一样，织造锦绣冰纨绮縠等奢侈品（这些官营工场皆由少府管辖）。另一方面，农村的丝织生产，也从黄河流域、长江中游扩大至江南地方和四川，仍以贡赋和自给为主要目的，又因富人大贾逐渐爱好豪华的丝织物，故农村除了普通丝织品外，也逐渐生产“缛绣罗纨”等高级品，以利贩卖，但还是女子的家庭手工业，规模并不大，高级品的数量也有限，并且小规模经营的农业非常不经

---

3. 例如《诗经·卫风·氓》有：“桑之未落，其叶沃若，于嗟鸠兮，无食桑葚”，此外，《郑风》、《魏风》、《唐风》、《秦风》、《曹风》、《豳风》、《鄘风》皆有蚕桑的记载。卫在今河南淇县，郑为河南新郑县，魏为山西芮城县，唐为山西冀城县，秦为甘肃天水县，曹为山东定陶县，豳为陕西邠州，鄘为河南汲县。至于“禹贡”中所举丝织物的产地为兖州、青州、徐州、扬州、荆州、豫州，兖州包括今河南东北部、河北南部和山东西部，青州为今山东半岛，徐州为今山东南部、江苏北部和安徽北部，扬州约在今江苏、安徽两省的南部、江西东部、和河南、湖北两省之东部，荆州为湖北、湖南两省之大部和江西西部，豫州为河南之大部和湖北北部。而《左传》成公二年（公元前589年）记载：“楚侵及阳桥，孟孙请往赂之，以执斫执针织纴，皆百人。”这些是专门的工人。《吕氏春秋·孟夏纪》云：“蚕事既毕，后妃献茧；乃收茧税，以桑为均，贵贱少长如一，以给郊庙之祭服。”这是赋课。而《战国策》、《孟子》、《韩非子》、《国语》中皆有关于蚕桑之记载。

4.《国语·鲁语》下、《战国策·秦策》二、《韩非子·外储说》右上均有记载住在都市的士大夫家族从事丝织生产，而从《史记》卷一二九《货殖列传》可知战国时代的商人白圭所贩卖的商品中包括生丝，买主大概是都市的士大夫。

5. 参看《汉书》卷九十七上《外戚传·薄姬传》、卷二《惠帝纪》、卷八《宣帝纪》、卷十九上《百官公卿表》、卷八十五《谷永传》、卷二十八上《地理志》、卷七十二《贡禹传》、卷九《元帝纪》、卷十一《哀帝纪》。

济，所以有些小农逐渐迁移到都市，专门从事制造高级丝织物的手工业，然其利益仍不如因丝织生产上升、流通活泼而获利的丝织物商人（《史记·货殖列传》所谓“刺绣文不如倚市门”也）。此外，有的豪族使用蚕妾（负责蚕桑工作者）、女工（负责机织者）和缝人（负责裁缝者）等从事缣帛敝絮等的商品生产。当时丝织物的价格颇高，高级锦绣一匹二万钱，中级者一万，普通的帛或缣，一匹为360至618钱[6]。

到了三国时代，丝织生产技术有了划时代的进步，魏明帝（226－239年在位）时，陕西扶风县的马钧改良织机，把以往笨拙的、低效率的织机踏具（蹑）加以简化，使生产效率提高四五倍[7]。在诸葛亮设置锦官大力提倡之下，“阿丽纤靡”的蜀锦（扬雄的赞美辞）也有进一步的发展，由东川扩展至西川叙府（宜宾）等地。三国以后，北方长期战乱，中原部分士族和民众纷纷逃到江南，带来了北方先进的蚕桑技术，南方丝织生产始获相当的发展。但直至唐初，南方缫织的技术仍不如北方，官私营手工业工场皆以河北的博陵、魏郡、清河为最发达，机织仍为妇女的工作。中唐以后，国内再度陷入分崩离析的局面，一直到北宋建国，两百年间北方屡遭战争破坏，山东、河北虽凭借着悠久的历史传统，不失为重要的丝织业中心，但长江中下游的社会经济已大大地向前推进，其丝织业更有飞跃的进展，成为贡赋的主要地区，元稹曾作《织妇词》，吟咏荆州贡绫户之苦，其词云：

> 织妇何太忙，蚕经三卧行欲老。蚕神女圣早成丝，今年丝税抽征早。早征非是官人恶，去岁官家事戎索；征人战苦束刀疮，主将功高换罗幕。缫丝织帛犹努力，变缉撩机苦难织，东家白头双女儿，为解挑纹嫁不得。（见《全唐诗》函六，册十，卷二十三）

6. 佐藤武敏，《中国古代工业史の研究》（东京，吉川弘文馆，1977年），页107－163。又，锦是织色丝以现文饰，上品系金丝织成；绫乃单色之丝织，底纹似冰者；罗系搦织之薄绢；縠（近代称为绉）则如缩缅之绉襞。见加藤繁，《中国经济社会史概说》（台北，华世，1978年），页55－56。

7. 天野元之助，《中国农业史研究》（东京，御茶の水书房，1962年），页137－164。

所织出的上等织锦都是五彩缤纷、灿烂夺目，并能织出有各种花卉鸟兽的缭绫[8]，白居易曾作诗咏越产缭绫之美：

> 缭绫缭绫何所似？不似罗丝与纨绮，应似天台山上月明前，四十五尺瀑布泉；中有文章又奇绝，地铺白烟花簇雪。织者何人衣者谁？越溪寒女汉宫姬。去年中使宣口勅，天上取样人间织。织为云外秋燕行，染作江南春水色。广裁衣袖长制裙，金斗熨波刀剪纹。异彩奇文相隐映，转侧看花花不定。……。（同上，函七，册一，卷四）

北宋时期，北方游牧民族入侵中原，破坏了当地的农桑。首先是契丹人，他们对于“沿途民居园囿桑柘，必夷伐焚荡”[9]；继之而来的是金人，他们在北宋崩溃后大举入侵，虽然其政府非常欣赏中国的丝织品，与南宋订有条约，要南宋每年进贡绢廿五万匹，但金人广占华北民间良田，大肆伐取桑柘，作为薪柴出售，破坏殆尽。金人所占领的地方比契丹人广阔，影响也较深远。元朝的蒙古统治者虽然命司农司编纂《农桑辑要》一书，以提高农家生产，但始终无法挽回华北蚕丝业的衰退之势。宋室南渡，政治中心南移，富商巨室南迁，带来了大量资本，南方市场上丝织物的销路激增，于是刺激南方丝绸罗缎的生产，成为全国丝织业的中心。宋朝官府乃在江宁、杭州设有织务；13世纪七八十年代间，元朝官府亦在杭州、南京、苏州三处设置织染局等官营工场。

宋元时期，机织与原料（生丝）生产事业的分化更为显著，大多数农户仅育蚕缫丝，而由所谓的“织帛之家”负责机织绢帛，这些往昔专织绫锦等高级丝织物的手工业者，渐渐扩大范围，购买生丝、织造普通的绢帛。宋时百姓还须缴纳绢布，认为绢帛是普通农户的生产

8. 钱穆，《记三国至五代北方丝业盛衰》，《责善》半月刊，第2卷第5期（民国三十年七月），页1－2；，严耕望，《唐代丝织业之地理分布》，《大陆杂志》，第13卷第11期（1956年），页1－50；赵雅书，《宋代蚕丝业的地理分布》，《史原》，第3期（1972年）；加藤繁，《中国经济社会史概说》，页56－60。

9.《辽史》，卷三十四，《兵卫志上》，页4。

品，事实上纳税人户所纳绢帛，多有购自“织帛之家”者。元朝时，租赋收入遂由绢帛改为丝料。元太祖末年并曾发行“丝会”，以丝数印会子，权行一方，人民获得贸迁之利。元朝政府每年所收百十万斤之丝，除了消费于官营机织工场外，大概也转售于“织帛之家”吧[10]！

明初，太祖曾一再下令民间栽桑养蚕，以确保及扩大生丝和丝织品的生产。明神宗万历（1573－1619年）以后，由于生产工具的改良、生产技术的提高，使丝织生产有显著的发展。丝织生产以缫丝为第一步工作，在工具方面，明朝人沿袭元代王桢《农书》所记载的足踏南、北缫车而加以改善（图一、二），足踏缫车需要二人同时工作，一人踏轩理丝，一人专任准备蚕茧、添茧入锅、司炉助燃等辅助工作，每日可缫茧10斤，出细丝10两（或中等丝20两或粗丝30两）。缫丝之后是络丝，即把缫成的丝纴加工调理到丝籰上，当时利用络车（图三），一天约可络丝3两。络丝之后便是牵经，其目的是利用经架或经耙把丝结成所需长度，在明末以前，以三人同时工作，明末改进生产工具，由二人操作每日即可牵经800至900尺（图四）。牵经之后为穿综度经的工作，由四人同时将丝绪穿过织杼，使之与卷布轴相结（图五，为现存者，只需二人）。穿综度经之后是用纺车治纬，由一人操作，日产三两（图六）。治纬后即开始织丝，所用的工具为织机，有二种，织平面纹的为腰机（图七），织花纹的是构造非常复杂的花机，当时已能织出画师所设计的任何花纹与图案（图八），因此前者一人日产量约为一丈七八尺，后者则因花纹之繁简而异，如织黄团花大红缎时，二三人合作每日可得五寸，织盘绫时，仅得一寸七分。直至民国初年，部分地区仍沿用这种花机[11]。

明代除了中央官局系统的北京、南京两织染局外，在浙江、南直隶等八省各府也设有22处织染局[12]，与民间经营的丝织业交相发展，

10. 赵雅书，《宋代蚕丝业的地理分布》；李剑农，《宋元明经济史稿》（台北，华世，1981年），页45－48。

11. 史宏达，《明代丝织生产力初探》，《明代社会经济史论集》，第3集（香港，崇文书店，1975年），页36－42。

12. 万历《大明会典》，卷二〇一，《工部》二十一。

而以苏、杭、湖、松、常一带为全国丝织业中心。满清入关以后，官营丝织工场大多残破不堪，顺治时代乃重新整治，扩大原有规模，设有江宁、苏州、杭州三织造局，康熙二十四年（1685年）的织机和机匠人数，比明代扩充约3.6倍；而民间经营的丝织业，大体承袭明朝以来的方式，即“有力者雇人织挽，贫者自织，而命童稚挽花”[13]的商人雇主制和家庭手工工场制并存的状态。大致而言，直至1870年代初，仍以家庭手工业为主，以资本系数低与劳动集约度高的方式来维持平稳的发展。

丝织品对广大农民而言，是一种奢侈品，明清时代民间丝织业却能平稳地发展，除了生产工具与技术的改进外，另有其他的因素存在：

1.明朝中叶以降，赋役可以折银缴纳，农民为了筹措纳税所需的现金，不得不在有限的土地上竞相种植经济作物或者从事农产原料加工再出售换取现金，于是乃有棉织品与丝织品的推广，尤其是苏州、松江府为财赋重地，其丝织、棉纺织业最盛，多少与田赋苛重有关[14]。

2.棉布以国内消费为主，生丝却为国际贸易重要输出品，清初盛期，每年从广东输出的生丝价值已达百万两之多。外国对于中国生丝的需要量很大，使国内丝价提高，广州丝价从康熙三十八年（1699年）到嘉庆四年（1799年），一百年之间大约上涨一倍半[15]，丝价昂贵增加缫丝业的利润，农村养蚕的风气因而更为普及。

3.清初承平甚久，人口增加极速，小农的平均耕地减少，边际土地的开辟又极有限，为增加收入使耕地得到最大的收获，宜蚕地区的土地都相继种桑养蚕，进行多角化经营。为增加土地利用和运用农闲时期的失业人口，扩大桑树种植、从事养蚕缫丝，便成为农村重要的

13. 乾隆《吴江县志》（乾隆十二年刊本），卷三十八，《生业》。

14. 在苏州和松江府所课的赋额占全国十三分之二。见沈德潜，《浮粮变通议》，《皇朝经世文编》（求自强斋主人，咸丰五年）卷三十六，《赋役》四。

15. 全汉昇，《美洲白银与18世纪中国物价革命的关系》，《中国经济史论丛》（香港，新亚研究所，1972年），第2册，页491－492。再者，康熙三十八年（1699年），每担生丝在广州的出口价格为127－137两；乾隆五十八年（1793年）为255两；嘉庆四年（1799年）为270两。又，民间生丝价，明嘉靖中为每两二分，清康熙中为每两三四分，乾隆十二年为每两六七分。

1

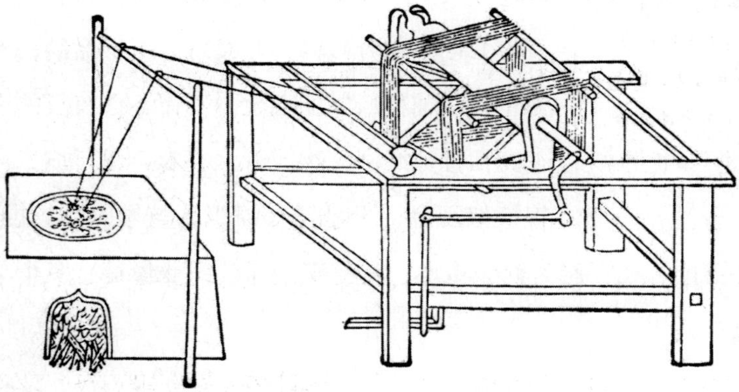

2

图一 南缫车，采自徐光启，《农政全书》，卷三三，《蚕桑》。丝织生产的第一步是将蚕茧抽出蚕丝，这便是缫丝，缫车就是缫丝时所用的器具。元朝时，长江南北丝车有南缫车与北缫车之分，江南地区使用的南缫车改变了千百年来边煮茧、边缫丝的煮缫联合方式。

图二 北缫车，采自徐光启，《农政全书》，卷三三，《蚕桑》。南缫车与北缫车的原理大致相同，但北缫车机架略低，构件较完整，丝的导程较短。到了明代，丝织工具有了很大改进，缫丝比较普遍地采用了足踏二人缫车，构造上也比元代缫车更加灵巧适用。

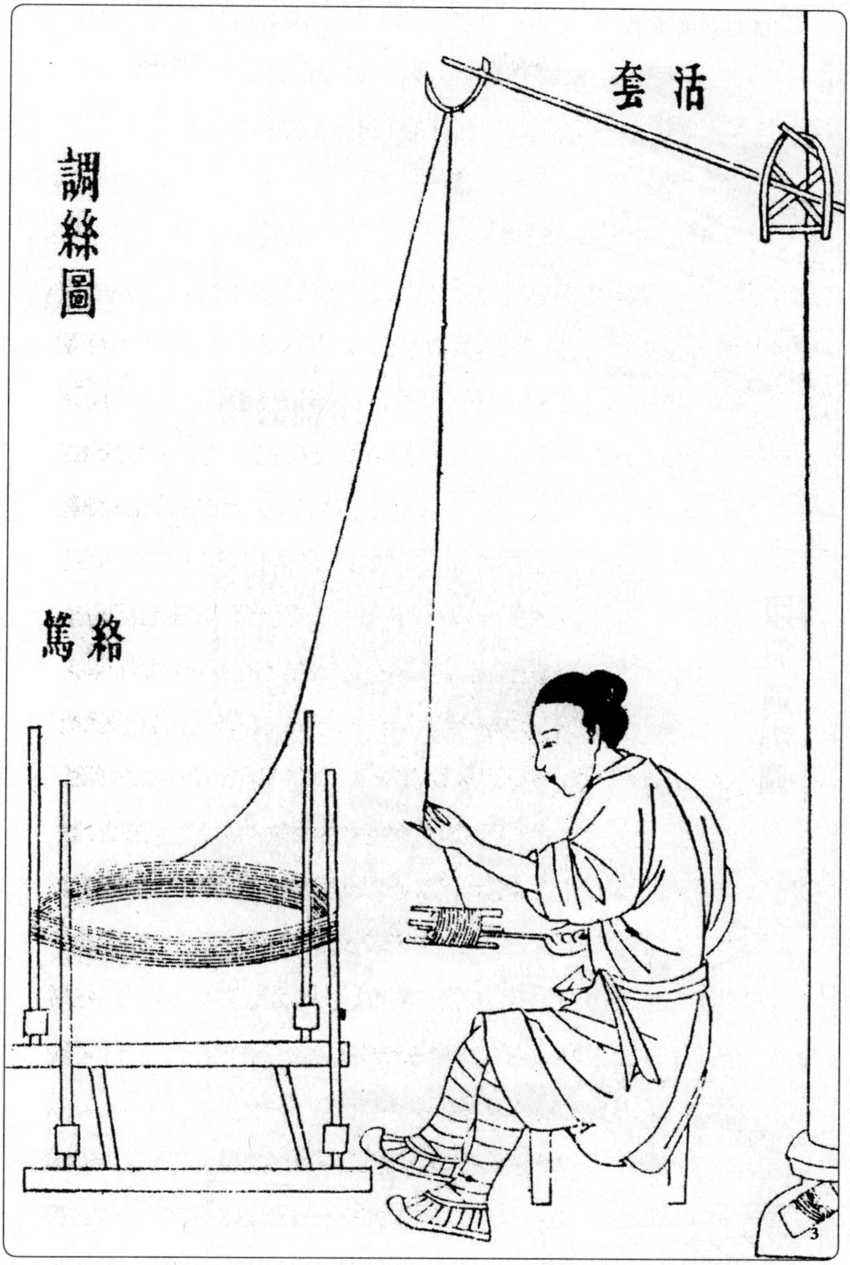

图三 调丝图，采自宋应星，《天工开物》，卷上，《乃服》第二。缫丝之后是络丝，给丝线一定的卷绕形式，以供下道工序使用。在调丝过程中，可除去丝线表面的部分疵点，如糙结、丝屑等，以提高丝线的品质。

4

5

图四 溜眼掌扇经耙图，采自宋应星，《天工开物》，卷上，《乃服》第二。络丝之后便是牵经，利用经架或经耙把丝一条一条地纵向严密排列起来。经过牵经，才能开始织造丝绸。在明末以前，需三人同时工作，明末改进生产工具，由二人操作即可。

图五 印架过糊图，采自宋应星，《天工开物》，卷上，《乃服》第二。牵经之后为穿综度经，由四人同时将丝绪穿过织杼，使之与卷布轴相结。

图六 纺车图，采自宋应星，《天工开物》，卷上，《乃服》第二。穿综度经之后是用纺车治纬，由一人操作即可。

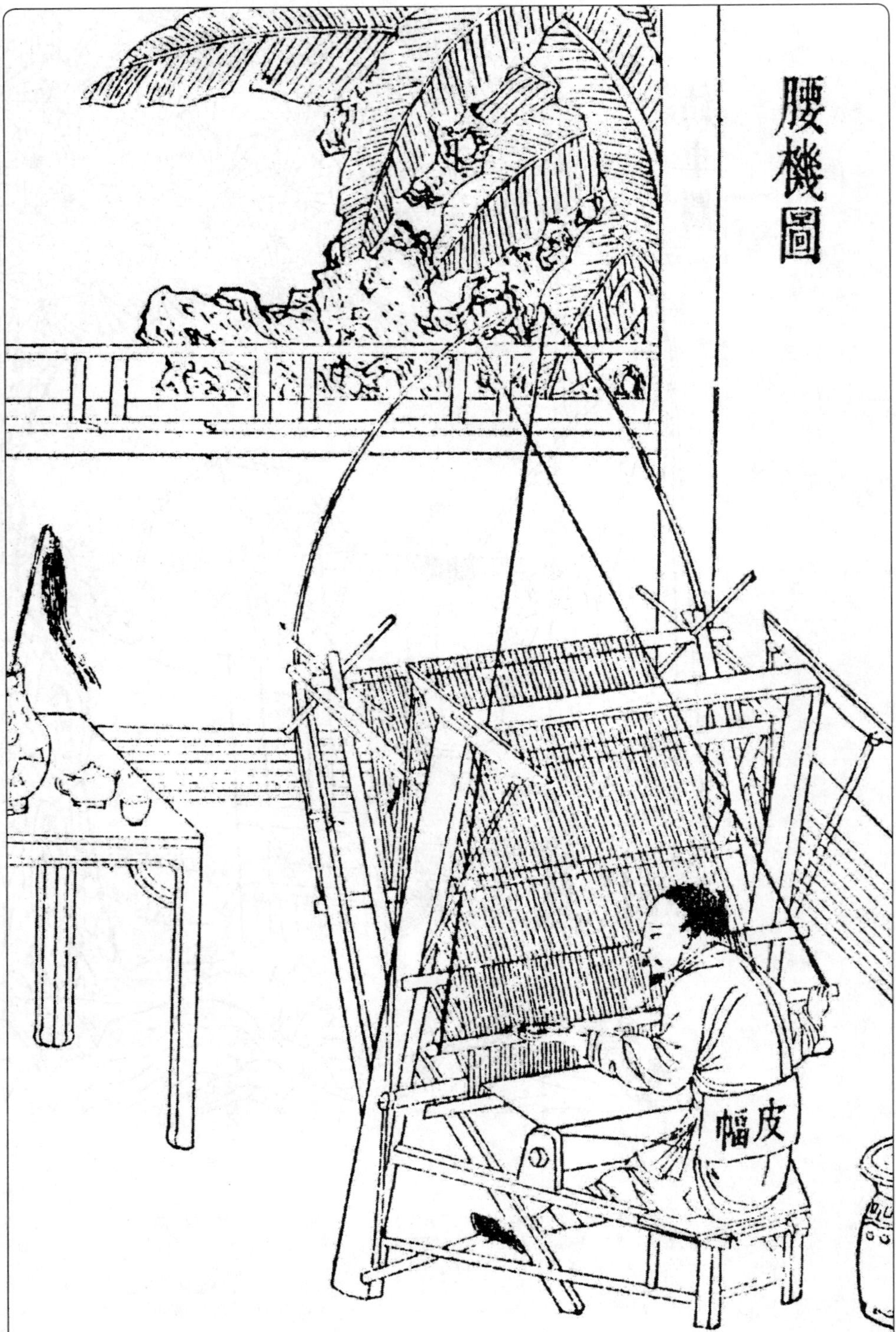

7

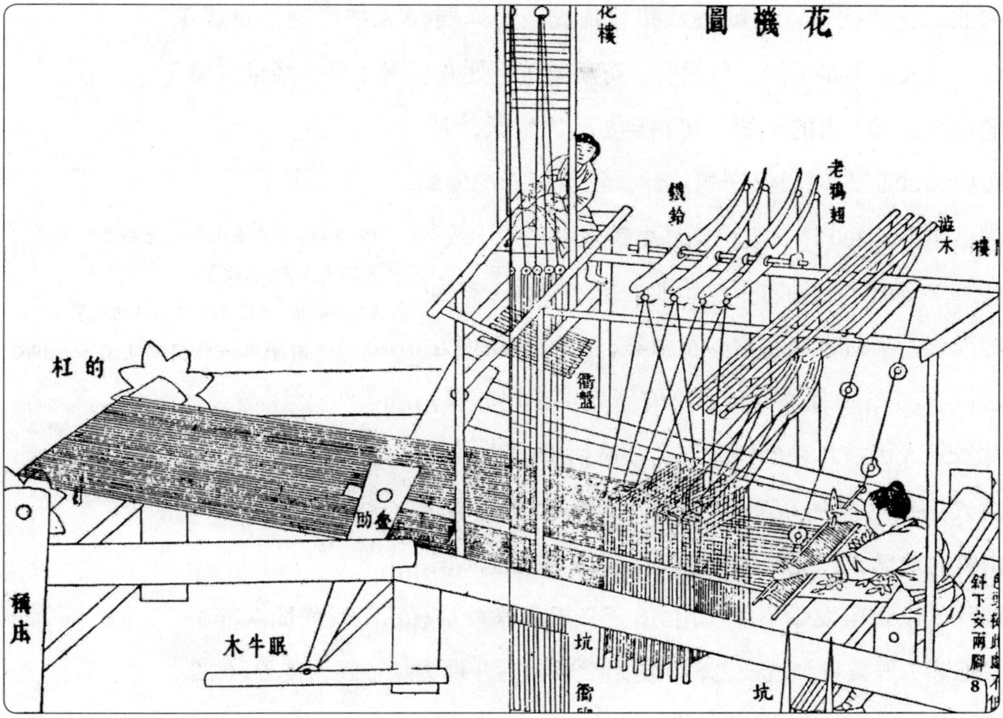

图七 腰机图，采自宋应星，《天工开物》，卷上，《乃服》第二。治纬后即开始织丝，所用的工具为织机，织平面纹的为腰机，由一人操作。

图八 花机图，采自宋应星，《天工开物》，卷上《乃服》，第二。织花纹的花机比织平面纹的腰机构造复杂，能织出画师所设计的任何花纹与图案。直至民国初年，部分地区仍沿用这种花机。

副业。一般而言，四眠蚕从初生到成茧，只要40天的时间，蚕成茧后，如人手不足不能自行缫丝，可卖给茧行处理。据《皇朝经世文编》的记载，种1亩的桑树，可得到8斤的生丝，可做成䌷20匹。以最保守的估计，丝价每斤约值8钱，如得丝200斤，就可算是小康之家了[16]。

4.官府的倡导对于丝织业的扩展亦为一有力的因素，当时官府劝农养蚕植桑，大约有几种方法：（一）鼓励栽种桑树，官府于城中设局养蚕，并告示人民，凡种桑树者，由政府估价收购，或由人民摘叶到局贩卖。（二）民间养蚕得茧者，由官府收购，以免较偏僻地区因无人收茧而不能缫丝，以致茧发蛾不能使用。（三）招募养蚕专家示范及教民众养蚕，并招募工匠教导织造技艺，凡徒弟学成者则分别奖励工匠和徒弟。（四）暂时免除桑税、蚕税和绸绢税[17]。

政府的目的在求国内生丝产量的增加，以提高人民的负税能力，间接则确保官营织造局所需原料的充分供给。而农村之所以种桑、养蚕、缫丝、甚至织造绸缎，一方面是为了利用农村中的季节性失业劳力，另一方面则是为了筹措苛重的税款并求弥补生计，他们多数没有经营丝织业以增加实际所得和蓄积资本俾从事扩大再生产的能力与欲望。而且丝织生产工具件数虽多，但除了织机外，其他的构造都很简单，构材多为木材，甚至没有铁制的机械装置，因此易于制造。即使不能自制，也因制作简单、材料便宜而价格低廉，容易购置。城乡小手工业者极易维持自己的生产工具，所投入的资本少，所冒的风险也较小，故缫丝业在民间甚为普及。

不过，客观的条件使民间丝织业的发展有其界限。直至清代，丝织品依旧是少数人的衣料，“子弟得乡举始着绸缎衣服”[18]的情形依然存在，即使在盛产丝绸的江浙一带，也是“绸肆无整匹之绫罗，盖售为镶鞋饰领之用，决不以之制衣也”[19]。所以农村大都生产生丝，以

16. 李拔，《蚕桑说》，《皇朝经世文编》，卷三十七，《农政》。

17. 施敏雄，《清代丝织工业的发展》（台北，中国学术著作奖助委员会，1968年），页2—7。

18. 徐珂，《清稗类钞》，（上海，商务，民国六年），卷九十一，“服饰”类。

19. 同上。

供应官营织造局和海外市场的需要为主，只有在城市才存在着专门负责织造的手工业经营者，称为机户，而官营织造局和民间缫丝业的联系也是透过机户来进行的。

• 机户 ——家杼轴而户纂组

远在11世纪七八十年代的宋朝，苏州已有专业性质的丝织手工业者，并且建立"机经庙"的苏州机业行会，到1295年（元成宗元贞元年），丝织业同行在元妙观内建立"吴郡机业公所"，明代仍以元妙观内的"机房殿"为会所，清代亦承袭之。杭州的丝织手工业行会，则以"通经庙"为同行业者集议和酬神的会所，元末因兵火坍塌，明成祖永乐二十一年（1423年）重建，至清代犹存[20]。

以机业为生者相当多，在17世纪最初25年间，苏州"城中机户数千人"[21]，他们仍是以家庭为生产单位，却已雇佣工匠，以男子参加生产活动。工匠各有专长，因其专长而分工（如染匠、机匠、打线匠、络丝匠、挑花匠——专门处理花纹模样者），另有行帮的行头，作为机户和临时雇佣工人的中间介绍者。早在15世纪前半期，机户的生产经营，除了供应民间需用的织染外，就已在"领织"的形式下，替官营织造局从事加工织染[22]。这种领织方式，通常是由官府以钱粮银两发给机户，或预先买好生丝分发给机户，由机户织作，织成之后再按各种丝织品的官价交给官局，官价较市价低，以致机户亏欠不少，丧失了扩大再生产的可能性。

在清代的江南三局所在地，则实行"领机给帖"办法，即织机属于官局所有，由织造局遴选民间殷实熟谙织务的机户承领，将"姓名年貌籍贯造册存案"，发给"官机执照"。遇有织造事宜时，由领机的机户向织局领取生丝，自行寻觅雇用织工织匠到官局织挽，织成后交

20. 彭泽益，《从明代官营织造的经营方式看江南丝织业生产的性质》，《明代社会经济史论集》，第3集，页63。

21. 光绪《苏州府志》（光绪九年刊本），卷七〇，《名宦》，引据顾炎武，《寇公墓志》。

22. 彭泽益，《从明代官营织造的经营方式看江南丝织业生产的性质》，页56－61。

给织造局，然后将领取的工资按月经手发给所雇的织工，工资是按件或按工计算[23]，因此承领机帖的机户实际上是一种中间包织人。他们原本就是民间独立的丝织手工业者，大多家家自有织机，在领帖之后，一方面替官局当差，一方面又可以自营丝织业，如果运用得当，或许可以蓄积资本，促进民间丝织业商品生产的增长。但是江南三官局目的是供给皇室所需，不在谋利，故缺乏精密的成本计算与严格的管理制度，经营成果不甚理想，非但不能成为民间的示范性企业，反而依赖私营手工业者的生产，所以民间丝织业的商品生产，虽然相当发达，但基本性质仍是官营织造局的滋生物。

绝大多数机户的资本并不多，所拥有的织机，以五六台者居多，少者亦二三台，多者二十台以上。在南京的机户，本来其织机数目曾受官府限制，每张织机需纳税五十两，并须由织造局批准注册，发给文凭以后才可以开织，用意在防止大户兼并。到康熙年间，曹寅任江宁织造，奏免机户税银，因此有赀力者容易添购新机，到道光年间，在南京的缎机约有三万，而纱绸或绫织机还不止此数[24]。根据1833年发行的*Chinese Repository*之记载，当时广东佛山镇的纺织工场2,500间，工匠有5万人，每工场平均20人，这20位工匠所用的织机数，假设2人一机则10台，3人一机则7台，规模颇小[25]。

在这些机户之中，有所谓大户、小户之分，吴江县的“大户张机为生，小户趁机为活。每晨起，小户百数人，嗷嗷相聚玄庙口，听大户呼喊，日取分金为饔飧计。大户一日不织则束手，小户一日不就织则腹枵，两者相资为生者久矣”。[26]

另一方面，这现象的形成和国际贸易的扩展有关，19世纪中期以后，因为生丝的出口价格不断上涨，出口数量增加[27]，国内生丝价格也随之升高，使资力较小的机户因原料价格太高而歇业，或成为有力

---

23. 彭泽益，《清代前期江南织造的研究》，《中国近三百年社会经济史论集》，第2集（香港，崇文书店，1972年），页101。

24. 施敏雄，《清代丝织工业的发展》，页78－79。

25. “Description of the City of Canton”, *The Chinese Repository,* Vol. 2, No. 7 (Nov. 1833). 又，广东以麻布、绢布之制造最盛，这统计主要是关于麻布和绢布的工场。

26. 蒋以化，《西台漫记》（明万历刊本），卷四。

者的附庸；有资力者则逐渐扩充，并且为了确保丝织物的生产，对小资本的机户贷与资金或供给原料。机户有时以织机为担保，向账房（纱缎庄）借贷，而以产品或工资抵偿，因此比机户更有资本组织的账房得以控制机户[28]，似乎有可能发展成大规模工场。

但是，直至20世纪初期，中国政治始终扰攘不安，对外战争的节节失败，订下了不少丧权辱国的条约，使官办三局名存实亡，也使成长中的国内工业受到极大的打击。战争失败所带来的赔款与外债，又使国内资本形成的可能性大为减低，以致各种工业都陷于资金短绌的困境，无法超越这道藩篱。在中国具有悠久辉煌历史的丝织业，也因缺乏安定、积极的官方助力而不能飞跃发展。并且民间机户机匠的缫丝和织造技术，常常墨守陈旧的生产方式，不致力于技术上的创新和改进[29]。即使在家庭中，也有传媳不传女的旧习[30]。因此某些特殊的技术常常是零星、无系统且具有封闭性，而不是累积和扩散性的，最后便成为历史陈迹而湮没无闻。使我国在世界市场上丧失了竞争的有利条件，使数千年来的灿烂光荣逐渐衰退，无法像日本的丝织业那样，成为带动经济更迅速发展的领导部门。

27. 在五口通商以前，从道光九—十二年（1829—1832年），每年平均输出生丝约5432包，每包价格为308元；自1833—1837年，每年平均输出约12,497包，价格为397元；上海开埠以后，出口生丝急骤增加，到咸丰七年（1857年），年输出量达八万包。见 H. B. Morse, *The International Relation of the Chinese Empire*(London, 1910), Vol. 1, pp. 168, 358-359。

28. 施敏雄，《清代丝织工业的发展》，页80—81。

29. 光绪二十五年（1899年）《通商各国华洋贸易总册》，下卷，《烟台华洋贸易情形略论》有一例："山东以手纩丝（缫丝）之商，既屡经教诲，并示以纩样，终不肯一改其纩丝之法，或减少其纩车之径，因此，所出之丝，虽以本年价值之高，尚属不能如他省之七里丝（即湖州头蚕丝），每百分能增加三十五分。"

30. 光绪《归安县志》，卷十三，页一八："绫，散丝所织，有花有草，有帽顶绫，有裱绫。装璜面幅，造作人物所用。以东庄倪氏所织为佳，名倪绫。奏本面用绫，上有二龙，惟倪姓所织龙眼突起而光亮。其法传媳不传女，近无子，因传女，女嫁倪家滩王姓，而倪绫之名不改。"转引自《中国近代手工业史资料》（1957年），第1册，页67。

麻织业的发展

回顾中国衣料生产的历史，可以发现丝织物自古至今皆为主要的衣料，在古代，一般的衣料以麻或葛为主；元明以后，由于棉织物的普及，麻织品才逐渐式微。麻织物在棉纺织业发达以前，曾经在历史舞台上扮演过重要的角色。

- 麻与麻布——鸣机织苎遍山家

中国麻织物的起源，可以追溯至新石器时代。安德森（Anderson）曾观察河南省渑池县仰韶村和安阳后冈出土的土器表面所清晰显现的绳文和织物文，而推断是使用苎麻后的痕迹。各地陆续出土的纺锤车，与现今使用的纺锤车大致相同。这些石制和陶制的纺锤车出土的地域非常广泛，西至甘肃，东到热河，南迄浙江，故可推定各地皆生产麻织品，当时丝织物虽已开始生产，可是制造的地域有限，所以最普遍的还是麻织物！

附着于殷周时代的土器和铜器上的麻布纹印和纺锤车也不少，殷墟的复穴中也曾发现非常精巧的麻布痕迹，可以推测当时或许已经存在着隶属殷王室的织布专业氏族，他们花费很长的时间织成劳力密集的作品。另一方面，麻织物是一般人的必需品，所以村落共同体的妇女在农闲时期为了自给而共同生产品质较粗糙、有一定规格的麻布，这些衣料既然以自给为目的，故各地的农家皆制作，而越适于大麻栽培的地方所生产的麻织物就越多，其主要产地为山东、河南、陕西，于是在特产地的麻布有所剩余，成为物物交换的对象。到了战国时代，剩余生产量大为增加，除了缴纳贡税和自给外，并成为商品，流向市场。在货币经济发达的地方，则以货币来交易，在货币尚未普及之处有时也成为物物交换的工具。这种经济形态的改变，主要是因为村落共同体的特征逐渐消失，村落所属的农家经济各自独立，麻织物的生产不再是共同作业，而由个别农家来进行，于是劳动力比较多的农家可以有效地投入麻织工作，使产量大增。

麻织业到了汉代有进一步的发展，主要产地从山东、河南扩大至四川和江南等适宜栽培苎麻的地方[31]，形成“一夫不耕，或受之饥；一妇不织，或受之寒”的风气。并且流通范围增广，不再像战国时代那样，仅限于小地域的交流，而发生了远距离交易的现象。例如《居延汉简》中记载四川广汉郡所产的布流通至居延地方（每匹220钱），《汉书》卷六十一《张骞传》中，也有蜀布经身毒国（印度）由大夏商人带至大夏（波斯）的记载。但是，一般农家的经营形态仍与战国时代相若，富有浓厚的农村妇女副业的色彩，主要目的仍为自家消费和贡税，只有在特产麻的地方，少数劳动力充裕的农家专门从事利润极高的麻栽培业[32]，所生产的麻流入市场，为不种麻的农家、专门的纺丝业者、织布业者所购买。这些专门的纺丝业者和织布业者，由贫农转化而来，住在城市的角落，辛苦地从事琐细的经营，他们织造密度极细的高级布，交由织物商人贩卖，带给后者很大的利益[33]。所以汉代麻织物产量的上升有利于国家（贡税的征收）、大规模的麻栽培者和织物商人，却不太能促进直接生产者（一般农家和城市的织布业者）的经济成长[34]，这情形一直延续到宋元之际棉布的出现。

在棉布成为民众的日用品以前，麻布为政府重要的财政收入，这现象随着麻织物产量的增加而日渐显著。唐宋时期，苎麻的种植从江南和四川伸展至淮南、荆湖北、京西等路，当地的农家妇女从事剥麻制衣的工作，南宋中期信州赵蕃的《淳熙稿》卷十四云：

> 漫道诗书可起家，未如田舍足生涯；不辞伛偻翁栽稻，能作纷纭妇剥麻；口腹定繇勤力许，衣裘宁怕大寒加。

有的更成为当地的特产，如湖州的日编布、苏州的药班布、明州的女儿布、绍兴府的山后布、强口布等。

从麻皮可剥得纤维，用灰汁来煮可得白丝，即能以此织布。麻皮

31. 苎麻的成长在北纬十五度到四十二度的地方为最适宜，如果气候太干燥，则机织时麻丝易断，所以必须有适当的湿度，见佐藤武敏，《中国古代工业史の研究》，页188－189。

32. 根据《史记·货殖列传》，在齐鲁地方，桑麻为有利之投资事业，例如桑麻一千亩的资本为一百万文钱，每年可得利润二十万钱。

33. 根据《史记·货殖列传》，一年有帛絮细布一千钧（一钧为30斤，即7.68公斤）交易量的商人，其富可比千乘之家。

34. 佐藤武敏，《中国古代工业史の研究》，页165－203。

每斤约可抽丝一斤，能织成一匹的布，有时政府也征收麻皮。尤其是在四川，以“和买”（政府预先支付布钱给人民）的方式从民间购买多量的麻布（每年约七十万匹）。这些麻布主要是充当兵士的春衣和冬衣，也成为官吏俸禄的一部分（中等麻布二匹等于帛一匹）[35]。

由于政府大量征收麻皮和麻布，所以官吏和地主的庄园也种植麻，佃农则缴纳麻皮作为田租；官方的屯田也征收麻皮；一般农民当然是栽培麻，以供贡税和自给，如有剩余，则卖给商人，商人与生产者因流通量的增大而关系逐渐密切。

35. 周藤吉之，《宋代经济史研究》（东京，东京大学出版会，1971年），页323－353。

36. 同上，页354－355。

37.《永乐大典》，卷十三—三十六，“梦夫令诉冤”条。

• 驵——商人与生产者的桥梁

由于麻布的流通地域增广，所以交易的方式也有所改变，在北宋末年，已有外地来的客商运送大量的麻布，经由当地的驵（即牙人）赊卖给铺户，彼此订立契约，言明期限与价格，到期索款。这些牙人从县衙门领取“身牌”，接受限制，成为买卖双方的中间人，其限制如下：

1.不得将未经印税物货交易。

2.买卖主当面自成交易者，牙人不得阻障。

3.不得高抬价例、赊卖物货、拖延留滞客旅，如是自来体例，赊作限钱者，须分明立约，多召壮保，不管引惹词讼[36]。

到了南宋，驵不但在麻布的流通方面扮演重要的角色，在生产方面也占有举足轻重的地位，这就是大资本的商人经由各县内的驵，大量贷款给麻布生产者的绩户，在一段期间后再前往收集麻布。用这种方式，大资本的商人可以独占麻布生产，而驵也接受大商人的资助，建造仓库以便堆积所收集的布[37]，等待商人的验收。

在预先贷款制未通行的地方，则由麻布生产者自行搬运麻布到乡村的定期市集去交易，尤其是江西省的抚州、建昌、宁都、赣州、广信、南安、袁州等苎麻的盛产地，其市集常常大批交易麻布[38]。

在苎麻的特产地，麻布的生产往往成为贫苦农民补助家计的一种手段。他们大多是官僚或地主的大庄园内的佃户，于农闲时种植苎麻、纺纱织布，既可自给，又能以麻皮和麻布来缴纳田租，有所剩余时还能流向市场。但因为本身缺乏资本，也不可能贩布到远方，所以驵在他们成品的生产、流通过程中担当了中间人的角色，使他们得以在批发商人资本下追求最大的产量。

到了宋末元初，棉花和棉布的生产技术发生了突破性的改进，逐渐取代苎麻和麻布的地位，这和它们的生产成本息息相关。苎麻是一种多年生植物，然而当它成熟结子时，皮下纤维便不堪使用，所以农夫通常在苎麻尚未十分长成，茎干还没有变黄以前，就将其茎干齐根砍下，所余的茎干仍会继续成长。在中原和江南一带，每年可收割三次，闽广地区可四收。每亩平均产量为20至30斤，并不比棉花的年产量（最高为35.6斤）低太多，但在制造麻布的过程中，有一项最费人工的工序，那就是绩麻。人们将割下的麻干浸入水中，使其皮下纤维与表皮脱离，然后再把一根根一两尺长的麻纤维粘结起来，即所谓的绩麻。农家“绩苎葛日以钱计，纺棉四日而得一斤，其利远出麻枲也”[39]，所以弃麻而植棉者愈来愈多，限制了麻纺织业的发展。

38. 周藤吉之，《宋代经济史研究》，页358。

39. 王象晋，《木棉谱序》。棉花对自然条件的需求非常宽广，自南纬二十五度至北纬四十二度三十分之间，世界各地多少都可种棉。而在中国（北纬十八度至五十三度），南方则苦于高热淫雨，西北则苦于干旱荒寒，不宜植棉外，此外皆适于种棉。苎麻需要排水良好略带沙质的沃土，其生长季节需要相当的高温与湿度，降雨量不得少于一千毫米，而且不得集中于一两个月内，并且苎麻耗损土地肥力比棉花高十六倍。见严中平，《中国棉业之发展》（重庆，商务，民国三十二年），页17－18。

棉纺织业的发展

中国棉纺织业是产生于民间的私营工业，直接关联着一般民众的消费生活，不像丝织业那样富有浓厚的官营工业色彩，它是以农业与工业相结合的形态出现、成长。在与国际贸易发生关系以后，一方面

"南京棉布"向外国输出，另一方面输入大量的印度棉花，但是这种原料输入、制品输出的主体性特征却未能发展成近代工业，反倒由于英美棉织工业的隆盛而日益没落。追往抚昔，探究棉纺织业之发展与演变，或许可以寻觅出中国近代化之所以迟缓的蛛丝马迹！

- 棉花与棉布 —— 木棉花发鹧鸪啼

棉花并非中国古代文化核心区的原生植物，它是由印度经由两条路线传入中国的，其中一年生草本的非洲棉（Gossypium herbaceum L.）约于2世纪（东汉中叶）沿着丝路东进，也就是从西巴基斯坦，进入新疆吐鲁番盆地一带，到7世纪（唐朝）时仍滞留于此，直至12世纪初（宋末）才通过河西走廊到达陕北。当时称为"吉贝"、"白叠"，是梵语 Patta 演变翻译而来的。

由西域传入的棉种，品质不佳，产量不高，而且西北地区的天气过于干燥，棉纱易断，只能纺织成较粗糙的棉布，无法与在北方具有悠久历史的丝织业相竞争，所以不能传入关中平原。到明清时代，由南方传来的优良品种才取代了西北各省的草棉[40]。

南方的品种是多年生木本的亚洲棉（Gossypium arboreum L.），很可能在公元前3世纪（秦汉之际）已经从印度的阿萨姆进入云南缅甸边境上的永昌郡"哀牢夷"居住区，再传到西蜀。该地距永昌郡很近，人口稠密，购买力高，农业发达，所以在公元前2世纪间已开始生产棉布，但此时东川恰巧也开始发展丝织业，封锁了亚洲棉向内地传播的路线，因此到了唐代以后，几乎完全绝迹。但永昌郡的植棉向东蔓延的一线则未遭到阻力，因为棉织品虽然不是丝织品的竞争对象，却比西南边疆民族的土产衣料优越，所以在两晋南北朝时期（3－6世纪），植棉逐渐传布到广西和越南边境一带，被称为"古贝"（越南 Bahnar 语言中的 Kopaih 之汉译，而 Kopaih 亦自梵语演变而来）。从7世纪左右开始，植棉再扩展至广西、广东、福建[41]。其名

40. 赵冈、陈钟毅，《中国棉业史》（台北，联经，1977年），页4—8。

称也逐渐扬弃 Bahnar 语而改用中国音译的“吉贝”，并且为了和中国原有的“丝棉”相区别，有时亦称为“木棉”[42]。唐代的诗人尤其爱用这个名词，例如李商隐的“木棉花发鹧鸪啼”，王叡的“纸钱灰出木棉花”（此二首诗皆作于岭南）均可为证。

亚洲棉继续传播，到11世纪（宋朝）时已从闽广沿海道传至江南。它一旦离开亚热带，进入华东、华中，由于温度降低、生长季缩短，由多年生木本蜕变为一年生草本，虽然低矮许多，却可以密植，故单位面积的产量提高。并且品质有所改进，棉绒变长，棉绒与籽之间不若以往之沾粘难解，轧花工作较易，生产成本上可以与中国原有的纺织纤维相竞争[43]。

在棉种输入中国本土以前，中国农家妇女已负担了数千年纺织“丝棉”的传统责任，具有数千年机杼缝纫的技术训练，但是中国固有的丝麻纺织中，缺少轧花与弹花的工序，所以这两项技术成为棉纺织工业发展的主要瓶颈。最原始的轧棉工作是用人工剖除棉籽，后来逐渐进步，改用小铁杖碾去棉籽。在弹花方面，江南地区直到1285年左右，仍以小竹弓来弹花，弓长一尺四寸半，弓身如此小，弹力自然轻微，生产效率很低。幸而当时有一位老妇黄道婆，在元朝元贞年间（1295－1296年）从较早移植棉花的崖州（广东海南岛）回到江南，带来了用木椎击弦的大弓（弓长四尺许）和轧棉的搅车[44]，突破了这些纺织工业技术的瓶颈。

再者，江南农民利用他们优越的农业知识，改良棉花的种植方法。首先，他们改为畦作，以防雨水过多。其次，他们冬灌春耕，并将棉子用雪水浸过，以防棉虫；或是把棉种浸过鳗鱼汁后再行下种以杀虫。由于有效地防治虫害，使单位面积产量益形增加，生产成本更下降。

---

41. 棉花由陆路传入闽广，是赵冈的精辟见解之一。从前的学者如丘浚（1420－1495年）、褚华（1736－1795年）等都因为闽广能由海道向外通商，而推断棉花是由海道直接传入闽广。全汉昇先生在《鸦片战争前江苏的棉纺织业》（《中国经济史论丛》第2册）一文中，亦根据褚华的《木棉谱》之说。

42. 陈振中，《元朝统治下的汉族地主和植棉事业的普遍发展》，《元代社会经济史论集》（香港，崇文书店，1975年），页178。

43. 赵冈、陈钟毅，《中国棉业史》，页26－36。

44. 严中平，《中国棉业之发展》，页24－25；全汉昇，《鸦片战争前江苏的棉纺织业》。

并且也进行选种的工作，而在明代发展出不同的品种，例如楚中的江花、山东的北花、余姚的浙花，以及黄蒂、青核、黑核、紫花等，各有其特色与优点[45]。

不仅如此，在土地利用方面，棉花的栽培正好与江南主要作物水稻的种植相配合，位置太高、供水不足之地，或“沙松不保泽”的硗地，或盐分太高的滨海地区，都不适宜种稻，却能广植耐碱性很强的棉花，而稻田里稻棉轮种，也有助于地力之增进与虫害之防止，因此棉花终于能在江南地区急速发展，到了明末，远达山东、河北、陕西和辽东半岛[46]。

棉织品在江南地区的推广，首先影响了麻织品的市场。在元以前，麻布可以说是中国最大众化的衣料，其主要来源为苎麻，苎麻对自然环境所要求的条件远比棉花为高[47]，要增加苎麻的产量是非常困难的，而宋朝的人口增加很快（徽宗时约为唐代极盛时期天宝十三载的二倍）[48]，因此民间衣着原料供不应求，只得增加棉布生产。此时，书籍的印刷和其他纸类消费达到了空前的高峰，于是良好造纸原料的麻类被大量移用于造纸业，使衣料纤维的总供应量更为短缺。另一方面，棉织物比麻织物保暖，适于北方气候条件，故元朝的蒙古人在无法扩大畜牧生产时，就以棉织品来取代皮毛衣服，北方对棉布的需求，更促进了江南棉纺织业的发展。

在政府方面，元朝灭南宋以后，为了满足对棉布的需要，于世祖至元二十六年（1289年）四月设置浙东、江东、江西、湖广、福建木棉提举司，向人民课征棉布，每年达十万匹，这是中国政府推广植棉纺织之始，但不久又废除提举司。成宗元贞二年（1296年），颁布江南夏税制度，正式向人民征收棉花棉布，每年征收定额提高到五十万匹[49]，这大概是中国政府将棉布编入常赋之始。

植棉纺织之利，促使明代的推广政策更为积极。朱元璋在统一全

---

45. 徐光启，《农政全书》，卷三十五。

46. 严中平，《中国棉业之发展》，页17；赵冈、陈钟毅，《中国棉业史》，页40—48。

47. 赵冈、陈钟毅，《中国棉业史》，页42。并参见注39。

48. 加藤繁，《中国经济史考证》（台北，华世，1970年），卷二，页809—839。

49.《元史》，卷九十三，《食货志》，《税粮》。

国前夕（1365年）就下令要求每家农户以其田地的一部分栽培桑麻木棉，如有不能种者，仍需捐纳绢、麻布和棉布。三年后又颁布实物课税的税率："麻，亩科八两；木棉，亩四两"[50]，以这种差别课税来诱使更多的农户种植棉花。洪武三年（1370年）以后，更允许农民以棉花或棉布代替粮食完纳课税，折换率颇为优惠[51]，并对棉田减免赋税[52]，促进棉花和棉布的生产与普及。到了孝宗弘治十七年（1504年），由于白银普遍流通，商业市场飞跃地膨胀，棉布生产成为商品生产，所以开始折银纳税，缴纳给解户[53]。

明朝政府之所以奖励栽种棉花，一方面固然是为了解决人民的衣着问题，另一方面，政府也需要多量的棉花和棉布供给下列的用途：

1. 发给军士"战袄"，有时是直接配给棉布和棉花，令其妻子裁制成战衣，一年至少需要棉布百数十万匹，棉花四五十万斤[54]。

2. 以棉布在边境的马市向外族交换马匹，这大都在辽东、四川、甘肃等地进行，例如，洪武三十年（1397年），在四川以布九万九千多匹换取马一千五百六十匹[55]。

3. 对于离乡背井远赴异地的官吏，在冬夏加发衣服，冬衣为棉布所制；并且政府还以棉布折算俸粮发给文武百官[56]。

大抵言之，明朝政府所需总量约为一百数十万至二百万匹的棉布和四五十万至百万斤的棉花[57]。

这些棉花和棉布来自山东、北直隶、山西、河南、陕西、南直隶、

50.《明太祖实录》，卷三十一，洪武元年夏四月辛丑朔条。再者，根据西嶋定生的《中国经济史研究》（东京，东京大学出版会社，1966年），页754，在元朝后期，棉布之价格为上等每尺五钱，中等每尺四钱，下等每尺三钱；麻布之价格为上等每尺七钱五分，中等每尺六钱。可知棉布之价格比麻布低廉，故税率轻。

51. 洪武九年（1376年）定棉布一匹折米六斗，麦七斗；洪武十八年（1385年），定棉布每匹折米一石；二十六年（1393年），定各地折纳棉匹，每匹应长三丈二尺，阔一尺八寸，重三斤；三十年（1397年），更定折征棉花则例，每斤准米二斗，棉布一匹仍折米一石。见严中平，《中国棉业之发展》，页19－20。

52.《明太祖实录》，卷二三二，洪武二十七年三月庚戌条。

53. 光绪《华亭县志》卷八，《田赋志》："弘治十七年，令松江等府阔白棉布，以十之六征本色，十之四征折色，此当是棉布折银之始。"

54.《明太祖实录》，卷六十七，洪武四年秋八月甲午条；西嶋定生，《中国经济史研究》，页760－761。

55.《明太祖实录》，卷二五二，洪武三十年夏四月戊子条。

56.《明太祖实录》，卷一〇四，洪武九年二月乙酉朔条；《明宪宗实录》，卷七十九，成化七年冬十月丁丑条，俸粮二十石折棉布一匹。

57. 西嶋定生，《中国经济史研究》，页763。

江西、浙江、福建、广东、湖广、四川等地区。在这些地区里，北方诸省盛产棉花，纺织业却不太发达；南方诸省棉花的产量很少，纺织技术却非常进步，因此，北方和长江中游所产棉花，除了缴纳租税外，几乎全部运至长江下游南直隶的松江府一带及其邻近的苏州府的嘉定、昆山、太仓三州县和浙江省嘉兴府海盐县，再由此区域贩卖至福建、广东方面（连同一部分当地所产的棉花），而南方的棉布则由此处流向北方诸省和长江中游，这种以松江府为中心的国内区际贸易状况一直维持到明末才发生变化[58]。当时北方人民发明挖地窖为工作场所的办法，在地窖中进行纺织，以保持较高的湿度，才能增加产量，与南方相抗衡，因此昔日的“吉贝则泛舟而鬻诸南，布则泛舟而鬻诸北”，变为“今北方自出花布，而南方织作几弃于地矣”[59]。

换言之，棉花的种植与棉布的生产在明末已达到“凡棉布寸土皆有……织机十室必有”[60]的地步，棉布已成为民众最重要的衣着原料，麻织物从全国性的生产退居为少数地区的土产，而绫罗绸缎本为高级衣料品，故仍能保持其地位，为富裕人家所消费。

从满清定鼎直至鸦片战争前夕，中国棉业的发展除了承继明代推广过程，继续扩大其地域上的分布以外，并无新的趋势可言。唯一值得注目的是具有悠久历史的闽广棉花生产的式微。这是因为就经济作物而言，茶叶和蔗糖的生产愈来愈比棉花有利，所以农民逐渐放弃植棉，但仍不断地纺纱织布，故如前所述，自明代中叶以降，北方棉花和一部分长江流域的棉花开始流入闽广，以供当地人纺织。明朝末期北方纺织技术改进，棉花的流出量减少，而松江府一带虽然生产大量的棉花，可是或许由于当地纺织工业消费量的增加，无法充分供给闽广地区之需要，因此从康熙四十三年（1704年）以后，英国东印度公司开始输入印度棉花到厦门和广州，也运往松江府贩卖[61]。于是棉纺

58. 同上，页764－790、873－901；根据日清贸易研究会编，《清国通商综览》（东京，1905年），页209－210所载，在北方，因为空气干燥、棉纱易断，故棉布粗糙而不耐用。

59. 赵冈、陈钟毅，《中国棉业史》，页47－48。

60. 宋应星，《天工开物》（崇祯十一年刊本），《自序》。

织业从以国内生产的棉花为原料的时代发展到兼用输入棉花的时代。

在成品（棉布）方面，早在18世纪的30年代，英国东印度公司已经开始购运“南京棉布”[62]，其他欧洲国家的商人——包括法、荷、瑞典、丹麦、西班牙和意大利（当时尚未统一）——也起而效仿，美国亦于1784年开始派船前来广州购买。1817至1833年间，各国商船从广州输出南京棉布共达一千九百多万匹，值银一千三百多万元，每年平均输出一百一十多万匹，输出值为七十八万元左右。其中美国商船自广州输出的南京棉布，大部分运回本国出售，一小部分则运销于欧洲、西印度群岛、南美洲、马尼拉和夏威夷等地，故在美国机械化的棉纺织工业大规模发展以前，这些地区的民众曾经消费了中国的手工棉纺织品[63]。而且当时英国曼彻斯特的机器制品在品质与售价方面都无法和南京棉布相竞争，所以中国土布亦曾在英国市场上风行一时[64]。

然而好景不常，19世纪30年代以后，英美棉纺织业突飞猛进，不但遏阻了南京棉布的输出，而且企图开辟中国市场。随着鸦片战争之后南京条约的签订，中国门户对外开放，南京棉布的出口急骤下降，进口棉货迅速增长，中国的棉货贸易由出超转变为入超。但机械纺织的洋布在中国本土曾遭受手工纺织的土布的顽强抵抗，中国手工纺织业所以具有坚强的生存力，主要是由于它传统的家庭生产制的特质所致。

- 家庭副业的性质

从棉花制成布，要经过种棉、轧棉、弹花、纺纱、织布等工作步骤，在一连串的生产过程中，纺纱和织布两种工作最为重要。而中国

61. 1785至1833年间，广州输入印度棉花共达13,404,659担，每年平均输入273,564担。而在1805－1806年的贸易季节中，广州输入印度孟加拉棉花多至十四万包，或三十一万担，每担在广州售价为银十四两五钱，但转运南京一带出售，加上运费和利润后，每担售价为三十二两。见方显廷，《中国之棉纺织业》（天津，商务，民国二十三年），页41－43；M. Greenberg, *British Trade and the Opening of China, 1800-1842* (Cambridge University Press, 1951), p. 80。

62. H.B.Morse, *The Chronicles of the East India Company Trading to China, 1635-1834*, Vol.I.(Oxford University Press, 1926), p. 224.

63. 全汉昇，《鸦片战争前江苏的棉纺织业》，页638－639。

64. P. Mantoux, *The Industry Revolution in the Eighteenth Century* (London, 1927), p. 204.

传统的棉纺织生产工具的制作，除了特别复杂的提花机（必须一人织纬，另一人提经，尽全日之力，仅得一寸七分之长）以外，都是适应个人独力的工作而造成的，并不需要社会形态的集体劳动。至于工具的制造，也不需要特殊的技术，且材料粗陋，成本极低廉，所以小农也有能力每家置备一套，作为副业来经营。既然生产工具的制造极简单，其使用方法也不会太复杂，于是便很容易养成劳动者的熟练技术。农家妇女生活于常见纺织的环境里，耳濡目染，自幼即习纺纱，长大自会织布，因此棉纺织生产技术容易推广，以保持技术秘密为手段的手工业行会组织就没有高度发展的可能[65]。

因为工具简单、不需要高深的生产技术，再加上中国自古以来制作丝、麻织品的传统，所以元明以降，棉业成为农闲时的作业。而且所消费的原料、所使用的生产工具、所完成的制品、以及工作场所，都归生产者所有，不须仰仗外人，因此他们享有独立自主的权利。可是也因为是农家副业，所以带有季节性经营的色彩，且以自给自足为原则，并不以销售为目的，故生产成本可以降至极低的限度，遇有外货竞争时，可以顽强抵抗。

另一方面，如前所述，元明政府以赋税的征收办法来奖励民间栽培棉花。人们为了缴纳田赋，纷纷以经济价值高于麻业的棉业为副业，明初上海人顾彧的《竹枝词》十二首中有一首描述这种情景：

> 平川多种木棉花，织布人家罢绢麻；昨日官租科正急，街头多卖木棉纱。[66]

因此，为了缴纳苛重的田赋，为了弥补家计，农家利用剩余劳力从事生产过程并不复杂、又可以自家消费的棉业。后来逐渐普及，产额增加，品质改良，在都市的专业者，由粗布类渐渐改进至最高级的三纱木

65. 严中平，《中国棉业之发展》，页22—27。

66. 万历《上海县志》，卷一，"风俗"条所载。

棉布、三梭布（“明朝，御用近体衣，皆松江三梭布”[67]），于是成了实物征收的对象，并引起大众的广泛需要而产生交易，成为商品。

67. 康熙《松江府志》卷五十三,《遗事》；此外，尚有斜文布、兼丝布、药斑布等。

68. 乾隆《金山县志》，卷十九,《艺文》所载。

由于技术的普及，农家自己所种植的棉花有限，于是有棉花商人的出现，农家妇女有时买进棉花来纺织。明人董宪良的《织布谣》，吟咏农家妇女买花纺纱的忙碌：

> 朝拾园中花，暮作机上纱，妇织不得手，姑纺不停车，园中花有尽，虫蠡兼风损，苟通商贩来，腾踊价无准，经多愁纬少，买花连夜造。[68]

不但是纺纱，农家妇女也以织布为副业，所织成的布大多由其丈夫搬运至市场贩卖，为了能高价卖给商人，实在颇费心思与口舌。从崇祯《松江府志》卷六《物产》所载嘉靖年间华亭文人徐献忠的《布赋》中，可以清晰地看出农人如何辛苦销售自己家人的产品：

> 织妇抱冻，龟手不顾；匹夫怀饥，奔走长路。持莽莽者以入市，恐精粗之不中数。饰粉傅脂，护持风露。摩肩臂以援人，腾口脱而售我。思得金之如攫，媚买师以如父。幸而入选，如脱重负。坐守风檐，平明返顾。

生产者之所以要向商人低头，是因为他们经营零细，需要短期的资本回转的缘故。而这些商人，有的开设棉花庄或花布行，以棉花或现银和纺织者交换布匹，称为“包买主”，在清乾隆、嘉庆年间仍继续存在。他们资本雄厚，力能操纵棉布市场，故在收购棉布的时候，常常乘机压低布价，名曰“杀庄”。而生产者虽然人数众多，可是分散于各处，既没有组织，又缺乏资本，甚至有的待卖布以买米过活或缴纳田租，因此只得忍受商业资本家的剥削，包买主因此获利，“其利甚厚，以故富甲一邑”[69]。

不过此时农家生产者所使用的布机仍归他们自己所有，也没有像麻织业中的预先付款制存在，他们最终的目的仍为企盼对缴纳田租或田赋有所助益。中国传统中的“男耕女织”的概念正可以说明棉纺织的农家副业性质，在这种经营之下，织妇的辛劳是可以想见的。乾隆《南汇县新志》卷十五《风俗》载董宏度的《织妇叹》适足以说明女子的劳动参与：

> 饥亦织，冻亦织。一梭一梭复一梭，日短天寒难成匹。豪户征租吏征粮，两两叩门如火急。丈夫欲催未忍催，向屋无言向机立。织妇宛转诉可怜，自来君家已十年。嫁衣虽有岂堪着，布袴百结袒服穿。无朝无夜俭且辛，寸丝寸缕不上身。丈夫有志苟富贵，勿忘机上糟糠人。努力织成力况瘁，回头忍泪聊相慰。犹胜邻家贱且穷，布机卖却卖儿童。

这种农村女子，可以说是当时家庭手工业的核心人物。

不仅是在农村，织布经营以农家副业的地位而存在，就是在都市，也有纺织业者出现——专门经营织布的“机户”，他们可能就是上述高级布料的生产者。在松江府的都市，除了妇女之外，也有男子从事生产，他们的产品以政府的收买为前提，不以市场贩卖为目的，而政府收买机户产品的财源却来自农村棉布的折征银。这就是说，元朝和明初，因为田赋过重，故可以棉布代缴；明中叶以后，江南农村织布业已发达成商品生产，因此不再缴纳棉布，而必须折银交税，这些折银交给解户，再由解户支付给机户以购买高级棉布，所以都市中机户的存在与农村副业性质的织布业息息相关[70]。

此外，随着市场的扩大和生产技术上的需要，早在明末，江南的

69. 全汉昇，《鸦片战争前江苏的棉纺织业》，页632－633。

70. 西嶋定生，《中国经济史研究》，页856－861。

棉纺织业，在生产过程的最后阶段，有的已经由家庭工业制度变为作坊（工场）的工业生产，其中的手工业者不再自由独立，而变为自己没有生产工具的雇佣劳动。当时存在着不少的染坊、踹坊和大量的工人。染坊中可能有一部分是染绸缎的，踹坊则专为棉布染后的整理加工而设，其工作内容是“下置磨光石版为承，取五色布卷布轴上，上压大石如凹字形者，重可千斤；一人足踏其两端，往来施转运之，则布质紧薄而有光”（见《木棉谱》）。因为碾布所需的设备远较手纺车或手织机的规模大，所需资本也较棉纺纱织布为多，一般农家无力购置，结果改由“包头”出资设立踹坊（或踹布坊），提供工作场所和生产工具，由踹匠来碾制布匹。包头除投资于踹坊之外，又要向客店领布发碾。碾布的工资，按匹计算，为踹匠所得，但每月须扣除一部分给包头，以为房租家伙之费用。这种办法，可以说是家庭手工业制演进的结果，也可以说在鸦片战争以前的长时间内，除直接在各家庭中以副业性质来纺纱织布外，江南各地也有靠布匹加工精制为生的[71]。

农家副业的色彩直至鸦片战争以后仍未消失。1844 年，英国植物学家 Robert Fortune 在上海附近考察，曾看到农家中生产棉织品：

> 各小农户，各乡居人家，皆保留自己田地所产（棉花）的一部分以备家用，妇女家居，清之纺之，织之成布。我国（按指英国）古昔所习见而今日已为机器所代替之纺车与小手织机，旅行者在本地随处可见。此种织机，皆由妇女操作，有时不胜田野劳动之老夫幼童，亦帮助工作。若家庭人口众多，且善生产，除自家服用外，尚能有所剩余，则运至上海或近郊市镇出售。此城（按指上海）各门，每日皆有集市，便是聚集列售其小捆布匹之地。[72]

或许因为手工棉纺织业普及于中国广大的农村，成为农家的主要副业，

71. 全汉昇，《鸦片战争前江苏的棉纺织业》，页633—636。

72. R. Fortune, *Three Years' Wanderings in the Northern Provinces of China* (London, 1847), pp. 273, 274.

解决了因人口增加、耕地不敷分配、农民收入有限所发生的生计问题，故能成为抗拒进口布料的一股主流；但也因此，同时产生了对于机器制造的排斥，延缓了棉业的工业化。

结 语

中国的手工业一直与农民有密切的关系，15世纪后半（明中叶）以降，这种关系更加强化。农家的手工业，已成为赋税与田租的来源，不再是单纯的自给生产。当时中国存在着广大的佃农阶层，一般大约只经营十亩左右的土地，其产出物几乎仅够缴纳田租，连自己所需的米粮都难供给。而劳动手段的农具、肥料和日用杂货等，都与业已发达的货币经济有关；甚至养蚕、织绢、纺纱、织布各方面，也靠借贷以购进生产工具，因此必须将剩余劳动力投入农耕以外足以补充家计的副业。一旦踏进这条道路，对于货币的需求渐增，资金不多的农民经常被原料购入、生产、贩卖的短期间循环所迫。养蚕地带，可以在农业劳动的季节同时贷款来准备蚕种、预约桑叶来养蚕、治丝以流入市场；并于冬天的农闲期间织绢贩卖，故养蚕地带丝行是最大的商业资本。而棉业地带，在轧花、纺纱、织布各过程中，商业资本也分别介入，使之商品化。所以丝、棉二业皆是农业与手工业相结合的产业。换言之，手工业的产品，在国家的收购和地主、高利贷、商人各机能所造成的价格体系之下被商品化，并以补充农民生计、企求再生产的形态来与农业相结合。

懋迁化居

商人与商业活动

陈国栋

商业及商人的起源[1]

我国商业的起源始自何时，虽然难于确定，不过古代的文献大都追溯到商代（公元前18世纪－12世纪）以前，也就是地下考古资料尚不能证实的“传说时代”。如《易经·系辞》云：

> 庖牺氏没，神农氏作。列廛于国，日中为市，致天下之民，聚天下之货，交易而退，各得其所。

便是一般人所津津乐道的商业起源的一幕。

衡诸人类的历史，一般而言，商业起源最可能的原因无非是分工。因为分工导致了交易的需要，因而才有商业的发生。《淮南子·齐俗训》云：

> 故尧之治天下也……其导万民也，水处者渔，山处者木，谷处者牧，陆处者农。地宜其事，事宜其械，械宜其用，用宜其人。泽皋织网，陵阪耕田。得以所有易所无，以所工易所拙。[2]

便说明了分工与商业（交易）的关系。虽然我们没有把握断定神农氏或者唐尧的时代是商业起始的时代，但至少在汉代，或更早的时候，社会上已认为商业开始得很早，总是不错的。

较可靠的资料，如《尚书·皋陶谟》提到禹对皋陶所作的谈话：“懋迁有无化居”——鼓励人民将有余的货物转运到不足的地方，或者售卖，或者囤积。《皋陶谟》据屈万里的研究，是战国时代的述古之作，成于《孟子》之前[3]。但它毕竟隐含了夏朝人已从事于商业的意味。

夏朝人无疑擅长经商。周时，夏人（禹的后裔）封于河南。《史记·货殖列传》上说：

---

1. 商业与货币的关系至为密切；一个代表实物面（real sector）、一个代表名目面（nominal sector），两者是互为表里的。为避免重复，关于货币方面请参考本册《通货利商——历史上的货币与信用》一文。

2.《淮南子》（台北，世界，1974年），页171－172。

3. 屈万里，《尚书今注今译》（台北，商务，1972年），页3、20。在古文《尚书》中这句文字属于《益稷》篇。

颍川、南阳，夏人之居也。……宛亦一都会也。俗杂好事，业多贾，其任侠，交通颍川。故至今谓之“夏人”。[4]

夏朝遗民有许多人以经商为业。则《皋陶谟》述古之词或亦颇可采信。以此推之，信史时代以前，商业活动与商人确实已经出现，而且也略具规模了。

4.《史记》(台北，世界，1972年)，页3269。

5. 小岛祐马,《原商》,《东亚经济研究》,第20卷第3期。

6. 屈万里,《尚书今注今译》，页106—108。

7.《庄子》(台北，中华，1969年)，卷一，页8上。

商人是商业行为的从事者。在中国历史上，有“商”、“贾”、“商人”或“贾人”之称，也常常合称之为“商贾”。“商业”与“商人”名称的由来，一般以为是殷人（商朝人）擅长做生意，故得此名；特别是殷亡后，殷遗民经商者甚多，遂使“商人”即等同于交易行为的从事者，而交易行为也就叫作“商业”了[5]。

有一段文字常被引用来证明这个说法：

妹土嗣尔股肱，纯其艺黍稷，奔走事厥考厥长。肇迁车牛，远服贾，用孝养厥父母。

这是康叔（周武王的弟弟）封于卫时，周公以天子之名告诫他的话。妹土即妹邦，一说是牧野（商、周决战处），总之是殷遗民所居之地[6]。周公希望康叔教这些殷遗民或事农耕，或者牵着牛车到远地经商。周公的本意在促进殷遗民的勤勉，并不是叫他们非去经商不可。

不过殷遗民长于经商也是不争的事实。他们的行迹更是无远弗届，真正地做到“远服贾”的地步。所以《庄子·逍遥游》便有这样的寓言：

宋人资章甫而适诸越。越人断发文身，无所用之。[7]

宋人远从河南到浙江一带做生意，而宋人便是殷遗民中最著名的一支。

从文字上来说，许慎《说文解字》以为“商”字原作𧶜，从“贝商”，为“行贾”之意。但日人小岛祐马以为这个字应作“赏赉”的“赏”解，可以用“商”字来代替它，却不可以它代替“商”（作行贾解）来使用，许慎的说法全无历史根据[8]。如此说来，许慎以“商”、“贾”二字均从“贝”——货币——而起的说法，在“商”而言是不能采信的，那么“商人”以及“商业”之称起源于殷遗民的说法仍是最可能的。如同前面提到过的，夏遗民因为擅长经商、好游侠，所以到了汉代仍被称为“夏人”是一样的道理。

8. 小岛祐马，《原商》，页134。

9.《白虎通》，卷三，“商贾”条。

10.《史记》，页1418。

“商”、“贾”通常分别指“行商”（到远地做生意的人）与“坐贾”（在地开店的人）。所以许慎以“商”为“行贾”。“商”代表“行贾”是汉朝人的通行用法。如班固《白虎通》云：

> 商、贾何谓也？商之为言“商”也——商其远近，度其有无，通四方之物，故谓之商也。贾之为言“固”也，固其有用之物以待民来，以求其利者也。行曰商，止曰贾。[9]

商、贾得名之由来是否如此？恐怕未必尽然。但“行曰商，止曰贾”的通说却是成立的。郑玄注《周礼》，在“太宰”职掌下注云：“行曰商，处曰贾。”在“司市”下云：“通物曰商，居卖货曰贾。”便是同样的意见。这种区分一直沿用到近代。

不过，在两汉以前，“商”、“贾”两字是可以完全通用的。所以《酒诰》上说“远服贾”，指的其实应是行商。《史记·平准书》云：“天下已平，高祖乃令贾人不得衣丝乘车，重租税以困辱之。”[10] 亦以贾人兼指商贾。又如《左传》，鲁昭公十六年（公元前526年）：

> 韩子买诸贾人，既成贾矣（按：讲好价钱），商人曰：“必告

君大夫。"

则贾人即等于商人。

总之，商业及商人的起源极早。"商"、"贾"皆指经营买卖的人。一般而言，商是行商、贾是坐贾，但也有笼统混用的地方。在本文中，为了行文的方便，除了特别的情况，一概称之为商人。

两汉以前的商人及商业活动

从上引《酒诰》与《皋陶谟》来看，战国以前的当政者毋宁是相当鼓励商业的。可惜西周以前的文献不足征，不能详论。

春秋时代商业相当发达，在历史的舞台上，商人扮演着重要的角色。郑国商人弦高伪装犒师，吓退秦军的故事(《左传》，僖公三十三年，公元前627年)便是妇孺皆知的掌故。在另一个也相当有名的故事——楚归晋智罃——中，商人也扮演过重要的角色：

> 荀罃之在楚也，郑贾人有将寘诸褚中以出，既谋之，未行，而楚人归之。
>
> 贾人如晋，荀罃善视之，如实出己。贾人曰："吾无其功，敢有其实乎？吾小人，不可以厚诬君子。"遂适齐。[11]

11.《左传》鲁成公三年。

郑国的商人原想偷偷地营救晋国的智罃(即荀罃)，在这段文字中也可以看到商人不辞辛劳，跋山涉水，无远弗届的本事。本身是郑国(河南)人，一下子在楚(湖北)，一下子至晋(山西)，一下子又到齐(山东)，活动的范围很大。同样的情形也见于子贡(端木赐)。《史记·货殖列传》云：

子贡……鬻财于曹、鲁之间……结驷连骑，束帛之币，以聘享诸侯。

春秋时代最活跃的商人可能是郑国商人。所谓“郑既为南北东西交通之中心，又为地狭人稠之邦，故其商人之活动，特较他国为著也”。[12] 这个时代的商人所贩卖的东西，如牛皮（“韦”）、布匹（“褚”）都是很普通的商品。

到了战国时代，列国之间交通更加发达，金属货币更加流通，大都市不断兴起，因而商业也更加蓬勃。这时候的商业与都市有着密切的关系，所以《史记·货殖列传》讲述各地人民的生业便特别强调某处为一都会，某处又为一都会。最著名的城市，如齐国临淄：

临淄甚富而实，其民无不吹竽鼓瑟、击筑弹琴、斗鸡走狗、六博蹋踘者。临淄之途：车毂击、人肩摩、连衽成帷、举袂成幕、挥汗成雨。家数而富，志高而扬。[13]

大都市兴起，则固定的市场（或市集）也就发达了。春秋时代市的情形，我们所知有限。不过，在《左传》昭公三年（公元前539年），著名的齐大夫晏子提到过：“国之诸市，屦贱踊贵。”则光是齐国的都城就有好几个市场。晏子本人就住在其中一个市场旁边，对于市中物价的变动，了若指掌。

在战国时代，“市”又更兴隆了。同一个市中，从卖珠宝的“银楼”到卖卜的摊子，应有尽有，十分热闹[14]。

市是行旅商人交易的所在。孟子就说过：“市，廛而不征，法而不廛，则天下之商皆悦而愿藏于其市矣。”[15] 此处之“廛”为房税，大抵

12. 李剑农，《先秦两汉经济史稿》（台北，华世，1981年），页76。《左传》僖公三十年，郑国要求秦国退兵的说辞云：“若舍郑为东道主，行李之往来，共其乏困，君亦无所害。”便是自恃其交通要冲的地位。

13.《战国策·齐策》。

14. 许倬云，《周代都市的发展与商业的发达》，收入刘翠溶等主编，《中国经济发展史论文选集》（台北，联经，1980年），页1079。

15.《孟子·公孙丑》上。

即是官方盖来租给商人的房屋或摊位，使用者所必须支付的租金。“征”是征税，即征收交易税或货物税。“法”是制定有关物价及交易规范的法律。

这个时代的市几乎全为公家设立、由公家任命市官管理。就齐国而言，市官之长叫作“市师”，其副职称为“市相”。市除了供交易之外，还兼营工业（陶器、漆器、冶铸等等），甚至还铸造货币[16]。

市并非全天营业，而有固定的时间。《韩非子》中有一个脍炙人口的故事：

> 郑人有欲买履者，先自度其足，而置之其坐。至之市，而忘操之，已得履，乃曰：“吾忘持度。”反归取之。及反，市罢，遂不得履。[17]

可见在特定的时间之外是不进行交易的。至于其时间，许倬云据《战国策》：“市，朝则满，夕则虚。”以为街市“朝聚暮散”，只有白天才进行交易[18]。

在市制发达的背景下产生的《周礼》一书，便在“地官司徒”之下设有“司市”一职专司管理市内的交易。依《周礼·司市》所载，理想的市应分为三种：（一）大市：“日昃而市，百族为主。”（大市在午后开始交易，以百姓为主。）（二）朝市：“朝时而市，商贾为主。”（三）夕市：“夕时而市，贩夫贩妇为主。”[19]在一天的白昼内，由不同的人群，在不同的时间、不同的市内进行交易。“大市”之名，《荀子·非相》篇有“俄而束乎有司而戮乎大市”的记载，据裘锡圭的考证，战国时代陶器上所打的市印铭文中，常见的“𡗜坾”两字即是“大市”[20]。因此《周礼》也不全是拟想伪托，它也反映了或多或少的实况。

16. 裘锡圭，《战国文字中的“市”》，《考古学报》，1980年第3期，页295。

17.《韩非子集解》（台北，世界，1962年），卷十一，《外储说》左上。

18. 许倬云，《周代都市的发展与商业的发达》，页1079。

19. 林尹，《周礼今注今译》（台北，商务，1972年），页146－148。关于《周礼》对市制的讨论，请参考徐复观，《周官成立之时代及其思想性格》（台北，学生，1980年），页131－137。但徐复观不同意《周礼》为战国时代的作品。

20. 裘锡圭，《战国文字中的“市”》，页288－290。

总之，战国商业的发达于市制的发达中便可以窥见一二。此外，战国时代商业的发达还表现在两方面：一是商人的活跃，一是商品的流通。

先说商人的活跃。《史记·货殖列传》所载的先秦富人差不多都活动于战国时代。其中以铁冶致富的最多（邯郸郭纵、赵之卓氏、梁之宛孔氏、鲁之曹邴氏），其次有以盐致富的（猗顿），有擅丹穴之利致富的（巴寡妇清及其先世）。这些都是直接从事生产的。此外，乌氏倮畜牧，又以纺织品与戎王交易，则不但从事生产，也从事商业。至于白圭以“居积趋时为务”，利用市场供需变化而发财，则是战国时代最引人注目的商人。又如吕不韦身为阳翟大贾，到邯郸做生意，见到秦质子异人的第一个反应便是“奇货可居”。后来他便利用异人的关系而做到秦相国。在吕不韦以前，战国早期，晋国的大马商段干木，也有机会参与魏文侯政权的擘划[21]。这些靠交易、囤积、或担任经纪者等非直接生产的商业行为而获得巨大利润的商人，有时候甚至在政治上也取得了很高的地位。这正是战国时代商业比以往发达的明证，也正是商业的发达使得这些人有机会崭露头角。

在商品方面，鱼、盐、布、帛、金、石、齿、革、竹、木等等天然资源或人工制品，原本为一地所专有，在这个时代却流通于全国[22]。以《楚辞·国殇》中提及的武器：“操吴戈兮被犀甲”、“带长剑兮挟秦弓”，就可看见楚国东邻（吴）、西邻（秦）及南方（犀牛产地）的特产都装备在一个人身上了。若非商品流通十分广泛，焉能致此。

商业发达，商税便随之而来。战国时代多战争，因而赋敛加重，商税亦属其中一项。所以前引孟子的说词便希望免除货物税，甚至免除市税。《孟子》一书中还有不少地方都提到了关市之征太重的事实。《荀子·富国》篇也提到“今之世……苛关市之征，以难其事。”证明战

21.《史记》，卷四十四，《魏世家》；卷一二九，《货殖列传》末有“节驵侩”一名。依裴骃《集解》，“驵侩”为“马侩”的意思，换句话说，就是马经纪商。参考佐伯富著，陈国栋译，《山西商人的起源》，《史学评论》，第2期（1980年），页6。

22. 许倬云，《周代都市的发展与城市的发达》，页1071。

国时代商税负担的沉重，造成商业的阻力。但反过来看，战国君主所以会加重关市之征，也无非是因为商业发达，可以多得钱帛的缘故。

在商业发达的同时，“轻商”的思想也逐渐抬头。如前所述，战国时代以前，人君对商业并不排斥，而且相当鼓励。甚至于连囤积——这是商人的经营方式之一，而为后代社会诟病的对象——也不被苛责。春秋末年越国大夫文种告诉越王句践：

> 贾人夏则资皮，冬则资絺；旱则资舟，水则资车。——以待乏也。[23]

借此指责越王平时不从事人才的蓄积。这里，他根本以囤积商品为商人之本分工作。

降及战国时代，政治上既有商鞅变法，奖励“农战”，在学说上也颇有轻商的理论，如荀子主张“省商贾之数”，韩非子主张“商、工之民，修治苦窳之器、聚弗靡之财，蓄积待时，而侔农夫之利……邦之蠹也。”[24]《管子》则从政治利害上着眼，以为：

> （商人）非用人也，不择乡而处，不择君而使。出则从利，入则不守。[25]

商人游离于政权的控制之外，所以不为统治者所喜。

经过短促的秦朝，到刘邦统一天下，社会经过长期的战乱，财政困难、民生凋蔽，商人却趁机发财，深深引起统治者的恶感，于是对商人的社会地位加以限制。《史记·平准书》云：

> 汉兴，接秦之弊，丈夫从军旅，老弱转粮饷，作业剧而财匮：自天子不能具钧驷，而将相或乘牛车，齐民无盖藏。……而不轨逐利之民，蓄积余业，以稽市物，物踊腾，粜米至石万钱，马一匹则百金。

23.《国语·越语》上。

24. 谷霁光，《战国秦汉间重农轻商之理论与实际》，《中国经济发展史论文选集》，页1008－1010。

25.《管子》（台北，世界，1974年），卷十二，《侈靡》第三十五，页204。

天下已平，高祖乃令贾人不得衣丝乘车，重租税以困辱之。

“稽”是贮滞、留待，也就是囤积的意思；踊腾是乍贵乍贱的意思。因为商人囤积居奇，操纵物价，引起汉高祖的不满，所以才加重市租商税，并禁止商人衣丝乘车。这原本是一种权宜之策，所以“孝惠、高后时，为天下初定，复弛商贾之律。”（可以衣丝乘车）只是尚不能仕宦为吏而已。因此，在汉惠帝以后，商人依旧保有他们的声势，而且继续发展。文、景之时，晁错上疏论“贵粟”时便说：

商贾大者积贮倍息，小者坐列贩卖。操其奇赢，日游都市。乘上之急，所卖必倍。……因其富厚，交通王侯，力过吏执，以利相倾。千里游敖，冠盖相望，乘坚策肥，履丝曳缟。此商人所以兼并农人……也。今法律贱商人，商人已富贵矣。[26]

在这样的形势下，到了武帝即位，就索性任用孔仅、桑弘羊等富商为官了。所以当时司马迁撰《货殖列传》便抱怨入仕的途径太宽，连商人都可以凭财富而为郎吏。

总之，汉代商人的地位实际上并不低。其背景则为两汉商业的发达。《货殖列传》云：

汉兴，海内为一。开关梁，弛山泽之禁。是以富商大贾，周流天下。交易之物，莫不通得其所欲。

因为全国统一，不再是战国割据的局面，而且又开放桥道关津，商人往来便利，因此商业得以长足开展。在此首先必须提及的，是都市的进一步发达。《史记·货殖列传》曾提及战国以来几个重要的大都会。《盐铁论》亦云：

26.《前汉书》（台北，中华，《四部备要》本），卷二十四上，《食货志》，页9下—10上。

燕之涿、蓟，赵之邯郸，魏之温、轵，韩之荥阳，齐之临淄，楚之宛丘，郑之阳翟，三川之二周富冠海内，皆为天下名都。[27]

这些是当时最大的都会。都中有市，市为商贾汇集的地方。一都往往有数市，如首都长安便有九市。临淄出土的西汉封泥中也可见到“左市”、“右市”、“西市”、“南市”各市的市印[28]。小的都邑也有市，如《汉书·尹翁归传》云：

大将军霍光秉政，诸霍在平阳（按：今临汾），奴客持刀兵入市斗变，吏不能禁。及翁归为市吏，莫敢犯者。公廉不受馈，百贾畏之[29]。

可见平阳有市，而且有很多商人。

市通常围有墙垣，设有门。市内每个交易单位称为“列”，即前引晁错文之“坐列贩卖”的“列”。这在先秦已有，称之为“肆”，后来在唐代改称为“行”。列与列间的人行道称为“隧”。凡在市内经商者，有市籍（登记为商人），必须向政府纳租（如先秦之“廛”）[30]。同时，有市籍者不得仕宦为吏，不得名田（用自己的名义置产）[31]。政府设有专门的市吏来管理市内秩序。这一切都是承袭战国的情形而发展的。

都市发达，商业兴隆。汉代可见的大商业，司马迁曾在《货殖列传》中加以论列。李剑农据此加以分类，即：（一）盐铁商，（二）运输商，（三）囤积商，（四）高利贷商，（五）榷会与辜榷——即专卖经纪商[32]。其中除了高利贷商（贷款生息取利的人，汉代称为“子钱家”）为新见外，其余皆为先秦已有。

汉代的商品，依《货殖列传》所述：

27.《盐铁论》（台北，世界，1962年），卷一，《通有》第三，页4。

28. 裘锡圭，《战国文字中的“市”》，页288。

29.《汉书补注》（台北，艺文，影印乾隆四年刊本），卷七十六，页6上。参考李剑农，《先秦两汉经济史稿》，页218—220。

30. 李剑农，《先秦两汉经济史稿》，页222—224。

31. 杨联陞著，段昌国译，《传统中国政府对城市商人的统制》，《中国经济发展史论文选集》，页1027。

32. 李剑农，《先秦两汉经济史稿》，页225—229。

> 夫山西饶材、竹、谷、纑、旄、玉石；山东多鱼、盐、漆、丝、声色；江南出楠、梓、姜、桂、金、锡、连（铅）、丹砂、犀、玳瑁、珠玑、齿（象牙）、革；龙门、碣石（在今山西省）北多马、牛、羊、旃（毛毡）、裘、筋、角。铜、铁则往往山出棋置，此其大较也。

这是各地的特产，自然也就是主要的商品。至于一般市肆中所贩卖的，更不止于此，还有书籍、生肉、胡饼、药材等等。[33]

国内的商业发达，国外贸易也随之展开。张骞出使西域时，便在大夏（Bactria，今阿富汗）发现四川的商品（所谓“邛竹杖”、“蜀布”）。胡商前来中国，络绎于途。《后汉书·西域传》述之为“商胡贩客日款于塞下”。到汉武帝平定南越之后，外国商人也由海路来到交州（交趾）贸易[34]。

33. 李剑农，《先秦两汉经济史稿》，页220各引文；《后汉书集注》（台北，艺文），卷八十三，《韩康传》，页11上。

34. 曾华满，《唐代岭南发展的核心性》（香港，中文大学，1973年），页56。

中世的商人及商业活动

两汉盛世所建立的一统政权与庞大的经济体系在东汉末年的扰攘纷争中破坏了。原本周流天下的商贾，遭遇到战争的阻滞，暂时销声匿迹，商业也从而萧条。

从汉献帝时代到隋文帝开皇九年（589年）统一中国为止，中国全境分裂的时期长，统一的时期短。割裂的政治单元之间，彼此敌对的情形多，通好的时期少。然而各国之间不免需要他国的商品，于是便发展出一种特殊的贸易。

割裂的政治单元为了互相交换商品，偶尔择定国境边界上水陆要冲的地方开放互市。不过这样的互市必须双方有所“默契”乃可。如《晋书·祖逖传》云：

石勒……因与（祖）逖书，求通使交市。逖不报书，而听互市，收利十倍，于是公私丰赡，士马日滋。[35]

由于这种互市行为完全视政治、外交关系，时举时措，实际上并不利于商业的进行，是以在商品的交换上，不能充分满足各政治单元的需要。如三国时代，北方的曹魏便无法获取来自广州的玑珠、犀角、象牙、玳瑁、香料等奢侈品；而西北所产的马，南方的孙吴也无从取得；至于蜀汉所产的锦，则魏、吴皆买不到。于是三国之间，便以报聘的方式来取得对方的特产，以补互市之不足。这种互市与报聘并行的方式是六朝时代区间贸易的一个特色[36]。

同一政治单元之内的贸易，在这个时代也远不如两汉之盛。第一个原因便是大都会的没落。《史记·货殖列传》所盛称的大都会，经过汉末的战争与“五胡十六国”的蹂躏，历久难以恢复。如《江表传》云：

中国萧条，或百里无烟，城邑空虚，道殣相望。[37]

又如《晋书》的描述：

自永嘉丧乱，百姓流亡，中原萧条，千里无烟，饥寒流陨，相继沟壑。[38]

在这样一个流亡载途、城邑荒废的社会中，依附于城市的商业行为也很难维持既有的水准，更遑论其发展了。如洛阳在永嘉之乱以后，形同废墟。其后经过魏孝文帝的整修，一时又热闹起来。城中的市场与贸易均极发达，甚至于还有经营全国贸易的大商人。如《洛阳伽蓝记》所云：

35.《晋书斠注》（台北，艺文），卷六十二，页26上。

36. 李剑农，《魏晋南北朝隋唐经济史稿》（台北，华世，1981年），页85—90。

37.《三国志集解》（台北，艺文），卷五十六，《吴书·朱治传》，页3上所引。

38.《晋书斠注》，卷一〇九，《慕容皝载记》，页12上。

有刘宝者，最为富室。州、郡都会之处，皆立一宅，养马一匹。至于盐、粟贵贱、市价高下，所在一例。舟车所通、足迹所履，莫不商贩焉。是以海内之货咸萃其庭。[39]

但好景不长，不到四十年，东、西魏相争，洛阳沦为战场，繁华胜景又再度为荒烟蔓草掩盖了。

商业不发达的第二个原因是行旅不安全。从《宋书·孝武纪》的诏书所见，当时的商人在贩运货物的时候，必须携带武器自卫，足见行旅的不安全[40]。依唐修《晋书》的说法，著名的大富翁石崇便是靠抢劫致富的，而他打劫的对象就是商人[41]。

在这样的环境下，平民商人若不依附贵族简直就无法存在。事实上，当时更有许多商人由贵族兼充。如南齐豫章王萧嶷的上启所云：

伏见以诸王举货，屡降严旨。少拙营生，已应上简。府州郡邸舍，非臣私有。今巨细所资，皆是公润。臣私累不少，未知将来。罢州之后，或当不能不试营觅以自赡。[42]

文中的“举货”便是贩卖货物赚取利润的意思。豫章王自陈家产不多，打算去职之后从事营商。引文中可见皇帝曾多次下令诸王不准营商，正反映了诸王经营商业的热衷与普遍。

由于大都会的没落和行旅的不安全，三国以迄南朝的商业一般皆呈现出不景气的现象，偶尔出现的大规模商业行为只能说是例外。至于都会以外，以村落为交易所在的商业行为也较稀少了。这一方面是因为当时的农村大多是坞堡式的庄园经济（manorism），自给自足，对外的商品需求很小；一方面则是货币的流通减少，使得村落间的小规

39. 杨衒之,《洛阳伽蓝记》(台北，中华，《四部备要》本，1974年)，卷四，页4下。

40.《宋书》(台北，艺文)，卷六，《孝武帝本纪》，页25下，大明八年(464年)春正月甲戌诏曰：“东境去岁不稔，宜广商货，远近贩鬻米者，可停道中杂税；其以仗自防，悉勿禁。”

41.《晋书斠注》，卷三十三，《石崇传》，页28上云：“(石崇)在荆州，劫远使商客，致富不赀。”

42.《南齐书》(台北，艺文)，卷二十二，《豫章文献王嶷传》，页9上。

模商业缺少交易的媒介工具。

六朝三四百年中，虽然全中国境内的商业远不如两汉，但是在对中国以外地区进行的贸易，则比以往更有进展。这可分为西域与南海两方面来看：

先说西域。自张骞通西域以来，中国与西方之间的交通路线业已打开，河西走廊上的敦煌成为控制东、西交通孔道的门户。南北朝时，先后割据凉州（甘肃）的政权，如前凉的张氏、后凉的吕氏、西凉的李氏，因地利之便，较容易从西域商人手中获得丰富的奢侈品。由于当时华北混乱，这些政权便借遣使朝贡（报聘的方式之一），将这些商品贩售到东晋。其后，前秦苻坚所建立的短暂统一瓦解后，在甘肃、四川之间建立起来的小国，如西秦与南凉，也依同样的方式将西域商品贩入中国（东晋、南朝）[43]。

在南海方面，广州在三国时代兴起。如前所述，汉代的南海贸易大抵集中在交州一口，现在广州代之而起，凌驾其上。广州进口的商品，即南海奇珍的玑珠、玳瑁、犀角、象牙之类，大抵与前代无异，但贸易量则远过之。因广州的贸易量大，以至于六朝时代的广州刺史几乎都免不了贪黩之谤。如《南齐书·王琨传》云：“南土沃实，在任者常致巨富。世云广州刺史，但经城门一过，便得三千万也。”[44]正是传神的写照。

“六朝如梦鸟空啼”，隋文帝开皇九年正月，北军攻破陈后主的首都建康，使得汉末以来分裂近四百年的中国重归统一，经济上恢复成一个完整的体系。于是，商业又有了向前发展的机会。不过隋代的统一只有29年（589－617年），后面几年又因为炀帝失政而大乱，因此中国经济秩序的恢复要等到唐代以后。这也就是直到唐代初期，在货币史上仍属于“自然经济”时代的主要原因——因为经济繁荣的重建总要落在政治之后一段时期。

政治秩序恢复后，全国的市场随之建立——隋炀帝修筑的运河给

43. 宫崎市定，《大唐帝国》（东京，河出书房，1974年），页213－214。

44.《南齐书》，卷三十二，《王琨传》，页1下。

予很大的帮忙[45]——而行旅不安全的状况也大有改善。《唐语林》云：

> 开元（713—741年）初……河清海晏、物殷俗阜。……丁壮之夫不识兵器，路不拾遗，行不赍粮。[46]

这与过去不备兵器不敢行旅的情形正好相反。而且由于政治安定、物产丰富，商品的供给也大量增加（所以旅行时不必自备粮食，可以随处购买）。在这样的基础上，"自然货币"便不敷需要了，反对"自然货币"的理论因之而起，其理由如："布帛不可以尺寸为交易，菽粟不可以秒勺贸有无。"[47]正是因为交易频繁，需要易于分割与持用的货币。盛唐以来货币经济日益发达，提供给蓬勃的商业大量的交易媒介。

开元之前即已热闹繁盛的商业，仍然以在大都会中进行为主。隋、唐营建长安、洛阳为两京，是全国最大的都会。此外，长江上游的成都与下游的扬州也是二大都会，俗称"扬一益二"。沿海的广州、明州（宁波）也是大都会。

包括大都会在内，凡是县治以上的城市都有官设的"市"作为交易所在。中县（人口在三千户左右）以上者，均设有市令来管理。市的营业时间，依《唐六典》所载："凡市，以日午击鼓三百声，而众以会；日入前七刻，击钲三百声，而众以散。"

这种定期开闭的市制乃是唐代城坊制度下的一个特色。兹以长安为例，稍加说明。长安有东、西二市，各据一坊（"坊"可以说是城中城，为正方形或长方形，用围墙围绕的市区）。从地下的发掘可知西市南北长1,031米，东西长934米。市中规划得很整齐，各种生意分门别类地集中在一起，称为"行"，这是后代行会的前身[48]。

关于唐代市中交易的情形，名诗人刘禹锡所写的《观市》一文曾

45. 参考全汉昇，《唐宋帝国及其运河》，《中国经济史研究》（香港，新亚研究所，1978年），上册。

46. 王谠，《唐语林》（台北，商务，《国学基本丛书》本，1968年），上册，页91。

47. 杜佑，《通典》（台北，新兴，1963年），卷九，页52下，开元二十二年诏。

48. Denis Twitchett, "The T'ang Market System"，收入《中国经济发展史论文选集》，页1140—1141。

为外国学者讨论过[49]。因为这是一件难得而有趣的资料，故不殚其烦地引录在此，以供参考：

> 元和二年（八〇七年），沅南[50]不雨，自季春至于六月，毛泽将尽。……遂迁市于城门之逵。……
>
> 肇下令之日，布市籍者咸至，夹轨道而分次焉。其左、右、前、后，班闲错跱，如在阛之制。其列题区榜，揭价名物，参外夷之货焉。马牛有纤，私属[51]有闲；在巾笥者，织文及素焉；在几阁者，雕形及质焉；在筐筥者，白黑巨细焉；业于饔者，列饔饎、陈饼饵而苾然；业于酒者，举酒旗、涤杯盂而泽然；鼓刀之人，设膏俎、解豕羊而赫然。华实之毛、畋渔之生、交蜚走错、水陆群状，伙名入隧而分。韫藏而待贾者、负挈而求沽者、乘射其时者、奇赢以游者：坐贾颙颙，行贾遑遑，利心中骛，贪目不瞬。于是质剂之曹、较估之伦，合彼此而腾跃之。冒良苦之巧言，斁量衡于险手秒忽之差。鼓舌伧佇，诋欺相高，诡态横出。
>
> 鼓嚣哗，坌烟埃，叠巾屦，啮而合之，异致同归。
>
> 鸡鸣而赴，日中而骈阗，万足一心，恐人我先。交易而退，阳光西徂。幅员不移，径术如初。中无求隙地，俱唯守犬乌乌，乐得腐余。[52]

从刘禹锡的观察，可以看到纵使在三四个月的干旱之后，商业也依旧兴隆。必须有市籍者才能入市营业，而市制整齐，物有标价。中、外商品皆有，甚至还出售奴婢。文中提到的商人，除了直接经营贩售者外，还有从事银钱兑换贷放者（质剂之曹）与经纪商（较估之伦）。文

---

49. 石田幹之助，《刘禹锡の观市に就いて》，收入《和田博士古稀记念东洋史论丛》（1960年），页61－71；Twitchett在"The T'ang Market System"，页1178－1181亦曾加以翻译。

50. 在湖南省。

51. 私属即奴婢。Twitchett译成slaves。

52. 刘禹锡，《刘宾客集》（台北，中华，《四部备要》本，1970年），《文集》，卷二十，页3上、下。末段自"幅员不移"以下至"俱唯"两字为止，石田以为系羼入的文字，Twitchett也以为不可解。其实自"幅员"以至"腐余"乃指市散后，市场仍在、通道仍在，而人去楼空，只留下乌压压（或呜呜叫）的一群狗留在当地觅食而已。Twitchett的译文稍容商榷。

中对市场百态，也刻划得无微不至。商人天亮就出发，日中才开市，这或许是让住在城市之外的生产者（畋渔者流）也便于入市的缘故。

至于县城以下的地方，唐中宗景龙二年（707年）曾经规定过不准设市，但偶尔也破例允准。在法律上，官设的市一直维持到唐末，可是在实际上，盛唐时期就已渐渐衰弛，安史之乱以后也就差不多完全解体了。

唐代商业的特色之一是西域与阿拉伯、波斯商人来到中国大都会中经商的很多。如黄巢攻陷广州，"胡人"死者12万；田神功大掠扬州，大食（阿拉伯）、波斯（伊朗）商人死者数千，均可见来华"胡商"之多。除了沿海的城市，在内地的都会中也有不少"胡人"经营的店肆。如李白《少年行》诗：

> 五陵年少金市东，银鞍白马度春风。落花踏尽游何处，笑入胡姬酒肆中。

便可见"胡人"店肆的普遍。

唐代商业的特色之二是近世大宗商品——陶瓷、茶、盐——在商品中脱颖而出：陶瓷以江西景德镇（当时称作浮梁）为主，茶产于长江以南，而唐以前解州（山西）的盐最重要，唐代则淮、浙之盐起而代之。茶、盐的利润很高[53]，课税亦重，不过由于为民生所必需，所以生产与行销不但没有减少，反而增加，从而成为南方经济文化凌驾北方的一个基础[54]。

近世的商人及商业活动

唐末的大乱和五代的更迭，当然使得商业活动蒙受不良的影响。

53. 从白居易《琵琶行》："商人重利轻别离，前月浮梁买茶去。"与刘禹锡诗《贾客词》引所谓："五方之贾，以财相雄，而盐贾尤炽。"（《刘宾客集·文集》，卷二十一，页2）可知茶、盐利润必定很高。

54. 柳诒徵，《中国文化史》（台北，正中，1971年），中册，第十四章，《工商进步之特征》；钱穆，《国史大纲》（台北，商务，1974年），上册，第三十八章，《南北经济文化之转移》（上）。

这是唐、宋之间商业发展上的一个低潮时期。但在这段期间割据四川和长江以南的政权对南方的开发贡献甚大，奠定了后日宋代物阜民丰、百业繁盛的基础。

宋代商业发达背后的支柱是社会上对商品需要的加大。造成这种增加的主要原因有二：（一）唐末以来，募兵代替了府兵，“兵农分离”的情况代替了“兵农合一”。军人自生产部门分离出来，成为单纯的消费者。尤其是宋代以后，更以募兵为解决荒歉所引起的失业问题之手段，于是军队的数目扶摇直上。兵多以外，宋代的官以及官以下的吏，数目亦众。官多、吏多、兵多，消费人口增多，提供了广大的市场。（二）在中世庄园经济的时代，许许多多的平民托庇于世家豪族，成为近似农奴的“部曲”，这些人到了五代以后大都解放出来，成为小农或佃户。于是庄园内自给自足的情况改变，每个独立的家户向外消费的需要增加[55]。

若无生产的配合，光是消费增加，也是不够的。正好煤炭的使用从北宋开始广泛地普及，使得铜、铁的冶炼，陶、瓷的烧造，以及其他种种商品都在此“火力革命”的推波助澜下，在量和质上高度地成长[56]。铜冶发达，促使货币供给增加；铁质精炼，农业上的生产工具也跟着进步。加上农业上的改良——如宋真宗时占城稻（早熟稻）的引进与推广——都促成了生产的长足发展。

北宋的统一，使得五代以前的区域式、庄园式经济一扫而空。安史之乱以来，分崩离析的时代中，各割据势力之间的关税壁垒或货币障碍成为过去。庄园时代，自给自足的经济形态下，每个小单位的经济体系自行生产一切应用物品，专业生产绝无可能。现在，全国成为一个经济体系，适应各地风土的专业生产随之抬头。江西景德镇、河北磁州的陶、瓷，江苏苏州、浙江杭州的绸缎等等都行销全国——周

55. 佐伯富，《宋と元》（东京，中央公论社，1975年），页157—158。

56. 有关这个主题，请参考 Robert Hartwell 的两篇文章：“A Revolution in the Chinese Iron and Coal Industries during the Northern Sung, 960 - 1126 A.D.” 及 “Markets, Technology, and the Structure of Enterprise in the Development of the Eleventh-Century Chinese Iron and Steel Industry”，收入《中国经济发展史论文选集》，页1273—1350。

邦彦的名句："并（太原）刀似水，吴（苏州）盐胜雪"正足代表这种专业生产发达的结果。

商业的发达也表现在都市性质的改变上。唐代的都会，如长安、洛阳，基本上是政治性的都会。在坊市制度下，商业限制于都会中某个角落。中唐以后，坊市开始破坏，城垣中的许多角落都出现了市场，而城郭外围更有所谓"草市"兴起，在村落之间定期的虚市（集市）也如雨后春笋，一一出现[57]。这些各类型的市的兴起，为商业交易提供了许多便利。

宋代都市中的市场从营业时间来看，种类繁多。以汴梁（开封）为例，有在每日某一定时间开市的，有在每月某几天开市的，也有在每年中某一定期间开市的。在城坊制度宵禁管制下不许存在的夜市也出现了，而且往往营业到三更（十一时至凌晨一时）以后，甚至有通宵达旦的[58]。

市中车水马龙，人声鼎沸。市肆上百货杂陈，琳琅满目。从描绘汴京生活的名画《清明上河图》中所见到的热闹场面，便不难想象当时商业的繁荣景况（图一、图二）。南宋的情形也不亚于北宋，如南宋行在的杭州：

> 自融和坊北，至市坊南，谓之"珠子市"，如遇买卖，动以万数。又有府第富豪之家质库（当铺），城内、外不下数十处，收解以千万（贯）计。[59]

交易量的庞大是前所未有的。

商业发达，商人赚钱容易，商人的社会地位也大为提高。社会上对商人的观念，在唐、宋之间产生一个很大的改变。以往士大夫不耻

57. 参考全汉昇，《宋代南方的虚市》，《中国经济史论丛》（香港，新亚研究所，1974年），上册，页201－210。

58. 全汉昇，《北宋汴梁的输出入贸易》，《中国经济史论丛》，上册，页108－115。

59.《梦粱录》，卷十三。见《东京梦华录，外四种》（台北，大立，1980年），页239－240。参考全汉昇，《南宋杭州的消费与外地商品之输入》，《中国经济史论丛》，上册，页295－324；Jacques Gernet著，马德程译，《南宋都城杭州的商业》，《华学月刊》，第39期（1975年3月），页38－45。

与商人同列，对商人总是采取轻蔑的态度[60]，现在士大夫反而自己也兼营工、商业了。同时，“市井子孙不得仕宦为吏”的观念，过去大体都被奉行，现在商人和他们的子孙却可以花钱买官，或者透过交结权贵而谋得一官半职[61]。

商人的地位提高，商业繁荣，商人的同业组织也发达起来。称为“行会”的同业组织，在历史上可以追溯甚远，到了宋代更是充分发展，几乎每种生业都有行会。当时的行会分别称为“团”、“行”、“市”或“作”。“团行”的形成，依当时人吴自牧的说法是因为要共同负责供应政府所需商品而形成的，不过有些不必供应商品的生业也仿此组织而成立行会[62]。行会有共同的会所，收取会费（称为“行用”）。行会的负责人称为“行老”，对内处理会中种种事宜，对外向官府交涉有关本行的种种权利，并且代表本行向外承接生意[63]。

宋代商业的发达，除了国内的贸易以外，也见于沿海的对外贸易。宋太祖开宝四年（971 年），先设市舶司于广州，其后又设于闽、浙等地。不过，整个地说来，要以广州的贸易最为发达，凌驾于其他各口之上。来广州的外商以大食（阿拉伯）人最多，而中国商人也有出航中南半岛或远至大食贸易的。

由广州进口的商品，以奢侈品最多，尤其以珍珠、犀角、象牙和香料最为有名。出口商品则以“金、银、缗钱、铅、锡、杂色帛、精粗瓷器”等货币、工业原料或制成品为主[64]。

元继南宋统治中国，享祚仅90 年（1279－1367 年）。方其盛时，商业也继续蓬勃发展（图三）。不过，元代以少数族进入中国，对汉人采取差别待遇，使得西域的色目商人在中国经济舞台上攫取了重要的角色。而世界上最著名的商人——犹太人，也乘机东来，以从事名为

60. 如注53 所提到的《贾客词》及元稹的《估客乐》便充满了这种味道。后者见《元氏长庆集》（台北，中华，1969 年），卷二十三，页7 上、下。

61. 全汉昇，《宋代官吏之私营商业》，《中国经济史研究》，中册，页9－12。

62.《梦粱录》，页238－239。

63. 全汉昇，《中国行会制度史》（上海，食货，民国二十四年），页64－69。

64. 全汉昇，《宋代广州的国内外贸易》，《中国经济史研究》，中册，页93－118。除了广州以外，福建的对外贸易也还发达，泉州及福州是主要的港埠。参考苏基朗，《伊本的 Djanfou 非泉州辨》；及李东华，《五代北宋以降泉州海外交通转盛的原因》。分见《食货月刊》，复刊第11 卷第7 期及第11 卷第11、第12 期合刊（1981 年10 月及1982 年3 月）。

"羊羔儿利"的高利贷剥削华人而闻名于时[65]。

进入明代以后，由于新作物的栽种、新工具的使用，社会上的生产力日益升高，于嘉靖年间（1522—1570年），达到前所未有的高峰。以此为背景的商业更是蓬勃。如顾炎武的《天下郡国利病书·歙县风土论》云：

> 寻至正德末、嘉靖初……商贾既多，土田不重，操资交接，起落不常。……迨至嘉靖末、隆庆间则尤异矣。末富居多，本富益少。

所谓的"末富"指的是经商致富，与靠田产致富的本富相异。由顾炎武的言论可证嘉、隆以来经商致富的人愈来愈多。

这种商业发达的现象一直持续绵延，历久不衰。从嘉靖以来，至于清末，占据我国陆上商业舞台的，以山西商人和安徽（新安）商人最为抢眼。

山西商人出现的年代极为久远，最古可以追溯到三代。在历史上一直有着相当重要的地位[66]。到了明代，由于"开中法"的实施，更使他们在商业上取得举足轻重的地位。他们为明朝政府解决边地驻军的粮食问题，因而获得了食盐的专卖权[67]。入清以后，由于旧满洲时代以来，山西商人即已活跃于东北地方，与满洲部族有着深厚的渊源，清朝成立后，财政上对山西商人又有所仰赖，因此山西商人以"官商"的资格而维持其势力于不坠[68]。清代的盐场，除了两淮、两浙的盐场有新安商人插足外，长芦、河东、福建、四川诸盐场均由山西商人垄断。这些活跃的山西商人中，一个经营染料业的人，更在嘉庆初年创立了著名的"票号"，而使山西商人在清代中叶支配了全中国的金融事业。在其他事业上，山西商人也执其牛耳。

---

65. 参见孙克宽，《斡脱钱与西域人的对华剥削》，《蒙古汉军与汉文化研究》，页173—180。"斡脱"就是"犹太"的译音。

66. 佐伯富，《山西商人的起源》，页5—6。

67. 参考寺田隆信，《山西商人の研究——明代における商人及び商业资本》（京都，东洋史研究会，1972年）。

68. 佐伯富，《清朝の兴起と山西商人》，《中国史研究：第二》（京都，东洋史研究会，1971年）。又佐伯富著，林茂松译，《清代的山西商人》，《华学月刊》，第70—71期（1977年，10月—11月）。

明、清时代另一群重要的商人是新安商人。新安商人发达的原因，明代归有光认为是：

> 今新安多大族，而其地在山谷之间，无平原旷野可为耕田，故虽士大夫家，皆以畜贾游于四方。猗顿之盐、乌倮之畜、竹木之饶、珠玑、玳瑁、犀、象、果、布之珍，下至卖浆、贩脂之业，天下都会所在，连屋列肆，乘坚策肥，被绮縠、拥赵女，鸣琴跕屣，多新安之人也。[69]

新安商人无所不经营，在商业舞台上占有重要的地位。明、清小说中，提到商人时往往便说是新安人氏或安徽人氏，可见其发达的一斑[70]。

在海上贸易方面，明初虽然实施海禁，"片板不许下海"，但是却允许外国船商远来进行"朝贡贸易"。到了明代中叶以后，国势不振，海禁废弛，因而海上贸易——不管是本国人出海或外国人来华——也就热闹起来。清初，为了对抗台湾的明郑政权，实施海禁迁地的策略，到康熙二十三年（1684年）明郑亡后始告取消。重开海禁后，"朝贡贸易"已不重要，而代以有限度的自由贸易。在商品内容上，大宗的民生消费品——丝、茶、棉木、瓷器——大量出口，进口货物在嘉庆以前仍以钟表或檀香木和白银为主，其后则先是棉花，继则鸦片占主要的地位。在贸易主体上，"西洋来市，东洋往市，南洋互市"是鸦片战争以前的基本模式[71]（图四）。

明、清以来活跃于沿海贸易的商人，以福建商人最为出色，其次是广东商人。即使清代前期的主要贸易港是广州，当地洋商大多仍是来自福建。这是因为乾隆二十四年（1759年）前后，对外贸易集中广

69.《归震川全集》（台北，世界，1963年），页168，《白庵程翁八十寿序》。归有光所提到的新安商人的事业中，应该加入茶叶的运销一项，因为他们的故乡歙县正是茶叶的盛产地。参考《重续歙县会馆录》（道光十四年刊）。

70. 举例来说，如明末天然痴叟所撰的《石点头》（台南，文国，1981年）第八卷，《贪婪汉六院卖风流》，页141便说："有个徽州姓汪的富商，在苏杭收买了几千金绫罗绸缎，前往川中去发卖。"

71. 陈国栋，《清代前期海洋贸易的形成》，《大陆杂志》，第64卷第2期（1982年2月）。

州，而厦门又恰在乾隆二十五年因为大火而萧条，所以许多闽商都转往广州[72]。南京条约以后，宁波商人接着兴起，在金融事业——特别是上海的钱庄业——上也拥有举足轻重的地位[73]。

明、清两代的商人多，商业资本也很可观。以明代而言，万历年间（1573－1619年），谢肇淛云：

> 新安大贾鱼盐为业，藏镪有至百万者。其他二三十万则中贾耳。山右（山西）或盐、或丝、或窖粟，其富甚于新安。[74]

至于清代，依《清稗类钞》所称，则更有富于此者：

> 山西富室多经商起家，亢氏号称数千万两，实为最巨。[75]

在此景况下，整个社会对商业及商人的态度发生更彻底的转变。许多士人起而为商业行为说话。最有名的就是明嘉靖间上海人陆楫，他主张社会上的奢侈——这当然有赖于商人的买卖——有助于财富的重分配，从而促进穷人的就业[76]。这个观点为清代的顾公燮继续发挥[77]。而黄宗羲更在《明夷待访录》中极力主张“工商皆本”，一反过去以商业为末业的说法[78]。据说，明末张献忠便曾说：“皇帝极是难为。我有金、银数万两、绒货数万挑、驴马百千头，往南京作绒货客人耳！”[79]回顾历史上第一位“平民皇帝”刘邦所言“某之置产，孰与仲多！”直以皇帝之位远胜经商，则张献忠的言论对于商人可谓赞颂备至了。

清代山西人的观念大抵以经商为人生最高理想，而与以往中国

---

72. 傅衣凌，《明代福建海商》及《清代前期厦门洋行》，收入《明清时代商人及商业资本》（1956年）。

73. YoshinobuShiba, “Ninpo and Its Hinterland,” in G. William Skinner ed., *The City in Late Imperial China*(California, Stanford University Press, 1977), pp. 432-437.

74.《五杂俎》，卷四。

75. 卷四十四，“山西多富商”条；参见李斗，《扬州画舫录》（台北，学海，1969年），卷九。

76. 杨联陞著，陈国栋译，《侈靡论——传统中国一种不寻常的思想》，《国史探微》（台北，联经，1982年）。

77. 顾公燮云：“有千万人之奢华，即有千万人之生理；若欲变千万人之奢华而返于淳，必将使千万人之生理亦几乎绝。”见《消夏闲记摘抄》（上海，商务，《涵芬楼秘笈》本，民国六年），卷上，页27。

78.《梨洲船山五书》（台北，世界，1974年），页41。

79. 徐鼒，《小腆纪年》（台北，台湾银行经济研究室，《台湾文献丛刊》），卷十。

1

2

图一《清明上河图》所见北宋末年汴京商业活动一瞥，采自西嶋定生，《中国经济史研究》(东京，东京大学出版会，1975年3版)。《清明上河图》为北宋风俗画作品，画家张择端以精致细腻的笔触描绘了汴梁的热闹生活场景和当时商业的繁荣景况，生动地记录了中国12世纪的城市生活风貌。

图二《清明上河图》所见北宋末年汴京商业活动一瞥，采自西嶋定生，《中国经济史研究》。汴河是北宋的漕运枢纽，商业交通要道，人烟稠密，粮船云集。

图三 元代行走于街坊或村落间的小贩——货郎，采自《中华名画辑览》(台北，河洛，1976年)。元继南宋统治中国的90年间，商业还是蓬勃发展的。

图四 德川时代日本商店出售中国商品的情形，采自藤田贞一郎等编，《日本商业史》(东京，有斐阁，1978年)。清康熙二十三年(1684年)灭郑成功后，便重开海禁，实施有限度的自由贸易，当时大宗的民生消费品，如丝、茶、棉木、瓷器等大量出口。

3

4

人以科举入仕为理想的情形大异其趣。清世宗曾云：

> 山右大约商贾居首，其次犹肯力农，再次者入营伍，最下者方令读书。[80]

即令读书，商人的子弟亦占极大的优势。首先，从经济能力上来说，清代学者沈垚有这样的论列：

> 宋太宗乃尽收天下之利权归于官，于是士大夫始乃兼农桑之业方得赡家，一切与古异矣。仕者既与小民争利，未仕者又必先有农桑之业方得给朝夕，以事进取。于是货殖之事益急，商贾之事益重。非兄老先营事业于前，子弟即无由读书，以致通显。……古者士之子恒为士，后世商之子方能为士，此宋、元、明以来变迁之大较也。[81]

经商反而成为读书入仕的经济基础。著名的清代学者阎若璩出身盐商世家（山西商人）的事实，可为一证[82]。

其次，元代以来，政府对盐商子弟的入仕也有优待的办法。元成宗大德三年（1299年），一位蒙古籍的盐运使为河东（山西）的盐商子弟设立了一所学校，号称“运学”，凡入学者便具有“运籍”。明、清时代仿此为盐商子弟建立“商籍”，使盐商子弟得免回本籍（山西）应考，并且为他们保留录取名额[83]。除此之外，商人还可以透过“捐输报效”（捐款给政府）或“捐纳”（买官）而取得官位。起先虽仅能得一虚衔，与地方官平起平坐，后来却也可以捐得实缺，靠着金钱而名

80.《朱批谕旨》，第四十七册，雍正二年九月九日，刘于义奏折朱批。

81. 沈垚，《落帆楼文集》，卷二十四，《费席山先生七十双寿序》。沈垚的观点绝非只是一人之见，前引归有光文也曾道及“古者四民异业，至于后世而士与农、商常相混。”

82.《清史列传》，卷六十八，《阎若璩传》。并参考 Ho Ping-ti, “The Salt Merchants of Yang-chou: A Study of Commercial Capitalism in Eighteenth-Century China”，收入《中国经济发展史论文选集》，页1389－1450。

83. 杨联陞，《传统中国政府对城市商人的统制》，页1035－1036。由于山西商人的排挤，明朝时期新安商人不受这个优待。参见寺田隆信，《山西商人の研究——明代に於ける商人及び商业资本》，页232，注1。入清以后，“商籍”推广得更加普遍。林爽文事件时，曾到过台湾的福建巡抚徐嗣曾便是“商籍”出身。两浙商籍出身的人士中，更有多位是新安六邑人。参见嘉庆《重修两浙盐法志》，卷二十四—二十六，“商籍”。

登仕版了[84]。例如清代著名的广东十三行行商，几乎都因捐输或捐纳而拥有官衔。

明、清时代商业发达，还有一个特色，就是有许多供给商人自修或用作指南的“商业书”问世。依日本学者寺田隆信对“内阁文库”所作的调查研究，这类“商业书”除了详细载明行旅路程、风土民情之外，有关交易上所需的直接知识，如交通、住宿、货币、度量衡、商品、商税、应酬各方面的资料一应俱全。如万历二十七年（1599年）刊行的《三台万用正宗》第二十一卷《商旅门》就包含了以下各项：

> 客商规鉴论、船户、脚夫、银色、煎销、秤锤、天平、斛斗、谷米、大小麦、黄黑豆、杂粮食、芝麻菜子、田本、棉花棉夏布、纱罗缎匹、竹木板枋、鞋履、酒曲、茶盐果品、商税、客途、占候、调论世情、论揃客奸弊。

共二十五项。从第九项（谷米）到第二十项（茶盐果品）可以说已将明、清时期的主要商品都网罗在内了。为首一项的“客商规鉴论”讨论经商时必须留意的事宜，其中最有趣的是有关交易判断的一些理论。如云：“价高者只宜赶疾，不宜久守，虽有利而实不多，一跌便重；价轻者方可熬长，却宜本多，行一起而利不少，纵折却轻。”明显地是种“风险避免者”（“risk-avoider”）的论调，有着强烈的合理主义的色彩[85]。

嘉靖以来商业的飞跃进展也表现在商人组织的严密上。首先就是同业公会——行会——的进一步发展。在这段期间，旧有的行业差不多都有了行会，而新出现的行业也很快地成立自己的行会。行会发达，行会的会馆（公所）也次第出现。明刘侗《帝京景物略》云：“尝考会馆之设于都中，古未之有也，始嘉（靖）、隆（庆）间。”自此以后，会馆便如雨后春笋，到处成立了。其中仍以山西商人的会馆最为有名，

84. 参阅许大龄，《清代捐纳制度》（台北，文海，1977年）。

85. 寺田隆信，《商业书にみゐ商人と商业》，《山西商人の研究——明代に於けゐ商人及商业び资本》，页297－317。

他们的足迹遍及全国，有山西商人的地方就有他们的会馆[86]。

近代的商业行会，其功能可分为几方面：

1. 订立规约。规约的内容虽然各个行业不同，不过大致都包含下列各项：即（一）开业，（二）职员，（三）同业者竞争之禁止，（四）度量衡、货币、商事习惯，（五）会费，（六）会议，（七）诉讼，（八）制裁，（九）善举，（十）祭祀。这些规定颇为严密，对商业发展形成不少的限制。

2. 调停与诉讼。

3. 同盟绝交。

4. 事业独占与障碍排除[87]。

2.、3.、4. 项的功能在规约之中都已规定了。

商业行会的垄断性，具体地表现在徒弟制度上。虽然明、清时代已有不少供给商人参考的“商业书”，然而作为一个商人，尤其是缺少资本的商人，仍有许多知识必须在大商人处培养。如辨识货物、珠算、记账、应对进退……之类便须学习。更重要的是当时一般人的识字率很低，因此半路出家的商人毕竟不多，反倒是入行当学徒才是成为一个成功商人的可靠途径。

习惯法性质的徒弟制度由来甚久，不过要到道光（1820－1850年）以后才有明文定规。这是因为社会的变迁导致不成文的徒弟制度渐不为同行所遵行，行会为了整饬行规而诉诸立约规定所致。依据道光以下的行会资料应该可以推知明、清时代徒弟制度的一般情形。

明、清时代商业行会对徒弟制度的一般要求大抵为：（一）订立契约书，（二）规定习业年限，（三）学费与伙食费的承担。徒弟通常不领薪水，但师傅（店主）可以赏给少许零用钱。（四）徒弟学习期满后，或留店工作或自行开业的去从问题[88]。

86. 何炳棣，《中国会馆史论》（台北，学生，1966年）。行会的发达，亦见于各行行神的崇祀，参考郭立诚，《行神研究》（台北，历史博物馆，1967年）。

87. 全汉昇，《中国行会制度史》，页150－165。

88. 今堀诚二，《清朝以降の徒弟契约とギルト規制》，《东方学会创立二十五周年记念论文集》（东京，东方学会，1972年）。

李璜对陕西商人（陕帮。一般也归类在广义的山西商人群体中）徒弟制度有过生动的描写。不过，一般学徒的年限大约在三年左右，一至五年的也有[89]，而下述陕帮的情况可能是习业时间最久的了。

> 陕帮商号号规，大抵徒弟初来就业，岁数多为十四五岁。入门拜师，即称老板为师父，老板娘为师娘，而师父、师娘则一律称之为“相”。……不过这个“相”的称呼，在徒弟的等级上只算五等中的第四一级。这五等资历的称呼是：师、哥、大、相、娃。严格的陕帮规矩，学徒初来，通称为“娃”，三年之后始称为“相”。“娃”初来时，大都帮助师娘在内部打杂，听候师兄们调遣，做些跑腿事情，夜里才去学习打算盘、认货色、写大字。三年期满，“娃”在不成文法上通称为“相”，“相”便不大被呼唤去拿烟送茶，而跑街送货，与外界开始接触了。“大”这一级与“相”实相等，不过入号已四五年，而岁数比初来者较长，故尔大之。至于第二级之“哥”，则入号已有七年以上的资历，已经坐柜应付买主、出外应付同业，口辩手算，相当纯熟， 而能主持部分业务，帮中人见之称哥道弟，其年岁已在二十二三了。“师”为最高之一级，是能独当一面的经理人物，或在柜台上指挥大单批发生意的落盘，或往外乡收买土产与金块。……且“师”多已娶妻生子，出远门后，师娘常为之照料其家小。[90]

这是清末的情形。李璜未曾提及徒弟学习期满（满师）的问题。唯依其叙述来看，“哥”、“师”两级应该已不算是真正的徒弟了，因为他们已学会了做生意的全套本领，只是仍然留在行号中帮忙罢了。

89. 同上书，页10。.

90. 李璜，《学钝室回忆录》（台北，传记文学，1973年），页6。

结语

中国的历史悠久，幅员广大。在这样的时空背景下发展出来的商业，并不是本文简短的篇幅所能描述得尽的。以上所述，只不过是将各个时代商人及商业活动的特色择要列举而已。

古代中国的政治社会治乱相寻，商业难免受其波及而有景气或萧条的变化，但交换的需要终于使得商业一路发展下来，除了间或暂时的停滞或后退外，从长期的眼光来看，越往后越发达、越进步，而在16世纪以后达到顶点。

本文提到的商业，差不多全是由职业商人来推动的。可是在明、清时代，也有一些商业是由“业余”的商人所进行的。如清嘉庆年间（1796－1820年），沈复在其《浮生六记·浪游记快》中就提到他因事赴粤，而顺便置办货物售卖的事。明代的小说《石点头》中也提到一个科场失意的读书人利用到广州旅游探亲的机会，顺便也办货发卖，结果不但赚回旅费，而且还有不少盈余[91]。这些人对于商业的发达多少也有些贡献。

由于断限于鸦片战争，本文对此下的商业活动不拟加以叙述。不过，有一点值得稍加强调的是，面对《南京条约》之后外国商业的挑战，以曾国藩为前驱的一批知识分子提出了“商战”的观念，这个观念衍创自战国时代商鞅的“农战”思想，却强调以商立国的重要性，与商鞅的主张相异[92]。这正说明了鸦片战争之后，商业只有比以往更受重视，而对国计民生的影响也比以往更大了！

91.《石点头》，第四卷，《郭挺之榜前认子》。

92. 参考王尔敏，《商战传统与商界使命》，《中华文化复兴月刊》，第9卷第1期（1976年1月），页78－80。

城郭市廛

城市的机能、特征及其转型

刘石吉

自古以来，城市即是人类文明的创造中心，也是带动社会文化变迁的主要据点。人类学家蔡尔德（V. G. Childe）曾将公元前三千五百年城市的出现称为“城市革命”（Urban Revolution）[1]，而与新石器时代的农业革命及近代的工业革命并称。从此城市在人类历史上，成为社会活动的主要缩影（The Image of Society）。工业革命以后，随着城市的快速成长，近代文明实已名符其实地成为“城居者的文明”（Civilization of City Dwellers）了。

城市是文化的中心，是政治中心，是商业活动与工艺生产的中心，是学术思想孕育的中心，也是宗教信仰的中心。历史上的城市具备了各种不同的机能。这些机能，使城市成为文明的创造中心与传播中心，也构成了城市生活的特质，使城市在不同时代不同文化中扮演了不同的角色。

1. Golden V. Childe, *What Happened in History* (Harmondworth, Middlesex, Penguin Books, 1942).

2. 杜正胜,《周秦城市的发展与特质》,《中央研究院历史语言研究所集刊》，五十一本四分（1980年），页615，“注一”。

3. 许倬云,《周代都市的发展与商业的发达》,《求古编》（台北，联经，1982年），页117－118。

4. 方豪,《宋代城市之研究》,《方豪六十自定稿》（台北，自刊本，1969年），下册，页1345。

城市的定义与研究取向

本文所指的“城市”，是一种通称。在中国历史上，宋代以后“城”“市”连称；这具有特别的意义[2]。“城”指城墙及城墙所包围的地区，是构成城市的主要范围。“市”指市场（market），是构成城市经济机能的主要因素，它原是城墙内的一个区域而已。尔后也有由城外的草市及各乡村地区的定期市集发展而成的“市”。现今所称之“邑”，在古代文献中，原指有司治田之所，也是封君居住之地。“邑”如有城墙作为防御工事，也有象征宗法地位与权威的宗庙，则称为“都”；在先秦时代，“都”是行政、宗教、军事三位一体的中心，居民成千[3]。另外，“镇”原为镇戍之意，是一种军事据点，近世以来，随着机能的扩张，逐渐演变成商业性的聚落[4]。在当代文献中，我们所常见的"城市"、"城镇"、"都市"、"都邑"等名词，其原始定义固然不同，但俱已成通行用语，实际都泛指具有商业机能的城市聚落（Urban Settlement）。

城市在西方历史上，就其形式而言，除了较小的township、town以外，至少有eopolis、polis、metropolis、megalopolis、conurbation、regional city、regional urban grid等层次的区别。人口的集中无疑是衡量城市等级大小的重要标准，因而都市化（urbanization）可视为在一个地区中都市人口与全部人口的比率日渐增高的过程，也可以说是"小城市愈来愈大，大城市愈来愈多"的过程。

直到18世纪工业革命发生以前，城市在西方历史上几乎被视为整个社会的缩影。城市理所当然地代表了文化的整体，城市居民才是文明人。但工业革命以后，城市逐渐被视为一种特殊地社会生活方式，而有别于乡村；甚至被认为是一种与乡村绝不相同、相互对立的生活方式[5]。19世纪以来的社会科学家，即每从文化特质（cultural traits）的观点来定义城市，如本世纪初年德国学派的韦伯（Max Weber）、西美尔（Georg Simmel）、斯彭格勒（Oswald Spengler），以及1920年代芝加哥学派的帕克（Robert Park）、沃思（Louis Wirth）、柏吉斯（Ernest Burgess）、雷德菲尔德（Robert Redfield）等学者。韦伯在《城市》（*The City*, 1905）一书中即特别强调城市的独特性（individuality & uniqueness），以为城市是"一组引导特殊性与创新的社会结构，也是历史变迁的主要工具"。沃斯在1938年发表的《城市化作为一种生活方式》（"Urbanism as a Way of Life"）一文中，更充分发挥此义，直把城市视为与雷菲德所谓的"乡村社会"（folk society）迥然不同的文化现象[6]。

其实，这种城乡二分法的观念，是基于"西方自我中心"的理论，是西方工业革命以后城市发展的现象特征。我们探讨中国历史上的城

5. 参见 R. Sennett ed., *Classics Essays on the Culture of Cities* (New Jersey, Prentice-Hall, 1969), text edition; L.Mumford, *The Culture of Cities* (New York, Harcourt, Brace & World, 1938); G. Sjoberg, *The Preindustrial City: Past and Present*(Illinois, Free Press, 1960)。

6. Louis Wirth, "Urbanism as a Way of Life", in R.Sennett ed., *Classics Essays on the Culture of Cities.*

市，却无法采取这种城市与乡村对立的观点。更确切地说，在中国城市发展史上，只有等到19世纪后半叶，近代通商口岸制度（Treaty Ports System）建立，港埠城市在沿海沿江兴起，在西方经济势力的濡染下，这些新城市基本上才具备了近代西方工业革命后城市的性质。在近代中国，这些新兴的港埠城市，恰如墨菲（Rhoads Murphey）所说的“外来者”（The Outsiders），形成一种城乡对立的态势，已经偏离了传统中国城市发展的主流[7]。

传统中国社会中，基本上是一种城乡连续体（Urban-Rural Continuum）的结构特征：城和乡基本上没有多大差别，城内城外人民的利害是协调一致的，并未被墙分隔。在这种连锁关系中，来观察中国文化中城市所扮演的角色，才具有意义。即使近代人文地理学者，也多从聚落形成的过程来探讨城市与乡村的连锁关系，从而舍弃了城乡对立、城乡分离的观念。本文即企图探讨城市在传统中国文化中的角色功能，从而说明传统城市与经济社会发展的关系。

7. Rhoads Murphey, *The Outsiders: The Western Experience in India and China* (Ann Arbor, The University of Michigan Press, 1977).

中国城市在人类史上的地位

城市是近代西方历史的重心，也是形成近代文明的主力。中国传统社会以农业经济为主，城市的机能并不特别显著，城市的重要性也就不若近代欧洲。但如果就历代城市的数量与人口，以及城市的建筑规划来看，中国城市在人类史上则占了特殊显著的地位。

- 城墙都市的特征

在国史上，“城”构成传统城市的主要部分，也是中国文化的特殊产物。历史上中国人很早便是建造城墙的民族；在中国文化的地景上，就构造、象征和机能的意义来看，各种“墙”中可说以环绕和确定都市界限的墙最为重要。中国的城墙具有军事的防御性及防范洪水和其他自然、人为灾难的多重机能，也是内乱时期郊区民众的避难所。城墙的建造无疑被认为象征了居于城内，在地方上为首的统治阶层。“城”代表的即是都市，也是城墙。传统中国几乎所有的都市人口均生活在“城墙都市”之中。一个没有城垣的市集，从某些意义来说，是很难称为都市的[8]。

西周时代，维持着一种等级城制：国是大城，国以外较大的城邑曰都，其余皆是邑。国、都皆有夯土城墙；邑或有土墙，或只设备简陋的防御工事。春秋以降，筑城运动兴起，战国时代更变本加厉，遍地皆城[9]。秦汉一统，郡县制确立，自是以后两千年来，中国几乎无县不城，县城成为中央集权政府统治地方的重要工具。直到1890年，中国内地18省，共有1,276个县城，透过其上一级的行政中心府城、省城以至京城，构成完整的组织体系。这样为数庞大的城墙都市，在人类史上实罕有其匹。直到清末，中国文化的发展与各处城垣都市的成长拓展，有很密切的关系。由于坐落位置的细心选择，与各地水利系统、水陆运输的密切关系，在阴阳五行宇宙观念方面含义深远的设计，理想的土地利用方式以及成为各个经济单元的重要环节，这些分布全国的县城（府城、省城以至京城）成了传统中国文化发展的重要里程碑。

中国早期的城墙都用夯土版筑，为了防范风雨侵蚀，比较重要的城，还在土墙外面加上砖头或石块。虽然有些大城早在唐代即改用砖石修筑，但绝大多数的城，要在14世纪以后，才普遍应用砖石。以北京城为例，早期墙垣均为夯土，元末再覆上一层防风霜的芦苇草褥，明成祖永乐十九年（1421年）才全部加砌巨砖。

中国建筑城垣的最重要目的是为了防御，一方面阻挡敌人的入侵，同时也保护城内王宫、粮仓、住宅、天然资源的安全。这种防御目的可从下面的几个配置上明显看出：第一、中国的城，多数造得很高大，低的有5米，高的则达18米；如1955年在郑州发现的商城遗址，城墙

8. Chang Shen-dou（章生道），“The Morphology of Walled Capitals”, in G.William Skinner ed., *The City in Late Imperial China*(California,Stanford University Press,1977), p.75.

9. 参见杜正胜，《周秦城市的发展与特质》。

最高9.1米，墙基最宽36米，汉代长安城城高15.72米。在城门之上或城墙转角处，均搭建楼橹，城角的塔楼以砖石筑成，外部加强工事，且留有射口，城门上的塔楼多以木材建筑，通常为三层楼高，呈长方形宝塔状，塔顶有琉璃瓦，极为美观（图一、图二）。这些楼橹可以望远，平时是宿值士卒的住所，战时就成为守城者的射击据点，有些重要的大城，如北京城，城墙上并建有高大的箭楼。通常大城市的城门外还有一道瓮城（即曲城），呈半圆形或长方形（图三），形成多层的防御功能。有些重要省城或具有战略价值的边防重镇，更筑有内墙和外墙；没有双重城墙的，也多用围廓将城门加以保护。

第二、城墙的外围围绕着一道壕沟，两者关系密切，挖壕所得的泥土，就用来筑墙，城壕愈深，城墙愈高，构成双重的防卫体系。城壕的宽度在30至80米之间，北方缺水，所以较窄。深度大都在3至5米之间[10]。通过壕沟到达城门的路程，多成一直角转弯，有的甚至成锯齿状弯曲，中间尚须经过三四个前门，以增强防御功能。

由于防御设施坚强，在现代火炮输入以前，中国的城墙几乎坚不可摧，用军队冲杀，很难越过城池，比较有效的攻城办法是挖地道、架云梯或用水淹，中国历史上便充满了这类故事。

许多河流岸边的城市，城墙还有防洪的功能。华北有些地势低洼的城，为了防御洪水，城外加筑了防洪的土堤，较城墙宽达两倍，有的一道，有的两道。

中国城市的位置，几乎都位于平原上，这完全与中国农民荟集平原、河谷、山间小盆地、狭窄山麓绿洲的情况密切相关。城市为农民提供了经济、政治、社会等等的基本需求，便于城镇交通的河流两岸，自然成为城市发展的理想位置。所以影响城市位置选择的最重要因素是水，水在运输、防御、给水、农田灌溉方面都很重要。就河流岸边的城市来说，大部分分布在北岸，一则因为中华民族由北向南迁徙，

10. 陈正祥，《中国的城》，《中国文化地理》（台北，木铎，1982年），页78。

1

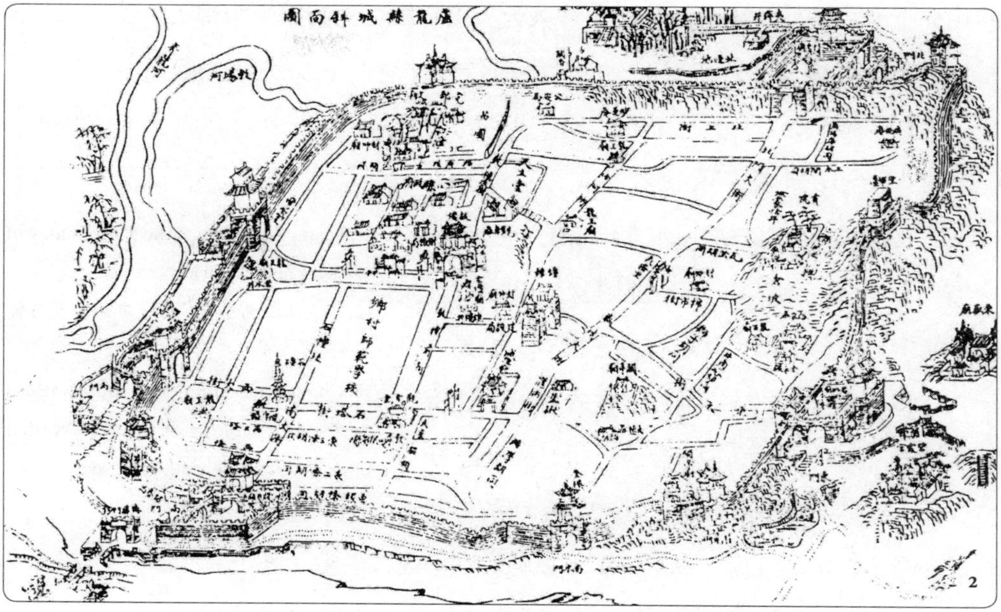

2

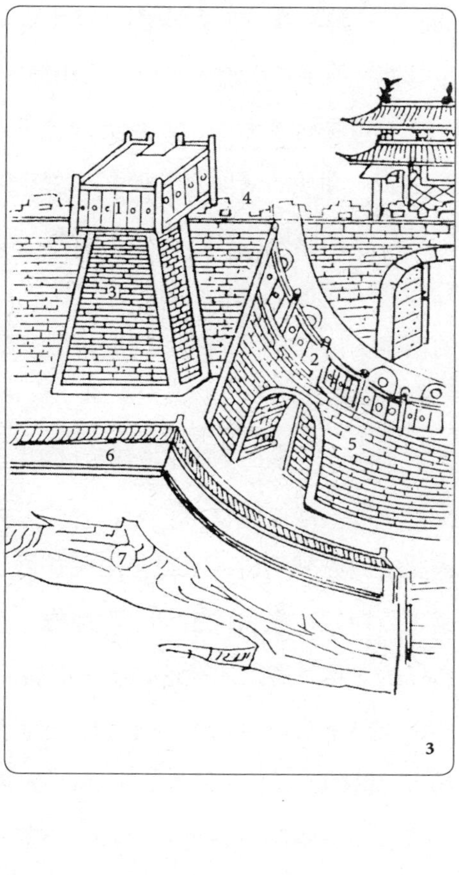

3

图一 山西太谷的城墙与角楼，采自 C.P. Fitzgerald, *China: A Short Cultural History*。城角的塔楼以砖石筑成，外部加强工事，且留有射口。

图二 直隶卢龙县城图。城墙四角各有一个角楼，城门上有塔楼，县城中心附近有钟楼、鼓楼，采自《河北卢龙县志》。城门上的塔楼多以木材搭造，通常为三层楼高。呈长方形宝塔状，塔顶有琉璃瓦，极是美观。

图三 宋代曾公亮《武经总要》一书中所指出的城制—— 1、2 战棚 3 马面 4 女墙 5 瓮城 6 羊马城 7 濠沟。通常大城市的城门外还有一道瓮城（即曲城），呈半圆形或长方形，形成多层的防御功能。

移民先抵北岸开发，南边的河流正好依为天然屏障；二则因为中国人一向维持坐北朝南的建筑原则，因此中国各地有八十个以上的城市，以阳为名，而以阴为名的，却不到十个[11]。

中国城市的形态，大多数是正方形或长方形，尤其是华北，正方形城市非常普遍（图四），南方则因地形崎岖，多呈不规则状，以广东为例，九个县城，包括广州府在内，没有一个是方形的。19世纪末叶中国内地18省的省城中，南方六省的省会（南京、杭州、广州、福州、桂林、贵阳）也没有呈方形的。华中、华南的外围地区，基于经济的考虑，也有圆形的城市，台湾尤其普遍（图五、六、七）。其他尚有椭圆形、卵形等形态，都是为了顺应地形、水路而造成的。长方形城市通常是东西长南北短，其四垣比例，大多为2:3之比，是最符合美学和视觉稳定原理的比例。

城市是有生命的，而且更进一步，使得本来无生命的城墙也具有了生命的性质，最明显的便是“郭”的诞生。西周城邦时代的城邑大都只有一重城墙，春秋末期，由于人口的增加和集中以及战争的频仍，开始有了“郭”，也就是外城的设置，郑、韩故城和齐临淄都是有名的例子。自春秋以下的中国城市更是纷纷修筑两重城墙，于是“城”、“郭”连称，成为二千多年来中国城市的一项基本性质[12]。后期中国城墙都市的扩展也大都依循此一模式，首先只有一道城墙的都市形成了，后来，都市的行政、文化、经济机能增加，人口逐渐密集，城墙内的空间先被填满，不得已居民扩展到墙外，近于城门的地区变成市场、周期性市集和住宅集中的地方，有些都市在四个城门边，更有新市场的对称发展。逐渐地，从这些城门伸展而成的聚落，合并在一起，环绕在原来都市的四周围。最后，为了安全，自然需要建造一层外墙，将该地区的居民包括进来，形成两重城墙的都市[13]。

长安、洛阳、开封、北京、南京和杭州等传统伟大都城，则有三

---

11. Chang Shen-dou, “The Morphology of Walled Capitals”, p. 87.

12. 参见杜正胜，《周秦城市的发展与特质》，第三节。

13. Chang Shen-dou, “Some Observations on the Morphology of Chinese Walled Cities”, *Ekistics* (Jan. 1971), p. 96.

重城墙，层层包围。内城包括皇城和宫城，皇城为中央卫署和官吏住宅区（图八），宫城为皇宫所在（图九）；外城则是平民的住宅区和商业区。

中国城墙都市的生命特别表现在京城的“生长”和“死亡”上。汉长安重建于秦咸阳之南，汉末由于战乱而毁坏，两晋南北朝时代不再是一个大都城，隋在古城东南二十里另外兴建大兴城，唐继之，改称长安（图十）。北宋汴京是一个由内而外逐渐扩大、加筑外城、开拓街坊的京城（图十一），随着北宋的灭亡，亦告中衰。北京城从金到清，历经多次“脱胎换骨”的改建（图十二）。在生长和死亡的过程中，中国的京城是一种“无常之城”，而非罗马的“永恒之城”[14]。

中国城墙都市还有一个十分特殊的形态，就是复合城，也称双子城。有的是为了种族隔离人群，在城内特别划出一区，甚至另筑墙垣，以便控制，如满人入关后，曾建立34个双子城。有的是河流或运河两岸的双子城，虽然只有一个是行政中心，但也被视为一个城市。有的正好相反，各自设立不同等级的行政中心（图十三）。有的是包括一个行政区及其商业外埠，将政治与经济机能分 开。有的是由于天灾人祸，不再作为首邑所在，而在附近优胜之地，另筑一城，形成双子城，一为首邑，另一则否[15]。

14. Arthur F. Wright, “Symbolism and Function: Reflections on Changan and Other Great Cities”, *Journal of Asian Studies* (August, 1965).

15. Chang Shen-dou, “The Morphology of Walled Capitals”, pp. 92 - 94. 陈正祥,《中国的城》, 页96－100。

大多数中国城墙都市所包围的土地面积内，有相当大的部分是农田、园圃、山林、川泉、湖泊，这是为了防御着想，因为耕地与水源可以使城墙都市在战争期间，闭门固守，而且配合水源也可开辟为公园或游乐胜地，提供城市的娱乐功能。一个城市的行政地位愈高，这类用地也就愈多，山东济南的大明湖即占城内面积的五分之一，因此一般人都认为“大乱在城，小乱在乡”。由于防卫不易，北方和西北一带，城市面积与人口的比例要大于中国其他各地，拥有园圃、山林、川泉、湖泊的城市也比其他地区要多，引水当然成为北方大城市的重

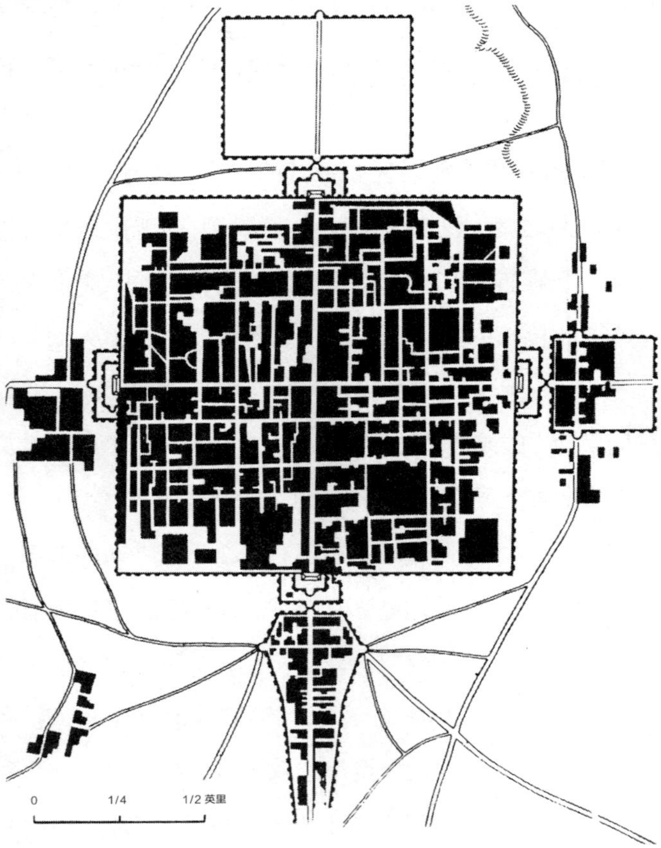
0
1/4
1/2 英里

4

噶瑪蘭廳地輿全圖
玉山
大湖山
西
大叭里沙喃
圳头山
东大湖山
大澳头
大陂山十里
内员山
大陂
枕头山
三貂岭
西势大溪
四园
外员山
南
西门
南门
北门
东门
北
浅澳
奇武兰港
县头
利泽简街
加礼远港
沙仑
沙仑铺
遇岭仔十五里
大海
加礼远港口
东
龟山
大海
乌石港口
乌赛港泛
苏澳港
街澳苏
苏澳泛
大南澳

5

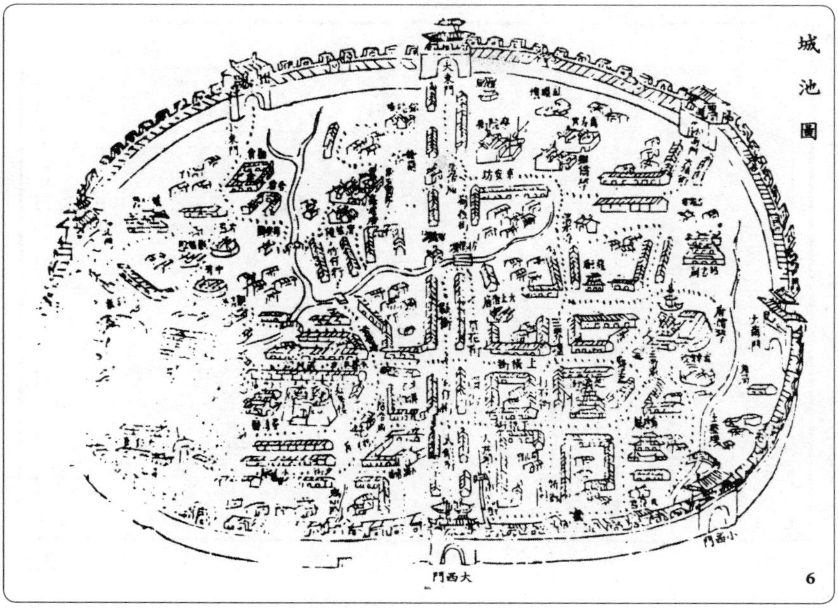

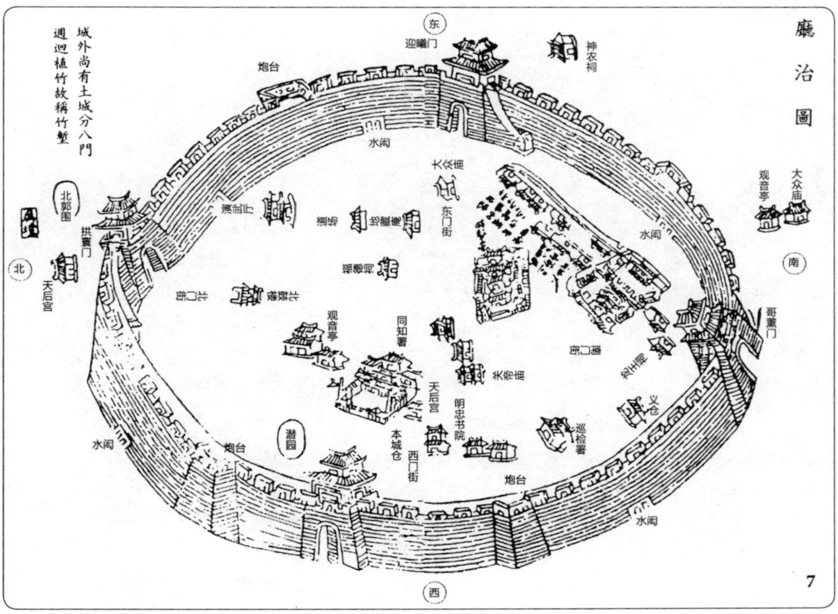

图四 山西大同府城图。典型的正方形城市，每边各开一个城门，采自 G. W. Skinner ed.,*The City in Late Imperial China* (California: Stanford University Press,1977)。中国城市的形态，大多数是正方形或长方形，尤其是华北，正方形城市非常普遍。

图五 噶玛兰（宜兰）城图，采自《噶玛兰厅志》。中国南方因地形崎岖，多呈不规则状，基于经济的考虑，也有圆形的城市，台湾尤其普遍。其他尚有椭圆形、卵形等形态，都是为了顺应地形、水路而造成的。

图六 台湾府（台南）城图，采自《重修台湾县志》。

图七 竹堑（新竹）城图，采自《淡水厅志》。

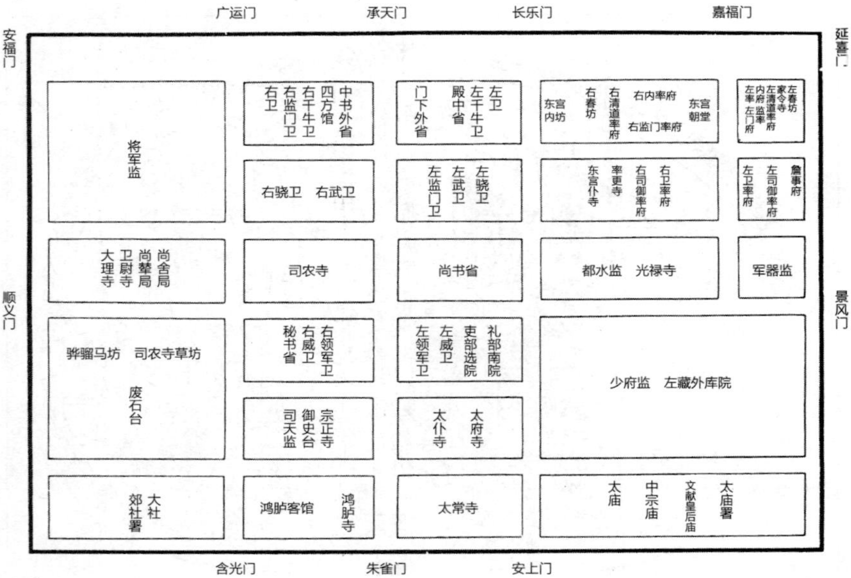

8

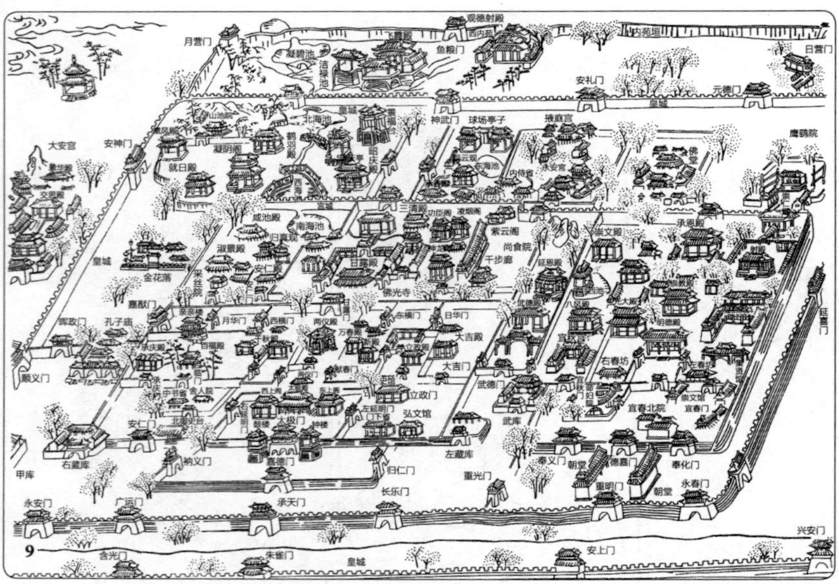

9

图八 唐代长安皇城图，采自平冈武夫，《唐代の长安と洛阳》(京都：京都大学人文科学研究所，1956年)。长安、洛阳、开封、北京、南京和杭州等传统都城，都有三重城墙，层层包围。内城包括皇城和宫城，皇城为中央卫署和官吏住宅区。

图九 唐代长安宫城图，采自平冈武夫，《唐代の长安と洛阳》。宫城为皇宫所在；外城则是平民的住宅区和商业区。

图十 长安城变迁图，采自 Andrew Boyd, *Chinese Architecture and Town Planning* (Chicago: The University of Chicago Press,1962)。中国城墙都市的生命特别表现在京城的“生长”和“死亡”上。例如汉长安重建于秦咸阳之南，汉末由于战乱而毁坏，两晋南北朝时代不再是一个大都城，隋在古城东南二十里另外兴建大兴城，唐继之，改称长安。

图十一 北宋汴京城图。由内而外扩大的京城，每一层城墙外围都有城濠，足见引水工作如何重要，采自刘敦桢，《中国古代建筑史》(台北，明文书局影印，1982年)。

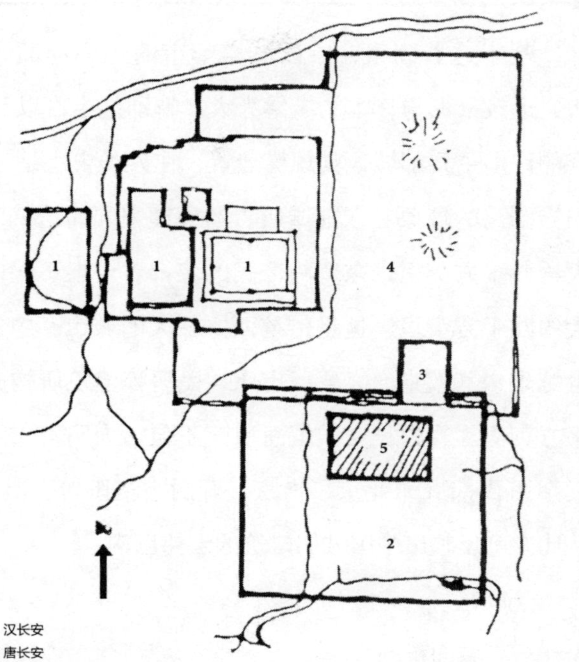

1 汉长安
2 唐长安
3 唐长安大明宫
4 唐长安禁苑
5 明清时期的西安

10

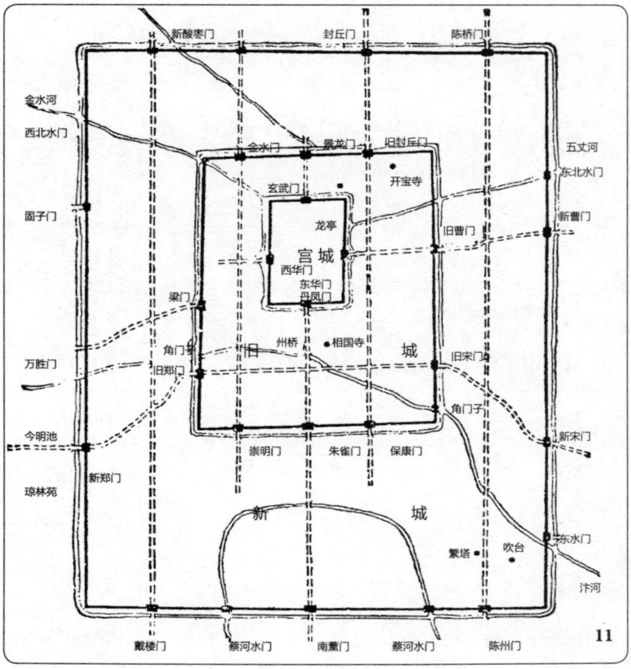

11

要工作[16]。

基于这些因素，中国城墙都市的规模与面积，远较欧洲与日本的城堡为大。特别是中古以降的许多主要都城，其规模建置，在人类史上是相当凸出的现象。以都城所占的地理空间而论，罗马极盛时代的面积大约九平方英里，东罗马帝国的名都君士坦丁堡内外两城所占面积也大约九平方英里，这是传统西方最大的城市。中古的伦敦城，直到13世纪末，其教堂、官署、市廛、民居等建筑所构成的城垣面积仅有半平方英里。我国长安城垣面积（不包括大明宫），超过三十平方英里。其余历代都城如北京、南京、开封、洛阳等，其城区面积均极广大，从此亦可反映出中国城墙建筑的宏伟巨构。

16. Chang Shen-dou, "The Morphology of Walled Capitals", pp. 94 - 95.

表一 京城面积的大小

都市	时代	城墙环绕的面积（平方英里）
长安	9 世纪	30.00
北京	16 世纪	24.25
北京	13 世纪	18.00
南京	14 世纪	16.87
罗马（Rome）	2 世纪	9.00
君士坦丁堡（Constantinople）	15 世纪	9.00
开封	11 世纪	4.78
杭州	12 世纪	4.75
长安	公元前1 世纪	4.00
洛阳	5 世纪	3.94
南京	5 世纪	3.40

（续表）

洛阳	2 世纪	2.62
伦敦（London）	13 世纪	0.51

资料来源：A. Herrmann, *Historical and Commercial Atalas of China* (Cambridge, Harvard-Yenching Institute, 1935)；何炳棣，《北魏洛阳城郭规划》《清华学报庆祝李济先生七十岁论文集》上册（台北，1965 年）；平冈武夫，《唐代の长安と洛阳》（京都，京都大学人文科学研究所，1956 年）。

- 城市的人口和数量

根据惠特利（Paul Wheatley）的统计，春秋时代，中国有466个城邑，比西周时代多375个，反映春秋时代相当活泼的都市化过程[17]。彼时一个封国的首都有一二万人口，其下小封君的都邑则有一二千人口，这些城邑已逐渐兼具多种机能。战国时代由于货币经济发达，区间贸易活泼，加以列国交兵激烈，筑城频繁，以致都市化更为快速发展。诚如史载，此时“千丈之城，万家之邑相望”（《战国策》，卷二十，页1），估计战国时代一等大都市约有二十至三十个，大都市至少已有五十至六十个。全国约有二十万户以上住在头等都市，五十万户以上住在中等都市；都市总人口可达三四百万[18]。

当时都市甚为繁荣，以齐国临淄为例，可概其余。《史记·苏秦列传》记苏秦之言：

> 临淄甚富而实，其民无不吹竽鼓瑟，弹琴击筑，斗鸡走狗，六博蹋鞠者。临淄之涂，车毂击，人肩摩，连衽成帷，举袂成幕，浑汗成雨，家殷人户，志高气扬。

战国城市生活水准相当高，市区街道横直正交，甚至已有下水道系统。就城市规模与人口而言，比之彼时中东、地中海的高度都市文明，可说毫不逊色。

17. Paul Wheatley, *The Pivot of the Four Quarters*(Chicago, Aldine, 1971), pp. 168-173；许倬云，《周代都市的发展与商业的发达》，页123。

18. 许倬云，《周代都市的发展与商业的发达》，页149。

中古以后，随着社会经济的演进，京城人口更是众多。唐代长安城估计至少有八十万人，鼎盛时期城里有一百万人，城外郭区的人口也可能与城里相同。南宋临安（杭州）“户口蕃息，……城南西北三处，各数十里，人烟生聚，市井坊陌，数日经行不尽，各可比外路一小州郡，足见行都繁盛”。[19] 户数约在三十万户左右[20]。元代燕京（大都）盛况则为：“城内外人户繁多，有若干城门，即有若干附郭。此十二大郭之中，人户较之城内更众。”[21] 明代后期的南京，总人口约有五十五万[22]。

至于京城人口的组成，由于是京师所在，除了一般的官吏、工匠、伎艺、商人和文化人口外，军队数目颇多。唐代长安城的80万人口中，军队有10万人左右[23]。明代南京55万人中，军队占了22万人，剩余的33万人中，民户、军户、公侯族属与官吏人户占91%，匠户约占9%弱，军队与坊厢人口之比为4:6[24]。

总结来说，在工业革命以前，甚至直到1850年近代伦敦兴起以前，中国历代的京城人口，常是当时全世界的最高记录，下表资料从钱德勒（Tertius Chandler）与福克斯（Gerald Fox）的《三千年来都市的成长》[25] 一书中整理出来，可见中国城市比之西方世界仍然一枝独秀。

年 代	世界最大都市	人 口
800年	长安	800,000
1100年	开封	442,000
1200年	杭州	255,000
1300年	杭州	432,000

19. 耐得翁，《都城纪胜》“坊院”条。
20. 梁庚尧，《南宋城市的发展》（上），《食货》，第10卷第10期（1981年1月），页18。
21. 冯承钧译，《马可孛罗行纪》（台北，商务，1962年，台一版），页379。
22. 徐泓，《明初南京的都市规划与人口变迁》，《食货》，第10卷第3期（1980年6月），页33。
23. 平冈武夫，《唐代の长安と洛阳》（京都，京都大学人文科学研究所，1956年），“地图”部分，页38。
24. 徐泓，《明初南京的都市规划与人口变迁》，页33。
25. Tertius Chandler & Gerald Fox, *3000 Years of Urban Growth* (New York, Academic Press, 1974).

（续表）

1400 年	南京	473,000
1450 年	北京	600,000
1600 年	北京	706,000
1750 年	北京	900,000
1800 年	北京	1,100,000
1825 年	北京	1,350,000
1850 年	伦敦	2,320,000

传统中国城市不仅人口集结之多举世无双，而且城市数量之夥，亦堪媲美西方。自京城以下，遍布全国的行政中心城市如省城、府城、州县城，以及各地新兴的商业市镇，构成了各级城市中地（urban central places）。以宋代为例，南宋的大城市并不仅限于都城临安府，除都城外，还有若干人口在数万户以至十万户的城市，至于五千户以上至二三万户的城市，为数更多。而且这些城市的分布，虽然有沿海和沿江两条比较明显的地带，一般而论，却是分散于全国各路，并非集中于某一地域。城市户口的比率可能在3%至14%之间，但也有少数城市户口比率高达百分之三十几至四十几[26]。

再根据施坚雅（G.W. Skinner）的估计，1893年中国内地拥有二千人口以上的城市中地共有1,779个，共计人口23,513,000人，占全国总人口6%，在长江下游地区，都市人口的比率则高达10.6%。如果以经济机能表区分，施坚雅列举1893年全国的各级中地数目如下[27]：

大都会（Central Metropolis）	6
都会（Regional Metropolis）	20

26. 梁庚尧，《南京城市的发展》（上），页25。

27. G. William Skinner, "Cities and the Hierarchy of Local Systems", in G.W. Skinner ed., *The City in Late Imperial China*, p.287.

（续表）

全域性城市（Regional City）	63
地区性城市（Greater City）	200
地方性城市（Local City）	669
市镇（Central Market Town）	2,319
市集（Intermediate Market Town）	8,011
墟市（Standard Market Town）	27,712
合计	39,000

墟市与市集多属于乡村的原始市场，是农产品的主要交易场所。如仅就各地市镇以上各级城市统计，全国内地在19世纪末叶即已达3,277个都市中地，这样庞大的中地，如网状的密布全国，渗透到广大的乡村地区，构成了中国人经济生活不可或缺的一环，整合了各地的社会经济，也凝聚了中国的政治文化。

建筑规划

中国历史上对于城墙都市之首的国都的营建，有一套理想蓝图。《周礼·考工记》："匠人营国，方九里，旁三门；国中九经九纬，经涂九轨，左祖右社，面朝后市。"大意是说：都城的营造，要作正方形，每边长九里，各有三门，城中有纵横垂直交错的大道各九条，正通城门的各三条，不通城门的各六条。在城内的东部建太庙，西部筑社稷坛；王宫前面是朝廷，后面是商业中心（图十四、十五）。这个理想的都城设计，强调城市布局的正方和规整，并把王宫布置在全城的核心部位上，南面而王。事实上，中国历代都城的规划，都没有完全符合这一理想；但是许多著名古都，其规划设计，基本上却遵循着此一理想（图十六）。《周礼》的理想蓝图还特别强调功能分区，即所谓"左祖右社，面朝后市"，以王宫为中心，将一个城市的经济中心、行政中心、宗教中心分开，这个功能分区的原则也被后代继承，并且随着社会经济的发达，而有更进一步的调整发挥。

《周礼》中也提到，营建都城必须先占卜，辨正方位，将城市方位和地理方位互相配合，使人间秩序与自然秩序完全调和一致，城市因此变成一个井然有序的宇宙雏形和象征[28]。根据考古实测显示，唐代长安的南北纵轴线与正北只有西偏十六分的些微差距。同样的，都城的规划也反映了宇宙观念，汉代长安，基于地形限制的考虑和“体象乎天地”的意匠，北城作出北斗的星座图案，南城作南斗形，因而称为“斗城”（图十七）。唐代长安，皇城之东尽东郭，皇城之西尽西郭，分为三纵列，每列南北十三坊，象一年有闰；皇城之南，东西共分四纵列，象四时；南北皆九坊，法《周礼》王城九逵之制；东南隅二坊之地，因地势关系，地高不便人居，凿之为池以补足，是“天不足西北，星辰西北移，地不足东南，以海为池”的反映（图十八）。

28. Arthur.F.Wright, “Symbolism and Function: Reflections on Changan and Other Great Cities”.

中国京城的设计也彰显了君王的中心性，呈现出强大的政治权威。以唐代长安为例，当朝贡的使臣和进京官员通过城南中央的明德门时，在空间上便明显地感受到已经臣服于统治这个京城和帝国的君主权力。穿过住宅区、佛寺、道观，然后通向皇城南北主要街道的大门，门内街道两侧是政府机关，官员、卫士在街上来往。出了皇城的北门，就到了承天门，打开大门后，呈现在眼前的就是巍峨壮丽的宫殿，这里是现世权力的所在地，也是宇宙的中心。

城市的规划同时又是古代权力层级的反映。除了行政地位愈高，城市面积愈大外，与城门的多寡也有密切关联。重要的古都，城的每边都有三座门，唐代长安、北宋开封、1552年以后的北京，都有十五个以上的城门；在十八省的省城中，有十三个其城门都超过四座，而且没有一个少于四个城门。省城以下，设有四个城门的城市，也多为各地的重要城邑。设有四个城门的城市，每一城门与五行、五方各有

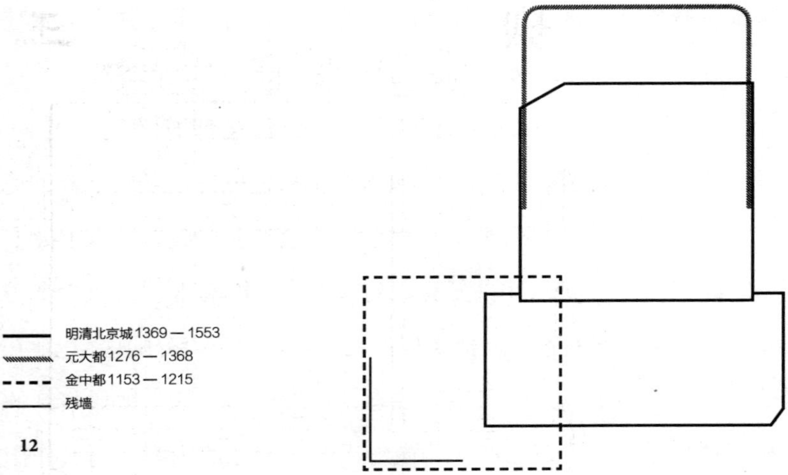

12

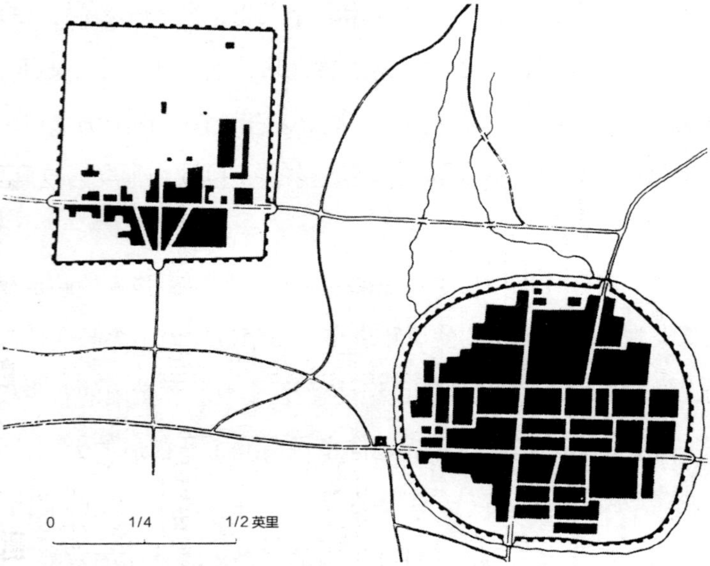

13

图十二 北京城变迁图，采自 Andrew Boyd，*Chinese Architecture and Town Planning*。北京城从金到清，历经多次“脱胎换骨”的改建。

图十三 安徽凤阳府治（右下）与凤阳县治（左上）的双子城，采自 G.W. Skinner ed.,*The Gity in Late lmperial China*。复合城也称双子城，是中国城墙都市里的一种特殊形态。有的是为了隔离人群；有的是河流或运河两岸，各设一不同等级的行政中心。

图十四《周礼》王城的图解，采自李允鉌，《华夏意匠——中国古典建筑设计原理分析》（台北，龙田出版社影印，1972 年）。中国历史上对于城墙都市之首的国都的营建，有一套理想蓝图，要呈正方形，每边长九里，各有三门，城中有纵横垂直交错的大道各九条，正通城门的各三条，不通城门的各六条。

图十五 王城的另一图解，采自《永乐大典》。

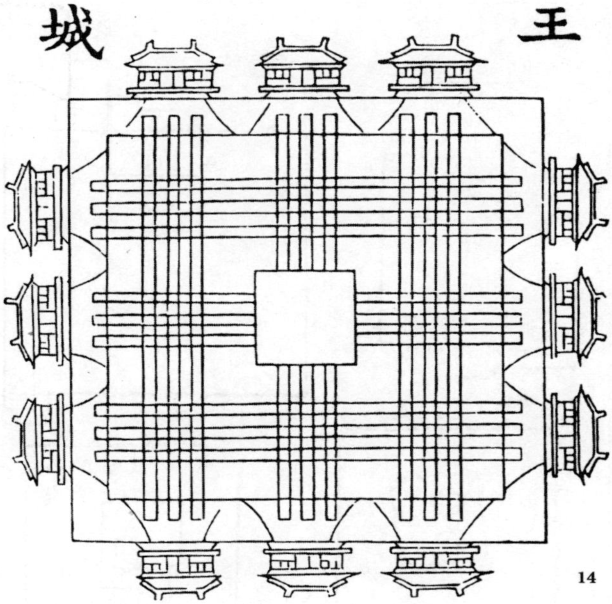
王城

14

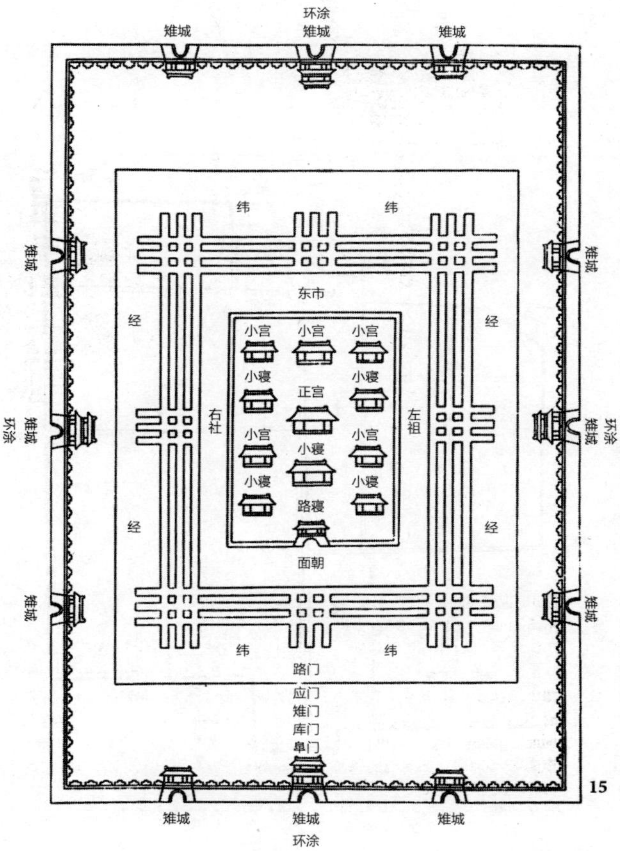
环涂
雉城
雉城
雉城
纬
纬
东市
经
经
小宫
小宫
小宫
小寝
小寝
正宫
右社
左祖
小宫
小宫
小寝
小寝
小寝
路寝
经
经
面朝
纬
纬
路门
应门
雉门
库门
皋门
雉城
环涂
雉城
雉城
环涂
雉城
雉城
环涂
雉城
雉城
雉城
雉城
环涂

15

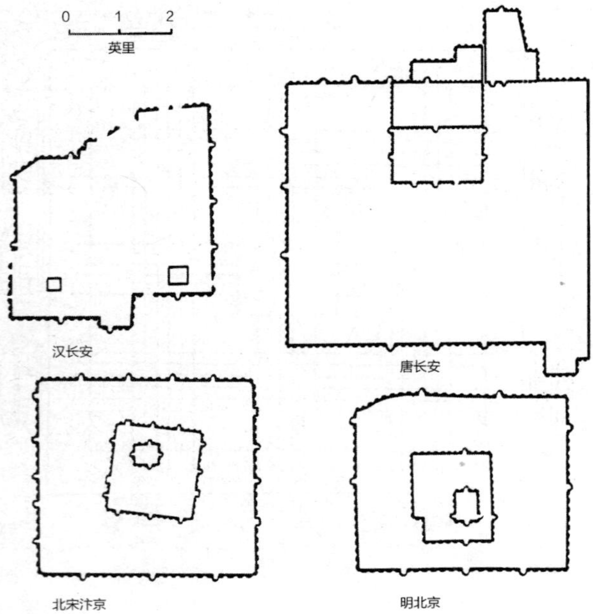
0 1 2
英里
汉长安
唐长安
北宋汴京
明北京

16

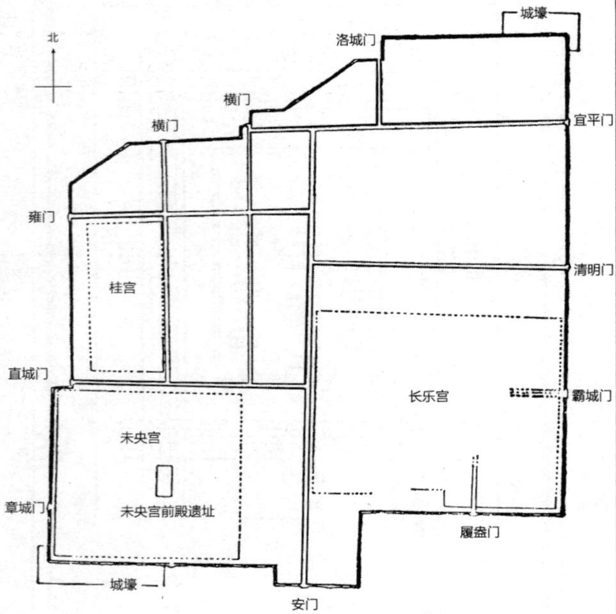
北
城壕
洛城门
横门
横门
宜平门
雍门
清明门
桂宫
直城门
长乐宫
霸城门
未央宫
未央宫前殿遗址
章城门
覆盎门
城壕
安门

17

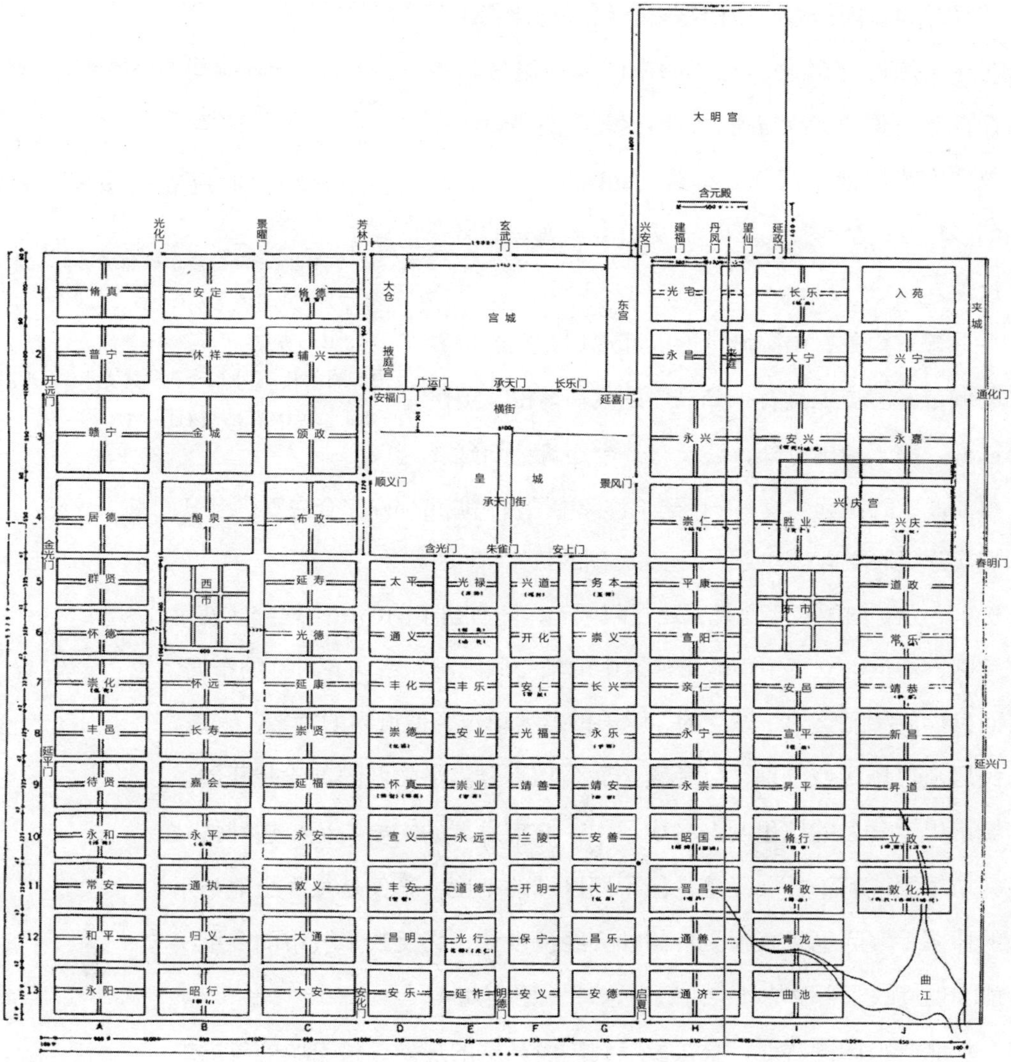

18

图十六 汉长安、唐长安，北宋汴京、明清北京的形状比较，采自 G. W. Skinner ed., *The City in Late Imperial China*。理想的都城设计，强调城市布局的正方和规整，并把王宫布置在全城的核心部位上，南面而王。

图十七 汉代长安城图，采自刘敦桢，《中国古代建筑史》。都城的规划也反映了宇宙观念，汉代长安，基于地形限制的考虑和“体象乎天地”的意匠，北城作出北斗的星座图案，南城作南斗形，因而称为“斗城”。

图十八 唐代长安城图，采自平冈武夫，《唐代の长安と洛阳》。唐代长安，皇城之东尽东郭，皇城之西尽西郭，分为三纵列，每列南北十三坊，象一年有闰；皇城之南，东西共分四纵列，象四时；南北皆九坊，法《周礼》王城九逵之制；东南隅二坊之地，因地势关系，地高不便人居，凿之为池以补足，是“天不足西北，星辰西北移，地不足东南，以海为池”的反映。

关系，如东门与春、南门与夏、西门与秋、北门与冬各有象征意义存在，如南门象征温暖与生命，北门象征寒冷与死亡，因此政府的盛典和礼仪多在南门或南门郊外举行，北门及北门郊外，则多与兵戎之事有关[29]。这又是宇宙观念的另一反映。

最重要的，中国城市的内部规划在整个世界的城市发展史上具有十分显著的成功地位，更可以说，除了中国以外，还没有一个建筑计划延展得如此广阔深远，没有一个建筑群像中国古代城市那样完全在极有组织、层次分明的控制下构成一个无法分割的整体[30]。

自从5世纪末年北魏营建洛阳城起，即有初步的都市土地分区使用原则，不但确立了中国城市建筑中的轴心原则与左右均齐对称的布局，而且形成了完整的、独立的、隔离的宫苑单位，使城内的宫殿、官署、民居及市场区域分别，以免繁杂而公私不分。洛阳城的营建并开创了城市史上著名的坊里制，构成了中古城市发展的主要特征。这种将城郭坊里划成若干社会经济性能不同区域的制度，不仅是京师土地利用的蓝图，实际也是京师全盘的社会经济设计，它反映了城市的多重机能，也反映了当时的社会阶级观念[31]（图十九）。

北魏洛阳的营建，直接影响到隋唐长安的规划，长安城的建筑规制则成为后世都市设计的典范。长安城的规划也是在对称的原则下，沿着南北轴线，将宫城和皇城置于全城的主要地位，并以纵横相交的棋盘形道路，将其余部分划为108个具有区域性和阶级性的里坊（图二十），东西各有一市场[32]。

唐长安城内以横直街道将全城分为棋盘形，使市容整齐划一，这也是一大创举。根据日人平冈武夫的估算，长安城内有东西横大街14条，每条宽69至147米；南北纵大街11条，每条均宽147米，另有丹凤门大街更宽达176米。这些大街，连同城东南隅空地，约占全城面积

---

29. Chang Shen-dou, "The Morphology of Walled Capitals", pp. 96 - 97.

30. 李允鉌，《华夏意匠——中国古典建筑设计原理分析》（台北，龙田，1982年），页382。

31. 何炳棣，《北魏洛阳城郭规划》，《清华学报庆祝李济先生七十岁论文集》（台北，1965年），上册。

32. 刘敦桢，《中国古代建筑史》（台北，明文，1982年），页111－117。

19%。其余皇城、宫城、大明宫、东西市及各坊，具为规模宏远，不特在历代帝都之上，即在人类史上，亦属空前绝后[33]。

元明清三代的北京城，基本上遵循唐长安城的规划，而为世界现存最伟大的中古时代都市（图二十一）。当元代建设大都时，其城墙、城门、皇宫、水道、街坊、道路、府第、衙署、仓库等均按照一个完整的蓝图来建造，可说第一次把中国古代营建国都的理想，配合实际的地理环境，在最近似的程度上，富有创造性地表现出来。而北京的都市设计，能将河湖水系的导引及市区的规划结合起来，更属创举。从北京城的平面设计、宫殿建筑及园林庭囿的配置及造型上，体现了专制统治者的政治要求和意识形态，也集中表现了中国古代建筑艺术和科学技术的发展水平[34]。

城市革命——近世商业性城市的兴起

• 行政中心经济机能的强化

中国传统城市主要以行政机能为主体（古代则军、政、祭合一），自京师以至各级行政都市均是如此，即使在社会经济上，也是以消费性质为主。但唐宋时代，以行政机能为主的城市起了一大变革，有人称之为“中古的城市革命”（Medieval Urban Revolution）[35]，主要即是“市”的机能，亦即经济机能的发达。最重要的代表就是坊制与市制的破坏。

北魏洛阳开始了计划坊里制，直至隋唐，城内坊里制的实行，使城区井然有序，由政府加以管制。唐代长安共有110个坊里，“棋布栉比，街衢绳直，自古帝京未之比也”[36]。坊的四周有围墙，设有坊门，坊内除三品以上的大官以及具有特殊资格的人外，禁止一般人民向街开设私门。坊门夜间关闭，以鼓鸣示，不准进出，凡闭门鼓响后，开

33. 平冈武夫，《唐代の长安と洛阳》。页20－21。

34. 陈正祥，《北平的城市发展》，《中国文化地理》，页101－134。刘敦桢，《中国古代建筑史》，页289、302。

35. Mark Elvin, *The Pattern of the Chinese Past* (Stanford, Stanford University Press, 1973).

36. 李好文，《长安志图》，卷上。

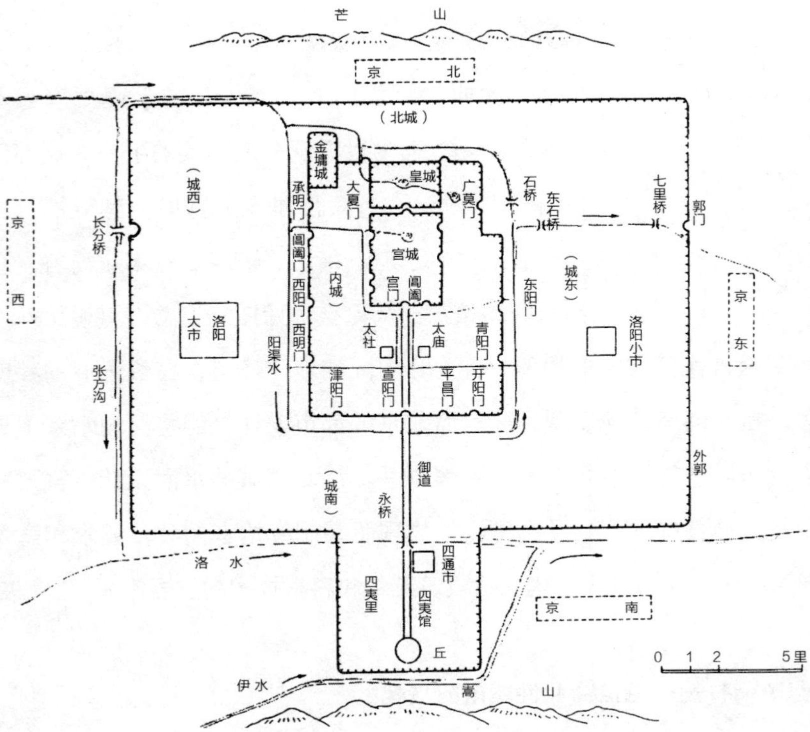
芒 山
京 北
（北城）
金墉城
皇城
大夏门
广莫门
承明门
阊阖门
西阳门
西明门
宫城
宫门
阊阖
（内城）
（城西）
京 西
长分桥
洛阳大市
张方沟
阳渠水
太社
太庙
青阳门
开阳门
津阳门
宣阳门
平昌门
石桥
东石桥
七里桥
郭门
（城东）
东阳门
洛阳小市
京 东
外郭
御道
（城南）
永桥
四通市
四夷里
四夷馆
丘
洛 水
伊水
嵩 山
京 南
0 1 2 5里

19

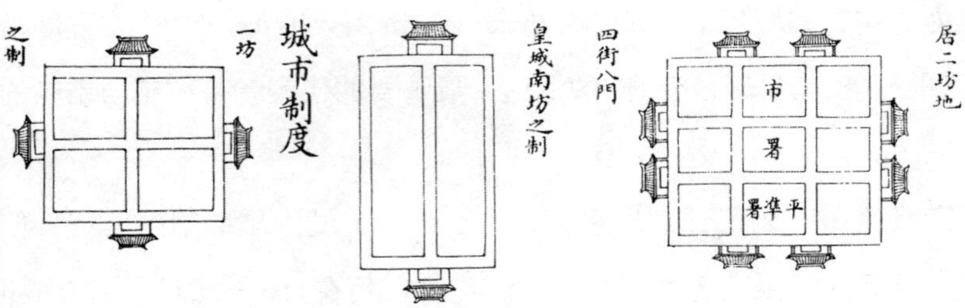
城市制度
一坊之制
皇城南坊之制
四街八門
居二坊地
市
署
平準署

20

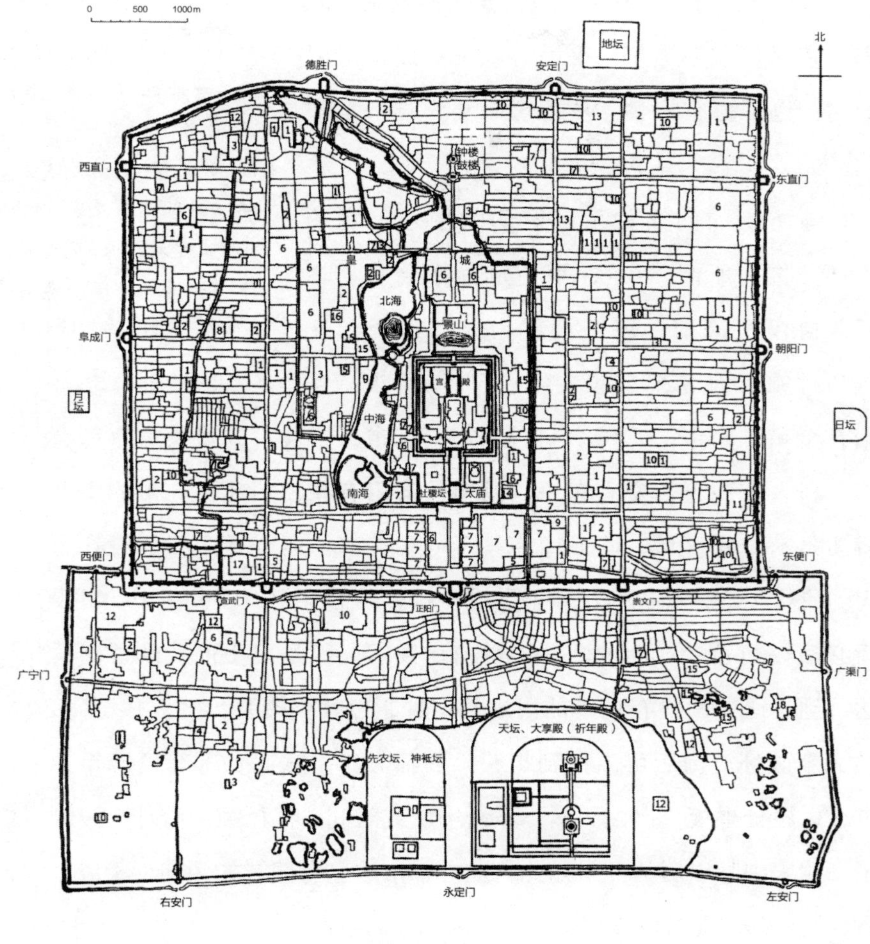

1 亲王府； 2 佛寺； 3 道观； 4 清真寺； 5 天主教堂； 6 仓库； 7 衙署； 8 历代帝王庙； 9 满州堂子； 10 官手工业局及作坊； 11 贡院； 12 八旗营房； 13 文庙、学校； 14 皇史（档案库）； 15 马圈； 16 牛圈； 17 驯象所； 18 义地、养育室。

图十九 北魏洛阳图。洛阳城的营建开创了城市史上著名的坊里制，构成了中古城市发展的主要特征。这种将城郭坊里划分成若干社会经济性能不同区域的制度，不仅是京师土地利用的蓝图，实际也是京师全盘的社会经济设计，它反映了城市的多重机能，也反映了当时的社会阶级观念。

图二十 唐代长安城的坊里形式，采自李好文，《长安志图》。长安城在对称的原则下，沿着南北轴线，将宫城和皇城置于全城的主要地位，并以纵横相交的棋盘形道路，将其余部分划为108个具有区域性和阶级性的里坊，东西各有一市场。长安城的建筑规制已成为后世都市设计的典范。

图二十一 清代北京城图（乾隆时期），采自刘敦桢，《中国古代建筑史》。元明清三代的北京城，基本上都遵循唐长安城的规划，而为世界现存最伟大的中古时代都市。

门鼓未响前，行人均视为犯夜。这种制度到了北宋仁宗时代就崩溃了，平民可以任意面街造屋开门，也不再有宵禁。从首府以至州县都是如此[37]。

与坊制的崩溃关系最密切的便是市制的破坏。古代所谓“市”，是指定为相会交易之所，自汉至隋唐，每一大都市，都有一定区域以“市”为名，汉长安有东市、西市，洛阳有金市、南市，北魏洛阳有东市、大市、四通市，隋长安有都会市、利人市，唐长安有东市、西市，洛阳有南市、北市。市的主要特质是有一定区域，同业商店集于同一街巷。所有商店只能设在市内。唐代市的外面也有围墙，和坊一样，四面开门，朝夕关闭，日没后必须停止营业，商业活动不得自由发展。但是由于商业的逐渐发达，到了唐末，已有夜市的出现，这种制度稍为废弛，经五代至宋，乃完全破坏，商店可以移到街头，面临大街。从此各都市商肆市廛发达，不分昼夜，自由买卖，不论场所或时间，都已经没有什么限制了。北宋中叶以后的开封如此，地方都市中也有同样的倾向，南渡以后，这种倾向更加显著[38]。

在宋代，商业因遍设城内，错综复杂，甚至多有同业成街的。各种商业活动的配备和机构，如坐贾、客商、牙侩、联号组织、塌房、廊房、堆垛场、柜坊、钱铺、交引铺、兑房、金银铺、案附铺、簿记、珠算、商用数字等，一一出现，足见货币经济发达，商业化程度甚高[39]。

由此可知，自晚唐至北宋，城郭的形态已经有重大的改变，坊制和市制的破坏，使得行政上对住居和商业的限制解除，城郭所发挥的商业功能因而愈为加强，这也就是城市革命的第一种现象——行政中心经济机能的强化。以南宋临安（杭州）为例，便可明显地观察出这种重大的变化。临安的变化包括城内市区的变化和城外市区的扩张两方面。城内市区的变化主要由于城内人口愈来愈多，为了解决住的问

---

37. 加藤繁，《宋代都市的发展》，《中国经济史考证》（台北，华世，1976年），卷一，页273－284。

38. 加藤繁，《宋代都市的发展》，页287－294。及《唐宋时代的市》，《中国经济史考证》，页308－338。

39. 参见斯波义信，《宋代商业史研究》（东京，风间书房，1968年）。

题，房舍大量兴筑或扩建，使得城内空地减少，甚至河渠、街道被侵占，市区形成拥塞的现象。另一方面，人口增加及商业发达之后，又产生了行的问题，于是增辟城门、改善道路、增建桥梁，以促进城市交通的流畅。这都反映出南宋城市的日趋繁荣。城外市区的扩张方面，北宋开封早已是一个由内而外逐渐扩大的都城，临安也有相同的形态。临安在建为行都之后（1127年），城外迅速发展，建筑物大量增加，高宗绍兴十一年（1141年），城外人烟的繁盛，已达南北三十里之广，各比一县，于是必须设厢（宋代都城的行政区划）来管理，城外市区纳入了都城行政系统。城外人口的增加更是快速，自孝宗乾道年间至宁宗嘉定年间，约四十年左右，城南厢居民从14万增至40万口，几达三倍，也说明城外户口增加的速度要超过城内。此外桥梁的增建，自理宗淳祐年间至度宗咸淳年间，城内外共增加139座，其中城内只有14座，说明城外市区仍然继续在迅速成长，甚至河渠都为房舍所侵占，其盛况可知。上述两种变化并不仅限于临安和少数大城市，全国各地许多郡城、县城都普遍如此。反映南宋城市的商业性质不断增强，突破了政治军事性质所构成的限制[40]。

我们还可以再看出另外一种十分重要的演变。在中古以前，作为国都的城市的盛衰和朝代的兴亡息息相关，此因中古以前，地区性的经济不足以支持大型城市的生存和发展，只好依靠政治力量。但是中世纪之后，地区经济开始足以支持工商业性城市的产生和发展，特别是唐宋以后，借着海外贸易，产生了泉州、上海、广州等商业大城市，这些城市商业性大于政治性，朝代的兴亡与其发展无关。此后，大城市便能依从经济的条件而发展，不再完全依靠政治力量而生存[41]。

40. 梁庚尧，《南宋城市的发展》（下），《食货》，第10卷第11期（1981年2月），页21－34。并可参阅谢和耐（Jacques Gernet）著，马德程译，《南宋社会生活史》（台北，中国文化大学，1982年），第一章，《杭州城》。

41. 李允鉌，《华夏意匠——中国古典建筑设计原理分析》，页388。

- 非行政中心市镇的兴起

配合大城市经济机能的强化，唐宋以后，乡村地区的定期市及州县城外的草市，也开始兴起，日趋繁荣，逐渐演变成固定的商业聚落。镇则军事机能日益退化，商业机能提高，也成为一种经济性都市，这便是宋以后分布全国各地的市镇，代表着城市革命的第二种现象——非行政中心市镇的兴起。

所谓定期市，是指规定日时，集合买卖双方，进行交易的地点，亦称“墟市”。定期市既行于州县治等较大的都市，也存在于镇以下的小都市和村落[42]。

唐代为了便于管制和收税，规定商店集合，必须在州治县治所在。但是大城市的外围或村落，也必须有小规模的交易，这类场所，就是草市。草市有两种意义：一、为卖饲马草料之市场；二、为草草构成之市，商店并轩而立，造成一个商业区域。草市多在城市附近，或当交通要冲，如渡头及重要路线交会处。到了宋代，草市规模渐渐扩大，竟成市里，甚至有先成立草市，然后在其原处或附近筑城，成为县治的情形[43]。

北魏开始以镇为地名，北魏的镇是大军驻屯之所，但其性质，经齐、周、隋、唐、五代，逐渐产生变化。唐末五代时，节度使的辖区内多设镇，置镇使、镇将。宋太祖、太宗削夺节度使权力，并罢镇使、镇将，镇也跟着废除，但人口繁盛、商业发达的镇，则仍存留，置监官，掌烟火、盗贼及商税、榷酤之事。此后，镇便成为小商业市。也有一些草市发展成为镇。宋代的《元丰九域志》，在每县之内都举其乡数、镇数与其名称。南宋的州县志，也都于乡之外，并举镇数、镇名。可见在以乡为主的农村聚落外，也承认了成为小都市的镇的特殊地位[44]。

这些成为固定商业聚落的市镇，自然也成为行政上的单位。以市为地名，已见于北宋时代；在南宋地方志中，则镇与市大多并举[45]。总结来看，宋代商业的发展使得都市、农村之间原有的社会分业结构发生三种转变：一、都市领域扩大，卫星都市形成；二、半农村都市

---

42. 加藤繁，《唐宋时代的草市及其发展》，《中国经济史考证》，页367—374。

43. 同上书，页345—354。

44. 同上书，页354—367。

45. 同上。

形成，都市经济网逐渐密集；三、行政组织和实际状况分离，在行政上属于乡村的地区具有都市的实质。特别是江南急速开发之后，商品交换地点（墟市、村市等）有了飞跃的进展，远距离的商品交换地点（庙市、蚕市等）也随之出现。从小规模的市集，逐渐发展成大规模的市。从地方大小商品交换地点的密布，可以看出国内商业已深入地方[46]。

46. 斯波义信，《宋代商业史研究》，第四章，《宋代都市、市场的发达》。

47. 刘石吉，《明清时代江南市镇之数量分析》，《思与言》，第16卷第2期（1978年7月），页26－47。

此种商业化的趋势，一直到明清时代，使得传统的市镇均已脱离了它的原始涵义，而完全以商业机能为标准，特别是在江南地区，市镇更有长足的发展。我们可以看到自明清以来，已经多有不按宋代法令规定设立官监的“镇”，而只是单纯地具备了商业机能而已，市镇的增易消长，全视工商业的兴衰而转移。在清代的文献中，显示出大多数的“镇”都不设巡检司，也几乎没有千总、把总等驻防，其军事机能已逐渐消融无遗，足证商业与贸易活动是市镇成立的必要条件。

就明清时代江南市镇的发展而言，宋代以来，直到15世纪末年（明代成化、弘治年间，1465－1505年），可说是市镇的萌芽与形成时期，从16世纪以后，其成长与发展已十分明显。1500至1800年的300年间，方志资料显示这是一段市镇稳定成长时期，尤其在正德、万历年间以迄清乾隆时代，市镇的数量平均增加一二倍以上，而且有许多市镇达到空前的繁荣。这当与明末以来江南一带商业资本主义的萌芽及清初全国统一，恢复安定和平与社会经济繁盛有密切关系。统计数字显示，许多市镇均在明清之际由一个乡村聚落，快速地发展成为地方贸易的中心，且往往成为数千或万户人口的大市镇。这些大市镇多数分布在苏州府城附近及邻近各县。18世纪苏州米市及商品经济之繁盛，可推知彼时正是苏州发展至最高峰的时代。而其临近各市镇，亦多受苏州商业机能的影响而肇兴[47]。

如果“城市化”的过程是一种“小城市愈来愈大，大城市愈来愈多”的现象，则明末清初以降，以吴江县前例，市镇人口愈来愈多，市镇数量也愈来愈多；相对的，村则愈来愈小，小村落日多而越趋流动。这种乡村人口向市镇及城市中流动，逐渐集中城镇的现象，应可说是近代江南“城市化”的重要特征之一。以人口来看，则江南不乏数万人的大镇。有不少的例子显示出某些大镇的重要性均超过了它所属的县城。不论就人口或商业化程度来看，南浔镇远驾乎湖州府城（兼为归安、乌程县城）之上，乌青镇也超过了县城，硖石镇的繁庶过于海宁州城；而盛泽、震泽、黎里、同里等大镇也均凌驾吴江、震泽（同城分治）县城之上；罗店与江湾镇也远盛于宝山县城。由此不只表示这些大镇商业机能的发达，相对地，传统行政中心的县城在比较之下，则大为逊色了。就城市人口占总人口的百分比来看，乾隆九年（1744年），吴江县全县户数64,007户，口数247,211人，平均每户为3.86人。市镇户数共约22,500户，占全县户数的35%。市镇人口如以每户5人计，则有12,500人，占全县人口的比率高达45%，也可看出清初吴江县都市化程度之高。类似的例子在太湖沿岸与上海附近可能还有。

清代以来，江南地区的苏州、松江、太仓及浙西各市镇，更明显地有大量增加的趋势；尤其是19世纪中叶以后，江南市镇进入了一个快速成长的极盛时代，而以表现在长江三角洲地区及杭州湾附近各地最为深刻。如以方志史料较丰富的上海县市镇扩充与发展做一观察，可看出在开港（1842年）以前，随着木棉贸易的发达与海运的兴起，上海已经足够具备了成为一个大都会的条件。它所属的市镇，从明末以来，均有大量增加的趋势。在这期间，上海因商业机能的扩张及人口的增加，曾经三次分设新县；而开港以后，其市区更不断扩大，所属附郊市镇亦不断增加。松江所属市镇从清初至光绪年间，增加了将近四倍。而上海附近在清末也多有万户以上的大镇，乃至形成上海市区的一部分。太平天国之后，尤其是通商口岸经济的影响无疑是最重要的因素[48]。从上海及其近郊市镇的发展，最能反映明清以来江南市镇的成长趋势与特征。

48. 刘石吉，《太平天国乱后江南市镇的发展（1865－1911）》，《食货》，第7卷第11期（1978年2月），页19－48。

明清时代江南市镇的发展还有一个重要特征，就是专业市镇的兴起。如前所言，明清之际兴起的商业市镇多集中在长江三角洲地区的松江、太仓以及太湖流域的苏州、湖州、嘉兴及杭州、常州各府。这种区域分布，不仅显示数量之集中，而且更有为数颇多的专业性大市镇在这传统商业化最发达的地方兴起[49]；尤其是太湖周边的蚕丝市镇与松江、太仓地区的棉市以及苏州近郊及沿长江各地的米粮市镇。经济作物的木棉与蚕桑，在这些区域的种植与加工方面，均以专业化及商品的面貌出现于各市场。这些市镇中的包买商、牙行及机户（或账房、织工与机匠）与附近乡村地区的农户，逐渐形成连锁性的生产与消费关系。透过散布于附近乡村地区的各标准市场、中介市场以至各个商业聚落的市镇，亦即中央市场的结构，在广大的农村社会中，形成一种阶层性的经济连续体。作为区域贸易的中心，市镇的扩张性市场体系于焉形成[50]。它们可说是传统中国农村经济社会中，为了满足贸易与交换需要的一种自发性的产物。江南繁密便捷的水陆交通网络，加速了农业生产的商品化，也扩大了各城镇的商业活动范围。

商业化带来了人口的增加与市镇的繁荣，并使传统的社会阶层结构产生巨变与分化[51]。另一方面，江南地区的棉布、丝货及米粮贸易，更进一步促使长江流域及华北各地资源的有效开发与利用。属于“已开发地区”的江南，透过各大城镇的商人活动，在原料资源与产品的交易上，逐渐与“开发中地区”各省交流。这对于各地畛域观念的融消与社会经济群体意识的产生，实具有相当的重要性。

无论就人口或商业机能来看，这些专业市镇的繁庶在许多方面都超过了传统行政中心的县城，甚至府城。此种商业机能凌驾行政机能

---

49. 刘石吉，《明清时代江南地区的专业市镇》，《食货》，第8卷第6—8期（1978年9—10月）。

50. 参考 G.William Skinner, “Marketing and Social Structure in Rural China”, Part I and Part Ⅱ, *Journal of Asian Studies,* Vol. 21, No. 1 (1964), pp. 1-43; Vol. 24, No. 2 (1965), pp. 195-228; “Cities and the Hierarchy of Local Systems” in G.William Skinner ed., *The City in Late Imperial China,* pp. 275-351.。

51. Mark Elvin, “Market Towns and Waterways: The County of Shang-hai from 1480 to 1910”, in *The City in Late Imperial China,* pp. 441-473.

的转变现象，正可说明中国近代都市化过程中“城”与“镇”的逐次分化，以及“非行政机能”的渐次强化[52]。

向来认为中国传统城市只具备一种行政或军事机能的说法，并不确实；而认为传统城市仅是一个消费中心，不具备生产性因素，更是一偏之论。明清以来，江南这些专业市镇的兴起，配合与代表了新兴商业资本主义的扩张。在近代以前，这些市镇中有的或已经发展至接近现代人文地理学者所定义的“充分成长的城市”。有些著名市镇的“中央性”机能极为显著，不但是其周边乡村地区货品的主要供应者，而且也逐渐成为新思潮的传播媒介。许多江南的专业市镇，其市场范围扩大及全国，而且在现代交通线的接引下（如江南水运及19世纪末期后之铁路），逐渐与国外市场相联系。面对近代西方商业势力冲击的这些传统市镇，不但没有仆倒沉沦，而且在清末更是踵事增华，在传统高度的经济韧性中，平添了不少“现代”的气息[53]。

52. Gilbert Rozman 在其书中有所论列，可参考。见 *Urban Networks in Ching China and Tokugawa Japan* (Princeton Univ. Press, 1973), pp. 219 - 220。

53. 可参考 Rhoads Murphey, “The Treaty Ports and China's Modernization”, in Mark Elvin and G. William Skinner ed., *The Chinese City Between Two Worlds* (Stanford, Stanford University. Press, 1974), pp. 17 - 71。另见 Rhoads Murphey, *The Outsiders: The Western Experience in India and China*, pp. 99 - 234, Passim。

传统文化的据点——城市抑或乡村

以文化的发展来分别乡村与城市，经常被治城市史的学者所强调，证之西方，可以成立，但以之论断中国，则有失误。基本原因在于中国城乡所具备的特殊社会经济性质。

就一统帝国时代中国文化中的经济生活而言，直到近代通商口岸外部经济兴起以前，中国经济始终以农业为主体，农村为中国人经济活动的重心，乡村市场为其主要交易地点。中国文化向外扩张，基本上是一种农业边疆的拓垦。在这开发过程中，一个个农户、村庄不断地建立，构成了中国农业文化的新细胞单位。在这过程中，城市并不是主要据点，也不扮演重要角色。构筑城墙，设郡立县，改土归流，确立行政机能，那是拓垦至相当阶段，农业文化成熟后的产物。在周代早期，城墙固常是建立城市的第一座结构，以确定城市的范围；但后期中国城市，除了各级行政中心的“城”市，是事先设计以外，其余都是从村庄和乡村的市镇产生，也就是社会经济的产物，而非经事先设计得来。在边区的开发中，如近代台湾、云贵、东三省等，这种现象最是明显。

其次，根据施坚雅的意见，中国以经济机能为主的城市分布，是一种阶层性（hierarchical）的结构（行政系统城市其实也可与此相配合）。这种市场结构，主要是农村初级产品的外销网络，在这过程中，我们似乎可将这种由各级市场所发展起来的市镇或城市，基本上视之为农村交换经济的产物（市镇由乡村市集而来，城市则由市镇而来）。各级行政中心的城市初未构成经济机能，它原只具备“普通机能”，并未具有“特殊机能”即商业机能，也没有中央性，即市场圈，这些都是唐宋以后中国城市演变为多机能以后，才逐渐浮现出来的。是以唐宋时代，特别是明清两代，有许多明显的例子说明了彼时全国性市场的成立常不在大城市，而在小城镇中，如芜湖的米市，南浔、盛泽等的丝市。牟复礼（F. W. Mote）教授认为中国的工业主义（industrialism）滥觞于各市场（如景德镇之瓷器，佛山镇之制铁），而不在大城邑，洵为中肯之论[54]。

如果与西方比较，中国城市居民不构成中产阶级（Bourgeois），不构成法人团体，也没有产生西方公民权的观念，“城市的空气使人自由”[55]的信念没有在传统中国体现出来。在西方，城市是带动社会变革的中心、反抗政权的中心，是改革与革命运动的温床，是工商业的据点，是民族主义与民主政治的策源地，也是新思潮的创发中心。在传统中国，这个现象并不明显。伦

---

54. F. W. Mote, “The Transformation of Nanking, 1350 - 1400”. in *The City in Late Imperial China*, pp. 101 - 119; “City in Chinese History”, in *Traditional China* (James T. C. Liu and Wei-ming Tu ed., 1970).

55. 彼楞（Henri Pirenne）著，胡伊默译，《中古欧洲社会经济史》（台北，商务，1976年，台2版），页46。

敦可以带动17世纪英国的社会经济变迁，江户也可以带动19世纪中期日本的社会变迁，这在中国这样广土众民、文化多样性的农业帝国，即使是历代帝都，也不曾明显具备此一功能。“中国只是一个个体，而且只是一个城市”（G. Botero，1588年），这句话可以说相当写实。

最后，城乡一致性是中国文化的特征。“城”原是防卫机能，但那只是构成城市的行政与军事机能。近世城市成立的必要条件，商业机能发达以后，城内、外郭、郊区联成一气，不仅是经济机能的扩张，也是文化的一致性。在传统中国，市民固不构成一特殊阶级，也不代表一高级文化的垄断者。中国一直没有都市优越性（Urban Superiority）的观念，也一直不轻视农村和乡土的生活方式及文化，可以说几乎没有明显的都市文化或都市特性。城、乡之间几乎没有界线。乡村常是学术文化中心，书院、藏书楼常在乡间，作为中国传统社会中坚人物的士绅阶级，其活动地点也常在乡村。乡村也是经济中心（如明清时代的江南），常与国都政治中心分庭抗礼。中国人的理想世界更是耕读传家（在乡村），衣锦还乡，或落叶归根。再者，居城者与其农村之家族有不可分割之血缘纽带，诚如韦伯所言：“中国的城市居民在法律上属于他的家庭和出生的乡村，家乡有祖庙，家乡也使他在良心上有血肉之亲的归属。”[56] 所以，西方史上的城乡对立性或城市的独特、自立地位，与中国迥不相同。

只有唐宋以后商业城市兴起，城市在中国文化的经济生活中，才占有较显著的地位。只有近代西化的通商口岸出现后，才改变传统城市的性质，中国城市才具备西方工业化后城市（post-industrial city）的特征。因此，传统中国文化的主要据点应是乡村，中国文化基本上是以乡村文化（农业文化）为特质。至少在中国传统中，城市未扮演重要功能，没有明显的城市文化[57]。

56. Max Weber, *The City* (Illinois, The Free Press, 1958), p. 81.

57. 参见 F. W. Mote, “City in Chinese History” 一文。

余论——通商口岸在中国城市史上的意义

1840年以后，通商口岸制度在中国沿海沿江建立起来，直到清末，这些口岸总数超过一百个，影响近代中国社会经济与政治文化至深且巨。通商口岸是西方文化在中国的主要据点，也是近代中外关系的主要舞台。在这里形成了一种特殊的阶级（如买办阶级）[58]与特殊的边际文化（Marginal Culture）。不平等条约、租界、治外法权、协定关税、外资的引入等，都在通商口岸上进行，对近代中国造成重大影响[59]。

通商口岸固然植基于传统的商业据点，但通商口岸的港埠设计及都市规划，无疑是一种西方模式，德人在青岛，英人在香港、上海、厦门的都市设计都是显例。这些新兴都市与传统城墙都市在精神面貌上大不相同，它所代表的文化意义也与传统城乡一致性的文化特质不同。这就像托尼（R.H.Tawney）说的："镶饰在老式长袍四围的新式花边。"[60]

墨菲在《传统与殖民：亚洲都市角色的变迁》（"Traditionalism and Colonialism: Changing Urban Roles in Asia"）一文中，对这种现象有极生动的比较分析[61]。在东南亚，这种城市如马尼拉、仰光、雅加达、西贡、曼谷、河内、喀拉蚩、科伦坡、上海、香港、天津、孟买等基本上都是西化的城市，与传统内陆城市不同。这些城市逐渐发展成为全国最大城市（尔后又常成为各国首都），基本上以商业机能为主。这些通商口岸城市垄断了该国的对外贸易数额90%以上。

在通商口岸的城市中，原有的城墙被拆除，租界里的新马路与新市区形成十里洋场，也逐渐与广大的内陆乡村隔绝。中国的"经济国

58. 参见 Hao Yen-p'ing, *The Comprador in Nineteenth Century China Bridge Between East and West* (Cambridge, Harvard University Press, 1970)。

59. 参见 Rhoads Murphey, *The Treaty Ports and China's Modernization: What Went Wrong?* (Ann Arbor, Center for Chinese Studies, University of Michigan, 1970)；*The Outsiders:The Western Experience in India and China.*

60. R. H. Tawney, *Land and Labor in China* (Boston, Beacon Press, 1966), p.13.

61. Rhoads Murphey, "Traditionalism and Colonialism: Changing Urban Roles in Asia", *Journal of Asian Studies,* Vol.29 (November 1969), pp.67-84.

界”于是逐渐向内陆移动，造成近代“都市中国”与“乡村中国”的隔绝，破坏了传统的城乡一致性，使近代城乡趋于两极化，城乡开始对立。这不仅是中国城市史的一大剧变，也是近代中国社会经济的一大变革，影响到政治文化的大动荡，而传统城市的时代也宣告结束。

通货利商

货币与信用

陈国栋

“货币”是学术上的术语，用通俗的话来说，就是“钱”或“钞票”。不过，我们在追溯某个对象的历史时，要注意的应该是这个对象的本质，而不只是它的外貌。事实上在“钱”和“钞票”成为“货币”之前，已有许多东西被当成“货币”来使用。因此，只讨论“钱”和“钞票”的来历，并不能对中国货币史有完整的了解。

关键性的问题在于“货币”的定义是什么？也就是说“货币”的本质为何？经济学家以为“货币”的功能有三：（一）交换的媒介；（二）价值的标准；（三）价值的储藏。凡是能发挥以上这三种功能的货物就都可称为货币[1]。从功能上来定义货币是很恰当的，因为货币原本只是自然界中具有使用价值与交换价值的某种或某些物质，由于功能的增加或改变而成为货币。

1. 施建生，《经济学原理》（台北，自刊本，1980年），页418。

在人类历史的初期，每个人为自己寻找或制造一切吃的、穿的、用的种种生活物资。其后社会分工发生了，某些人所掌握的某种生活物资较多、某种生活物资较少；另一些人情形相反。于是他们以多易少，以有易无，彼此交换，有了交易的行为，就形成了经济史上所谓的“物物交换制度”（barter system）。

“物物交换”的方式是直接交换。交换的对手彼此之间都要事先了解对方的供给和需要。幸好初期的社会组织相当小，同一个社区的人彼此可能都相当熟稔，再者，经济生活也比较单纯，因此物物交换尚不至于造成太大的不便。等到社会组织扩大，经济生活复杂化，物物交换就变得相当困难。于是，直接交换转成间接交换，人们以一种家家可能有、家家可能需要的东西作为中间交换的物资。好比说，一个人可以把自己多余的东西去换成谷子，再用谷子去交换他所要的东西，大家都接受谷子，于是问题便解决了。

就这样，谷子便取得了“交换的媒介”之功能。同时谷子与各种物品之间有一固定的交换比率，因此透过谷子也可以算出不同物品之间的交换比率，谷子因此取得了“价值的标准”之功能。最后，人们可以暂时将谷子收藏起来，等到需要别种物资时才拿出来交换，于是谷子也就有了“价值的储藏”之功能。三种功能都具备了，谷子便成为一种初期货币。当然，谷子只是一个例子，由于每个社会的历史条件不一样，因此作为初期货币的物品自然有异，这是可以设想而知的。

本文讨论中国的货币，便指具有以上三种功能者而言。但是在交换的行为之外，人们还有其他必须使用货币的地方，如缴纳租税。因此，货币的功能可以加上一项——支付的手段[2]，当然，这也可以说是货币“价值储藏”功能的延伸。不过对历史货币的认定，这个标准仍是有用的。

中国经济的发展，到底从什么时候开始由“物物交换”阶段进入货币使用的阶段，文献不足，难以稽考。一般学者虽然同意《易经》上的说法，以为“神农氏定日中为市，以物易物。”为物物交换时代。但以目前的历史知识而言，神农氏毕竟属于传说时代，而非信史时代，对此说法只好阙疑。

大抵自有文字以来，就已在使用各种形式的货币，物物交换则可能与货币的使用一起存在过相当长的一段时间。《诗经·卫风·氓》有一句常常为人征引：“氓之蚩蚩，抱布贸丝。”拿着布去买丝。这里所谓的“布”是什么呢？有人主张是铸币，有人主张是布币，有人主张是单纯的纺织品[3]。如果后者的说法成立，则“氓”诗时代的卫国可能仍有物物交换的现象。

《孟子·滕文公》上篇有一段文字，为许行与孟子的对话，讨论社会分工的问题。孟子问许行所使用的锅子、瓦罐以及耕种用的铁器何由得来？许行回答：“以粟易之。”用谷子去换取其他生活物资，很像前面所提到的初期货币的味道。其实许行是个“农家”，致力于恢复古代的生活方式，而孟子的时代早有更进步的货币在广泛流行了。

---

2. Lien-sheng Yang, *Money and Credit in China: A Short History* (Cambridge, Harvard University Press, 1971), pp. 1 - 4.

3. 白川静著，杜正胜译，《诗经研究》（台北，幼狮，1974 年），页 171 译成：“行旅商人抱挟着纺织品经过各村落换丝。”

先秦时代的货币

当信史时代一开始（商朝），已经有比谷子之类的初期货币更为进步的货币存在了。那就是贝币（图一）。

贝币真正起始的年代，幽远难明。不过《盐铁论·铸币》篇上说："夏后氏以玄贝。"则依汉朝人的意见，早在商朝以前就已经使用贝壳当货币了。若从"买"、"卖"、"贵"、"贱"等等与金钱有关的字均属"贝"部的情形来推断，贝之用为货币应当很早。从卜辞以及彝器铭文上的记载来看，贝在殷、周时用得很普遍。如[4]：

丁亥卜，光取贝二朋？在正月。取。（候二七）

周公易小臣单贝十朋，用作宝隮彝。（小臣单觯）

从实物上来说，安阳小屯的发掘，找到了许多商代后期的贝。《安阳发掘报告》说："贝壳出土者，有琢成之饰品，亦有用为货币者。货币多咸水贝，装饰品则用淡水贝。"据研究，用作货币的贝乃是一种子安贝（Cypraea Moneta），来自南海地区[5]。因距离中原远，得之不易，因而价值高。传说纣王幽囚西伯姬昌七年，其谋臣散宜生行遍天下，寻得一个车轮大的贝送给纣王，纣王很珍惜它，才释放了姬昌[6]，可见贝在当时受重视的情形。使用贵重的贝为货币，正如后代用贵重的金、银为货币，道理是一样的。

贝币使用的时间相当长，一直到秦统一中国（公元前221年）为止。所以许慎的《说文解字》说："至秦，废贝行钱。"[7] 而在殷、周两代漫长的时间里，贝币在形式上也有一些变化。

首先，到了殷商末期，由于社会经济比以往发达，海贝不能充分供应，于是人造的贝币就呼之欲出了。人造的贝币以其他较易获取的

---

4. 张光裕，《先秦泉币文字辨疑》（台北，台湾大学《文史丛刊》，1970年），页5。
5. 劳榦，《汉代黄金及铜钱的使用问题》，《中央研究院历史语言研究所集刊》，四十二本三分，1971年6月，页342。
6. 司马迁，《史记·周本纪》。
7. 丁福保，《说文解字诂林》（台北，商务，1980年），第5册，页2740下。

东西为材料，但仍保留了贝的形式，因为“‘贝’等于‘货币’”的观念早已深植人心了。

最早出现的人造贝币是骨贝，用龟甲琢磨而成，再染上绿色或褐色。此外，殷墟出土的实物中，也发现有用兽骨制造的贝[8]。以殷商甲、骨使用的发达来看，这也是顺理成章的。

在殷、周之交，玉石作成的贝币（珧贝）也发展出来，并且有取代天然贝的现象。因为玉也是社会上所珍惜的东西，琢玉的工艺也很发达，所以也用玉为币材。历史家从殷墟挖出了许多天然贝币，藏于废弃的地穴中，而少见骨贝及珧贝，因而推想当时人造贝币已完全取代了天然贝币。《逸周书·世俘》篇也提到殷朝灭亡时，“凡武王俘商旧玉亿有百万”。有人认为“亿有百万”即“亿有八万”，等于十八万（古人以十万为亿），这十八万的旧玉（珧贝）当即是殷王室的“现金”了[9]。西周也使用珧贝，所以《盐铁论·铸币》篇上说：“周人以紫石”，石即是玉，紫是所染的颜色。

另一种贝币是宋代首先发现而被称为“蚁鼻钱”或“鬼脸钱”的东西。这些东西用铜铸成，学者们认为是战国时代的遗物。由于这种铜贝的一面上有“”或“”的花样，很像是“鬼脸”，所以有“鬼脸钱”之名。“蚁鼻”则主要在形容其小[10]。“鬼脸钱”通行之前，已有无花样的铜贝流行，至于秦始皇“废贝行钱”，应当是指“铜贝”，尤其是“鬼脸钱”的废止。

从贝币的发展可以了解币材演进的趋向。天然贝必须取诸沿海贸易，路远难达；骨贝、珧贝必须逐件琢磨，耗时费事。因此海贝的供应量最小，骨贝、珧贝次之。而铜贝（包括蚁鼻钱）则可以用铜范（模子）来铸造，殷末以来中国的青铜工艺又很发达，铜贝可以供应裕如，自然也就脱颖而出了。

在贝币的使用上，它的计数单位“朋”也是个重要的问题。如“叔

---

8. 黄万里，《中国货币史》（台北，河洛，1979年），页23－25。

9. 同上书，页25－26。

10.《中华常识百科全书》（台北，中华，1980年），页3611。

德毁”[11]（图二）中的“十朋”（弃），目前大抵皆以十贝为一朋[12]。

《史记·平准书》说：“农、工、商交易之路通，而龟、贝、金、钱、刀、布之币兴焉。”龟、贝、金（铜）即前述各种贝币。而钱、刀、布则为先秦时期流通的其他三种货币。“钱”原指铲形的货币，“刀”指刀形的货币。“布”在此指“布币”，是以纺织品为材料所做成的货币[13]。

讲到铲形货币的“钱”，就必须提到《诗经·周颂·臣工》篇所谓的“庤乃钱镈”。这里所提到的“钱”和“镈”都是铲形的农具，“庤”则是具备的意思。铲形币因为仿造农具的形式，所以称为“钱”，也称为“镈”。后代将铲形货币称为“布”，主要是因王莽仿铲形币作“布币”的缘故[14]。杨联陞以为“镈”的读音为“普”，与“布”相近，从而将“镈”转读成“布”，而为铲形货币之名[15]。这使得“布”到底是指纺织品或铲形货币有时难以断定。

最早的铲形币为“空首布”。所以得到这样的名称是因为其“铲柄”部分镂空，保留了容受木柄的形状。因此，“空首布”与钱镈最为接近[16]。其后发展，便将铲柄打平，不再镂空，于是便成为“平首布”了。“平首布”又分成“尖足布”、“方足布”与“圆足布”，这是以其脚部的形状来分类，因为它们都有两足，所以也称作“两足布”。

“刀”原本也是古代的农具，所谓的“刀耕火耨”。刀币仿“刀”的形状，用青铜（铜、锡合金）铸成。依其重量与大小的不同而区分为大刀、小刀两种。因为在齐国（山东）发现得最多，所以也通称为“齐刀”。

关于纺织品的“布币”，一般的研究不多。郑玄曾解释《周礼·地

---

11. 张光裕，《先秦泉币文字辨疑》，页94。

12. L.S.Yang, *Money and Credit in China: A Short History*, p.13，劳榦，《汉代黄金及铜钱的使用问题》，页342。

13.“布”在此若指铲形币，则与“钱”重复。且铲形币之称为“布”是在王莽以后，《史记》中自不可能称之为“布”。

14. 劳榦，《汉代黄金及铜钱的使用问题》，页343。王莽因为汉室姓刘，刘为“卯金刀”，故恶“金”字，将通称货币的“钱”改称为“泉”，将铲形币的“钱”改称为“布”。参考沈约，《宋书·符瑞志》。

15. L.S.Yang, *Money and Credit in China: A Short History*, p.24. 参考张光裕，《先秦泉币文字辨疑》，页22，注3。

16. 劳榦，《汉代黄金及铜钱的使用问题》，页344。

官》中之“里布”为“布参印书，广二寸，长二尺，以为币，贸易物”。顾炎武以为前引“抱布贸丝”之“布”应是这种布币[17]。孙诒让以为“布参印书”为“书布之上而加印玺”[18]。有文字、有印玺，有一定尺寸，应即是充作货币使用。斯坦（Aurel Stein，1862-1943）曾于1907年在敦煌附近获得两块汉帛，其一盖有印玺，其二上有文字云：“任城国古父绸一匹，幅广二尺二寸，长四丈，重廿五两，直钱六百一十八。”[19]虽然形制比“里布”大很多，但其作为货币使用的情形则一。因此，先秦时代使用纺织品为币材的可能性应是极大的。

由于钱、刀、布流通甚广，“钱刀”或“刀布”也就成为后代货币的代称。如西汉卓文君《白头吟》所谓的“男儿重义气，何用钱刀为”、晋吴太冲《魏都赋》所谓的“质剂平而交易，刀布贸而无等”便是。

现在所见战国时代铲形币与刀币的实物（图三）皆与真刀、真铲有段距离。换句话说，这两种模仿农具形式的货币，并不因袭其“使用价值”，而只保留下商品的“交换价值”，同时又取得了“价值储藏”与“价值标准”的功能。所以虽然仍是实物货币，却早已脱离原始商品货币的意味了。据此可以推测，在原始商品货币的阶段，真刀、真铲也是交易的媒介之一。

铲形币与刀币可能并不晚于蚁鼻钱[20]，而这三种货币均通行至秦朝。可以说整个战国时代是个货币自由流通的时代。其间详细的因革损益实在难以说得明白。早在一千多年前韦昭就说过：“战国秦汉，币物改转不相因，先师所不能纪。”[21]不过，无论如何，战国时代多彩多姿的货币，到了秦始皇统一中国，“一权衡丈尺”时，全都被圆钱代替了。

17.《日知录》（台北，明伦，1973年），页208。

18.《周礼正义》，卷二十四。

19. Edouard Chavannes, *Les Documents Chinois découverts par Aurel Stein sans les sables du Turkestan Oriental*(Oxford, 1913), no. 539.

20. 劳榦，《汉代黄金及铜钱的使用问题》，页344。

21.《国语》（上海，商务，《四部丛刊》本），卷三，页13。

行用最久的货币——圆钱

中国行用圆钱的历史差不多在两千年左右，其周边国家也受影响而采用这种形式作为标准货币。俗语将钱币称为“孔方兄”，不但说明了它的形状（外圆内方），也说明了它在日用民生上的地位（图四）。

圆钱早在战国时代即已出现，其出现的真正原因，则众说纷纭，莫衷一是。最早的圆钱函的是圆孔，近于璧之肉、好皆为圆形的情形，稍后才变成内方外圆。这可能受到“天圆地方”观念的影响，也可能是兼容“圆而神，方以智”的理想。不过，方孔也罢，圆孔也罢，孔的真正用途在于穿线成串，便于携带。

圆钱定于一尊，是在秦始皇时代完成的。秦统一中国，推行“书同文、车同轨”以及度量衡及法律的统一，货币的统一当然也在内。所以《说文》上说：“至秦，废贝行钱。”事实上，秦始皇所废止的不只是贝，而是圆钱以外一切的战国货币。秦时所推行的货币是称为“半两钱”的圆钱。此处的“钱”当然只是泛指货币，而不是专指铲形币了。

“半两钱”意味着它是一种“称量货币”。战国时代，由于货币种类繁多，难以建立固定的兑换率，颇造成交换上的不方便。幸好这些货币都以青铜铸成，因此用称量的方式来兑换，当然也就成为最有效、最广为接受的方法。所以战国后期不但有了圆钱，而且也有了半两钱。半两钱上标示有“半两”，可以不用再过称，省掉了兑换的手续。不过秦代享国的时间太短，想要推行的统一政策又太复杂。“书同文，车同轨”或许办到了，货币却因为由人民直接持有和使用，统一的工作遂未完全完成。汉初通行榆荚钱、四铢钱等等小钱，大小、重量都不及半两钱。钱薄而轻，社会上盗铸、私铸的情形相当严重。直到汉武帝元狩五年（公元前118年）开始铸造并推行五铢钱，货币才统一起来。由于五铢钱的成功，因此五铢钱也成为汉代的政治表征（political symbol）[22]。是以

22. 所以新朝末年童谣云：“黄牛白腹，五铢当复。”（《后汉书·五行志》），其后刘备在四川建立他的汉朝，唐代诗人也说他“业复五铢钱”。此些处的“五铢”当然是指汉朝了。

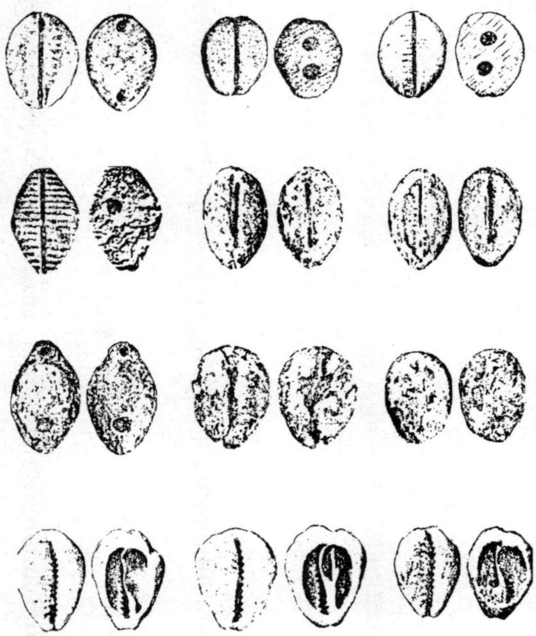

1

2

图一 古代的贝币，采自劳榦，《汉代黄金及铜钱的使用问题》，(《中央研究院史语所集刊》，第四二本三分，1971 年6 月)。贝币使用的时间相当长，一直到秦统一中国（公元前221 年）为止。

图二 叔德毁。在贝币的使用上，它的计数单位为“朋”，“叔德毁”中的“十朋”（[illegible]），一朋为十贝。

图三 战国的布币、刀币及爰金，采自《汉声杂志》，（第6 卷第4 期，1976 年12 月）。由于钱、刀、布流通甚广，因此“钱刀”或“刀布”也就成为后代货币的代称。图为铲形币（上左）、布币（上右）、刀币（下左）及爰金（下右）。

图四 秦汉时代的铜钱，采自劳榦，《汉代黄金及铜钱的使用问题》。中国行用圆钱的历史差不多在两千年左右，俗语将钱币称为“孔方兄”，不但说明了它的形状（外圆内方），也说明了它在日用民生上的地位。

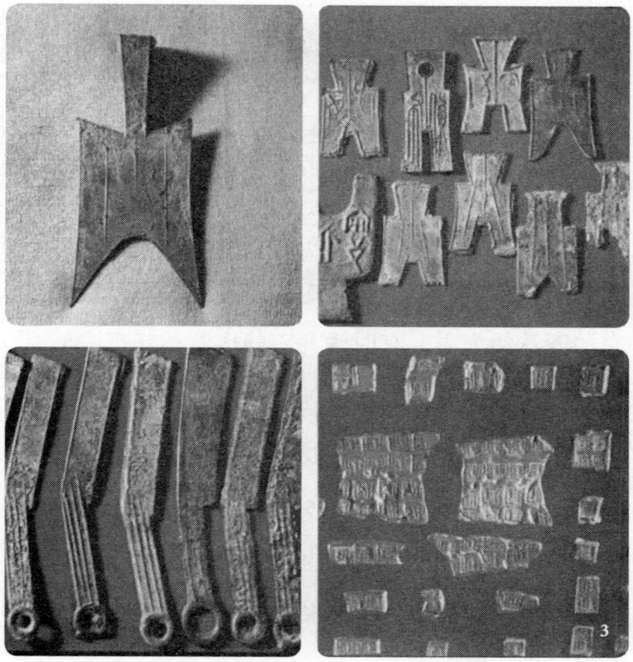

3

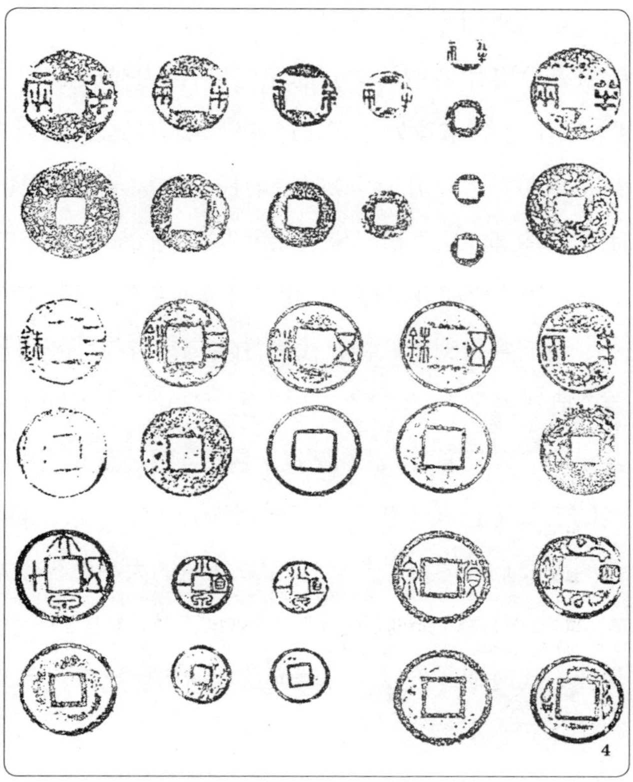

4

王莽篡汉，便废行五铢钱；光武帝刘秀再造汉朝，便恢复五铢钱。到了东汉末年，董卓又废五铢钱为小钱。三国时代，刘备曾短暂地恢复五铢钱，但未成功。从三国以迄魏晋南北朝，同具使用价值与交换价值的商品货币又在广大的地区流通起来，取代了铸币，这是所谓“中古自然经济”的时代[23]。不过长江以南的地区，仍有铸币流通，并且以沿用旧有的五铢钱为主，有时候各王朝也铸造新币，但仍以“五铢”为标准。北朝偶尔也有铸造五铢钱的事[24]。要言之，“五铢钱”一直是社会上最愿意接受的货币。有趣的是5世纪时，西域的高昌国（在今新疆和阗附近）也自铸五铢钱[25]。可见得五铢钱长期拥有“强势货币”的地位，而成为东亚世界的标准货币。

隋、唐时期主要的铸币是唐高祖武德四年（621年）开始铸造的“开通元宝”，因为钱成环形，所以也常被读为“开元通宝”，很容易让人误以为是唐玄宗（他的第二个年号为“开元”）时造的钱。但从五代及宋初皆铸造“汉通元宝”、“周通元宝”和“宋通元宝”的情形来看，应该读成“开通元宝”较好。唐代历朝皇帝都曾铸用“开通元宝”，因而流传下来的不少[26]。

我们常见到的圆钱，钱面往往铸有当朝皇帝的年号，再加上“元宝”或“通宝”两字。“元宝”或“通宝”大抵即源于“开通元宝”或其误读“开元通宝”。在圆钱上铸上年号，最早当推“五胡十六国”时代的成汉（氐人李雄在四川成都所建立的国家，304－347年），其所铸的圆钱上有“汉兴”年号[27]。往后的大小朝代也常铸上年号，如唐太宗、高宗就曾分别铸造过“贞观通宝”与“显庆通宝”。不过整个唐代及五代时期，仍以“开通元宝”的币信最好，因此这些铸有年号的圆钱并不十分流通。

到了宋太宗即位以后，先铸“太平通宝”（太宗的第一个年号是

23. 全汉昇，《中古自然经济》，《中国经济史研究》（香港，新亚研究所，1976年），中册。

24. 何兹全，《东晋南朝的钱币使用与钱币问题》，收入刘翠溶等编，《中国经济史论文选集》（台北，联经，1979年），页1081－1124。

25. 黄万里，《中国货币史》，页93。

26. L.S.Yang, *Money and Credit in China: A Short History*, pp.24-25.

27.《中华常识百科全书》，页3614－3615。

"太平兴国"),后铸"淳化元宝"("淳化"是他的第四个年号)。此后凡是改元皆铸新钱,在"通宝"或"元宝"之上冠以年号,一直延用到清末。

"半两钱"以后的铸币均有一定的重量。秦、汉时一两等于24铢,所以半两钱重12铢。五铢钱重廿四分之五两。开通元宝每十个钱重一两(唐两),即每个钱为十分之一两。一唐两等于三汉两,因而开通元宝的重量为汉五铢的1.44倍。"钱"最初只是农具的名称,其后发展为货币的同义语,并且也成为铸币的计数单位。自开通元宝行使后,一钱等于十分之一两,钱也代替了铢,成为次于两的重量单位[28]。

"半两"、"五铢"、"开通元宝"以及历朝的通宝或元宝是一般的标准货币,大体都用铜(以铜为主的合金)铸成。但也有例外。铅和铁皆曾被用来铸钱。铁钱最早出现在新朝末年(1世纪初)公孙述割据蜀中时。三国及南朝也都行过铁钱,不过都未发生大作用。铅钱出现在五代南方的闽(王审知所建,897—945年),同时也流通铁钱。附近各小国均起而效法。据说当时村落行使铜钱而都市行使铅、铁钱,这样使得载运物品来城市贩卖的乡民不得不将他们所得的货币就地消费,而将城市的产品输出。到了宋代,大体上都使用铜钱,只有四川仍然使用铁钱,每十个铁钱折合一个铜钱;在山西、陕西沿边地带则兼行铜、铁钱,并且禁止铜钱"阑出界外",目的在利用价值较低的铁钱阻止货币流入他国[29]。宋以后铅、铁钱大致上就不再使用了。

小型圆钱为标准货币。此外,在历史上也常有大型货币的铸造。战国时代铲形币的铭文上已出现过"二"、"两"等字,杨联陞以为这种钱即相当于普通铲形币价值的两倍[30]。

古代最著名的铸造大钱的例子是《国语·周语》所提到的周景王(公元前544—520年)铸大钱的故事。尽管景王所铸的钱是圆钱或铲

28. L.S.Yang, *Money and Credit in China: A Short History*, p.25. 吴承洛,《中国度量衡史》(台北,商务,1975年),页100。

29. L.S.Yang, *Money and Credit in China: A Short History*, pp.27-28.

30. *ibid.*, p.34.

形钱，颇有争论，不过他所铸的是一种比原有的钱为大的钱则无疑问。所以单穆公说他“废重用轻”。由此可知他只是用大钱来代替小钱，而非大、小钱并行。

西汉以来也常有大钱的铸造，并且与小钱并行，但是大钱与小钱之间的价值比率却与其重量的比率不相当。比如说汉武帝所造的“赤仄钱”(或作“赤侧钱”，意思是说它的周缘为红色。汉五铢钱无周郭，赤仄钱才有。)大小、铭文均与五铢钱无异，可是却被当作五个五铢钱来使用[31]。后代的大钱则通常铸上“折二”、“折三”、“当五”、“当十”等字样以表示其与标准圆钱之间的兑换率。

历史上行使大钱几乎全都失败。主要的原因是“象征铸币”(foken coins)的概念未曾形成。因为圆钱基本上仍是商品货币，币值受币材的市场价格影响甚大。政府铸造的大钱，法定的价值远大于其币材的价值。铸造大钱的目的在筹措财政上的经费，而不在便利交易。因此，相对地贬低币材的重量便成为铸造大钱的不二法门，遂使大钱成为劣币，小钱也就相对地成为良币。可是大、小钱的币材完全一样，“劣币驱逐良币”的“格来玄定律”(“the Grasham's law”)便不发生作用。人们并不将小钱储藏起来，只行使大钱，而是大钱被迫贬低其兑换率，最后被淘汰掉。

个别的圆钱，称为一文或一钱，价值不大。所以圆钱常常成千成百地来使用。宋及宋代之前，每千个钱称为一缗或一贯，宋以后则称为一吊或一串[32]。这些钱都用绳子串起来以便携带，所以《史记·平准书》上说：“京师之钱累巨万，贯朽而不可校。”“贯”就有绳子的意味。至于一百个钱串在一起，则称之为“陌”(或佰，皆读作百)。不过贯、缗、串、吊虽然代表千钱，而陌代表百钱，但在实际的运用上并不如此单纯。中国有一句老话：“说大话，使小钱”，在此“小钱”就是指不足的“贯”或不足的“陌”，也称为“省贯”或“省陌”，有时候就简称为“省”。例如宋代，“一贯文省”就代表770个钱。这样的用法

---

31. *ibid.*

32. *ibid.*, pp. 34 - 35.

是官方所认可的[33]。因此，相对地，百分之百的贯或陌就叫作“长钱”或“足陌”了。早在1世纪的《易林》就有“长钱善价”的话，而4世纪的《抱朴子》更云：“借人长钱，还人短陌”，可见其历史之悠远了[34]。

历史上的金、银

在外国历史上，金、银铸币一直很盛行。早在公元前550年以前，吕底亚（Lydia，在埃及尼罗河流域中、下游）国王就已开始铸造一种叫作“electrum”的金银合金货币了[35]。在中国，金、银铸币的使用却极为稀罕。

中国古代唯一可以找到的黄金铸币的例子是战国时代楚国的“爰金”（图三）。在长江流域发现的爰金呈四方块形，有时候还块块相连，并不分割。爰金上的铭文有“陈”、“郢”或“寿春”等字样，这都是楚国都邑的名字。所以爰金也分别有“郢爰”、“陈爰”等名称。爰金之外，国史上便不再有以黄金来铸造货币的例子了。

历史上黄金的使用，大抵皆采用称量的方式。战国时代，黄金以“镒”为单位。“镒”一说20两，一说24两，不知孰是。汉代改以斤为单位，并且法定一斤黄金值钱（五铢钱）一万。一斤16两，384铢，相当于77个铜钱的重量。金、铜之比价约为130：1。六朝以下，以迄隋、唐，黄金开始以“两”为单位。同时，唐以后，一“镒”就指一两[36]。黄金所以以称量为主，并且使用的重量单位愈来愈小，主要是因为其价值高，必须如此方能较及锱铢。

白银在汉代通常叫作“白金”（现在称为“白金”的，则是另一种金属——铂）。汉武帝时，曾经以白金铸币，但行用的时间极短（公元前119－113年），以后就不再有银币出现过了。

33. 杨联陞著，陈国栋译，《中国经济史上的数词与量词》，《食货月刊》，第9卷第12期（1980年3月），页32。事实上宋代钱陌的用法比此还要复杂，如孟元老，《东京梦华录》卷三，“都市钱陌条”所云：“都市钱陌，官用七十七，街市通用七十五，鱼、肉、菜七十二，陌金、银七十四，珍珠、雇婢妮、买虫蚁六十八，文字五十六——陌，行市各有长短使用。”便可窥其一斑了。

34. L.S.Yang, *Money and Credit in China: A Short History*, p.36.

35. John Hicks, *Theory of Economic History* (London, Oxford University Press, 1969), p.66.

36. L.S.Yang, *Money and Credit in China: A Short History*, p.41.

大抵而言，黄金在汉代流通较广，白银则不甚通行。六朝时代金、银几乎都丧失了作为货币的地位，直到唐、宋才再恢复，唐以后银的流通则比黄金来得广泛。

唐以后金、银的使用，大都是以金块和银块的方式流通。“锭”是最常使用的单位。在唐、宋、元三朝，一锭等于50两；明代以后，一锭就变成5两了。这种变化也意味着其使用更加普遍。

唐、宋时代的金、银锭目前都有部分样品流传下来。唐代的银锭形式为直角方形块状；宋代银锭则呈“工”字形，近于铁轨横截面的模样。

唐、宋时代的金、银锭若非用于馈赠，也以上层阶级的人士使用的情况为多[37]。至于零碎的银子，在缴纳公课上，从北宋以后日渐重要。

宋代，银还有一项很特别的用途，即用于支付西夏、契丹（辽）以及金国的岁币。这些支付数目都很大，每年由宋朝派人解送到边境上交割。

由于宋与其邻国之间有边市贸易，草原民族借此向农业民族购买某些生活物资，因此透过贸易上的顺差，宋又收回了一些金、银。同时宋与南洋、日本、朝鲜的贸易也输入了一些金、银。执是之故，宋朝能维持国内金、银存量的平衡[38]。从这个角度看来，金、银也是宋代国际贸易的清账工具（the instrument of international clearance）。

宋、元时代由于煤、铁的大量使用、技术的突飞猛进、经济长足的发展，使得商业十分兴隆，从而交易性巨额的支付成为必要。此时金、银在商业支付上尚未扮演重大角色的原因，主要是因为宋、元时代纸币及其他信用工具十分发达，因此在“替代效用”的情况下，金、银的地位便不显著了。

金朝曾经发行过一些银块，重量分别自一至十两不等，名为“承

37. 加藤繁，《唐宋时代金银之研究》（台北，新文丰，1975 年）。

38. L.S.Yang, *Money and Credit in China: A Short History*, p.45.

安宝货”。这是因为金朝曾发行过叫作“银钞”的纸币，“承安宝货”乃是用来作为发行准备，以备持钞者兑现用的。“承安宝货”流通的时间很短（1197－1200 年），亦难视之为铸币，历史意义不大[39]。

明、清时代由于纸币的失败，金、银在公、私巨额支付上就取得了重要的地位，又由于“一条鞭法”的实施，上供物料、租赋与劳役皆可以用现金折算支付（称为“折色”），白银的用途就更加广泛了。著名的“金花银”就是折色用的主要货币[40]。

一般而言，黄金作为货币来使用，在明、清时期都不普遍。到了清代，差不多就不以黄金为支付工具，而仅视之为一般的商品了[41]。可是白银的使用却格外地发达，甚至于关系着王朝的兴迭[42]。

由于白银的普遍使用，五花八门称呼银子的术语也跟着出现了。“白银”、“花银”、“雪花银”都用来指成色较好的银子。而“细丝纹银”大概是其中最常用的术语了。在中国，一般人即简称之为“纹银”；与中国贸易的西洋人则名之为“细丝”（“sycee”）。细丝纹银通常熔铸成马蹄的形状，所以也叫作“马蹄银”。又因为“开通元宝”为著名的货币，因此元代以来银锭也常被唤成“元宝”。不铸成锭，零星使用的碎银，在唐、宋时代叫作“饼”；明、清时代则叫作“锞子”[43]。

由于银子常常要切成碎银的形式，以用于较小额的支付；也常常要铸成银锭，以便于计算和贮藏，因而就有将碎银倾铸成银锭的店铺出现，在北方叫作“炉房”，在南方叫作“银炉”。但是各家店铺所铸的银锭成色（含银的百分比）往往不同，因此在商业兴隆的地方常常都有名为“公估局”的组织来鉴定银子的成色，以便确定其交换的价值。“漕平”、“九八规圆”与“行平”即是为了兑换上计算的方便而设

---

39. *idid.*

40. *ibid.*, p.46.

41. Sarasin Viraphol, *Tribute and Profit: Sino-Siamese Trade*, 1652 - 1853 (Cambridge, Harvard University Press, 1977), p.9.

42. 佐伯富著，林茂松译，《中国史的发展与银的问题》，《台大历史学系学报》，第3期（1976 年5 月），页247－253。

43. L.S.Yang, *Money and Credit in China: A Short History*, pp. 24, 46 - 47.

的“虚位货币”——实际上没有这种成色的银子，但设定一个成色标准（亦即价值标准），先将不同成色的银子兑算成某一虚位货币，再来彼此交换，便很容易了。

明清时代白银的发达，一方面是因为云南银矿的开采[44]，更重要的是“地理大发现”之后，西班牙人东来，与我国进行沿海贸易。西班牙人自墨西哥运来大批的白银，在对华贸易逆差的情况下，白银大量经由菲律宾输入中国，造成中国货币供给的急速增加。白银充斥市场，取用甚为方便，更因流通数量大，而刺激了物价的上扬[45]。

从外洋流入中国的白银，通常皆以铸币（银圆）的形式进来。这些银圆有的被国人熔铸成银锭，而在沿海各省则常常以原来的形式使用。尤其有趣的是整个清朝统治时期的台湾，可能因为受过荷兰、西班牙人统治的影响，非外国银圆不得通行。凡是从内地解到的饷银（形式为锟锭），必须先向当地行户兑换成银圆才能行用[46]。

清代银子使用的情形极为复杂。以上所提到的，大抵仅是鸦片战争（1840 年）以前的现象。鸦片战争以后，中国经济的面貌大起变化，货币的使用简直就进入一种无政府状态。此时银子的使用更是十分复杂而难以细表了。

44. 全汉昇，《明清时代云南的银课与银产额》，《新亚学报》，第11卷（1976年），页61－88。

45. 全汉昇，《明清间美洲白银的输入中国》、《美洲白银与18世纪中国物价革命的关系》，《中国经济史论丛》（香港，新亚研究所，1972年），页435－450、475－508。

46. 陈国栋，《林爽文、庄大田之役清廷筹措军费的办法》，《台湾风物》，第31卷第1期（1981年3月），页8。

纸币与信用工具

货币的功能之一为“价值的储藏”，意味着它随时有兑换成商品的权力。因此，从货币的持有者来说，他就像是商品所有者的债权人，而有向商品所有者求偿的权力。这种求偿权的抽象意义，便是所谓的“信用”，表现信用的工具很多，纸币亦为其中的一种。

唐代的“飞钱”通常被认为是中国纸币的起源。这点颇应加以商榷。日本学者仁井田陞以为“飞钱”可以称之为汇票[47]，这是个相当接近事实的说法。至于将之视为支票，或者视为完全的纸币，那就言之太过了。

47. 仁井田陞著，林茂松译，《中国法制史新论》（台北，环宇，1976年），页198－199。

关于“飞钱”，《旧唐书·食货志》有如下的记载，可以帮助我们了解它出现的背景：

> 贞元初，禁钱出骆谷、散关。张滂奏禁江、淮铸铜为器。
>
> 时商贾至京师，委钱诸道进奏院及诸军、诸使，以轻装趋四方，合券乃取之，号“飞钱”。

这段文字的第一部分可分两点来说：即唐宪宗贞元年间，（一）禁止将铜钱携出骆谷（在盩厔西南，长420里，通汉中盆地之洋县）及散关（即大散关，在宝鸡南方），也就是禁止将铜钱携出渭河平原（关中）以西、以南的地方。可能一方面是因为安史之乱以后，这些地方形同异国，一方面亦借此以保护关中的货币存量。（二）张滂上奏，禁止江、淮地方的人民用铜铸器使用。江、淮这块关中以东、以南的地方，安史之乱以后仍在唐朝控制之下，但若任由销铜铸器，则亦免不了减少货币的流通量。

总之，安史之乱以后，唐朝社会的“中古自然经济”已成过去，社会上对现钱的需要日益激烈，因此采取以上两种措施来维持货币存量。“飞钱”也就在此时出现，对于货币流通的数量有所贡献。引文的第二部分才是“飞钱”行用的情形。

唐代前期地方最高的行政单位为“道”。各道为了办理公事的方便，在首都长安设有联络办事处，称为“进奏院”。从名称上，可以了解转呈奏章或进呈贡物原本是进奏院的基本功能。开元、天宝以后，节度使的地位高涨，在原有的地方行政体系上叠架起一层新的组织。引文中的“诸军、诸使”就指这些节度使在京师的联络办事处。

中国幅员至为广大，地方上岁岁年年要将收入的一部分解送到首都，供皇室、官员、军队使用。同时，四方商人将商品运送到京师贩卖，势必要取回现钱。这样地方政府将现钱解往中央，商人自京师将现钱运回地方，增添无谓的劳务。于是“飞钱”应时而出以节省这些劳务。

“飞钱”即是商人在京师交易，取得现钱，将这些钱交给各自所属的道（军）进奏院（进奏院即可用这些钱来缴纳上供），而领取一张叫作“公据”的文牒。这种公据分成两联，一联归商人收执，携回本道（所谓“轻装趋四方”），一联由进奏院送至本道地方政府。商人回到本道，向地方政府核对公据后，即可以领取现钱。因此“飞钱”的性质与现代意义的汇票十分类似。这样做，一方面便利了地方政府，一方面也便利了商人（所以“飞钱”又叫作“便换”），同时京畿一带的铜钱也可免于外流[48]。

宋代经济飞跃成长，信用工具也十分发达。其中最著名的就是所谓的“交子”（图五）。“交子”也就是“交易之媒介”的意思。

交子最早出现在益州（四川成都）。因为四川这地方在宋代是个特殊的经济区域，通行铁钱，每十个铁钱才值一枚铜钱，因为铁钱的价值小，因此稍大的支付就要用很多铁钱，沉重不便携带，尤其对行商而言，更是麻烦。于是便有交子的发明。

四川商人将笨重的铁钱存入货栈性质的“柜坊”[49]，然后提取其收据（即“交子”）作财务支付。当宋真宗在位时（998－1022年），政府认可十六家富商有发行交子的专利。这些富商就称作“交子户”，其柜坊则称为“交子铺”。起初，交子以三年为一“界”（期限），到界即兑换成现钱。因此交子极类似现代信用工具的可转让定期存单（但无利息可得）或银行本票。可是这些交子户由于未能控制其发行准备，

---

48. 黄万里，《中国货币史》，页111；L.S. Yang, *Money and Credit in China: A Short History*, p. 51。

49. 加藤繁著，《柜坊考》，《中国经济史考证》（台北，华世，1976年），页438－456。

以至于后来到界而无法兑现[50]。

宋仁宗在位的第一年（天圣元年，1023年），交子改由国家发行，仍然定界兑现，且发行量更大。北宋末年蔡京当政时，交子也曾推广到四川以外的地方，如河东、广西等地，但为时甚为短暂。

改由政府发行后的交子，仍因准备不足，先是经常“展界”（延长兑现的期限），或者发行新交子以换回旧交子，而不加以兑现。如此遂造成交子的信用低落，不断贬值，从而丧失其信用工具的资格。这是北宋末期军费遽增，政府采取多发行交子以筹措军费所造成的后果。

宋代发行的另一种信用工具是“交引”。“交引”是一个通称，凡称“茶引”、“盐引”者皆属之。交引起源于“便钱”，仿照“飞钱”而来，汇票的意味较重。这是配合北宋的“入中法”与茶、盐专卖而使用。宋代的“入中法”就像明代的“开中法”一样：“令商人入刍粮塞下，酌之远近而为其值，取市价而厚增之，授以要券，谓之‘交引’，至京师给以缗钱，或移交江、淮，给予茶、盐。”[51]商人纳粮边地，取得凭据，然后到京师换取现钱，或者持“交引”到江、淮去领取茶、盐销售，因为宋代专卖制度下要有“茶引”、“盐引”才能合法行销。“引”是一种汇票或提货单，可以转让，可以偿付债务，具有“近似货币”（“quasi money”）的性质。“交引”后来因为政府不能依照约定兑现而丧失其信用。

南宋发行的信用工具以“会子”（图六）最为重要，其先驱则为“关子”。“关子”是南宋初年为筹措并支付军事开销而发行的，以三年为界；同时发行的也有一种“公据”，以二年为界。（“关”字原本即有“期限”的意思。）关子、公据是为军饷而发行，又定期兑现，颇有一点“公债”的意味，但国家不支付利息。并且关子、公据也都可转让，可偿付债务，所以与公债不同。最初的关子也曾以兑换实物为主，很像“茶引”或“盐引”，后来改兑现钱，而有“见钱关子”之名。见

50. 黄万里，《中国货币史》，页112－114，L.S.Yang, *Money and Credit in China: A Short History*, p.53.依《宋史·食货志》的说法是：“富民赀稍衰，不能偿所负。”富户以其所收受的存款另营他业，遭致亏损，以致准备不足。

51.《宋史·食货志》。

钱关子流通的时间不太长，在南宋高宗绍兴三十年（1160年）开造会子以后就停止行用了。

会子原先由民间发行，后来由政府收回发行权，改由官方发行，所以也叫作“官会”。起先在杭州（临安府，行在）发行，叫作“行在会子”，后来也曾在别的地方发行过一段短时间。会子的面额较大（最低面额两百文），套色印刷[52]。此外，它的性质与交子没有什么两样。有人以为清代的“会票”即与南宋会子有所渊源，那应该是指它的汇兑性质。会子的结局与交子一样，由于准备不足，管理不善，最后也丧失了信用。

交子与会子可以说是两宋时期最接近纸币的信用工具。其间，金朝统治下的中原也曾发行纸币。因面额的不同，也有大钞、小钞之分，但实行得很差。所以金章宗承安年间（1196－1200年）发行“承安宝钞”时便铸造名为“承安宝货”的银块以为准备，却徒劳无功。

元、明两代发行的纸币比宋、金时代进步，更具有现代银行券的意味，但也失败得更彻底，使得往后几百年中，纸币不得不暂时退出中国货币经济的舞台。

元代代表性的纸币是“交钞”（图七），最有名的是“中统元宝交钞”，简称为“中统钞”，发行于元世祖忽必烈在位的第一年（中统元年，1260年），有10文、20文、30文、50文、100文、200文、300文、一贯文、两贯文各种面额。“中统钞”不定界，可随时兑换成现钱或现银，其发行准备金则包括了金、银，尤以银为主。为了促使中统钞的通行，从1262年起，废止铜钱及金、银的货币资格，并且在1273年后发行面额更小（2文、3文、5文）的“厘钞”以为辅币。在最初的20年中，由于审慎的发行，并且有几近百分之百的发行准备，因此中统钞发行得相当成功，币信很好。此后由于元朝国势衰颓，政府虽然透过发行新钞以重建币信，或者严格禁止金、银流通，以强化交钞的货币地位，都不能再使交钞成功地流通[53]。

52. 杨联陞著，陈国栋译，《会子形状考》，《国史探微》（台北，联经，1982年）。

53. L. S. Yang, *Money and Credit in China: A Short History*, pp. 62 - 64.

明太祖在位的第八年（洪武八年，1375 年）重新发行纸币，称之为“大明宝钞”。由于是太祖朝开始发行的，所以明代历朝皇帝所发行的宝钞都保留下“洪武”的年号以示尊敬。宝钞与铜钱同时流通，或者搭配使用，而禁止市面上以金钱交易。但是人民重视金银，轻视宝钞，宝钞遂又丧失了信用。因此洪武二十六年（1393 年）又暂时禁止铜钱流通以强化宝钞的货币地位，其后更进一步准许以宝钞缴纳盐税。到了宣宗宣德四年（1429 年），更创立了十二“钞关”，准许用宝钞缴纳关税，以收回宝钞，增强币信。不过这个努力收效不大。此后银子与铜钱又渐渐恢复其货币地位。大抵而言，鸦片战争以前的明、清时代，银子与铜钱才是社会上最为人接受的货币[54]。

历史上发行纸币，借以维持其信用的方法有二，即：“以钱称提”与“以法称提”。“称提”一名出现自宋代，意思与“收回”极为相近。凡是以铜钱、金、银等实物为准备以收回纸币的情况，就叫作“以钱称提”；若是硬性规定纸币与现金之间的兑换率，或者新、旧纸币之间的兑换率，就属于“以法称提”，在此情况下政府往往不以准备金收回纸币，不过却允许人民用纸币缴付租税[55]。好比说南宋会子上所印的字样“除四川外，许于诸路州、县公私从便主营，并同见钱七百七十陌流转行使”[56]，可以任意使用于公私支付，则已经有近代纸币之法偿（legal tender）资格的意味了。

54. *ibid.*, pp. 66 - 67.

55. *ibid.*, p. 66.

56. 杨联陞著，陈国栋译，《会子形状考》。

57. 杨联陞著，陈国栋译，《佛教寺院与中国历史上四种筹措金钱的办法》，《国史探微》。全汉昇，《中古自然经济》，页 81。

信用制度与借贷行为

从信用制度来说，发生在中国最早的应该是当铺了。其起源可以追溯到六朝时代佛教寺院所进行的典当行为[57]。自彼时以来，历久不衰。直到今天，街头巷尾仍可看到挂着“当”字的招牌。当铺起先由僧人经营，唐代以后也有俗人从事这个行业，到了明代，寺院衰落后，当铺便完全成为俗人专营的事业。

“当铺”是现在大家熟悉的名称。唐时，通常称为“寄附铺”，宋代称为“抵当库”或“解典库”，元代流行的称呼亦为“解典库”，直到明、清时代，“当铺”和“典当”的用语才普遍。清代法律上将“典当”分成典、当、质、押四个等级[58]。基本上是依融通金钱的多寡为断的，虽然各地方的真正指谓仍有差异。

当铺通常接受消费性抵押贷款。不分穷人、富人，也不必对个人做信用调查，因此当铺成为穷人救急的方便机构。到了18世纪中叶，有些当铺也发展出一点商业银行的性质。因为它们也将现金贷予商人从事米、谷、丝绸、棉布一类商品的生产或买卖[59]。

有许多人将典物送入当铺之后即不“赎当”而造成“流当”。流当品便被拍卖以收回本钱。拍卖也是一件渊源久远的行为，其起源大致不晚于典当。在六朝时代，拍卖叫作“唱衣”，也简称为“唱”[60]。

典当以外最早的信用制度则为合会。现在各大都市到处林立的中小企业银行，昔日称为“合会储蓄公司”，便是从民间的合会发展出来的。合会是目前仍然极为流行的一种筹措金钱的信用制度。

合会的起源，依杨联陞的研究，应该追溯至南北朝时代的“社”或“社邑”。敦煌发现的古文书中所揭示的事实告诉我们：“社”或“社邑”是附属于佛教寺院的社会性、宗教性结社，其目的本在崇扬佛教，但在某些事例中也发挥了一些社会的、经济的功能。好比说，为其社友筹措丧葬、行旅的费用等等。就这样，出现了早期的合会[61]。后代的合会也常沿袭古代的称谓，而有称之为“社”的。

合会由一个人出来邀会开始。邀会者习惯上称为会首，应会首邀

---

58. 如《福建省省例》（台北，台湾银行，《台湾文献丛刊》第199种），第4册，页457－470。

59. 全汉昇，《宋代寺院所经营之工商业》，《中国经济史研究》，中册，页81－83。杨联陞，《佛教寺院与中国历史上四种筹措金钱的办法》。

60. 杨联陞，《佛教寺院与中国历史上四种筹措金钱的办法》。

61. L.S.Yang, *Money and Credit in China: A Short History*, p.75.

请而参加合会者称为会脚或会员。会首、会脚于收会时所得之金额，谓之会额；每一位会员按期给付的金额则称为会金。会金分成轻、重：已得会之会员称为重会（台湾俗称死会），其所付之会金称为重会金；尚未得会者称为轻会（俗称活会），其所付之会金称为轻会金[62]。

合会因其使用会额之先后顺序的方法有所差异而有种种的名称，如轮会（新安会、至公会、兴隆会等属之）、摇会、标会（写会，也称为划会）、长寿会（孝衣会、葬社等属之）、摇干会（又称为单刀会、一字会等）……之类[63]。

兹以标会为例：标会有内标与外标两种方式。所谓“内标”，即重会金固定，轻会金则由重会金扣除得标者竞标时所愿支付的利息。“外标”则固定轻会金，重会则于轻会金外再加上自己得标以后，历次得标者所愿支付的利息。

以上所提到的“利息”是社会上通俗的用法。若照经济学上严格的意义来说，一个得标者真正支付的利率要受得标前各期（内标法）或以后各期（外标法）的“利息”影响。内标法可以预料自己支付的利率，外标法则要等到整个会轮完才能确知个人所支付的利率。一般而言，内标法较为通行。

不过利率并不是会首或会脚的主要考虑。会首固然是为了一时之需而组会，会脚则往往以帮助亲友或强迫自己储蓄为理由而参加某一个会。因为会脚之间往往沾亲带故，是以信用不必再加以调查，是一种便利的筹钱方式，因而历久不衰。

典当与合会皆以筹钱为其基本特色。在近代以前，则有两种类似后代银行的行业出现，在中国信用制度史上大放异彩。其一为“山西票号”，其二为“钱庄”。

“票号”的前身据说与“镖局”或“保镖”的行为有很密切的关系。“镖”字也可写成“镳”或“标”。据日人加藤繁的考证，有关“保镖”

62. 王宗培，《中国之合会》（上海，民国二十年），页1。

63. 曹竞辉，《合会制度之研究》（台北，联经，1980年），页11—49。

的行为要以《金瓶梅》一书中所提到的“标布”及护送“标布”的行为为最早，那大概已是明代中叶的事[64]。不过，有镖局或镖行的组织则应该是入清以后的事了。

明嘉靖、隆庆年间（1522－1572年）以来，经济高度发展，商业十分兴隆。于是巨额的银子经常要做中、长距离的搬运。由于地方治安未见良好，于是镖局便起来从事保护这些银钱安然运达目的地的服务。开设镖局的人通常是几位武术家，俗名为“把式匠”。他们除了功夫外，没有资本、没有财产，只有“字号”（信用）。所以当时有一首诗说道：

> 资本毫无又无房，租间店屋便开张；成千成万交银两，字号全凭姓氏香。

整个清代时期，镖局十分发达。不但在清代小说《彭公案》、《施公案》中到处有着镖局的影子，就是平汉铁路（芦汉路）的工程费，也都是由镖局运往各处工地支付[65]。然而银钱的运送毕竟太费事，有时也非必要，于是就有“票号”兴起，以汇兑来取代部分镖局的服务。

“票号”几乎全由山西商人来开设。其中的原因当然与山西商人的发达有着密切的关联[66]。经营票号的山西商人大都来自平遥、太谷与祁县三处，总号也都设在那里。

票号真正出现的时间并不算早。照一般的说法，它开始于嘉庆年间，也就是1800年以后。当时平遥商人雷履泰在天津开设“日升长”染料铺。为了从重庆批购染料，他经常要运送大宗的现金到四川（这可能即托付给镖局）。为了免掉这个麻烦，他便想出了汇兑的办法，而将“日升长”染料铺改成“日升昌”票号。山西一些布商也仿照“日升昌”的模式跟进，很快票号就普及于全国[67]。

64. 加藤繁，《标局》，《支那学杂草》（东京，生活社，1944年），页127－132。

65. 齐如山，《镖局子史话》，《齐如山全集》（七）（台北，联经，1979年），《齐如山随笔》，页4141－4146。

66. 佐伯富著，陈国栋译，《山西商人的起源》，《史学评论》，第2期（1980年7月），页2。

67. 陈其田，《山西票庄考略》（台北，华世，1978年）。

票号的主要业务是汇兑，所以也叫作“汇兑庄”。由于山西商人的势力遍及全国各大城市，因而得以乘便提供这种服务。除了接受民间的委托外，山西票号也承担地方税收（解赴北京）与军、工饷银（解赴各地）的汇兑。票号可以经由票据的清划（clearance）抵兑，不必直接运送大量的现金，因而既安全，又省运费，从而获得不小的利益。

稍后于票号出现在清代商业界的信用机构是“钱庄”。钱庄的前身为银钱兑换业的经营者。要到《南京条约》以后，洋人在上海设置银行，才诱发国人改变钱庄的营业内容，而从事现金的收解；再等到太平天国之役以后，钱庄才开始经营存、放款的业务。

以清末、民初上海的情形来说，钱庄可以依规模及营业的内容区分为两大类：

1. 汇划庄：为加入钱业公会（具有票据交换所之性质）者。各庄所发行的期票——庄票——可以互相抵兑，不必支付现金，与现代银行的支票制度相似。

2. 元、亨、利、贞字号庄：此四种钱庄分别经营现金收解与兑换。

总而言之，钱庄业经营的内容较为狭窄，往来的客户也以同一城市的商人为主，不似山西票号之具有全国的影响力。钱庄以上海、汉口两地特别发达[68]。

除了以上的信用制度、信用机构外，借贷行为可以说是最古老的信用行为了。《庄子·外物》篇有著名的“庄周贷粟”的寓言。《史记·冯谖传》更有冯谖为孟尝君毁券（借据）市义的故事。这都是人人耳熟能详的。可见借贷行为与借贷契约的起源均甚早。

中国古来即有的借贷，其内容通常包括了金钱、米、粟、麦、麻、绢、丝、褐……之类。要言之，以消费性借贷为主。

借贷有必须支付利息者，有不必支付利息者。唐、宋法律将无息借贷称为“负债”，将有息的借贷称为“出举”。“出”是提出原本的意思，“举”则是以获取利息为目的的意思[69]。

68. 李权时、赵渭人，《上海之钱庄》（台北，华世，1978年）。

69. 仁井田陞，《中国法制史新论》，页188。

唐、宋以来计算利息，以“分”、“厘”为利率单位。用于指年利率时，“分”为10%，“厘”为1%；用以指月利率时，“分”为1%，“厘”为0.1%。由于借贷的目的主要是为了消费，以救燃眉之急，因此传统的思想均主张对高利贷加以限制[70]。

自汉代以来，历朝历代官方对利率的上限差不多都加以规定。就元、明、清的情形而言，月利三分（年利36%、闰年39%）就是上限，过此便成非法的高利贷了。不过因高利贷而获罪的事例在历史上毕竟少见。因为政府虽然考虑到高利贷的恶果，但是并不真正地认真禁止，而借贷属私人之间的约定，政府想要插手也不容易。至于民间实际上通行的利率，唐时月利率约在6%至10%，而宋、元以下则降至3%至5%。这种下降的趋势或许与纸币、银两的采用，促使货币供给量增加，一般人较易取得现金有关[71]。

“赊”，或写作“贳”也是一种很类似借贷的信用行为，所以“赊贷”常常连在一起讲。在《周礼》著成的时代以前，“赊”即已存在。到了王莽行“六莞”的经济统制政策时，“赊贷”也是其中的一项。则“赊”的习惯也是源远流长。

“赊”，简单地说，就是“挂账”的意思。虽然在宋代以后，它特别被客商、牙人、铺户等利用于自产地运输茶、糖、丝绸前往消费地区，等行销完了再行结账的情形，不过一般市井小民向邻近铺户购买民生必需品时，赊欠也是很平常的行为。这有时是因为消费者一时手头不方便，有时则是交易的数目不大，零星的收取现金反而不方便，故而暂不付现。

“赊”因此是一种“透支”行为，必须定期清算。一般而言，端午、中秋和除夕是一年中三次清账的日子，但是因地方习俗的不同或另有约定，也还有其他的情况。“赊”往往也采取立折取货的方式，这种做法就颇有现代信用卡的味道了。

70. L. S. Yang, *Money and Credit in China: A Short History*, pp. 94 - 95.

71. *ibid.*, p. 98.

货币的发行权与伪造货币的问题

战国时代，货币有由人君发行的，也有商人自行铸造的。不过有关铸币权的问题却很早就被提出，并且形之于文字。《管子·国蓄》篇云：“人君铸钱立币，民庶之通施也。”又云：“五谷食米，民之司命也；黄金刀币，民之通施也。故善执其通施以御其司命，故民力可得而尽也。”已有由人君来控制货币发行，集中铸币权的思想。

齐国刀币铭文，有作如下者：

（甲） 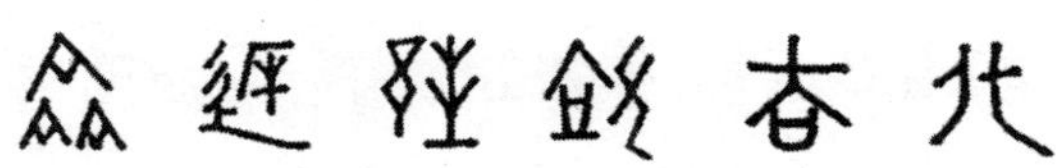

（乙） 

一般释为（甲）齐造邦䢅去化，（乙）节墨之去化。也就是（甲）齐造邦长法货，（乙）即墨之法货的意思[72]。刀文之“法货”两字为先秦钱币铭文中仅见的，它所代表的意义应与现代财政上“法币”的观念十分类似，表示该货币为“法定的货币”。

楚、汉相争时，汉王刘邦的政策原许平民自铸货币，但在天下平定以后，他便下令将铸币权收归国有。不过，由于汉初“萧规曹随”的无为之治，这个主张并未认真执行，以至于文帝时“民用钱郡县不同：或用轻钱，百加若干；或用重钱，平称不受。法钱不立”。由于“市肆异用，钱文大乱。”贾谊便主张统一货币铸造，建立“法钱”[73]。同一时期的贾山也主张将铸币权收归皇室，因为他认为铸币权是“人主之操柄”[74]。二贾的意见虽然一时未被采用，此后景、武二帝则致力于统

72. 有一个新的看法以为“夻”字应该释作“大”。其依据以为古文字中，从“口”不从“口”往往不分，如长沙出土帛书之“丙”即作“㕯”之类。“夻化”是“大化”，也就是“大货币”，乃是针对“小化”——小货币而言的。参见裘锡圭，《战国文字中的“市”》，《考古学报》，1980年第3期，页287—288。

73.《汉书·食货志》下，页1154。

74.《汉书·贾山传》，页1106。

一货币的工作，而在武帝时以发行“五铢钱”来完成。武帝以后，历朝历代皆以官铸为常，设有“铸钱监”（唐、宋）、“铸钱局”（明、清）等衙门来负责鼓铸。在此情况下，私人铸造货币就被视为非法了。

私人制造铜钱在汉代称为“盗铸”，汉以后称为“私铸”。私人仿造纸币（或其他信用工具），在宋代以后均称为“伪造”。由于私铸或伪造货币的利益（货币面值与制造成本的差价）很大，因此自古至今相沿不断。最严重时，如北宋末年，据说同时就有十万个人在盗铸货币。明代诸藩王、清代的旗人常常也是私铸者。最可笑的是清末时，政府由于财政困难，竟然也由官局铸造重量不足的伪币，称为“局私”，流通于市面，这是以贬低通货的实质内容来筹措经费[75]。

伪造纸币的例子以南宋时代一名叫蒋辉（蒋念七）的刻字工人伪造会子的故事最有名。从朱熹弹劾唐仲友的奏状[76]，可以了解唐仲友知台州时曾经包庇配军蒋辉在自己的衙署中伪造会子。有关其雕版、印刷……各方面，奏状中都有很详细的记述。

私铸或伪造的情形很多，主要是往昔货币制造技术过于简陋。以下且就铜钱与纸币分别作个了解：

铜钱的制造过程（图八），依明末宋应星《天工开物》的记载是如此的：先用四根木条做成一个空框，在框内填入土屑与炭屑的混合物，再以铜钱百枚置于其上，做成模子。一模正面，一模反面，两模对盖，再从预留的入铜眼孔灌入铜汁。待铜汁冷却后取出，则成一条一条的“钱树”。接着将钱树折开，一个个磨鎈，使其钱面与周廓皆呈光滑，就完工了[77]。这样的技术与设备皆不难办到，因此私铸易于进行。

纸币的制造主要在于雕版与印刷，因此雕板工人便成了奇货可居。前述蒋辉的案子便是工人伪刻模板的例子。据史料所载，宋代纸币的模板除了木雕者外，尚有用铜版的。模板除了文字以外，还有图案。

---

75. L. S. Yang, *Money and Credit in China: A Short History*, p. 32 .

76. 朱熹,《晦庵先生朱文公集》（台北，广文,《和刻汉集思想名著》本），页1111－1163。

77.《天工开物》（台北，中央文物供应社，1962年），页159－160。

除了单色者外，也有套色印刷的。并且纸币上还有官章与花押（行草体的签字）。印纸币的纸张也是特别制造，而非市面上可以随时找到的[78]。所以纸币的印造反较铜钱困难，伪造不易。再加上纸币通行的时期断断续续，因此在历史上伪造纸币的例子较少。

78. 杨联陞，《会子形状考》。杨联陞在该文开头引用奥平昌洪之《东亚钱志》里的一个模板可能是官方发行的交子，而非会子。因为《宋会要》提到交子系“用同一色纸印造，印文用屋木人物。”与该模板极为吻合。

货币信用与经济

中国的历史久远，经济的发展也开始得很早，从很早的时候便有了货币。货币的形式与经济的状况往往互相关联，所以若从各时代主要货币的形式来探讨，或许能对经济史的发展增加一些了解。

1. 先秦时代是货币的创始时代。由原始的交换到原始交易媒介的出现，其间的历史幽远难明。不过自从贝币出现后，货币在经济活动上便扮演了重大的角色。贝币自身演变的历史——由天然贝、龟贝、珧贝到铜贝（蚁鼻钱）——更说明了金属货币与其他品质的货币相互竞争后脱颖而出的情形。战国时代由于工商业的发达，刺激了货币的流通，更助长了经济的景气。这是金属货币自由铸造、自由竞争的时代，不过统一铸币权的思想已经在东方的齐国萌芽，并且也付诸实施了。

2. 秦、汉大一统的时代，铜钱成为社会上的主要货币。秦的“半两”与汉的“五铢”为其典型。其间虽也曾出现过其他形式的货币，但都不甚通行。“五铢”钱为汉代奠立了良好的经济秩序，五铢钱本身也成为汉朝的政治表征。其后董卓废五铢而用小钱，统一的货币制度就随着大一统帝国的崩溃而瓦解了。

3. 三国时代以迄唐代中叶是所谓的“中古自然经济”。东汉以后的魏、晋、南北朝在政治上虽然有过短期的统一，但在经济、文化各方面则呈现四分五裂的局面，此时作为经济之“面纱”的货币更是凌乱。

基本上可以说这是一个商品货币或所谓实物货币的时代。绢与谷物成为主要交易媒介，铸币不大为人使用。因为这个时代的经济是属

5

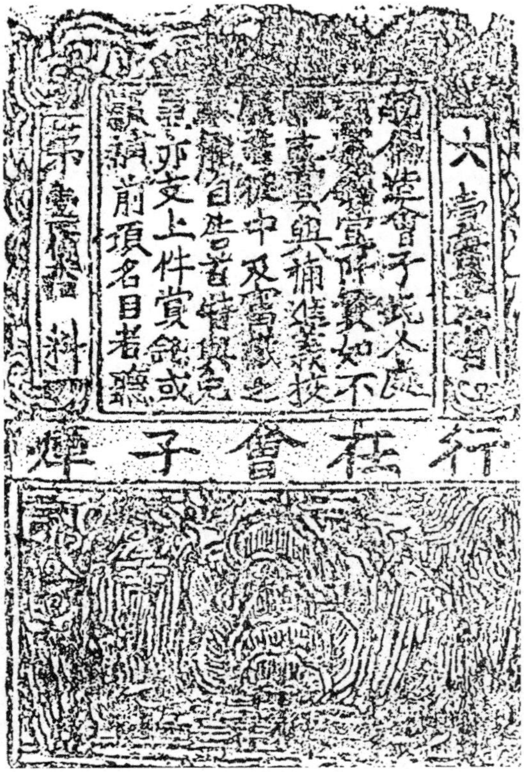

6

图五 北宋的“官交子”或“钱引”，采自《中国科学技术与发明》。宋代经济飞跃成长，信用工具也十分发达。其中最著名的就是所谓的“交子”，也就是“交易之媒介”的意思。

图六 南宋的“会子”，采自张秀民等著，《中国印刷术的发明及其影响》。“会子”是南宋发行最为重要的信用工具。

图七 元代的至元宝钞，采自张秀民等著，《中国印刷术的发明及其影响》。 元、明两代发行的纸币比宋、金时代进步，更具有现代银行券的意味，但也失败得更彻底，往后几百年中，纸币不得不暂时退出中国货币经济的舞台。“交钞”是元代代表性的纸币。

图八 铸钱图，采自宋应星，《天工开物》，卷中，《冶铸》第八。铜钱的制造过程，宋应星《开工天物》如此描述：先用四根木条做成一个空框，在框内填入土屑与炭屑的混合物，再以铜钱百枚置于其上，做成模子。一模正面，一模反面，两模对盖，再从预留的入铜眼孔灌入铜汁。待铜汁冷却后取出，则成一条一条的“钱树”。接着将钱树折开，一个个磨鎈，使其钱面与周廓皆呈光滑，就完工了。但因铜钱制造过程的技术与设备皆不难办到，因此私铸或伪造便很容易。

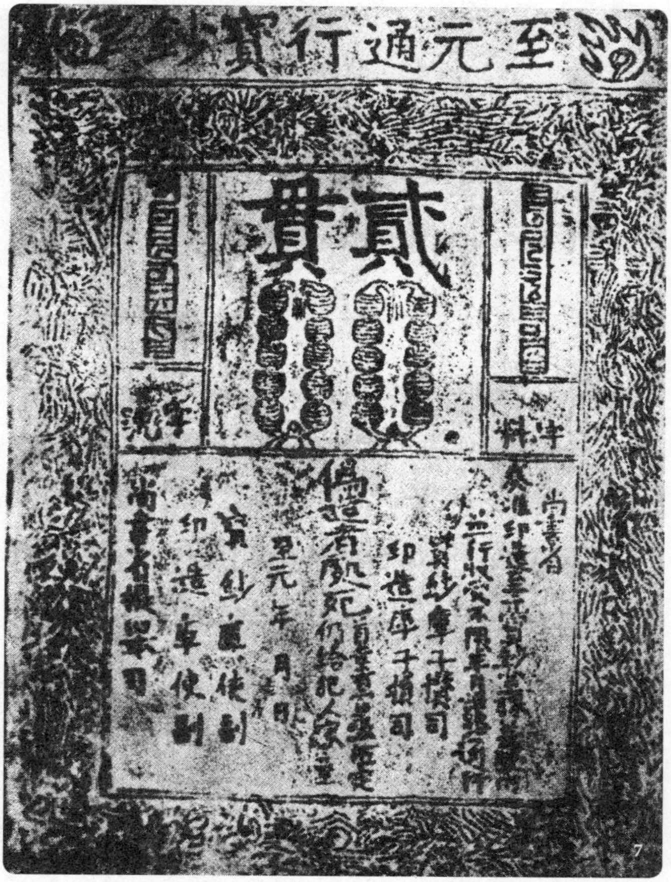

7

8

于所谓“庄园式”的自给自足经济，大规模的商业和贸易不甚需要，因此具有实用品与货币双重功能的实物货币反倒有另一番好处。

不过南、北朝相较，南朝治下的地方还是要比北朝通行铸币。尤其是广东一带，因为对外贸易的发达，对铸币的需要更甚，因而也才有“广州刺史但从城门一过便得钱百万”的掌故。

4. 从唐代中叶到明代中叶，即以赋税史上唐宰相杨炎的两税法与明内阁大学士张居正的一条鞭法为两块里程碑的六七百年间，铸币，尤其是铜钱又恢复了主要货币的地位。

使用实物货币的“中古自然经济”在隋、唐的大一统后逐渐消失，经济日益繁荣。到了中唐时代，虽然有安史之乱，但对经济的发展并未造成太大的打击。安史之乱以后，社会分工较以往精细，商品的供给较以往更为多姿多彩。铜钱的广泛流通造成好几段长时间的经济繁荣与社会安定。

铜钱（甚至同时使用过一段短时间的铁钱与铅钱）的供给因受限于矿冶与鼓铸，较缺乏弹性，加上巨额的支付在运送上也不方便，对应这个局面，在此六七百年间纸币与其他信用工具便被创造出来，用于一般的经济活动中，也用于缴纳租税。可惜由于人谋不臧，管理不善，政府更常常以印行纸币、扩张信用来解决财政上的困难，因而贬低了纸币的信用，以致每一种形式的纸币都只能通行一段不算长的时间。纸币的币信不易维持，必须不断重新发行，于是旧币的持有者往往被牺牲了。这对经济秩序有极不良的影响，从而影响了社会、政治的安定。于是到了明代中叶，纸币就被放弃了。

5. 明代中叶以迄鸦片战争的两百五十年间是白银与铜钱并行的时代，两者的地位难分轩轾，所以某些经济史学者干脆名之为“银铜复本位”制的时代[79]。

虽然用银子作为货币来使用的历史可以追溯到很久以前，但是要等到宋朝以后才普遍起来。同时，由于国际贸易与国内开采均不能供

79. 王业键，《中国近代货币与银行的演进》（南港，中研院经济所，1981 年）。

应足够的白银，因此白银在明代中叶以前尚不能取得主要货币的地位。反应在租税上的是唐中叶以迄明中叶的两税法基本上是以征钱的方式为之。但在明、清时代管理式贸易（administered trade）制度下白银大量内流，云南地方亦有银矿的开采，白银的供给不成问题，于是白银便跻于与铜钱一般的地位了。表现在租税上的便是一条鞭法所代表的纳银方式。

在“银铜复本位”制度之下，银、钱均为主币，银用于大的支付，钱用于小的支付。银、钱之间的兑换率虽然曾由政府加以规定，事实上却取决于自由市场。这也就形成了所谓的“银钱比价”的问题。

明、清时代，农民出售谷物，收取铜钱，生活日用用钱，缴纳公课用银；小官员、士兵领到的薪水为银，日用为钱；盐商卖盐得钱，兑成银缴纳盐税。当银的供给量上升，用钱所表示的银价便下降，小官员、士兵们虽然领取同样的薪水，却必须过较差的生活；相反的，庶民可以用较少的钱去兑取同额的银子缴纳赋税，换句话说负担是相对地减轻了。若是银价上升，情况就正好掉转过来。

明、清时代的盐商由于资本雄厚，手中握有巨额的银、钱，可以居奇待时。农民在缴纳夏税、秋粮时，由于迫切地需要银，因此银价上扬，铜钱下跌，盐商便以银易钱；等到瓶颈时期过去，钱价回升，再以钱易银。利用这种季节性变动，盐商（或其他富家巨室）便可以发一大笔横财，而小民便吃了这种季节性变动的亏了。

就整个经济体系而言，明、清之间由于经由菲律宾流入大量的美洲白银，造成了经济史上所谓的“物价革命”，即以白银表示的物价大幅度上扬。不过却也因为货币供给的充足，刺激了生产与就业，而有嘉靖至万历（1522－1619 年）与乾隆至嘉庆（1736－1818 年）两段长时期的经济繁荣。

鸦片战争以后，不平等条约接续签订，洋商涌到中国，甚至在中国设立银行，发行钞票。虽然在洋人势力不到的地方，“银铜复本位”制度仍然发挥着它的功能，但是它也在朝着单本位的银本位制度改变。大致说来鸦片战争后，全国的货币使用十分紊乱，要到民国二十五年发行法币才再次统一起来[80]。

"货币"也通称为"通货"，因为它的功能全赖被人接受而在市面上流通才能发挥，所以说"通货利商，不住如泉"。纵观三千年来我国货币信用史的发展，在创造发明上确能推陈出新，但是既无有系统的货币理论，货币制造的技术又不够精良，因而货币的问题经常困扰着执政者，也常造成使用上的不便。

80. 参考佐伯富，《中国史的发展与银的问题》；全汉昇，《从货币制度看中国经济史的发展》，《中国经济史研究》，下册，页181－196。

舟车之利

交通与运输

张瑞德

谈到中国传统的交通运输，很容易使人联想起几个轿夫扛着一顶轿子在羊肠小径上走、苦力们费力地拉着载了重物的牛车，或是一叶扁舟从光滑如镜的水面上轻轻滑过；更由此轻易地下了结论——中国传统的交通运输就是缓慢、落后。这种观察正确吗？中国传统的交通是不是比西方落后？此外，这种运输方式对于中国传统的经济究竟产生了怎样的影响？中国是否因为劳动力过多而不需要去发明或改良他们的运输工具？

本文希望能综合近人的研究成果，对中国历代的交通工具、河渠道路的兴筑作一简明的叙述，并试图解答以上几个问题，讨论的范围则集中于国内的水运和陆运，不包括海上交通和通讯事业的发展。

道 路

根据文献记载，早在周代已有类似现代所谓国道的大路，当时称为“周道”。《诗经》中有“周道如砥，其直如矢”的句子，可见周道的平直[1]。这或许不是普遍的情形，但能够如此，也不是容易的事。

春秋时代的交通已相当发达，由列国之间会盟的频繁和战争的不时发生即可看出。当时列国之间的交涉最注重会盟。既为会盟，当然参加的不止是一两个国家。以齐桓公而论，桓公霸诸侯，据说曾举行兵车之会六、乘车之会三。聚会的地方，有的在济水以北，有的在淮水中流，所涉及的地方相当广大。齐桓公除了会盟之外，还曾亲自南伐楚国，渡过汝水，越过方城。方城为楚北的厄塞，也就是说他已快要到楚地了。他还北伐山戎，征讨过令支（今河北省迁安县）和孤竹（今河北省卢龙县至热河省朝阳县一带）；又为了打白狄，到过西河；也曾越过太行、辟耳诸山，到过流沙、西吴。可见，他所到的地方已是相当广大。春秋时代商业的发达也显示出交通比以前便利，当时商人往来各

1. 屈万里，《诗三百篇成语零释》，《台湾大学文史哲学报》，第4期（1952年2月），页2—4。

国的道路虽无从得知，但可以相信这种通商的道路在各国之间是普遍存在的[2]。

到了战国时期，各国之间交易的范围和战争的规模日渐增大，道路自然受到重视，由当时作战时军队进退，一夕百里的情形即可看出[3]。但是这时期的道路因各国分立，主要干线都是各自以其国都为中心，向外辐射，大规模的道路网到秦统一天下以后才实现。

汉朝初年时，贾山描述秦时的驰道说：

> 为驰道于天下，东穷燕齐，南极吴楚，江湖之上，濒海之观毕至。道广五十步，三丈而树，厚筑其外，隐以金椎，树以青松，为驰道之丽至于此。[4]

驰道主要是供天子巡幸天下之用，不过天子巡幸的时候究竟有限，京城附近的驰道外，各地的驰道平时也不可能完全禁止民众使用。所以秦代巡幸的驰道，也就是通达天下的国道[5]（图一）。

表一　秦朝驰道的长度

起讫	秦与西汉之里
咸阳（长安）至洛阳	950
洛阳东北行至蓟（燕）	2,000
洛阳东行至临淄（齐）	1,800
洛阳东南行至会稽（吴）	3,800
咸阳南行至零陵（楚）	3,300

2. 史念海，《春秋时代的交通道路》，《河山集》（1963年），页67—76。

3. 例如：《战国策·魏策》一：“从郑至梁不过百里，从陈至梁二百余里，马驰人趋，不待倦而至。”；《战国策·楚策》一：“蒲及平阳相去百里，秦人一夜而袭之，安邑不知；新城上梁相去五百里，秦人一夜而袭之，上梁亦不知也。”

4.《汉书》（点校本），卷五十一，页2327。

5. 劳榦，《汉代文化概述》，《总统蒋公逝世周年纪念论文集》（台北，中央研究院，1976年），页673。另外有些学者则认为驰道中央的三丈为皇帝所行的御道，臣民除有特诏许可外，不得利用，只能行于两旁的“旁道”，驰道上也有横跨的“行道”，可供穿越。参阅：孙毓棠，《汉代的交通》，《中国社会经济史集刊》，第7卷第1期（民国三十三年六月），页24。

咸阳北行至九原	1,910
总计	13,760

资料来源：Joseph Needham, *Science and Civilisation in China*, Vo1.4, Pt. Ⅲ (Cambridge, Cambridge University Press, vc1971), p.15.

这总长度达13,760里（约合4,250英里）的道路系统，并不全是秦始皇所修建的，他只是就以前各国原有的大道，加以整理联系，成为一个道路网而已，其中也有始皇所新修筑的，直达九原的道路就是一个例子。蒙恬主持兴建的这条道路，由云阳（今陕西省淳化县北）的甘泉山，通到九原郡（今包头市）。全路取直线进行，逢山开掘，遇谷填塞，自始皇三十五年（公元前212年）开始修筑，三十七年（公元前210年）完工，全长1,800里（约合今1,400余里）[6]。这条道路的兴筑，或许是始皇为求游幸的便利，但却有巩固边陲的功效。

汉代承袭秦代的统一局面，道路继续扩展，以长安为中心向外辐射。长安以西，则自渭城经天水、陇西、金城以及河西四郡，度玉门而至西域。京师西北，则自渭城、云阳以至安定、北地。京师以北，则自栎阳、上郡、西河，以至五原。京师东北，则自华阴渡河以至河东、太原，而至燕、代。京师以南，则自郿以南为斜谷道，自陈仓以南为陈仓道，自杜陵以南为子午道，都会合于南郑，经剑门入蜀。京师之东，则关东道路都集中于洛阳，经函谷以至于洛阳[7]。这些道路都可以通行车辆，在山谷崎岖处就用木架筑成栈道，直到唐宋以后，知道利用火药开山，栈道才渐渐废弃。

根据粗略的估计，秦代道路共兴筑了23,710里、两汉共兴筑了41,150里，如换算成英里，则东汉末年主要道路的总长约在二万至二万五千英里之间。如将汉代和罗马帝国每千平方英里领土所有的道

6. 史念海，《秦始皇直道遗迹的探索》，《文物》，1975年第10期，页44—54。

7. 劳榦，《论汉代之陆运与水运》，《中央研究院历史语言研究所集刊》，第十六本（民国三十六年），页69—70。另可参阅：谭宗义，《汉代国内陆路交通考》（香港，新亚研究所，1967年）。

路里程作一比较，则直到3世纪，中国道路网的规模约为罗马的55%到75%（表二）[8]。

表二　汉朝和罗马帝国道路兴筑表

	面积（平方英里）	道路英里数	每千平方英里道路英里数
罗马帝国图拉真（Trajanic）时代（117年以前）	1,963,000	48,500	24.7
哈德良（Hadrianic）时代（117年以后）	1,763,000	48,500	27.5
吉本（Gibbon）的估计	1,600,000	48,500	30.3
东汉（190年左右）	1,532,000	22,000	14.35

资料来源：Joseph Needham，*Science and Civilisation in China*,Vo 1.4,Pt. Ⅲ，p.29.

汉代的道路网和罗马帝国之间的差异，地缘政治环境可能是一个重要的因素。中国道路网的规模之所以会相对的小，必定和可航行的内陆河流较多及善于利用人工水道有关，中国在这两方面都胜过欧洲。曾有学者作过一个比喻：古罗马的道路系统在某方面可说是体外骨骼；帝国的心脏——浩瀚的地中海，固然有利于海上运输，罗马人仍感到有必要在这大盆地的周围修筑道路网；至于中国，汉代的道路网则是由一个中心——长安，向外辐射，在辽阔的土地上连绵不绝，好像构成了帝国的体内骨骼。无论如何，我国古代道路的计划和修筑确实值得钦佩，其坚实经久，决不输于15世纪的西方[9]。

秦汉以后，历朝政府都将道路的兴筑和维护视为政府的责任。在许多朝代，朝廷只重视与漕运和驿递制度有关的交通路线，至于地方道路的保护和修缮则由地方政府负责。宋代以后，权力集于中央，州县无财政自主权，无法从事较大规模的工程，于是地方官需要有一些热心公益的士绅协助从事修桥、铺路等地方建设或社会公益事业。如

8. Joseph Needham, *Science and Civilisation in China,* Vol.4, Pt. Ⅲ (Cambridge, Cambridge University Press, 1971), pp.27-29.

9. *Ibid,* p.29.

果遇到涉及几个县的工程时，通常省级官员都会出面指挥，或从中协调，但不论是由官吏还是士绅指挥，负责执行的大多是士绅[10]，士绅以外，地方上的富户和宗教团体也常热心支持[11]。因此，到了清末，中国除了官马大道外，另外还有几百万英里的小径遍布全国。

至于中国主要的交通线，在长江以北至少有七八条。第一，从北京南经山东西部，进入江苏西部，至扬州一带。第二，从河北经山东，纵贯安徽，出江西九江。第三，从河北经河南中部，入湖北，至武昌或荆州。第四，由北京入山西，斜贯全省入陕西，从渭水上流的宝鸡左折，经汉中，入四川，抵达成都。以上四线纵贯南北，联络这四线的东西走向道路则不计其数，最主要的有从安徽北部出河南开封，联系第二和第三线，再从开封西经洛阳，出陕西西安，联系第三和第四线。由荆州入四川成都，也是连接第三线和第四线。自陕西西部渭水上流入甘肃，经兰州、凉州，以赴敦煌，这是一线；从北京东走山海关，赴东北、朝鲜，也是一线。

长江以南，重要的路线有十余条。第一，自镇江经苏州入浙江杭州，进而至于福建，以联络长江以北第一线。第二，由九江南下直出广东韶州，以至广州，续接江北第二线。第三，从湖南北部南行出韶州或广西桂林，接江北第三线。再从湘入贵州、云南（第四线），从四川南部入贵州或云南（第五线）。主要的横断线则是从广州西达桂林等地（第六线），自江苏江宁经皖南、赣北入湖南，和从浙江西南部入江西。

以上这些路线的交通，大多远自秦汉以下即已存在，一直沿用至今[12]。晚清时期路况较好的，则只有由通州到北京、汉中到成都、南京到凤阳等三条道路[13]。

---

10. Chung-li Chang, *The Chinese Gentry: Studies on Their Role in Nineteenth-Century Chinese Society*(Seattle and London: University of Washington Press, 1955), pp. 56-57.

11. Lien-sheng Yang, "Economic Aspects of Public Works in Imperial China" in Yang, *Excursion in Sinology* (Cambridge, Harvard University Press, 1969), pp. 199-201.

12. 加藤繁著，杜正胜、萧正谊译，《中国经济社会史概说》（台北，华世，1978年），页72—73。

13. Thomas William Kingsmill ed., "Inland Communication in China," in *Journal of the North China Branch of the Royal Asiatic Society*, new(2nd)series 28(1893/94), p.3.

馆舍与驿递制度

行旅不论在路途上或是到达目的地以后，都需要有休息住宿的地方。古代官吏旅行，可能有所谓“候馆”，如《周礼》中所记载的：“凡国野之道，十里有庐，庐有饮食；三十里有宿，宿有路室，路室有委；五十里有市，市有候馆，候馆有积。”[14]这些设施并不是一般平民所能利用。到了战国时代，随着商业发达，都邑繁荣，专事营利的逆旅才逐渐发展，但是并不普遍，旅途仍以寄宿人家的为多，无法投宿的甚至露宿。汉代虽然也有“客室”，仍不算发达，平民行旅主要仍赖邮亭以止宿[15]。晋代以后，私人经营的逆旅之业大兴，官方供客宿止的亭所也就日渐没落[16]。此外，南朝以后的僧寺也成为变相的旅舍，虽贵人也有寓居僧寺的。旅舍日益普及，自然有利于远行。

至于驿递制度，也和交通路线有关。我国的驿递制度起源很早，有文献可考的，则从周代开始[17]。《左传》文公十六年（公元前611年），“楚子乘驲会于临品”；又成公五年（公元前586年），梁山崩，晋侯以传召伯宗；又昭公二年（公元前540年），公孙黑作乱，驷氏与诸大夫欲杀之，“子产在鄙闻之惧弗及，乘遽而至”。无论传、遽或驲，都是更换车马以求迅速[18]。秦汉以后，驿递制度逐渐发展，详细情形因文献缺乏已不能完全明了。到了唐代，驿制臻于成熟，文献资料也较为详细。驿政的管理，在中央有兵部的驾部，在地方有馆驿巡官、兵曹司、兵参事、县令等。开元年间，天下水马驿共计1,639所，涉及的官吏夫役高达21,500余人（其中包括中央官吏99人）[19]。唐代规制，急驿日行五百里，天宝年间，杨贵妃嗜食荔枝，

14.《周礼》（《十三经注疏》本），卷十三，页12—13。

15. 孙毓棠，《汉代的交通》，页33。

16.《晋书》（点校本），卷五十五，页1502—1503。

17. 有些学者认为驿递制度可上溯至商代。参阅：于省吾，《殷代的交通工具和驿传制度》，《东北人民大学人文科学学报》，1955年第2期，页114。

18. 许倬云，《周代的衣、食、住、行》，《中央研究院历史语言研究所集刊》，第四十七本，第三分（1976年9月），页523。

19. 陈沅远，《唐代驿制考》，《史学年报》，第1卷第5期（1975年8月），页61—92；楼祖诒，《中国邮驿发达史》（台北，天一重印本，1975年），页156—157。

为求新鲜，特设置急驿，由涪州（今四川省涪陵县）驰贡。由涪州到京师，全程约二千里，飞骑日行近七百里，三日即达长安[20]。宋代的驿制因袭唐代，特色有二，一是以军卒代民夫，特设递卒，又设急脚递，专供军事之用。元代时，驿递制度发展至最高峰，当时称为站赤。元代站赤的种类极多，以交通工具来分，有马站、水站、牛站、轿站、车站、狗站、海站、驴站、骆驼站等；以功能来分，则有海青站、军站、递运站、步站等。其中马站的数目最多，约占全国驿站总数65％以上，水站次之。为了联络政治中心大都和经济中心江浙，元代加强了华东沿海的驿路；为了统治上的需要，于福建、两广、云南新设立了许多驿站，陕西、四川、甘肃各省的驿站却减少了许多，这是宋元二代驿路最大的不同处[21]。明清两代的递制则大致和元代相似，很少变动[22]。

20. 严耕望，《天宝荔枝道考》，《大陆杂志》，第57卷第1期（1978年7月），页1—5。

21. 详见：胡其德，《元代驿递制度研究》（未刊硕士论文，台湾师范大学历史研究所，1978年）。

22. 关于明代的驿递制度，可参阅：苏同炳，《明代驿递制度》（台北，中华丛书编审委员会，1969年）；星斌夫，《明清时代交通史の研究》（东京，山川出版社，昭和四十六年），前篇。

利用驿传，自始即是官吏的特权，一般平民不得利用，由于置驿而使交通路线固定，也有助经济发展。

人工河道

春秋战国时期，列国开辟的沟渠很多，但是一些著名的沟渠——如西门豹、史起引漳水溉邺的工程和郑国渠，目的似乎都在灌溉，在交通上未必有什么贡献。至于《史记·河渠书》和《汉书·沟洫志》中所记载的一些河渠，由于都可以行船，对交通则有很大的影响，其中尤以春秋之末和战国初年，江淮之间的邗沟和河淮之间的鸿沟最为重要。因为中国古代河流的流向都是自西而东，南北交通多依赖陆运，效率自是有限，邗沟和鸿沟凿成后，突破了地理上的限制，在中国交通史上实具有重大意义。

吴王夫差的运河工程，除了沟通江淮，更向北方和西方延长，沟通泗水和济水。他的军队曾循着邗沟，由长江到淮水，由淮水入泗水，再由泗水入济水，一路乘船直到晋国的边界。夫差的动机虽在争霸，但是从此以后长江下游和中原即可直接沟通。鸿沟的开凿，也很成功。淮河的几个支流都是由西北流向东南，而鸿沟由黄河引水，和那些河道横接，于是河道之间就平添了几条运道。战国末期，楚国之所以从郢迁都到陈，又从陈迁都到寿春，就是由于循着鸿沟入颍通淮这条水道，上通三晋，下连吴越，交通便利的缘故。这条通路在中国交通史上也长时期地占有重要地位[23]。

秦代最有名的人工渠道，是秦王政二十八年（公元前219年）征伐南越时，为了解决运输军粮问题，派史禄领导开凿的灵渠（图二）。它长约三十多里，宽约五米，连接湘水（长江水系）和漓水（珠江水系）。湘水发源于现在广西省兴安县以南的海阳山，流入湖南平原，经衡阳、长沙而至洞庭湖，最后与长江汇合；漓水则发源于兴安县以北的越城岭，和西江会合后，进入西江而流至广州。开凿灵渠时，先在湘水中用石堤筑成分水“铧嘴”和大小“天平”，把湘水隔断。在铧嘴前开南北两条水渠，北渠仍通湘水，南渠就是灵渠，和漓水相通。湘水上游，海阳河流来的水被铧嘴一分为二，分别流入南渠和北渠，这样就连接了湘水和漓水，沟通了长江和珠江两大水系。当海阳河流来的水大时，灵渠可以经由大小天平等溢洪道，把洪水排到湘水故道去，保证了运河的安全。灵渠选择在湘水和漓水距离很近的地段，水位相差不大，并且使运河路线迂回，减低坡降，平缓水势，便于行船。这条世界上最早的等高运河（transport contour canal），设计和布局都很科学，在世界航运史上占有光辉的地位。

23. 王毓瑚，《秦汉帝国之经济及交通地理》，《文史杂志》，第2卷第9期（民国三十二年十月），页34。

灵渠开通后，由广州经由西江、漓水、湘水、洞庭湖、长江、邗沟、鸿沟，可直到黄河下游。这条水道，自北纬四十度绵延至二十二度，直线距离约有一千二百五十英里，航行距离则在两倍以上，在其他古文明中实在很难找到类似的例子[24]。通过灵渠，使得我国南北的政治、经济、文化联系也得到了进一步的扩大和加强。这在有关的历史记载和考古材料中都有具体的反映。例如，铁制生产工具在秦汉时代大量的增加，在两广各地的汉墓中都有发现，说明铁制生产工具的铸造和使用已推广到岭南，并使岭南地区的生产水平迅速地提高，广州也成了重要的商业都市[25]。此外，灵渠在唐代经过李渤的修整后，一直航行不断达二千余年，也是其他古文明的水利工程所不能相比的。

汉代河渠的开辟和修治工程不少，和运输关系最密的则是漕渠。汉武帝时，大农郑当时鉴于漕运的需要，建议开漕渠连接黄河和都城长安，较沿渭河而行可缩短三分之二的路程，时间也可以由六个月减少为三个月，同时漕渠附近居民又可取水灌溉，灌溉面积将可达万余顷，实具多项功能。武帝同意了这项建议，于是发卒数万人穿漕渠，自元光六年（公元前129年）起，三年而成。西起现今陕西长安县西南的昆明湖，东到黄河，全长三百余里[26]。七百年后，隋代曾重建这条渠道，作为大运河的一部分。

魏晋南北朝时，所开凿的河渠不少，其中对交通影响最大的是魏正始年间邓艾所开的渠道。《晋书·食货志》说他“上引河流，下通淮颍，大治诸陂于颍南、颍北，穿渠三百余里，溉田两万顷，淮南、淮北皆相连接，自寿春到京师（洛阳），农官兵田，鸡犬之声，阡陌相属。每东南有事，大军出征，泛舟而下，达于江淮”。[27]这条三百余里的长渠，连接颍淮南北，可算是漕渠以后的第一大渠。此后，历两晋南北朝，就不再有类似规模的工程出现。

在隋代各项建设中，规模最大，而且影响后世最深的，是连接南北长达1,400英里的大运河（图三）。这条在现代铁路兴起前的中国南

24. 宋正海，《中国古代的水利工程和水文知识》，《中国古代科技成就》（1978年），页286－287；Joseph Needham, *Science and Civilisation in China*, Vol.4, Pt. Ⅲ, pp.299-306、359。

25. 洪声，《从灵渠的开凿看秦始皇的历史功绩》，《文物》，1974年第10期，页53－58。

26.《史记》（点校本），卷二十九，页1409－1410。

27.《晋书》（点校本），卷二十六，页785。

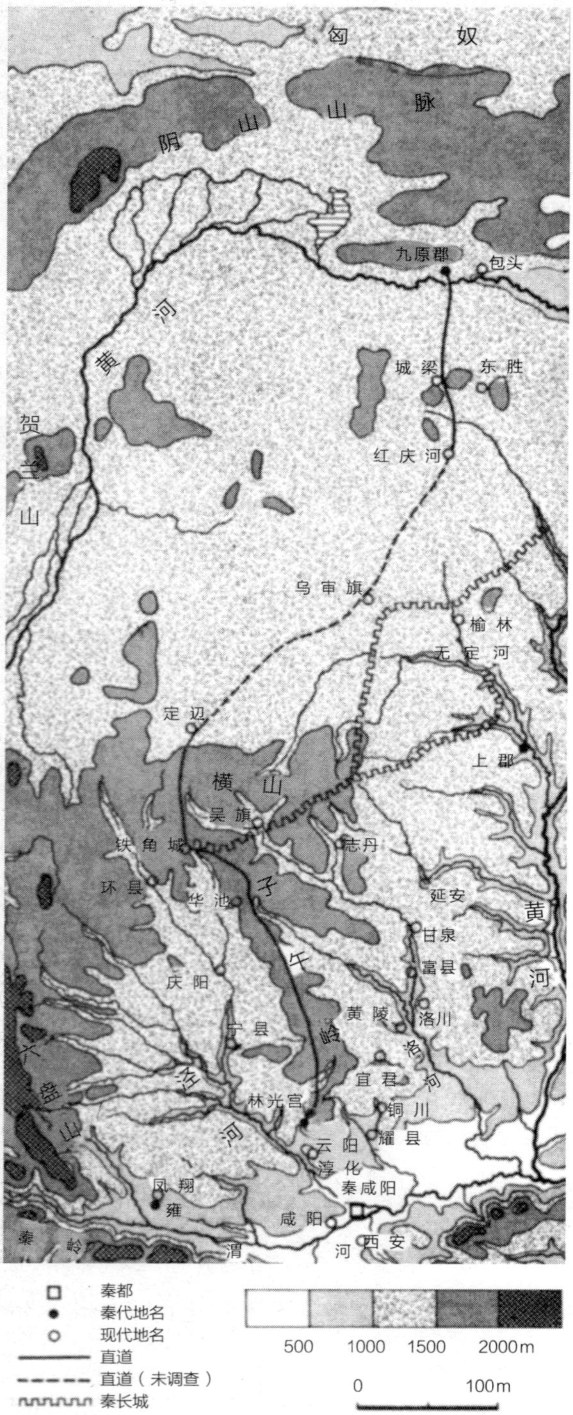
匈 奴
阴 山 山 脉
九原郡
包头
黄 河
城 梁
东 胜
贺 兰 山
红 庆 河
乌 审 旗
榆 林
无 定 河
定 边
上 郡
横 山
吴 旗
铁 角 城
志丹
环 县
华 池
子 午 岭
延安
黄 河
甘泉
富县
庆 阳
黄 陵
洛川
宁 县
洛 河
六 盘 山
泾 河
宜 君
林光宫
铜 川
耀 县
云 阳
淳 化
凤 翔
雍
秦咸阳
咸 阳
秦 岭
渭 河
西 安
秦都
秦代地名
现代地名
直道
直道（未调查）
秦长城
500
1000
1500
2000m
0
100m

1

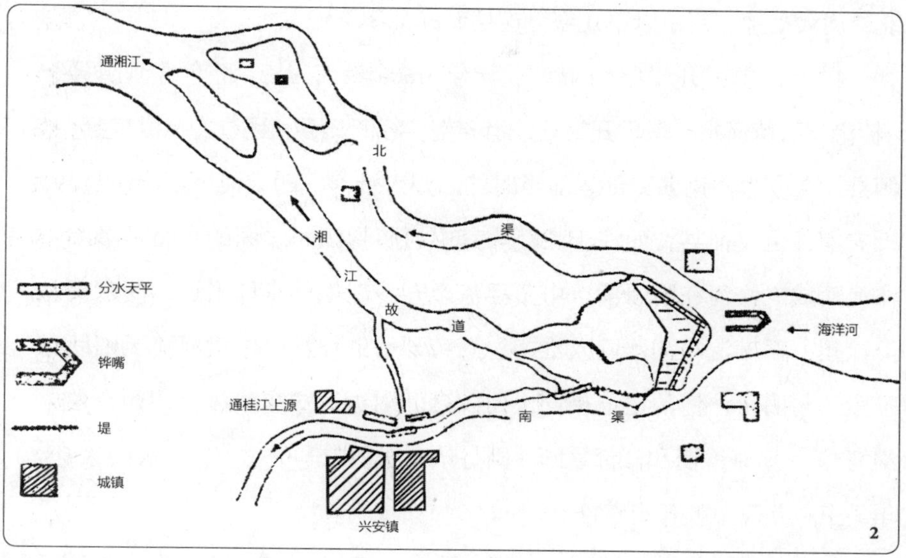

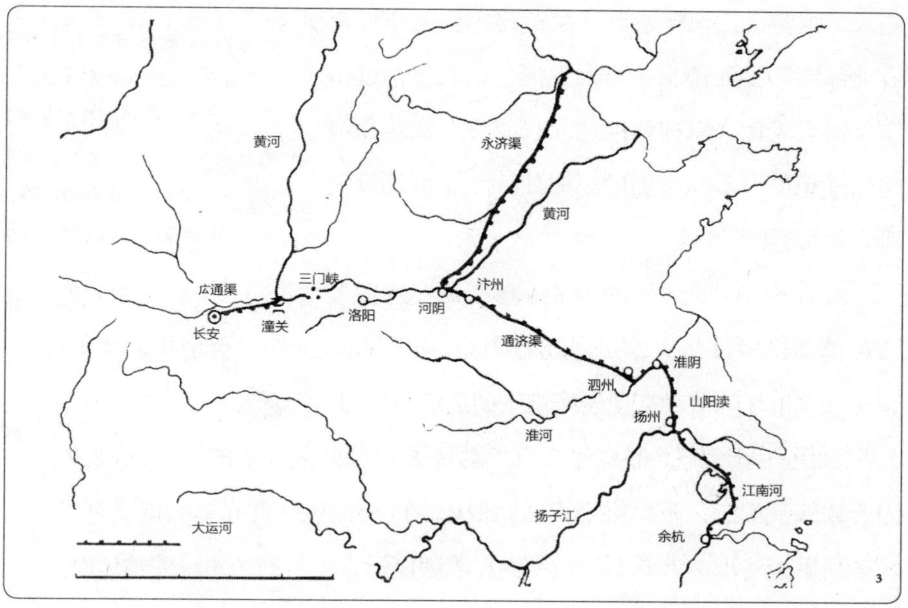

图一 秦直道图，采自大庭脩编，《图说中国の历史（2）：秦汉帝国の威容》（东京，讲谈社，1977 年）。驰道主要是供天子巡幸天下之用，不过天子巡幸的时候究竟有限，京城附近的驰道外，各地的驰道平时也不可能完全禁止民众使用。所以秦代巡幸的驰道，也就是通达天下的国道。

图二 灵渠示意图 。灵渠是秦代最有名的人工渠道，长约三十多里，宽约五米，连接湘水（长江水系）和漓水（珠江水系）。

图三 隋代运河图，采自日比野丈夫编，《图说中国の历史（4）：华丽なる隋唐帝国》（东京，讲谈社，1977 年）。在隋代各项建设中，规模最大，而且影响后世最深的，是连接南北长达1，400 英里的大运河，它是在现代铁路兴起前的中国南北交通大动脉。

北交通大动脉，系由以下几部分连接而成：

1. 通济渠：开于隋炀帝大业元年（605 年），从今河南省河阴县（板渚）引黄河水，东贯开封县，稍向南，经商丘县，通过安徽省宿县、泗县，在今洪泽湖西南部，即当时的泗州入淮河，随淮河下至淮阴县，折向南，至仪征县，而注于长江。其中河阴到泗州之间的水路是修改汴河而成。汴河在隋以前，由黄河流至开封以东的雍邱附近，便东流至徐州，再南流与泗水同入淮河。炀帝开凿的汴河，由黄河流至雍邱一段，与旧日汴河的河道相同，但到雍邱附近后却东南流至泗州，入淮河[28]。至于淮阴和江都之间，则是依照春秋末年吴王夫差开凿的邗沟整修。

2. 永济渠：大业四年（608 年）开凿，连接沁水、卫河、白河等水路。从黄河本流至今河南省北部武陟县入沁水，再入卫河，东北流，过山东临清至天津，顺白河以达北京南方。武陟和河阴隔岸相望，出汴河的船只要往河北，可直渡黄河入沁水运河。

3. 江南河：大业六年（610 年）开。起自今江苏镇江，经常州、苏州，入浙江省，至杭州，全长八百余里，宽十余丈。在镇江隔着长江便连接南下的通济渠。

以上三条运河，都是隋炀帝发动民夫数百万人开凿的，人民饱尝困苦，叛乱四起，隋室终至灭亡，但中国的交通也从此有重大的进展。炀帝利用运河游幸南北、讨伐高丽，唐朝以后，运河的功用变为输送官府货物，并且便利官吏往返，一般民船也不禁止，民间货物常以运河大量运输。华北和江南各省之间的交通，除从陕西往四川外，几乎全利用通济渠。南北之间，利用运河运输的货物，在唐朝主要是米粮和布帛，到了宋代，种类更不可胜计。宋仁宗时，知制诰富弼曾上奏说：

伏思朝廷用度，如军食、币帛、茶、盐、泉货、金、铜、铅、

---

28. 青山定男，《唐宋汴河考》，《东方学报》，第二册（昭和十六年），页1—49；张崑河，《隋运河考》，《禹贡半月刊》，第7卷第1、2、3合期（民国二十六年四月），页201—212。有些学者则认为通济渠是利用汉、魏、晋、宋以来的汴水故道，由汴入泗，再由泗入淮，参阅：朱偰，《中国运河史料选辑》（1962 年）。

银，以至羽毛、胶、漆，尽出此九道（指淮南、江南东西、荆湖南北、两浙、福建、广南东西）。朝廷所以能安然理天下而不匮者，得此九道供亿使之然尔。此九道者，朝廷所仰给也。[29]

大运河的开浚，一方面创下了人工开河的新纪录，另一方面也推进了东南各郡在历史上的重要性[30]。这三条运河中，只有江南河后代仍随时疏浚缮修，直到清末海运兴起以前，都能充分利用。通济渠在唐代即偶有淤塞[31]，金人占领华北后，因怠于整修，次第淤塞，终至不堪使用。金章宗明昌五年（1194年）黄河泛滥，河水改道，自今河南修武县东南流，沿汴河故道，合泗淮入海。元代建都燕京，政治中心和经济中心又成为南北分立的状态，原来唐宋时代到长安的运河也失去了作用，由于地理形势的要求，必须要有一条有效的南北交通线，使江淮财赋顺利抵达北方的京城，帝国才能维持，自然地产生了开凿河渠的动机。元世祖至元十七年（1280年），从姚演言，开济州河，以通漕运。自济州（山东济宁）开河达于东平、安山，入大清河，长150里。于是江南的漕米可由泗河到济州河，下大清河从利津入海，直达天津[32]。后来因为海口沙壅，航运不畅，又从东阿（山东省东阿县）陆运200里至临清入御河。为缩短航程，又开胶莱河通海，但是劳费无成。

元朝开通惠河，始于世祖至元二十九年（1291年）秋，于三十年秋完成，为都水监郭守敬所建议，河道由通州至都城，总长一百六十余里一百四步，坝闸凡二十座，节水通漕，公私大便。至于会通河，起自东昌路须城县安山西南，由寿昌西北至东昌，又西北至于临清，达于御河，共长二百五十余里。至元二十六年（1289年）正月开始开凿，六月开成，共役使二百五十一万余工。这条运河开凿的目的，在

29. 黄淮、杨士奇辑，《历代名臣奏议》，卷二一九，页9上。

30. 关于隋至宋的大运河，可参阅：全汉昇，《唐宋帝国与运河》（重庆，商务，民国三十三年）；星斌夫，《大运河——中国の漕运》（东京，近藤出版社，1971年），页17－64。

31. 例如扬州附近的河道。参阅：罗宗真，《扬州唐代古河道等的发现和有关问题的探讨》，《文物》，1980年第3期，页21－27。

32.《元史》（点校本），卷六十五，页1626。

使汶水和御河相通，以便公私漕贩。完成后，江南行省起运的货物，都由会通河至御河，更经白河、通惠河以达大都。可惜会通河岸狭水浅，不能输通大量航运，因此直至元朝灭亡，南北的转运工作始终是以海运为主。虽然如此，元代开通惠河，接白河、御河，又开会通河，上连御河，下接清泗，至徐州会黄河，南通江淮，循江南运河到达余杭，大运河的局势至此大致完成。

到了明代，洪武二十四年（1391年），黄河在原武决口，导改会通河淤塞绝航。明成祖时，感到海陆兼运仍不能满足北方的需要，会通河的价值于是又被重视。永乐九年（1411年）二月，成祖采用济宁州同知潘叔正的建议，命工部尚书宋礼等役丁夫165,000人，疏会通河故道，同年六月大功告成，从济宁到临清244英里都可通行。如此，从江淮地区运到北京的漕粮，可由会通河至卫河，再经白河达北京。会通河疏通后，海运并未废弃，因为江南漕船在淮南仍需过坝渡淮河，才能抵达清河口，挽运者不胜其劳。所以在永乐十三年（1415年），平江伯陈瑄又请开清江浦河道，由管家湖导水至鸭陈口，入沙河达淮。南北水道既然可以畅通无阻，于是罢去海运，明代漕运从此全由河道运送[33]。

这条贯通南北的运道，能以江南的米粮供应北方的需要，自然成为历代朝廷的命脉，一直到清朝道光年间还多用它来运送漕粮[34]。此外，大运河对于一般民生也有相当大的影响。据估计，十八九世纪，大运河所运送的米粮，如以吨英里计，约占全国省际米粮贸易量的25%至35%[35]。来往民船所载运的商货，加上漕船所载运的土产、商人托运的货物，和非法夹带的私货，使华南、华北区域的地方性产品，得以成为商品流通全国，如明代江北所出产的大豆、枣，以及大量的私盐[36]；

33. 关于明代的运河，可参阅：吴缉华，《明代海运及运河的研究》（台北，中央研究院历史语言研究所，1961）；星斌夫，《明代漕运の研究》（东京，日本学术振兴会，1963年）；星斌夫，《大运河——中国の漕运》，第5章。

34. 关于清代的运河，可参考：张哲郎，《清代的漕运》（台北，嘉新水泥公司文化基金会，1969年）；Harold C. Hinton, *The Grain Tribute System of China, 1845-1911* (Cambridge, Harvard University Press, 1956)；星斌夫，《大运河——中国の漕运》，第6—8章。

35. Dwight H.Perkins, *Agricultural Development in China, 1368-1968* (Chicago, Alding Publishing Co., 1969), p.150.

36. 星斌夫，《大运河——中国の漕运》，页131；徐泓，《明代的私盐》，《台湾大学历史学报》，第7期（1980年12月）。

清代，南北交流的商品种类更多：由南向北运的，主要是米、粟、茶、木材、布帛、私钱等；由北向南运的，主要是梨、桃、柿、饼、硝矿、白盐、私盐等。此外，绸缎、纸张、药材、铜品、锡器、铁器、桐油、皮货、瓷器、扇、酒、烟叶、面、杂货等，也都在全境流通，其中数量最大的则是南方的木材和北方的私盐[37]。

37. 星斌夫，《大运河——中国の漕运》，页202－203；张哲郎，《清代的漕运》，页13；佐伯富，《清代盐政の研究》（京都，京都大学东洋史研究会，昭和三十一年），页137。

表三　晚清时期大运河全段实况

	里程（英里）	间距（英里）	标高（长江中水位以上）		运河水深（英尺）
			附近地面高（英尺）	水面高（英尺）	
北京（通惠河）	0	18	118	112	
通州（白河）	18	77	92	85	10
天津（御河）	95	240	26	23	10-26
临清（会通河）	335	70	118	115	10-33
黄河北岸	405	—	125	115	10
黄河南岸	405	43	125	138	30
南旺镇（济州河）	448	13	120	138	13-14
济宁（桓公沟）	461	89	130	115	13-22
蔺家坝	550	155	118	115	10
淮阴	705	116	60	54	10-33
长江北岸	821	—	16	0	13-26
长江南岸（江南河）	846	29	16	0	40-50
丹阳（江南河）	875	185	56	6	13
杭州	1060	1035	12	0	13

资料来源：Joseph Needham, *Science and Civilisation in China*, Vol. 4, Pt. Ⅲ, p. 318.

虽然如此，大运河对中国经济发展的贡献仍然不是没有限制的。

试以明代的情形为例来说明。大运河沿线有许多湖泊、急流，以及充满沙洲的河床；北端终点和两条河流相交，而这两条河每逢冬季便水涸冰冻。此外，在大运河和长江、黄河的交会点，如遇舟多水少时，只有官船才可通过水闸，其他船只都必须卸下货物，以辘轳吊起通过。运河的中段，在不到200英里的距离内，即有38个水闸。明末清初，水深通常还不到4英尺，这些只有12英尺宽的水闸便需不断启闭以调节水位。大约有12,000艘漕船行驶于运河上，这些船往返一次通常都需要一整年的时间（包括运河北段结冻的时间在内）。如果将每条船首尾相连，其长度约为由长江到通州全程距离的十分之一。此外，朝廷又需动员1,800艘船运载皇室所需的补给品，其中大部分是消费品，如家具、龙袍、华南的新鲜蔬果，是否具有经济价值大有问题。由于政府对于运河的使用几近于垄断，因此大运河在刺激中国经济上所扮演的角色似乎不可过分高估[38]。

车

我国传统陆上交通工具中最重要的是车。有许多文献资料都提及奚仲是车的发明者，其实在生产力低下的远古，车的创造需要建立在若干世代积累起来的经验基础上，不太可能由某个个人突然发明出来。传说中的奚仲是夏代的人，古文献中将车的发明追溯至此时，可能多少有一些口头的传说作为依据。在仰韶文化时期，制陶的快轮的使用还不普遍，到了大汶口文化晚期和龙山文化中陶器才普遍使用轮制。陶轮仅在转动中带动泥坯做回旋运动，而车轮则在滚动中减轻了车子对地面的摩擦，从而可以较小的原动力移动较重的物体，这是人类利用轮子的较高阶段，因此后者应比前者出现得晚些。所以认为车（特别是畜力车）是在夏代发明的，可能具有相当的合理性。当然，更直接的证据仍有待发掘[39]。

38. Ray Huang, *Taxation and Governmental Finance in Sixteenth-Century Ming China* (Cambridge, Cambridge University Press, 1974), p. 317.

39. 孙机，《从胸式系驾法到鞍套式系驾法——我国古代车制略说》，《考古》，1980年第5期，页448。

根据地下发掘的遗物显示，商代的造车技术已经相当成熟，具备了魏、晋以前古车的基本轮廓（图四）。在这二千年中，车制虽然不断有所发展，若干局部构造也有不少改进，但是大致来说，并没有根本性的突破。

现存商代车器的基本结构都很相似，都是由轮、轴、舆（箱）、辕（辀）、軛等五个部分所组成，驾二匹马。马以颈部承軛，在辀和轴的十字交叉部位上安置车箱。车箱较小，通常只能容纳两人。车箱虽小，车轮却相当大，轮径在4至8.1英尺之间。车体简单，重量轻，轮高马大（图五）。此外，装饰车马用的铜饰和玉饰等物在商代也出现了[40]。商代马车和美索不达米亚文明的马车在构造上极为相似，相对年代也很接近，商代的马车是否即由两河流域传来，则至今尚无定论[41]。

周行封建，所用车辆依身份的尊卑而有不同。根据文字资料的记载，天子的车驾六马（一说四马）、诸侯四马（一说天子至大夫都是四马）、大夫也是四马（一说诸侯和卿四马、大夫三马）、士二马，庶人一马，这种制度实际上施行到什么程度则很难推定[42]。现存周代车器则显示有一车二马和四马两种情形[43]（图六）。至于车的种类也增多了，有战车、路车，还有田车。

春秋战国时期，交通工具最重要的变化是马已有单骑，而不仅用以驾车。例如《左传》昭公二十五年（公元前517年）："左师展将以公乘马而归。"[44]《韩非子》中记载秦穆公曾送重耳畴骑二千[45]。战国中叶以后，各国盛行单骑，戎车自然日渐减少，至于一般车辆则仍继续发展，如苏秦曾对魏襄王说："大王之地……人民之众，车

40. 同上。

41. 例如李约瑟和何炳棣即认为商代马车是由两河流域传来的，参阅：Joseph Needham, *Science and Civilisation in China*, Vol. 4, Pt. Ⅲ, p. 246.; Ping-ti Ho, *The Cradle of China: An Inquiry into the Indigenous Origins of Techniques and Ideas of Neolithic and Early Historic China, 500 - 1000 B.C.* (Chicago, The University of Chicago Press, 1975), pp. 355 - 357. 但是张光直对这种说法则持保留态度。参阅：K. C. Chang, *The Archaeology of Ancient China*, 3rd ed. (New Haven, Yale University Press, 1977), p 279 - 280。

42. 陈槃，《春秋列国的交通》，《中央研究院历史语言研究所集刊》，第三十七本，下册（1967年6月），页883—884。

43. 杨泓，《战车与车战——中国古代军事装备札记之一》，《文物》，1977年第5期，页90。

44. 杜预集解，竹添光鸿会笺，《左传会笺》（昭和二十五年），页36。

45. 王先慎，《韩非子集解》（台北，世界），卷三，页54。

马之多，日夜行不绝，輷輷殷殷，若有三军之众。”[46]可见当时车马交通之盛。

汉代的车可分为两种：大车、小车和手车。大车是双辕并且是直辕的，专供运输之用，和近代华北常见的大车相似，这种车用马拉的称为輂车。小车用曲辕，有些是双辕驾一马，凡传事的轺车（图七）以及天子、官吏法驾都属于这种。车的上面大车用席篷，小车用伞盖[47]。至于手车，西汉有鲍宣妻“着短布裳，与宣共挽鹿车归乡里”[48]和孝子董永以鹿车推其父游的故事，其中鹿车即是手车最早的名称之一。山东武梁祠石刻画像中的手车形式和近代四川成都所用的手车非常相似。东汉手车的名称很多，如诸葛亮所制的“木牛流马”即是一种经过改良的独轮车。手车适用于平原，也适用于山区，是农村常用的轻便运输机械[49]（图八、九）。

汉代平常用的牲畜只有牛和马。秦及汉初，贵族都不用牛，到汉武帝时才渐有用牛驾车的。《晋书·舆服志》说：“古之贵者，不乘牛车。汉武帝推恩之末，诸侯寡弱，贫者至乘牛车，其后稍见贵之。自灵、献以来，天子至士遂以为常乘，至尊出朝堂举哀乘之。”[50]魏晋以后，这类车日益流行，十六国以来的大墓中表现出行的陶俑群或壁画中多以牛车为主体。石崇、王恺、王导等人都留下了和牛车有关的故事。在这种情形下，车速快、车箱小，属于先秦“小车”系统的那类马车乃完全绝迹[51]。至于驴，来自西域，西汉时使用并不普遍，到东汉才较为普遍，“五胡乱华”后，北方利用者更多（图十）。

关于车辆的系驾方式，我国古代人民的成就是值得大书特书的。殷周古车的系驾方式和西方古车大不相同，它不是颈式系驾法，而是胸式系驾法。颈式系驾法的缺点在于颈带压迫马的气管，马奔愈疾，

46.《史记》（点校本），卷六十九，页2253－2254。

47. 劳榦，《两汉的学术信仰及物质生活》，收于查时杰编，《中国通史集论》（台北，常春树，1973年），页288－289。关于大、小车的特点及作用的比较，可参阅孙机，《从胸式系驾法到鞍套式系驾法》，页455－457。

48.《后汉书》（点校本），卷八十四，页2781－2782。

49. 刘仙舟，《我国独轮车的创始时期应上推到西汉晚年》，《文物》，1964年第6期，页1－5。

50.《晋书》（点校本），卷二十五，页756。

51. 孙机，《从胸式系驾法到鞍套式系驾法》，页458。牛车在宋代也是重要的陆路运输工具，参阅朱家源、何高济，《从几幅宋画上的车谈宋代的陆路交通》，《故宫博物院院刊》，1981年第3期，页76－79。

则呼吸愈困难，马力无法充分发挥，这是西方古车长期未能解决的一个问题。我国殷周古车所采用的系驾法则不压迫马的气管，马力能得到充分发挥，因此性能较西方为优越。而西方要到8世纪才由颈式系驾法改进成胸式系驾法，这时我国的系驾法却已向鞍套式过渡了。13世纪60年代，我国完成了鞍套式系驾法的创制，西方则迟至14世纪才出现使用这种系驾法的资料。鞍套式系驾法完全免除了木軏造成的磨伤，降低了支点，放平了车辕，而且可以充分利用马肩胛两侧，扩大着力面积，增强了曳车的能力，并且做到了适应马体的特点，因此直到今天仍然是世界上通用的系驾方式[52]。

船

我国古代所使用的水上交通工具，种类很多[53]，在此只讨论船的发展和利用。

首先，我们要问，中国最早的船是怎么来的？现在较为流行的说法，认为是由竹筏演变而成。学者大多相信，几乎所有西方世界的船都是由独木舟演变而来的。先是在独木舟两旁加上档水板以增高船舷，后来又逐渐向上加板列，成为船的两侧。造船时，先是将木材用蒸气干燥，使挖空的船体两侧向外略为倾斜，然后插入U形骨架以保持其形状。最后，龙骨演变为一根横梁（即船腹），梁的前端发展为艏柱（stempost），后端发展为艉柱（sternpost）。中国的情形却不相同。最初的船似乎是由竹筏演变而成的矩形箱子，只有用木板平铺而成的船体，而没有在其他地区被视为不可缺少的三个部分——龙骨、艏柱和艉柱。船底也许是平的，或略呈圆形。两侧的船板在艉部并不合拢，而是陡峭的；空出的部分，或填以整块艉板，或敞开留着。大多数的船只有矩形的板艏，而没有艏柱[54]。

52. 孙机，《从胸式系驾法到鞍套式系驾法》。

53. 凌纯声，《中国古代与南美西岸水运工具的比较研究》，《中国远古与太平印度两洋的帆筏戈船方舟和楼船的研究》（台北，中央研究院民族学研究所，1970年），页25—63。

54. Joseph Needham, *Science and Civilisation in China*, Vol. 4, Pt. Ⅲ, pp. 388-391. 凌纯声则肯定地指出中国水运工具发展的阶段为由浮筏而戈船，由戈船而方舟，由方舟而楼船。参阅凌纯声，《中国远古与太平印度两洋的帆筏戈船方舟和楼船的研究》，散见各页。

4

5

图四 安阳出土殷代车马坑。根据地下发掘的遗物显示，商代的造车技术已经相当成熟，具备了魏、晋以前古车的基本轮廓。

图五 小屯第四〇号墓出土殷车复原图，采自苏振申编，《中国历史图说（2）：殷商》（台北，大新，1979年）。现存商代车器的基本结构都很相似，都是由轮、轴、舆、辕、轭等五个部分所组成，驾二匹马。车体简单，重量轻，轮高马大。

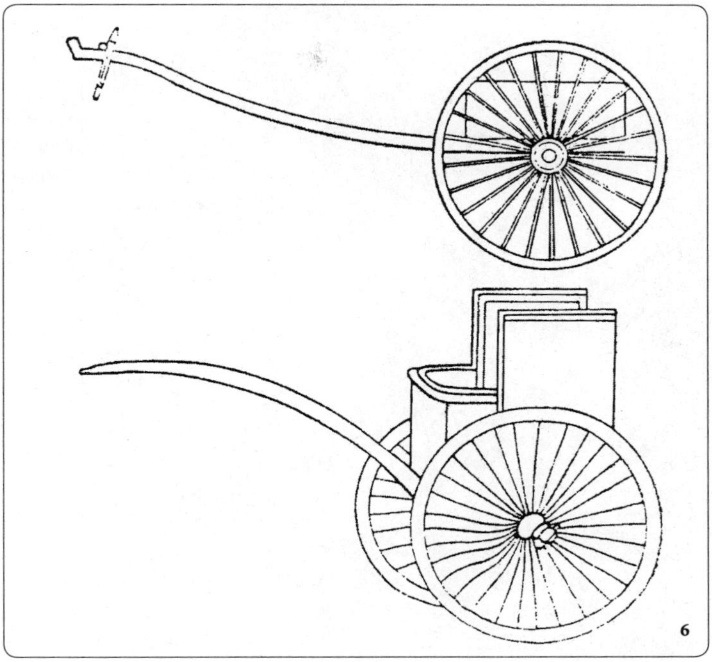

6

7

图六 经学家想出的车子与真正的车子比较图。

图七 甘肃武威雷台东汉墓轺车图，采自大庭脩编，《图说中国の历史（2）：秦汉帝国の威容》。轺车，一解为一马驾之轻便车；另一解为奉使者和朝廷急命宣召者所乘的车。汉代的车可分为大车、小车，和手车。小车用曲辕，有些是双辕驾一马，传事的轺车都属于这种。小车的上面用伞盖。

8

9

1

2

3

4

5

6

7

8

1 山东肥城孝堂山下出土东汉画像石中的辇车　2 武氏祠中的辇车　3 辽阳棒台子屯大墓壁画中的鼓车　4 西魏大统十七年石造像供养人所用驾马的长簷车　5 敦煌莫高窟156窟晚唐壁画中的通幰长簷马车　6 故宫博物院藏宋代錾花铅罐上的牛车　7《清明上河图》中的驴车　8 西安曲江元至元二年段继荣墓出土驾马的“亭子车”

10

图八 华南的独轮车，采自宋应星，《天工开物》，卷中，《舟车》第九。宋应星描绘并记述了南北方独轮车之驾法：北方独轮车，人推其后，驴曳其前；南方独轮车，仅视一人之力而推之。

图九 载人的独轮车，采自 L. Carrington Goodrich &Nigel Cameron, *The Face of China as Seen by Photographers &Travelers,1860-1912* (London,Gordon Fraser, 1978)。独轮车适用于平原及山区。

图十 从东汉至元的车。汉代平常用的牲畜只有牛和马。秦及汉初，贵族都不用牛，到汉武帝时才渐有用牛驾车的。魏晋以后，这类车日益流行，属于先秦“小车”系统的那类马车乃完全绝迹。至于驴，来自西域，西汉时使用并不普遍，到东汉才较为普遍。

商代的舟，至今还没有遗物出土，但是学者根据文献资料，推测商代舟的利用范围已经相当广泛[55]，有的学者甚至认为戈船在商代即已成为水上的主要交通工具，而戈船的构造则和现今印度洋、太平洋上所常见的双边架艇（double-outriggers）相同[56]。

至于大规模的船运，最早的文献记载是晋惠公四年（公元前647年），国内闹饥荒，向秦国求救，秦国于是“输粟予晋，自雍及绛相继，命之曰泛舟之役”[57]。雍是秦国的都城，在现在的陕西省凤翔县，濒渭水；绛是晋国的都城，在现在的山西省翼城县附近，濒汾水。由雍到绛，即是由渭水顺流而东，于华阴县和潼关之间入黄河，逆流北上，在山西河津县入汾水，再逆流而东，即是绛。两地之间，水路不下千里，而在短时间内便可使舟楫相继，完成任务，可见平时两地之间的水上交通一定相当频繁。又如位于长江上游的楚国，常利用舟师顺流而下，攻打下游的吴国。既然在军事上已经知道利用长江，那么一般的航运，相信一定也是有的[58]。

战国时代，秦国曾以能载卒五十人和三月粮食的“舫船”（并舟），以每天三百余里的速度，由巴蜀顺长江而下三千余里，不到十天即抵达楚国[59]。内河航运船只的速度和载重量，由此可见一斑。

20世纪50年代以来，由于广州、长沙、湖北等地汉代墓葬中船只模型的出土（图十一），使我们对于汉代的舟船能有更进一步的认识。这些模型都清楚地显示，汉船的船头有锚，船尾有舵，桨更有多至十六只的（图十二），并且都有舱房[60]。晋时郭璞所作的《江赋》中曾有“舳舻相接，万里连墙；泝洄沿流，或渔或商”。[61]的句子，而地下发掘出来的遗物更使这段话获得了实质的支持。并且，汉代划船

---

55. 于省吾，《殷代的交通工具和驿传制度》，页103。

56. 凌纯声，《中国古代与印度太平两洋的戈船》，《中国远古与太平印度两洋的帆筏戈船方舟和楼船的研究》，页127。

57.《左传会笺》，僖公十三年，页66。

58. 陈槃，《春秋列国的交通》，页901—906。

59. 刘向集录，《战国策》（台北，九思，1978年），卷十四，页506。罗荣邦的研究则指出：秦国出动的船只，除了每艘能载卒五十人的舫船一万艘以外，另有一万艘小货船，装载了相当于六百万蒲式耳（bushels）的粮草。如果这些数字正确的话，则其平均载重为16.35吨。参阅 Joseph Needham, *Science and Civilisation in China:* Vol.4, Pt. Ⅲ, p.441.

60.《秦汉时期的船舶》，《文物》，1977年第4期，页19—20。

61.《太平御览》，卷七七一，页6下，引郭璞《江赋》。

除了用楫（即短桨，可说是桨的最初形式）和桨（即长桨，以桨架为支点，划桨者可用全身之力划动）以外，更创造出效用较高的橹。橹装在尾部，操橹人只要掌握橹片的角度，左右挥动即可推船前进，也可用来操纵船的航向。由桨、楫发展到橹是一大进步，俗语说："一橹三桨"，因为橹来往推拉都做实功，不像桨的运动一半实功一半虚功。此外，广州东汉陶制船模（图十三）首部悬挂的锚也是值得重视的船具。这锚已远远脱离了原始的阶段。锚上不仅有锚爪而且有横杆，使锚爪得以插入水底泥中。这是一只具有较大抓力的锚，已经很接近近代的锚了[62]。

秦汉时期的大船有多大呢？除了为作战和其他特殊用途而造的楼船外，一般船舶的容量似乎也相当大。1975年在广州发现的秦汉造船工场遗址为推算当时船只的大小提供了一个重要的依据。据估计，这个造船工场能造12至27.6英尺宽的船[63]。又查当时中原通往南粤的孔道灵渠中的陡门宽度，一般为18英尺左右，最窄的只有15.4英尺，因此可以推测当时常用船的宽度不超过16.4英尺，少数特殊的大船可能宽达26.2英尺左右。至于长度，现存汉代船模的长宽比为5：7，以此推算当时常用船只的长度应为65.6英尺左右，载重约500至600斛（合25至30吨）。至于小船，汉人称300斛的为舸，200斛以下为艇[64]。

虽然秦汉造船遗址、汉代楼船，以及橹和船尾舵的出现，都说明了我国造船技术到汉代已经成熟，但是水运的大盛还是要等到唐代。唐初，崔融曾说："天下诸津，舟航所聚，旁通巴汉，前指闽越，七泽十薮，三江五湖，控引河洛，兼包淮海。弘舸巨舰，千轴万艘，交货往还，昧旦永日。"[65]李肇所著《国史补》对于唐代水运发达的情形则有更详尽的描述：

凡东南郡邑，无不通水，故天下货利，舟楫居多，转运使岁运

62.《秦汉时期的船舶》，页20—21。
63.《广州秦汉造船工场遗址试掘》，《文物》，1977年第4期，页1—17。
64.《秦汉时期的船舶》，页21。
65.《旧唐书》（点校本），卷九十四，页2998。

米二百万石输关中，皆自通济渠入河而至也。江淮篙工不能入黄河。……扬子、钱塘二江者，则乘两潮发棹。舟船之盛，尽于江西，编蒲为帆，大者或数十幅，自白沙溯流而上，常待东北风，谓之潮信（一本作信风）。七月、八月有上信，三月有鸟信，五月有麦信。暴风之候，有抛车云。舟人必祭婆官而事僧伽，江湖语云："水不载万"，言大船不过八、九千石。然则大历、贞元间有俞大娘航船最大，居者养生送死嫁娶，悉在其间，开巷为圃，操驾之工数百，南至江西，北至淮南，岁一往来，其利甚博，此则溥啬载万也。洪鄂之水居颇多，与屋邑殆相半。凡大航必为富商所有，奏商声乐，从婢仆，以据柂楼（即舵楼）之下，其间大隐，亦可知矣。[66]

在这段引文中，显露出许多重要的史实，例如大船载重不能超过八九千石，即可知道船的载重量在562至635吨以下，较前代为大。此外，文中提到"天下货利，舟楫居多"，也显示出经由水运的货运量相当可观。

唐代水运之盛，长江第一，运河次之，黄河又次之，淮、汉、赣、湘及西江又次之。唐代宗时，盐铁使刘晏曾下令造船二千艘行驶于长江，每艘约可载重五十公吨，据估计，如果将二千艘的载重量加起来，则几乎是18世纪中叶英国商业舰队总载重的三分之一[67]。由杜甫"蜀麻吴盐自古通，万斛之舟行若风"的诗句则可看出即使是峡江险急，也能行大舟。而根据许多史料，荆、扬、洪、鄂诸州每次失火，焚毁的船只常达数千艘，由此可见大江水运之盛。黄河为北方运输的大动脉，天宝十载（751年），陕州运船失火，烧215艘，损米100万石，舟人死者600人，又烧商人船100艘。可见当时黄河也能容纳四五千石的大船。不但中、下游如此，河套以上，北魏时尚可通千斛之舟；开元年间，河西屯田余粮，也由黄河漕下陕州太原仓，不经陆运[68]。宋人洪

66. 李肇，《国史补》（《笔记小说大观》本），卷下，页8。

67. Mark Elvin, *The Pattern of the Chinese Past* (Stanford, Stanford University Press, 1973), p. 136.

68. 严耕望，《唐代国内交通与都市》，《大陆杂志》，第8卷第4期（1954年2月），页4。

迈所著《容斋随笔》卷九:“顷在豫章，遇一辽州僧于上蓝，与之闲谈。曰：南人不信北方有千人之帐，北人不信南人有万斛之舟，盖土俗然也。”[69]可见唐宋时期华南已有能载重万斛的船。吴自牧《梦粱录》也记载南宋时浙西诸州县运赴临安上供米斛的纲船，或载千余石，或载六七百石；民间米、客船只多铁头舟，也可载五六百石[70]。

我国古代船舶大多使用风力，尤其是长途航行。至于短途航行，则多使用桨橹，车轮船的出现，也长期发生了重大的作用。据史籍的记载，南北朝已有不用桨、不用帆而能行驶的船只，这显示船是由车轮推动的。南宋是我国车轮船最发达的时代。绍兴初年（1131－1135年）洞庭湖的战事中，官军和水寇双方都大量使用车轮船。船身有的长达三百多尺，能容四五百人，甚至千人之多。推动船只的车轮数也从4个、8个增加到24个之多。以后一直到20世纪初，华南地区还曾有过少量车轮船[71]。轮船的动力是用人力，不如帆船使用风力经济，因此虽曾在一段时期内形成过高潮，终未能十分广泛地利用。

我国古代船舶的抗沉性也是世界闻名的。唐代的船已用桐油、石灰舱缝，使船舶具有良好的抗沉性。有人认为晋代“八槽舰”即是八个不漏水的舱（水密隔舱），虽然还没有确切的证明，但是当时的确已具备有制造水密隔舱的条件。宋元时期，我国船舶的水密隔舱已蜚声中外[72]。

意大利人马可·波罗（Marco Polo）于1275年来华，在华期间对中国水运发达的情形大感惊异，于是留下了许多珍贵的史料。他认为在长江上来往运载的贵重货物，比所有基督教国家的河运和海运量加起来还要多。据他的估计，在长江下游航行的船只共有15,000艘，还不包括那些用上好木材制成的木筏。他并且对这些江船巨大的载重量

---

69. 洪迈,《容斋四笔》(《四库丛刊》本),卷九,《南舟北帐》。

70. 吴自牧,《梦粱录》(《笔记小说大观》本),卷十二,《河舟》。

71. Jung-pang Lo, "China's Paddle-Wheel Boats: Mechanized Craft Used in the Opium War and Their Historical Background", *TsingHua Journal of Chinese Studies*, new series, 2-1(May, 1960), pp.189-215.

72. 周世德,《中国古代造船工程技术成就》,《中国古代科技成就》,页618－619。

（224至672吨）和逆流而上时用以拖船的竹纤留下了深刻的印象[73]。

十八九世纪，中国的传统水运似乎已发展至最高点。18世纪初期，有一位来华传教的耶稣会士认为在世界上没有一个国家的水运能和中国相比，中国举世无双的内部贸易即完全依赖水运。他说："在这个国家里，有二个帝国，一个在水上，另一个在陆地上。"[74]水运的发达也可由港口进出船舶的数量看出。一位于1832年曾在上海停留过的外人林赛（H.H.Lindsay）估计，7月份每星期有400艘100至400吨的船进入上海港。如果7月份在一年当中并非特殊的月份，则上海已是世界大港口之一，出入船舶的吨数已相当于或超过伦敦，而上海在当时的贸易量还不及广州，甚至还少于武汉和天津[75]。

宋元以后，造船技术仍然不断发展，船工常采取几种优良船型的优点，结合起来创造新船型，如宋代的江海两用船采用湖船底、战船盖和海船头尾，清初的三不像船则综合了沙船、乌船和蜑船的优点。明清时期，各种船型中，不少具有快航性能，如淮阳课船、江西红船等内河船。明代还有一种连环船，在弯曲的小河中可以分成两截，便于转弯[76]。

73.Joseph Needham, *Science and Civilisation in China*, Vol.4, Pt. Ⅲ, p.466.

74. Fernand Braudel, *Capitalism and Material Life, 1400-1800*(N.Y., George Weidenfeld & Nicolson, 1973)p.315.

75. Rhoads Murphey, *The Outsiders: The Western Experience in India and China* (Ann Arbor, The University of Michigan Press, 1977), pp.163-164.

76. 周世德，《中国古代造船工程技术成就》，页618。

运输方式的比较

由于清代的资料较多，故以清代为例，比较各种货运方式的性能和运费。交通运输常受地形、气候和其他因素的影响，如我国西南部高度改变急遽的地区和沿海高地，较常利用人力和驮兽；北部和西北部河流不发达的大平原上，较流行小车和大车；至于在河流较多的华中、华南平原，则人力、小车和其他运输工具都可见到。

1.人力：这是最基本的运输方式，以背驮或挑担方式载物。背驮方式载重最多至200磅，挑担通常可载80至105磅，每天可行20至30英里，视地形和气候而定，每日工资在150至350文。运费似乎是内陆高于沿海，100磅货物每英里运费在浙江、广东是5至7.5文，广西、云南、四川是10至12.5文，陕西是11.25至13.75文。

2.小车：分为两种，以1人推的可载重至267磅，2人推的可载重两倍。车夫除了用人力外，16世纪以来更常以帆帮助行进。工资视车夫人数、货物重量而定，每天约在200至500文之间。100磅货物每英里运费在长江流域是5至7.5文。

3.驮兽：各地区所用不同。北方和西北常用骡，兼用骆驼，西南多用马。载重量骆驼为373磅、骡320磅、马160至240磅、驴133至200磅、牛160磅。每天运费在200至500文之间，视驮兽种类、货物重量及地区而定。100磅货物每英里运费，骆驼为5文，骡6.25文，马或驴在长江下游6.25至8.25文加上粮草、食物，马在西南部7.5至9.25文。

4.大车：大小不一，载重量由700磅至1,100磅的小型车到2,700至3,300磅的大型车。运费视车辆大小和所用骡、马多少而定，每头骡、马每天通常需要500至600文。载重1,100至1,600磅的中等大车，用2至3头骡（或马）拉，每天走24至30英里，运费为每天1,000至1,300文。每百磅货物每英里运费，在西北需3.75至5文，在北方则只需2.33文。

5.船：大小相差很大，从载重1,600磅（相当于中型大车）的小舢板到净重四五十，甚至70吨的大沙船。大多数的河流在平常时期，顺流而下所费时间通常不多于逆流而上的三分之一。每百磅每英里的运输费用需0.5至1.5文。

由上可见，船运是价格最低廉的运输方式，其次是大车、各种驮兽、小车和人力[77]。

77. 本段资料采自 Thomas William Kingsmill, "Inland Communication in China", pp. 33-38。

结 语

对中国交通建设和交通工具的演变及利用有了初步的认识后，可发觉中国传统交通的发展具有以下几项特征：

第一，交通和政治的关系密切。历代政府对于主要交通路线的建筑和维护，大致说来都相当的重视，均设有专官负责。此外，交通和政治关系的密切，更表现于道路网和运河以都城为中心向外发展。这些交通工程兴建的目的可能是为了首都物资的补给或是财政、国防的需要，但是必然也刺激了经济的发展。

第二，不论是交通工程或是交通工具，都有许多省力的发明（“labor-saving” inventions）。有许多西方史家认为中国由于劳动力过剩，因而阻碍了省力的发明。事实上，我国的人力虽然充裕，但是仍然尽可能地利用水力、畜力和风力从事搬运的工作，发明了许多省力的工具——例如殷商时期发明了胸式马具，而西方要到8世纪才由颈式马具改进成为胸式马具；13世纪我国又完成了鞍套式马具，西方则要到14世纪才出现这种马具的资料。我国在1世纪已有独轮车，3世纪时更常见，而欧洲一直到13世纪才知有独轮车。中国人在第四五世纪已知道利用马镫，西方却一直要到18世纪早期才有马镫。除了利用畜力外，中国人在水运技术上也有许多发明，例如船尾舵，公元前1世纪起源于中国，至12世纪才出现于欧洲；中国人在5世纪已知利用水密隔舱，欧洲人要到19世纪初年才学会利用；中国在3世纪已出现了较西方所常用的方帆优良的纵帆（fore-and-aft sails）。此外，中国人在水利工程技术上也有一些发明有利于交通，如宋代乔维岳在大运河的扬子江与淮阴段创建了世界上第一个船闸（pound-lock），在西方，简单的水门最早也只能追溯到13世纪。在运河方面，中国人早已认识以人工渠道输运笨重货物的优点和重要性，春秋末年和战国初年的邗沟和鸿沟乃是人类史上最早的内陆运河，西方则在17世纪法国建造四条运河之前，实无可与中国相提并论的水利工程[78]。

第三，水运极为发达，但陆运不发达。中国和罗马的道路系统，有一奇异的相似处，即是自3世纪开始，都陷于长期衰微的状态。但是两者之间也有所不同。欧洲从此分裂为许多国家，直到18世纪以前，海运以外，交通运输极不发达。法国诗人瓦莱里（Paul Valéry）即曾指出，拿破仑率领大军行进的速度和恺撒大帝行进的速度一样慢。至于中国的道路系统，除一些山路外，原来所扮演的角色则由河流和运河组成的巨形水运网所取代[79]。水运发达的结果，使中国的陆运技术即使能和18世纪的英国一样作充分的改良，运费率仍然无法降至和水运相等。亚当·斯密（Adam Smith）在他的《国富论》（*The Wealth of Nations*，1776）中已充分认识到这点："整个欧洲的大部分……陆运运输的费用使得大多数商品的真实价格和表面价格（nominal price）都大为增加……。在中国和印度，由于内陆水运的范围广、种类多，节省了大半的人力，因此他们大多数商品的真实价格和表面价格也就降低了许多。"[80]在中国，即使到了20世纪，铁路轮船和传统民船比较起来，所能节省的运输费用仍然极为有限，有时只能在速度和安全上取胜，如此一来，自然减少了改良陆地运输的经济诱因。另一方面，水运系统长期发展的结果，在技术上虽然还有值得改进之处，想要有像美国1825年完成伊利运河（Erie Canal）后所获得的那种效益（从水牛城到纽约的运费由每吨120元减少到每吨14元），则已不再可能，因为所有可能的重大进步都已发生过了。中国的水运在传统末期已发展至最高点，所面临的是一种技术断绝（technological discontinuity）——或许只有迈入蒸气化才能见到明显的效益。这种断绝的状况，使得经由降低运费而改变经济形态，显得更为困难[81]。

最后，不可避免地要指出中国历代的交通在促进经济发展上的局限性——缓慢且运费高昂限制了长程贸易的发展。在陆运方面，运费的高昂使得价格低、体积大的货物无法做长程贸易。如粮食，以兽驮运200英里所需要的运费即和粮食的产地价格相当。水运的费用自然较为

78. 参阅 Joseph Needham, *Science and Civilisation* in China,Vol. 4, Pt. Ⅲ; *The Grand Titration: Science and Society in East and West* (London, George Allen & Unwin, 1980), passim.; 孙机，《从胸式系驾法到鞍套式系驾法》及《唐代的马具与马饰》，《文物》，1981年第10期，页82。

79. Joseph Needham, *Science and Civilisation* in China, Vol. 4, Pt. Ⅲ, p. 3; Fernand Braudel, Capitalism and Material Life, pp. 309, 318.

80. Adam Smith, *The Wealth of Nations* (1776; reprint ed., London, University Paperbacks, 1961), Vol. 2, pp. 175 - 176.

81. Mark Elvin, *The Pattern of the Chinese Past*, pp. 305 - 306.

低廉，长江水运的运费率只有河北、山西陆运的三分之一至四分之一。但是，如果将粮食过剩区域（如湖南）的米运至1,000英里外的缺米区域（如江苏、浙江），其运费也和粮食的产地价格相当。倘若运的是煤而不是粮食，运输费用作为限制长程贸易的主要因素即可更明显地看出。开采煤矿的成本约为种植谷物的十分之一至二十分之一，运费却大致相当。因此，煤的真实成本每运20英里即需增加一倍[82]。在这种情形下，凡是在气候和土壤上没有特殊长处足以克服运输费用的区域，贸易就不会发达；没有水运可利用的区域，发展的程度通常也都远较有水运的区域为落后，这种差异极为显著，有的学者于是称之为一种在近代化以前的经济双元主义（economic dualism）[83]。华南的水运较华北为发达，因此长程贸易额也较大。据估计，光绪初年，全国每年所征洋税和厘金共二三千万两，其中华南大约即占十分之九，华北只占十分之一[84]。

19世纪以后，轮船、铁路和现代化的公路在我国陆续出现。新的交通运输事业和过去不同之处在于科学化、大众化和商业化的程度大为增加，对经济所产生的影响也更为广泛而深入[85]，可说是另一个新时代的来临。

---

82. Dwight H.Perkins, *Agricultural Development in China*, 1368-1968, p.120.

83. Mark Elvin, *The Pattern of the Chinese Past*, p.304.

84. 李鸿章,《李文忠公全集》(光绪三十一年),《奏稿》, 卷三十九，页20。

85. 关于铁路对经济所产生影响的一个个案研究，可参阅张瑞德,《平汉铁路与华北的经济发展（1905—1937）》(台北,《食货》)。

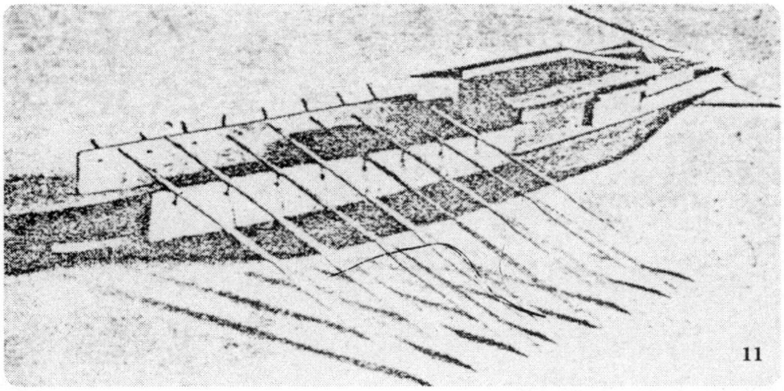
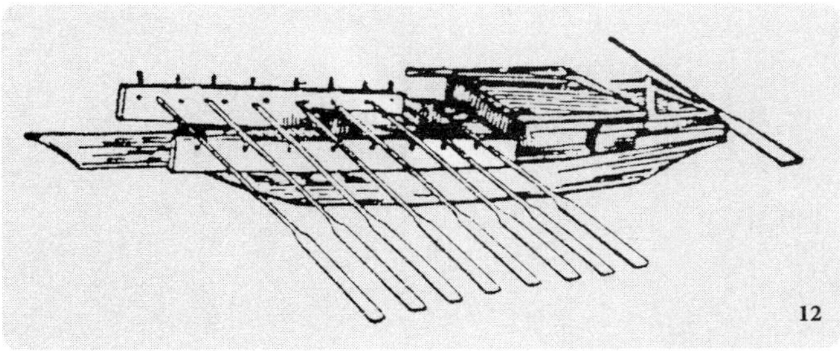

图十一 长沙西汉时期墓葬出土木船复原模型，采自包遵彭，《汉代楼船考》（台北，中华丛书编审会，1969年）。汉代墓葬中的船只模型显示，汉船的船头有锚，船尾有舵。

图十二 长沙汉墓出土的十六只桨船模，采自《文史集林》，第三辑（台北，木铎，1980年）。汉船都有舱房。

图十三 广州东汉墓葬出土的陶船模型。陶制船模首部悬挂的锚值得重视，它已远远脱离了原始的阶段，锚上不仅有锚爪而且有横杆，使锚爪得以插入水底泥中。这是一只具有较大抓力的锚，已经很接近近代的锚了。

梯山航海

海外贸易的发展

李东华

对外贸易在中国历代的经济领域中，多数时间不占重要地位，这或许是受到中国文化中某些特质的影响。由对外关系来说，中国的自我中心主义思想极浓，常以同化或感化方式来对付外夷，而历代对外政策的最高指导原则——朝贡制度，也把贸易视为驾御外夷的一种手段[1]。因此，在所谓朝贡贸易的卵翼下，对外贸易多半是不受鼓励的，这种情形在明、清两代尤为明显。其次，就贸易行为而言，它是国内商业的延长，重义轻利及重农抑商思想早已深植人心[2]，虽然有许多学者认为抑商措施大多形同具文，但轻商的观念在中国社会是存在的。商业行为既受压抑，对外贸易至少也不受鼓励，何况中国幅员广大，多数物品都能自给自足，更无从事对外贸易的必要。在这些因素阻碍下，即使在对外贸易最盛的宋朝，对外贸易在整个经济中所占的比例，也无法与商业革命以后的欧西国家相比[3]。

但是，如果撇开16世纪欧洲兴起以后的史实不谈，中国的对外贸易在当时的世界中仍然占有举足轻重的地位，尤其在唐宋元时代，中国的对外贸易（大半为海上贸易）曾因种种因素的影响，发展至足以称为“海权国”的地步[4]，这是任何讨论中国历代对外贸易的人不能不注意的。（图一、二）

中国历代的对外贸易，不外与内陆沿边诸国的陆上贸易及与海外各国的海上贸易。这两方面的贸易，起源都很早。有人说中国的国际贸易起源于周代与外夷的朝贡关系，也有人说春秋战国时代国与国间的通商已具备国际贸易的雏形。但严格来说，中国人直接与外国人进行实际的贸易行为，而有具体史料可稽的，应以汉武帝通西域为嚆矢，与海外的交通也是在秦统一海内后才展开的。因此，中国对外贸易由秦汉时代述起，应该较为妥当。对内陆缘边的贸易，早期除汉代一度

---

1. 参 John K. Fairbank ed., *Chinese World Order* (Cambridge, Harvard University Press, 1968), pp.1-19, “A Preliminary Framework”一文。

2 谷霁光，《战国秦汉间重农轻商之理论与实际》，收入于宗先等编，《中国经济发展史论文选集》（台北，联经，1980年），页999—1025。

3. 见 John K. Fairbank, A. Eckstein & L.S. Yang, “Economic Change in Early Mordern China: An Analytic Framework”，收入《中国经济发展史论文选集》，页80—82。

4. 见 Jung-pang Lo, “The Emergence of China as a Sea Power During the Late Sung and Early Yuan Periods”, *Far Eastern Quarterly*, Vol.14, No.5 (August, 1955), pp.489-503。

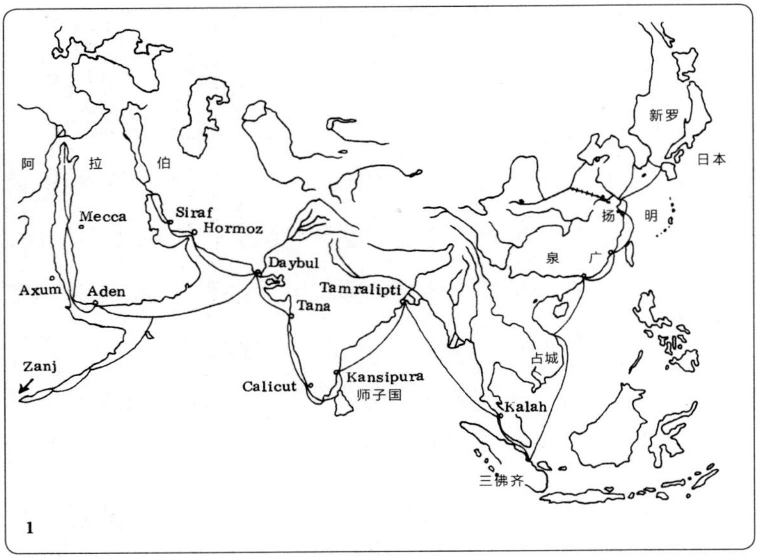

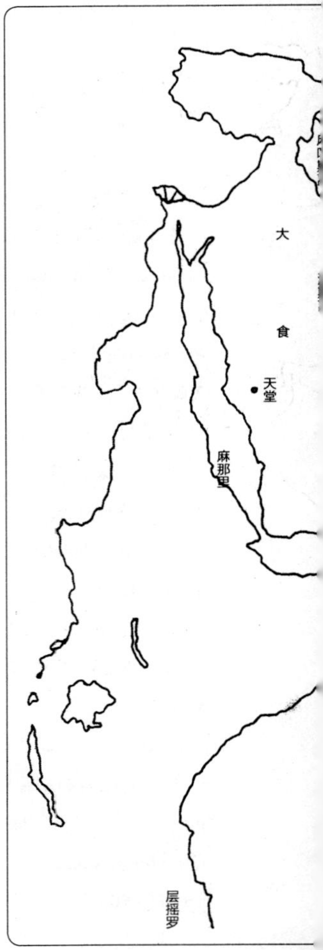

图一 8 世纪世界性海上贸易圈形成图。隋唐帝国国内交通的改善，有助于世界性贸易圈的形成。隋唐政府开运河、设驿站、辟险阻等措施，均使帝国内部的交通大为便捷。内部交通的畅通，使得腹地货物运销国外。而且对来华外人不但欢迎，而且给予种种优待。此外，隋代以前中、日、韩间的交往已颇频繁，隋唐时双方往来有更大的进展。至唐中期世界性海上贸易圈形成后，海外贸易大为兴盛，唐室始因应此一新形势，设立了市舶司。

图二《岛夷志略》所载诸地图（不可考者尚多）。宋以前对外贸易多为外商来贩，华人出海者不多。北宋以后，华商（尤以闽商为主）往南海、高丽贸易者日渐增加，贸易数量固然随之大增，海外贸易地区也日渐扩大。至于对南海的贸易以及宋元时代海外贸易究竟有哪些地区，由《诸蕃志》及《岛夷志略》二书中可约略看出。

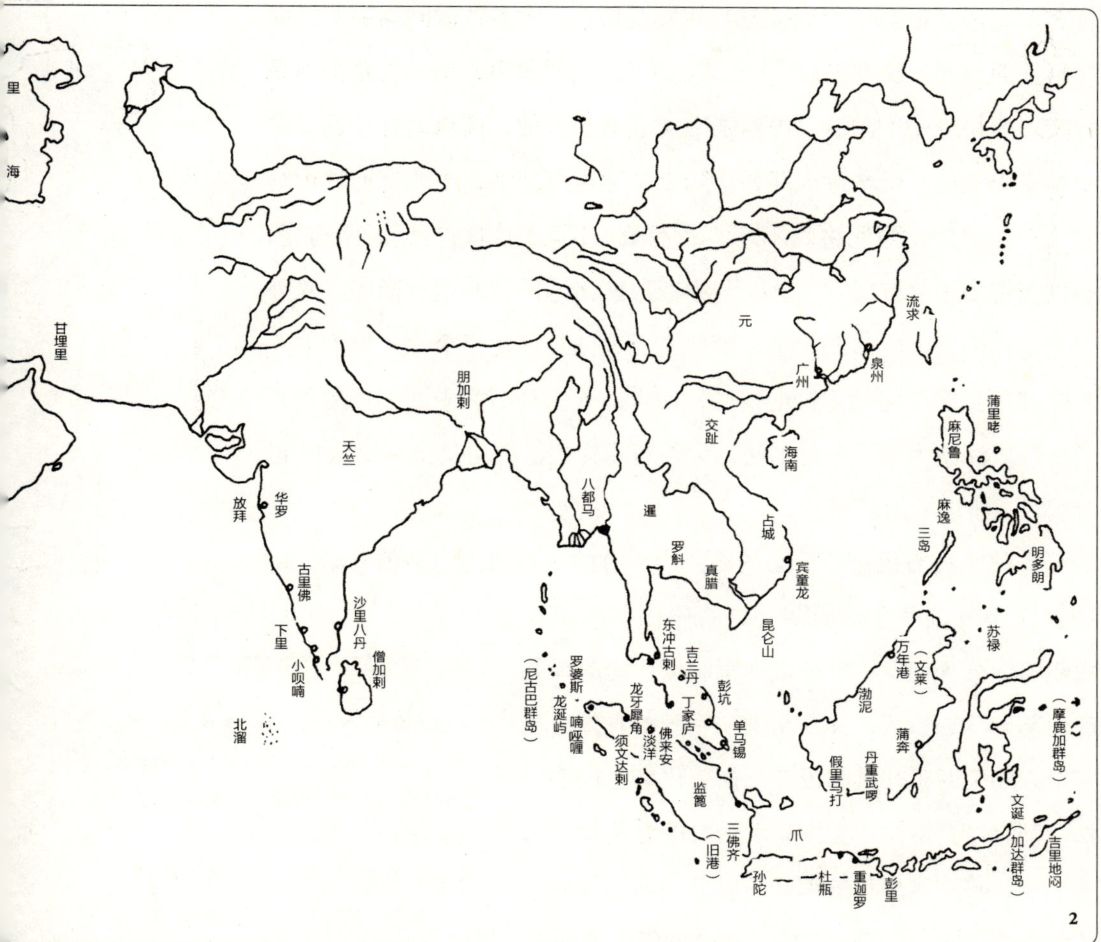

里
海
甘埋里
天竺
朋加剌
元
流求
泉州
广州
交趾
海南
蒲里咾
麻尼鲁
麻逸
三岛
八都马
暹
占城
罗斛
真腊
宾童龙
明多朗
放拜
华罗
古里佛
沙里八丹
下里
小呗喃
僧加剌
北溜
昆仑山
东冲古剌
吉兰丹
彭坑
丁家庐
单马锡
万年港
（文莱）
苏禄
渤泥
蒲奔
（尼古巴群岛）
罗婆斯·喃巫哩
龙涎屿
龙牙犀角
须文达剌
佛来安
淡洋
监篦
三佛齐
（旧港）
爪
假里马打
丹重武啰
（摩鹿加群岛）
文诞
（加达群岛）
吉里地闷
孙陀
杜瓶
重迦罗
彭里
2

曾有华商远赴中亚一带直接与当地人贸易外，大多数时间均系间接而非直接的贸易。汉亡以后，“五胡乱华”，西北多事，贸易关系更不易查考。隋朝统一中国后，中西陆上交通渐趋方便，商旅络绎于途。唐中叶安史乱后，吐蕃进入河西，陆上交通再度断绝，中西交通转由海道往来。至宋，西北边疆不靖，战乱频仍，除于和约签订时期与辽、金、夏有沿边之榷场贸易外，与中亚以西诸地的贸易则被阻遏，对外通商全以海路为主。元代虽一度使东西海陆交通达于极盛，但为时不久又回复到明代内陆闭锁的情形，明末西人来华后，中西的贸易关系更无疑以海路为主。因此本文以海外贸易为主，综论其自秦汉至19世纪鸦片战争以前的演变。

有关中国历代对外贸易的研究中，有的站在西力东渐的立场，以19世纪鸦片战争作为分界点，将中国国际贸易史粗略地分为两期；有的以朝贡制度作为解释的理论基础[5]，认为由秦汉至清初中国的对外贸易完全为闭关时代，其间没有任何变化[6]。这些说法，都有待商榷。本文则就武堉榦的分期[7]，略加修正，将中国历代的海外贸易分为四期加以叙述：秦汉时代（公元前221年－220年）为萌芽期，六朝时期（221－589年）为进展期，隋初至元末（590－1367年）为兴盛期，明初至清中叶鸦片战争（1368－1840年）为闭关主义时期。

秦汉时代海外贸易的萌芽

我国早期的对外海上交通大致不出两途：一由山东、河北沿海东行往韩、日，一由广东、交址沿海南行往东南亚，这两路交通都在秦汉时见诸记载。在南向往东南亚的交通中，《汉书·地理志》出现了最早的记录：

5. 较早的如Chong Su See, *The Foreign Trade of China* (Cambridge, Columbia University, 1919)以1861年为分界点，其后西方学者大体均作类似的分期法。

6. 如侯厚培，《中国国际贸易小史》（上海，商务，民国十八年），页9，即作如此分法。

7. 武堉榦之分期法见氏著，《中国国际贸易史》（上海，商务，民国十五年），较合史实。他将鸦片战争以前中国的国际贸易分为启蒙期（汉初至隋末）、进展期（唐初至明中叶）及闭关主义时期（明中叶至鸦片战争）三期。然纯就海外贸易之发展而言，六朝时期对海外贸易之重大进展，实为隋以后中外海上贸易趋于兴盛的重要原因，因此本文将六朝时期的海外贸易发展分为一期，以凸显此一时期在中国海外贸易上的地位。

自日南障塞徐闻、合浦，船行可五月有都元国，又船行可四月有邑卢没国，又船行可二十余日有谌离国，步行可十余日，有夫甘都卢国。自夫甘都卢国船行可二月余有黄支国。民俗略与珠崖相类，其州广大，户口多，多异物，自武帝以来皆献见。有译长属黄门，与应募者俱入海，市明珠、壁流离、奇石、异物，赍黄金、杂缯而往，所至国皆禀食为耦。蛮夷贾船，转送致之。亦利交易，剽杀人，又苦逢风波溺死，不者数年来还。大珠至围两寸以下。平帝元始中，王莽辅政，欲耀威德，厚遗黄支王，令遣使献生犀牛。自黄支船行可八月到皮宗，船行可二（八）月，到日南、象林界云。黄支之南，有已程不国，汉之译使，自至还矣！

一般学者都承认黄支为今印度东南海岸的 Conjervarain（即唐时的建志补罗 Kancipura）但对汉使沿途所经之地则争议颇多。大体来说，汉使赴印度是取道克拉（Kra）地峡附近地区，即到地峡东岸后，舍舟登陆，步行抵西岸后，再继续乘舟往印度[8]。因此虽然当时中印间已有海上交通、贸易往来，由于陆运接驳，往来并不便利；由印度往西去，则早已有直达红海的海上交通存在[9]。由前引文又可知当时国人西去主要以黄金及丝织品（杂缯）为贸易品，因此有学者认为当时中西交通中，不但有陆上的丝路，而且有以印度为中间站的“海上丝路”存在[10]。在东汉西域交通断绝后，罗马市场上丝织品不减反增的事实，更反映了这条丝路在东西贸易上的重要性。

此外，当时对南海交通的门户问题也值得注意。由这段记载及同时代其他记载来看，雷州半岛以西东京湾一带（包括合浦、交址、九真、日南等郡）是当时出入中国的门户。东汉顺帝永建六年（131 年）叶调入贡，桓帝延熹二年及四年（159 年及 161 年）印度两次遣使来华，

8. 许云樵,《古代南海航程中之地峡与地极》,《南洋学报》, 第5卷第2辑（1948年）, 页26—37。

9. A. Toussaint, *History of Indian Ocean* (English translated by J.Gucharnaud, London, Routledge & Kegan Paul, 1966), pp. 58.

10. 见 Ying-shih Yü, *Trade and Expansion in Han China* (University of California, 1967), pp. 174 - 175。

及延熹九年（166 年）大秦王安敦遣使入贡均由日南、交址入汉。后来对外贸易极盛的广州湾一带（番禺），此时虽也有海上贸易，但或来自东京湾的转运，或来自闽粤一带的沿岸贸易，并非外人入华必经之地。因此有学者将中国南海的交通以魏晋为界，划为两期，称“前期的交通枢纽在越南，尤其东京区一带”[11]，因此，若直呼魏晋以前的南海贸易为“交州时期”，亦无不可。

除了由广东、交址往东南亚的海上贸易外，由山东、河北一带东行往韩、日的海上贸易也逐渐形成。中国与韩、日的海上交通，最早起源于辽东、山东、河北一带与朝鲜的沿海交通，时间甚早。但直到公元前 4 世纪以后始因阴阳家者流海外三神山传说的刺激，使沿岸航行及越海航行有长足的进步。到西汉时代，中国不仅与朝鲜建立了密切的关系，同时也开始与日本及其他岛屿有所接触。由于山东半岛至朝鲜沿岸航路的开通，西汉时由海路去朝鲜的商人已见于记载。中国商品，如丝、五铢钱、武器、漆器、铜镜等，也在北韩汉代乐浪郡址一带大量出土。到后汉时期，中国与朝鲜半岛诸国，如马韩、弁韩等，已建立了朝贡关系。在107 年以前，双方的使节往来已极为频繁。随着朝贡关系的进展，经由海上的朝贡贸易及私商贸易自然也较前进步。关于日本，在西汉时代已有乐浪海外百余倭人国来献的记载。到东汉时，中日关系更有进展。《后汉书》明白地记载了倭国在光武帝中元二年（57 年）及安帝永初元年（107 年）的两次入贡。双方交易品，中国为金、丝及铜镜等，日本则为土产，特别是白珠。这几种汉代的物品近日在北九州出土的很多，充分说明了两汉时代中日间已有贸易往来[12]。除日、韩外，日本以南的琉球、台湾等地，因海流、风向及航海技术的缘故，此时与中国没有明显的交往痕迹。

---

11. 王德明，《若干中国古籍记载与西班牙时期前菲律宾文化关系之批判研究》（菲律宾大学硕士论文，1954 年），页 15—22。

12. 本段参阅 Ying-shih Yü, *Trade and Expansion in Han China*, pp. 182 - 186,

六朝时期海外贸易的进展

汉末中原大乱，孙权割据江东，立国江南，对东南地区之开发及海外交通之发展而言，均有决定性的影响。在海外交通的发展上，孙权曾派卫温、诸葛直等率甲士万人，浮海求夷州及亶州；遣朱应、康泰南宣国化；更曾数次由海道联络远在辽东的公孙渊，这些措施无疑对海外贸易的发展有许多助益。随后东晋及南朝诸国亦均在客观环境的驱使下，继续这种“海向发展”的政策[13]，中国的海外贸易因之大为进展。

13. 见孙葆，《唐宋元海上商业政策》（台北，正中，1969年），页1－2。

在南向与东南亚的交通贸易中，可由以下几项明显的转变，看出海外贸易的进展。先说航程方面的转变。从前引《汉书·地理志》始载南海交通起，至唐代贾耽《四夷述》记广州通海夷道止，有关中国与东南亚海上交通的记载，言南海诸国来贡之事极为常见，但论及使节、商人的行程者则极少，因此要了解中印间来往行程颇为不易。不过，如以东晋入竺僧法显归程与《汉书·地理志》所载比较，可见其间已有重大的改变。法显《佛国记》载其归程云：

> 多摩梨帝国即是海口……法显住此二年……于是载商人大舶，泛海西南行，得冬初信风，昼夜十四日到师子国。……法显住此国二年……即载商人大船，上可有两百余人，后系一小船，海行艰险，以备大船毁坏。得好信风，东下二日，便值大风，船漏水入……如是大风昼夜十三日，到一岛边，潮退后，见船漏处即补塞之。于是复前……大海弥漫无边，不识东西，唯望日月星宿而进，若阴雨时，为逐风去，亦无准。……如是九十日许，乃到一国，名耶婆提。……停此国五月日（原文如此），复随他商人大船，上亦二百许人，赍五十日粮，以四月十六日发。法显于船上安居，东北行趋广州。一月余……于时天多连阴，海师相望僻误，遂经七十余日，粮食水浆欲

> 尽，……商人议言，常行时正可五十日便到广州，尔今已过其多日，将无僻耶。即便西北行求岸，昼夜十二日，长广郡界牢山南岸，便得好水菜。……见藜藿菜依然，知是汉地。

法显归程是从印度恒河口的多摩梨（Tomalipati）起程，西南行至师子国（锡兰岛）。再由此乘舟航至耶婆提（在苏门答腊或爪哇），由此东北行直接赴广州，但因遭遇暴风雨，竟在海上航行四个月后，抵达山东半岛牢山湾登陆[14]。

以法显归程与汉志所载海程比较，可明显看出其中的改变。除了中印间往来多靠“商人大舶”为媒介，充分地反映海上贸易的繁盛外，以下两点最值得注意。其一是往昔以克拉地峡附近地区为中印航海桥梁的间接来往交通已形衰微，而由印度南绕马六甲海峡或巽他海峡的直接交通渐形普遍，沿岸航行也逐渐转变成越洋航行，交通较前方便很多。其二是广州开始取代交州成为对南海贸易的中心[15]。这些转变，无疑使中国与南海地区交通更为便利，因此双方交往日趋频繁，来往地区也日渐扩大。兹将东晋南朝诸史所载各国来贡次数表列如下，以作说明：

贡国 朝代	林邑	扶南	槃槃	丹丹	狼牙修	阇婆婆达国	婆利	干陀利	诃罗单	婆皇	天竺	师子	波斯	渴槃陀	资料来源
东晋	8	1													《晋书》本纪并参《外国传》，下同
宋	8	3	1			3	1	1	6	6	1	2			《宋书》本纪
梁	9	10	5	2	3		2	2			2	1	2	1	《梁书》本纪
陈	2	3	2	4	1			1			1				《陈书》本纪

除南齐一朝失载外，如表所示，东晋立国103年（317—419年）中，南海诸国来贡的只有9次；刘宋只有59年（420—478年），来贡

14. 有关法显归程的考证，众说纷纭。本文大体依据日人足立喜六著，何健民、张小柳译，《法显传考证》（上海，商务，民国二十六年）的说法。

15. 刘继宣、束世澄，《中华民族拓殖南洋史》（上海，商务，民国二十三年），页3—4。

次数却有32次之多；梁统治的55年（502－556年）中，更高达39次；陈立国时期极短（557－589年，仅33年），国势又弱，降至14次。可见至少在陈以前，南海诸国来贡次数是递增的，双方接触也随着渐趋频繁。

地区	东汉	三国	东晋	宋	齐	梁	陈
中南半岛诸国	掸国（缅甸） 究不事人（高棉）	林邑（越南南部） 扶南（高棉、泰国一带）	林邑 扶南	林邑 扶南	林邑 扶南	林邑 扶南	林邑 扶南
马来半岛诸国		顿逊（马来半岛北部）				顿逊 丹丹 盘盘 狼牙修（Rantani Kalah一带）	丹丹 盘盘 狼牙修
南洋群岛诸国			耶婆提（爪哇或苏门答腊）	婆利（婆罗州） 婆皇国 阇婆州（爪哇） 阇婆婆达国 诃罗单国 干陀利（苏门答腊）		婆利 干陀利	干陀利
印度与印度洋诸国	叶调（锡兰） 天竺（印度） 身毒（印度） 安息（伊朗） 大秦（罗马）		天竺 师子国（锡兰）	天竺 师子国		北天竺 中天竺 师子国 波斯国	天竺

汉隋间史书所载我国与南海来往诸国，就表列所示，也可见我国与南海交往地区之日渐扩大：

如后汉时进贡仅有四国，即掸国、究不事人、天竺与叶调，除叶调有争议外[16]，余三国均在中南半岛。三国朱应、康泰奉使南海，究竟到过哪些地方，因康泰之书早已遗佚，后人所辑均属断简残篇，即列有国号地名，亦多为以后记载所不见，唯所记之林邑与扶南则在中南半岛。《宋书》所载除林邑、扶南外，又有阇婆州、阇婆婆达国、婆利国、婆皇国及干陀利等，可能均在东印度群岛一带。《南齐书》仅林邑、扶南。至《梁书》所载最为详细，除林邑、扶南外，出现了向不见于记载的丹丹、盤（槃）盤及狼牙修三国，这三国都在马来半岛，因此由汉至南朝，中国直接接触地区已由中南半岛扩及南洋群岛及马来半岛地区。此外，在印度洋地区之印度（天竺）、锡兰（师子国），也在南朝开始由海上与我国来往。但最值得注意的还是波斯来贡的记载，这是波斯萨珊王朝（Sassanid Kingdom, 228 - 651）大肆扩展印度洋海运交通的结果，也是隋唐时代中西海上交通大盛的前兆。

至于东向与韩、日的交通贸易，在六朝时期也有长足的进步。东汉末年，公孙氏割据辽东约五十年之久（189－237年），东吴曾数次遣使与公孙渊联系，船只有多至百余艘，人员有多至七八千人的，如此大规模的南北海上交通，在此以前不曾有过。随着江浙与辽东间海路的开通，东吴也与朝鲜半岛上的高句丽建立了商业关系。吴大帝黄龙二年（223年），高句丽向吴贡了一千张貂皮及其他方物，吴王遣使封高句丽王为单于，并赐丝帛等珍品，吴使返国时，载有80匹马[17]，所率船队之大可以想见。这是朝鲜半岛与中国南方建立海上商业关系之始。终南朝之世，双方往来均极频繁。

另一方面，与日本的交往也在曹魏时有重大进展。在238至247年

16. 叶调在何处，争论颇多。伯希和，《交广印度两道考》（商务冯承钧译本）及《费琅，昆仑及南海古代航行考》（商务冯承钧译本）均认为在爪哇。藤田丰八则认为叶调与斯调同，指今锡兰岛，见氏著，何健民译，《中国南海古代交通丛考》（上海，商务，民国二十四年），页541－579。张礼千氏则认为叶调为耶婆提或阇婆，其地在马来半岛，与掸国接壤，其说似较合理。

17.《三国志·吴志》，卷二。

18. 参木宫泰彦著，陈捷译，《中日交通史》（台北，九思影印本，1978年），页50－51。

短短的十年当中，倭人四次遣使至魏，魏人亦两度遣使报聘，双方交易品仍如后汉时。《三国志·魏志·东夷传》更简略地记载了由朝鲜带方郡（今首尔一带）南下，经对马、壹岐岛而至日本九州的航路。但更值得注意的还是往后日本与南朝交通贸易的事实。《宋书·夷蛮传》也简略地记载了日使来宋的航程，大约是由畿内之难波（今大阪）解缆，沿濑户内海至九州筑紫，再北经壹岐、对马至朝鲜百济，再由百济横越黄海至山东，而后沿海南下，入长江达于建康[18]。这条由日本直达建康的海路，随中日间航路的转变，有由北向南逐渐进展的趋势，充分表现了航海技术的进步与风向、海流等航海知识的增加。因此，中国与日、韩间的海上交通亦日趋频繁，兹将六朝时南朝与日韩往来次数统计如下：

朝代＼次数＼国名	高句丽	百济	新罗	倭国	资料来源
吴	2				《三国志》卷四七 《吴主传第二》注引《吴书》
东晋	4	5		2	依《晋书》本纪统计
宋	20	7		9	依《宋书》本纪、《夷蛮传》统计
齐	1				《南齐书》本纪
梁	12	6	1	1	《梁书》本纪
陈	6	5	4		《陈书》本纪

可以看出日韩与南朝诸国的往来情形，其中尤以刘宋为最频繁。

总之，六朝时期由于印度佛教的大量东传及南朝诸国努力向外发展，使得海外交通、贸易有相当重大的进展。在南海地区来说，交通更为便利，交往地区更加扩大，而中外使节、僧侣、商人之来往亦更趋频繁。在东北亚地区，除了汉时已有的朝鲜与山东、河北一带的交通贸易外，日韩更开始直接与远在中国南部的南朝诸国往来，这些都是唐代以后中外海上交通大盛的潜在因素，也是世界性海上贸易圈终能形成的重要原因。

海外贸易的全盛时代——唐宋元时代

• 唐代世界性海上贸易圈的形成

隋唐时代无疑是开中外交通新纪元的重要时代。隋唐帝室系出自北方游牧民族系统，对外积极进取，胸襟开阔，又逢几位好大喜功的君主，故武功鼎盛。而久乱之后，恢复和平安全，文化也随而大盛。武功与文化均盛，遂吸引为数极多的外人来华。对来华外人，隋唐帝室无种族之见，对他们不但欢迎，而且给予种种优待。诸如设置市舶司专门处理外商贸易之事（详下段），外人居住之蕃坊，享有自治权，外蕃能应科举、与华人通婚，中国政府设蕃学教育其子弟等[19]，这种态度与优待更鼓励外人大量来华。这是隋唐时代西域、南海之对外交通均趋兴盛的根本原因。此外，隋唐帝国国内交通的改善，也有助于世界性贸易圈的形成。

隋唐帝国统一中国，造成了国内交通史上的大革命。统一本身除去了若干人为的政治阻隔，已有助于国内交通的便利，而隋代开凿的大运河，联络南北，成为隋唐帝国交通的大动脉，加以驿道设施完善[20]，使国内交通更为方便。唐代的驿路交通，可由《元和郡县图志》约略看出。譬如由长安至广州，《图志》所载即有两线可循：一由洪州（南昌）沿赣江越大庾岭入粤，一由衡州（衡阳）沿湘江赴粤。而李翱（习之）《来南录》，详载唐宪宗元和四年（809年）他由东都洛

---

19. 有关唐人对外蕃之态度及外蕃留华情形，论者极多。如桑原隲藏著，冯攸译，《中国阿拉伯海上交通史》（台北，商务，1964年），页58－71；向达，《唐代长安与西域文明》（东方文化书局影印本）；桑原著，何健民译，《隋唐西域人华化考》，《武汉大学文哲季刊》，第5卷第2、3、4号；孙葆，《唐宋元海上商业政策》，页50－56；及谢海平，《唐代留华外国人生活考述》（台北，商务，1978年）均是。彼等皆再三说明唐代对外蕃之优待，并无歧视之事。但外国学者，或以立场不同，或以明清以后之现象推论唐代，遂谓唐人有歧视外蕃处。如 Wolfgang Franke（傅吾康），*China and the West*（translated by T. S. Wilson, University of South Carolina Press, 1967），p. 31. 即有此论。傅吾康是欧洲著名汉学家，尚有此论，可见西方学者之中对唐代中外交通误解者颇不乏人。

20. 陈沅远，《唐代驿制考》，《燕京大学史学年报》，第1卷第5期（民国二十二

阳赴广州的路程，更补充了经由大运河的一路，这是当时对外海上交通中心广州与腹地联络的干道[21]。此外，在一些地势险峻不利交通而又为交通必经之地，也经改良而有利于交通，最有名的就是广州北来的要道大庾岭。大庾岭交通在六朝时已极为重要，但地势险阻，来往极为不便。至唐玄宗开元四年（716年）张九龄广凿大庾岭路后，南北交通即由“以载则曾不容轨，以运则负之以背”的现象，转变成“坦坦而方五轨，阗阗而走四通”[22]，大大地改善了广州与内陆的交通；懿宗咸通年间（860－873年），高骈又整治广州通安南的水道，使舟行一无险阻[23]，凡此种种都有助于帝国内外的水陆交通。论者有谓唐代这种改良交通措施，与近代商业政策之改善交通颇有相似之处[24]。

隋唐政府开运河、设驿站、辟险阻等措施，均使帝国内部的交通大为便捷。内部交通的畅通，使得腹地货物运销国外，外国货物自海口行销内地均大为方便。国内交通便利实有助于唐代国际贸易的发达。

隋唐帝国本身的发展，足以影响唐代对外贸易的另一因素，应是东南地区经济的飞跃进步。隋唐时代，我国再度统一，在贞观、永徽、开元等治世下，经济空前发展，至安史之乱前后已由魏晋以降物物交换为主的自然经济逐渐转变成货币经济[25]。而南方的发展，经过六朝的经营已有相当大的进步，隋开凿大运河，更加速当地的开发，至安史之乱，北方受到重大摧残，经济衰退，南方未受战火影响，经济发展更有超越北方的趋势，我国经济重心从此南移，到宋室南迁后，竟变为“北弱南强”的局面[26]。因此隋唐

年八月），页63－71。

21. 李翱，《李文公集》（台北，商务，《四部丛刊》本），卷十八，页146－148，《来南录》。向达，《唐代长安与西域文明》，页33亦述及由广州至长安之道路。彼谓由广州越梅岭取道赣江至洪州后分两路，一路沿长江东下至扬州，一路东越仙霞岭抵江浙富庶区，再经运河北上抵汴，转陆路至长安。此路线上之广州、洪州、扬州、洛阳皆外国蕃胡集中之地。

22. 张九龄，《曲江集》（上海，中华，《四部备要》本），卷十一，《开凿大庾岭路序》。赵文锐，《唐代商业之特点》，《清华学报》，第3卷第2期（民国十五年），页964，谓开凿大庾岭道在唐中宗末叶，可能系始凿年月。

23.《旧唐书》，卷十九，《懿宗本纪》上，咸通八年三月条及卷一八二《高骈传》。

24. Chong Su See, *The Foreign Trade of China*（A.M.S. Press, 1970）, p. 24.

25. 全汉昇，《中古自然经济》，收入《中国经济史研究》（香港，新亚研究所，1976年），页100－138，第6章，《安史之乱前后自然经济的衰落与货币经济之兴起》。

26. 见张家驹，《两宋经济重心之南移》（1957年）一书。在书中他说：“公元8世纪后期至12世纪初期——即自唐中叶至宋之南渡，是我国经济重心向南转移之过渡时代。”（页2）

之世，尤其安史乱后，可以说是南方经营史上一个重要的阶段，这无论从人口的消长[27]、水利设施的开发[28]与工商业的发展上，均可明显看出。由赋税之仰仗东南也可以看出东南地区的日趋繁荣，唐高祖、太宗时，东南漕运岁不过20万石，至玄宗时用裴耀卿治漕运，三岁共运700万石，平均每年高达230余万石；至德宗贞元年间，经运河北漕之粟，竟年达300万石之巨[29]。

运河的开凿与安史之乱是助长东南开发的两大要素。初唐以后，中外陆路及海上贸易均趋兴盛，但初期是陆胜于海；安史乱后，北方残破，又因吐蕃进入，陆道交通断绝[30]，同时期的南方则未受战火影响，工商业益形发达。东西贸易遂全转由海路进行，故广州、扬州均盛极一时。广州得天独厚，兴盛已有数世纪之久，固不必论。而扬州于唐代号称“扬一益二”，其兴起之暴，则与我国经济重心之东南移及对外海上贸易之盛有重大关系。在国内交通贸易上来说，它位于运河与长江两大水系的交会点，扼南北东西交通之要。在对外贸易上来说，它是对日、韩交通的贸易港，波斯、大食商人由广州经陆路、海路北来者又荟萃于此。如此有利地位，难怪扬州要“综海陆之要”、“为天下之通衢”[31]了。

至于国外的因素对世界性贸易圈的形成，可就日韩航线及南海航线两方面加以叙述。

隋代以前中、日、韩间的交往已颇频繁，隋唐时双方往来有更大的进展。隋代，日本曾三次派“遣隋使”来华[32]，其路径仍沿前代之“北路”，即先至百济，再横断黄海，到山东登州；或沿高句丽西海岸北上，至辽东半岛东海岸，再横越渤海湾，在登州登陆[33]。至唐则交通更盛，依日人的说法，自630年初次遣使至894年停止派遣，264年

27. 钟快鸣，《唐代东南地区经济开发之研究》（东海大学硕士论文，1977年），页73－76、97－98。

28. Chi Chao-ting, *Key Economic Area in Chinese History* (London, 1936)，此处转引自《中国近代经济研究集刊》，第5卷第1期，张荫麟先生书评。

29.《新唐书》，卷五十三，《食货志》。

30. 岑仲勉，《隋唐史》（香港，文昌书局），页570。

31. 系岑仲勉语。见同上书，页565。

32. 见木宫泰彦，《中日交通史》，页68－69。

33.《隋书》，卷八十一，《东夷传》载有百济至日本之航线。

间前后共有19次（其中一次为迎唐使，三次为送唐客使），约可分为下述四期。第一期由630至659年，有四次遣唐使。第二期为天智朝（662－671年）之两次遣使，系为白江口之战后双方修好而派。第三期为701至750年之四次遣使，此时正当唐中宗、睿宗、玄宗之世，遣使既多，规模亦大，是遣唐使最盛期。第四期自750至894年，有五次遣使，组织规模同前。但由于唐室衰微，日本对唐文化能摄取者已取之，日本本身文化又已在萌芽，故对遣唐使之派遣，不如前期之兴趣勃勃，留学生、学问僧留唐期间亦缩短到一二年，少有超过五年者[34]。

日本遣唐使所采航路各期也不尽相同。第一、二期概由北路（或称渤海路），同隋代。唯第一期四次遣唐使中日本孝德朝白雉四年（653年）的一次为例外。该次有正、副使各2人，大使吉士长丹，副使吉士驹以下121人，由北路入唐；大使高田根麻吕、副使扫守小麻吕以下120人，在萨摩之曲，竹岛之门遇难。由地名考之，知其欲经南岛以横渡东海，虽然失败，却是第三期遣唐使取道南路之先声。第三期以后，除少数例外，均经由南路。北路较安全，南路常有海难，而竟舍易就难的原因有二：一为朝鲜半岛形势转变，第一期时，半岛上百济、高句丽均与日本亲善，为中日间之桥梁，但高句丽、百济先后为新罗所灭，而新罗与日本不和，遮断中日间之交通，是以第二期以后，日本船舶不愿经过新罗海面，乃采南路以代之。其二为遣唐使第三期时代，日本臣服了今琉球群岛之南岛诸地，如多褹（种子岛）、夜久（屋久岛）、奄美大岛等，日人始知可经由此等岛屿渡唐。因此第三期遣唐使均先于九州之肥前、肥后、萨摩海岸南下，经夜久、吐火罗（宝七岛）到奄美附近，由此西渡东海而达长江口，再转大运河北上入京[35]。至第四期由于经由南岛之航路，费时同于北路，而危险又过之，更由于航海知识的进步，因此此期遣唐使来华虽采南路，但不再经南岛，而由九州之筑紫利用东北季风

34. 木宫泰彦，《中日交通史》，页92－94。森克己，《遣唐使》（东京，昭和三十年），页31－36亦可参看。

35. 元开，《唐大和尚东征传》（台北，中华佛教印经会，1959年），即曾记载遣唐副使大伴古麻吕之第二船即由苏州发航，经由南岛返日。

直航我国之江浙沿岸，顺风时十日可达[36]。日船至唐之地点亦由山东登州南移至当时淮河口之楚州盐城[37]、长江之扬州、明州（宁波）、越州（绍兴）等地，甚至有漂流至福州长乐县者（桓武朝，即801年，遣唐使之第一舶）。待遣唐使停止后，往来日唐间者多为唐船，而来往港口，更增加了温州、台州和广州等地[38]。

不论航路转变原因为何，由此路之沿岸航行到横越东海直航江浙沿岸，无疑是一大进步。此点与我国东南沿海诸港地位之提升有重大关系，也是世界性海上贸易圈能够形成的重要原因。

在南海交通方面，隋唐时期由于波斯、阿拉伯人努力拓展贸易，大量东来，也有重大的进展。原来印度洋海上交通的发展就比东方的中国进步得多，因为由希腊时代起，从地中海到印度就是一连串文明高度发展的地区，其间几乎没有落后地区的阻隔。印度与两河流域间最早的直接海上交通，可上溯至公元前一千年左右[39]。在以后的若干世纪中，沿海交通日益进展，当波斯王大流士（Darius，524－482 B.C.）及埃及托勒密王朝（Ptolemy）时，波斯与埃及都有直航苏伊士湾与印度间的记录[40]。因此罗马帝国兴起以后，印埃间的海上交通已相当发达。《厄里特里亚海周航记》（*Periplus of Erytheau Sea*, 60 A.D.）中记载了由埃及出红海的两条水路，一往东非海岸，一赴波斯、印度。往波斯、印度的航路，先到波斯湾，越阿拉伯海（即 Erytheau Sea）直航印度河口的巴利加萨（Barygaza），再沿马拉巴尔海岸（Malabar Coast）南下，绕过半岛南端的科摩罗（Comorin）角，转东岸，北上抵达恒河口[41]。可见1世纪信风发现以后，地中海民族已经知道西起红海，南到莫桑比克（Mozambique），东到恒河口的航线了。

罗马帝国衰微后，印度洋海运中心逐渐东移，由地中海而红海之阿都里斯（Adulis）[42]、而波斯湾。尤其在波斯萨珊王朝兴盛后，印度

---

36. 系由筑紫之大津浦（即博多）达肥前国松浦郡之值嘉岛（平户岛）顺风以达中国。

37. 楚州盐城位于当时之淮河口，为通新罗之重要口岸，其地有新罗坊。

38. 以上大体参考木宫泰彦，《中日交通史》，页138－146。

39. A.Toussaint, *History of Indian Ocean*, p.18.

40. 大流士时代，塞勒克斯（Scylas）曾由印度航抵苏伊士湾。托勒密王朝时，亦曾遣犹道克索斯（Eudoxus of Cyzicus）直航印度成功。详见 A.Toussaint, *History of Indian Ocean*。

41. 同上书，页58。

洋海上交通掀起了高潮。萨珊王朝由于内部之天灾及波斯湾养珠业的不景气，开始向东拓展对印度及东南亚的海上交通[43]。向西，也在570年，占领阿拉伯半岛南端，逐退并取代了几百年来阿克苏人（Axums）的海上霸权，使波斯湾成为印度洋交通的新中心。最后竟继承并取代了印度达罗毗荼人（Dravidians）在东南亚几百年的海上势力[44]，而出现于我国南方海岸——萧梁时波斯出现于入贡的行列，正说明了波斯人在印度洋及南海势力的增长。当时世界三大港分别在波斯湾、印度河口及锡兰岛。其中锡兰岛地位的提升，正是因为波斯商人与来自东方商人贸易量骤增造成的[45]。7世纪以后，隋唐盛世渐开，对外人来华多方优待，马来群岛也渐次出现了大的政治组织——室利佛逝帝国（即三佛齐，约形成于675年），均有助于印度洋及南海交通的发展。随后，阿拉伯大食帝国崛起，更加速了印度洋海上交通的成熟。

622年，穆罕默德逃往麦地那（Medina），创建回教。阿拉伯人挟其狂热的宗教力量向外扩展，百余年间（622－724年）竟向西占有中东、埃及、北非及西班牙，向东兼并波斯（651年灭萨珊王朝）、中亚及印度西部。他们继承了萨珊王朝的海上力量，并大力拓展贸易，中阿间的直接海上交通因此更为发达[46]。中阿间直接海上交通的转盛，加上八九世纪阿拉伯人往东非移民[47]，使东起中国，西至非洲东岸的海上交通，以波斯湾为中心联成一气。更由于前述日华交通线的南移，使得东方的日、韩也逐渐与印度洋、南海贸易

---

42. 三四世纪罗马帝国式微时，在今衣索匹亚的阿克苏人（Axumites，都Axum而得名）曾一度掌握印度洋西半部的海上交通。阿都里是他们著名的港市。6世纪初并曾占领阿拉伯半岛南端，成为东罗马帝国（拜占庭帝国）对外海上贸易的代理商。

43. 有关波斯湾之旱灾及养珠业因锡兰养珠业之竞争而衰退，可参看F. J. Moorhead, *A History of Malaya and her Neighbors* (London, 1959), p. 59. 此处转引自张奕善，《东南亚华人移民之研究》，《南洋大学学报》，第2期（1969年），页2。

44. 达罗维荼人为笈多王朝（320－535年）所并吞，是他们在印度洋霸权衰弱的最大原因。

45. 有关锡兰之兴盛，法显《佛国记》所载锡兰情形亦可为一证。《佛国记》云："（师子国，即锡兰）多出珍宝珠玑，有出摩尼珠地方，可十里，王使人守护，若有采者，十分取三。其国本无人民……因商人来往住，故诸国人闻其土乐，悉亦复来，于是遂成大国。"

46. 有关中阿间海上交通，外国学者均谓其始于7世纪末。E. Hourani, *Arab Seafaring in the Indian Ocean*, (Princeton, 1951) 一书甚至肯定始于671年，该年义净由广州附波斯舶赴印度。但由梁时波斯已来华入贡看来，中阿间海上交通应在6世纪中期即已存在。

47. 详见拙作，《印度洋与古代中非交通之开展》，《食货月刊》，复刊第7卷第4期（1977年7月），页162－163。

衔接，于是以中国为中心的世界海上贸易圈终于形成[48]。由此时起一直到16世纪葡萄牙人东来为止，在东起日本，西至非洲广阔的海面上，波斯、阿拉伯及稍后的华商穿梭往来，将中国的海外贸易带至空前鼎盛的阶段。

- 市舶司制度的建立

唐代以前，除贡使往来受重视外，边境互市、海外贸易均听其自然，不加管理，至唐中期世界性海上贸易圈形成后，海外贸易大为兴盛，唐室始因应此一新形势，设立了市舶司，“掌蕃货海舶贸易之事，以来远人，通远物”[49]。

市舶司制度始创于唐，但确切时间，已难稽考。迄今所见有关市舶使最早记载是《旧唐书》卷八《玄宗本纪》所载开元二年（714年）之安南市舶使周庆立其人。由唐在开元以后始有坐地为使的例子看来，市舶使之常设亦应自其时开始[50]。至于市舶司的职掌，唐代史料少有论及者。兹将宋代市舶司职掌略述于下，以见一斑：

1. 检查入港海舶的货物及征税，名为“抽解”。抽者，按官价抽买，解者解送中央，抽解外余为商人所有，可自由贩卖。

2. 收买、出售、保管及运输专卖品及其他船货。这些货物称为“禁榷物”，对象有三：香料、药材及宝货。

3. 核发出国贸易公券（公据）。船只往海外贸易，须领有公据。回航时，须至原出发港，并缴还公据。其目的在防止禁运品偷运出国、前往禁区贸易及防止入口货走漏。

4. 发给卖货之公凭引目。舶货经抽解后，其余即准许自行出售，不再课税，所发准许售卖之证明，称公凭引目，或称文引，或单称引，上载货物名称及数量。

5. 邀约外国来华朝贡及通商。邀约所到外使及外商之招待及迎送工作，亦由市舶司负责[51]。

48. 陆上交通，此处并未论及。事实上在中唐以前陆路交通盛于海路，西起北非摩洛哥，东到我国长安之贸易线终安史之乱，未曾稍衰。

49. 藤田丰八，《宋代市舶司及市舶条例》，收入何健民译，《中国南海古代交通丛考》，页244－245。

50.《宋史》，卷一七六，《职官志》七述市舶司之职掌。

由以上执掌，可以看出唐宋元时代的市舶司，极似近代的海关。所掌管诸事，除最后一项迎送外使，事关朝贡外，其余各项均指一般私商贸易而言，即在唐宋元时代，无论外商来华、国人出海，大体均未受禁止，这与明清以后，禁外人私自来华贸易，且禁华人下海贩蕃大为不同。而晚近西方史家每以明清以后的现象涵盖中国历代，而以朝贡制度解释整个中外关系，实有加以纠正的必要。

51. 藤田丰八，《宋代市舶司及市舶条例》，页301－327。

52.《汉书》，卷二八，《地理志》云："处近海，多犀象、毒冒、珠玑、银、铜、果、布之凑，中国往商贾者，多取富焉。番禺其一都会也。"

53. 藤田丰八，《宋代市舶司及市舶条例》，页262。

54. 该段记载系阿拉伯旅行家阿布赛得·哈桑所记。过去学者均误Banshoa为黄巢译音，方豪，《中西交通史》（台北，华岗，1953年初版），册二，页38已辨明。

55.《苏莱曼东游托》（刘半农、刘小蕙合译本，上海，中华，民国二十六年），页34。

- 唐代广州、扬州的繁荣

最足以说明唐代对外贸易兴盛的史实，就是广州及扬州两地的繁荣。广州自汉时已是南海重要都会之一[52]，但其时中国对外贸易中心尚在交址一带。魏晋以后，中印间海上交通转盛，船只渐敢越洋航行，广州始成为南海贸易的枢纽。因此，唐代广州的繁荣是南海贸易兴盛的最好说明。

广州对外贸易在六朝时已有相当基础。《南齐书·王琨传》在谈到为官广州之富时说："广州刺史，但经城门一过，便得三十万也。"传言虽过分，但广州刺史之富，极有可能是因南海贸易而来的。《梁书·王僧孺传》更明白地说："（南海）郡常有高凉生以及海舶，每岁数至，外国贾人以通货易。旧时州郡以半价就市，又买而即卖，其利数倍。"可见在梁时外国人来广州贸易者已不少。至隋唐统一后，来广州的外商更多。他们多聚居于城南，当地因有蕃坊之名。为便于管理，唐室任用外人担任蕃长，负责处理蕃人事务，颇有现代治外法权的意味[53]。他们在广州的人数，由878年庞勋之变时，外人记载杀"回教徒、犹太人、基督教徒、火教徒十二万人"来看[54]，为数当不在少。至于市舶收入，我们只知道唐代外舶来华，有下碇之税（即"纳舶脚"），税率依大食商人苏莱曼（Soleyman）的记载，为十分之三[55]，比例相当高。但由于每年来广州的船只数目至为不定，多者四十余艘，少者才四五艘[56]，因此有学者认为唐代广州舶税收入不多[57]。但由其他记载，也有人认为当时“禁榷之利甚大，国用亦以资之”[58]。《新唐书·黄巢传》记载：“（黄）巢又丐安南都护，广州节度使。书闻，右仆射于琮议，南海市舶利不赀，贼得益富，而国用屈。”舶货收入多寡，或许与唐时市舶官吏多为中官（宦官），而彼辈贪污中饱风气极盛[59]，因此纵有为数极多的舶税收入也无法资于国用。

至于扬州，它是隋代开凿大运河以后的新兴都市。它的繁荣虽然与国内贸易有重大关系（位于大运河与长江两大水系的交会点），但与对外海上贸易的繁盛也有相当关联。因为中西海上交通转盛后，由海路来华的蕃商在广州登陆后，赴内地者极多，他们大多取道北江，越大庾岭，经赣江至洪州。到洪州后，或北上沿长江东下，或东趋仙霞岭经钱塘江下江浙，均集于扬州，再经运河北上入京，故扬州成为蕃胡集中地。另一方面，隋唐时代中日交通频繁，扬州又是对日贸易的重要口岸，由华赴日者多由此起航；由日来华者，虽未必由扬州登岸，但登陆后入京时必经由扬州。在世界性海上贸易圈形成后，更成为由广州循海路北来外商与日、韩商人的新交易所。因此扬州的繁盛也足以显示唐代海外贸易兴盛的另一面。

唐时号称天下第一的扬州，其繁荣情形在诗人笔下表现得最为明显。诸如“天下三分明月夜，二分无赖是扬州”（徐凝诗），“夜市千灯照碧云，高楼红袖客纷纷”（王建诗）及“腰缠十万贯，骑鹤下扬州”（李白诗）等均是。而留居当地的外国商人，也相当不少，《旧唐书·邓景山传》说田神功之乱时，“商胡、波斯等商旅，死者数千人”。人数之多，可能仅次于广州。而扬州胡商大多从事贩卖珠宝业及贵重药品。

56.《新唐书》，卷一三一，《李勉传》载：“五岭平，西南夷舶岁至才四、五，讥视苛谨，勉航廉洁，又不暴征，明年至者乃四十余柁。”李勉为官岭南在代宗时，外舶数目至为不定可见。

57. 侯厚培，《中国国际贸易小史》，页20。

58. 藤田丰八，《宋代市舶司及市舶条例》，页249。

59. 有关中官之贪污不法，可参阅中村久四郎，《唐时代の广东》，《史学杂志》，大正六年三月、四月、五月、六月号，页351－352，《中人及官者の市舶干涉》。藤田丰八，《宋代市舶司及市舶条例》，页246－248亦有论及。

这些货物都是质轻价高的商品，因此胡商获利极大，生活富裕，对扬州的繁荣也有许多帮助[60]。

60. 海外贸易对扬州繁盛的贡献，详见全汉昇，《唐宋时代扬州经济景况的繁荣与衰落》，收入《中国经济史论丛》（香港，新亚研究所，1972年），页9－13。

61. 有关此点，详见吴景宏，《五代两宋时代中菲关系之探讨》，《大陆杂志》，第32卷第2、3、4期（1966年），页3－4。

62.《新五代史》，卷六八，《闽世家·王审知传》语。

• 五代时期中国海外贸易形态的转变

五代时期在中国对外贸易发展史上，居承先启后的关键地位，深深地影响了往后中国海外贸易的发展。在五代以前，掌握中外海上贸易者多为大食（阿拉伯）、波斯商贾，在此以后，则华商出海贸易者，日甚一日，往昔外商来贩的被动形态逐渐转变成华商出海贸易的主动形态[61]。这种转变主要来自两方面：一方面是五代时期南方各地——浙、闽、粤——割据的影响，一方面则来自这些国家主政者鼓励海外贸易的政策。在割据的形势下，过去经济一体的情形不再继续，诸国各成独立体系，自谋发展。而南汉（粤）及闽两地区因山多地窄，农业发展不易，因而均持积极鼓励海外贸易的政策，一方面“招来海中蛮夷商贾”[62]，一方面鼓励国人下海贩蕃。这些措施使得原本已有基础的海外贸易更形繁荣。兹以福建地区为例，略加说明。

福建地区由唐光启二年（886年）王潮据泉、漳二州起，至宋太平兴国三年（978年）陈洪进纳土降宋止，前后在割据的局面下独立发展达九十余年。在唐代泉州初兴时，只是广州与扬州间的转口站，但到此时，由于割据独立，与北之吴越，南之南汉均在敌对状态下，故北与明州、杭州、扬州，南与广州的海上交通均形断绝，对外贸易只得避开以上地区，长途泛海贩易，泉州逐渐成为广州之外，独立从事南海贸易的另一港埠。而唐中期以后，北方移民大量入闽，人口骤增，农业生产初现不足，因此五代时期主闽政者，前之王审知，后之留从效、陈洪进，乃顺应主、客观形势的发展，主动积极地提倡对外贸易。在这种鼓励政策下，闽商大量出海贸易，形成宋以后福建商人在海外贸易中执牛耳地位的不易形势。因此福建地区的海外交通、贸易，非但未因五代时期政治割据受到不利的影响，反而有更大的进展。

福建地区在五代的发展，充分显示了南方割据国家纷纷向海外发展的史实。广东、福建僻处我国一隅，在“天高皇帝远”的局面下，原本就容易造成与中原文化歧异的现象。加以五代时期统治的君主又为传统下层社会出身，其文化与上层文化各有不同。商业在传统中国社会中虽被视为最低的一种职业，由于五代时期闽粤两地统治者对海外贸易的鼓励政策，遂使商业在两地的社会中占重要地位，造成粤、闽社会偏重贸易的价值取向，这种情形尤以福建地区为最明显。至宋再度统一中国时，此种取向已根深柢固，难作更改[63]。这是宋以后华商大量出海贸易的根本原因，也是宋元时期海外贸易鼎盛的重要理由。

- 宋元时代海外贸易的重大进展

经过五代时期南方诸国（如南汉及闽）的鼓励政策后，华商（尤以福建商人为主）大量出海贸易，造成宋元时期海外贸易空前鼎盛的情况。这当然还有其他因素存在，譬如国内外主、客观形势的改变及航海术的进步等等。在主观因素上来说，北宋初期对海外贸易并不鼓励，譬如对外来货品全由官榷（官家独占）、禁止民间私与外商贸易、严禁铜钱出口、禁往高丽、新罗及登、莱二州贸易等措施，对海外贸易均有不利影响。由于禁令执行困难，遂渐形同具文，因此熙宁变法后，即正视此问题，对已往政策作了彻底的改变。一方面放宽海外贸易的限制，将过去未认真执行的禁令废除，使国人海外贸易的限制减至最少，以增加贸易数量。另一方面则对财政体系作一全面的变革，使财税组织更趋系统化、制度化，而将前述化暗为明的海外贸易纳入体系之中，加强管制，以减少财税漏失，增加国库收入[64]。因此铜钱出口禁令、往高丽贸易

63. 有关闽、粤社会之贸易取向，陈达《南洋华侨与闽粤社会》（长沙，商务，民国二十七年）一书，第一部分已说明自唐末以降已逐渐形成。许烺光书评（载《人文科学学报》第一期，昆明，民国三十二年六月）页207—220，更说明闽南社会在明末并非由传统农业社会直接走向海外贸易、移民之路，而以侨乡中农业人口只占十分之五，商业人口已占十分之三，说明其早具商业之传统。

64. 有关北宋对外贸易政策的转变，另详未刊拙作，《泉州与我国中古的海上交通》（台大博士论文，1981年），页64—70，“北宋政府对外贸易政策的转变”一段。有关新旧党争对海外贸易看法之歧异，可参阅石文济，《宋代市舶司之设置与职权》，《史学汇刊》创刊号（1968年），页45—161，第3章第3节“市舶司与中央及地方之关系”，第三“新旧党争之关系”。

禁令均在熙、丰年间废除（前者在熙宁七年，1074年；后者在元丰八年，1085年），而市舶司则于广、杭、明三州外，增加泉州（1087年）、密州（1088年）、秀州（华亭县，1113年）、温州（1132年）、江阴军（1132年）及澉浦（1246年）六处，以加强管制海舶出入，增加舶税收入，这是宋元时期海外贸易兴盛的第一项主观因素。

影响宋元时期海外贸易的第二个主观因素，就是宋室南迁的历史事实。在北宋一统时代，宋室继承五代系统，立国以传统的大陆性格为主。宋室南渡后，由于人口大量南移，东南地区经济持续成长，帝国重心落于东南沿海地区，因此传统大陆性帝国之形态逐渐减弱，向海洋的发展渐趋积极。同时由于南渡后宋室失去一半以上的州郡，兵荒马乱，赋税征收不易，而军国多事，开支繁多，因此财政极感困难。市舶司收入既逐渐增多，地位又多偏处东南沿海，无兵燹之虞，因此宋室对市舶司更加重视，对海外贸易也更为鼓励。譬如对外商来贩数量达某一程度者，补官奖励；市舶有功官吏，如招诱舶货抽解达五万贯、十万贯者、抽买乳香及一万两者及纲运舶货入京而无损失者，都加官奖励[65]。这些奖励也对海外贸易的发展有重大影响。

在客观环境方面，东洋贸易地区的出现是最值得重视的事。北宋以前，中国与南海的贸易只限于与位于广州西南方的国家交易，因此广州商贾都于冬季乘东北季风南下，即可抵达三佛齐（即室利佛逝，在今苏门答腊之旧港 Palembang 一带），从事贸易。其后由于阇婆（瓜哇 Java）、渤泥（婆罗州 Broneo）以及在今菲律宾群岛的麻（摩）逸（Mait）逐渐开化，乃使我国与南海的贸易地区日渐扩大。这条由广州顺风南下的航线已无法到达上述新辟的贸易地区，东西洋一辞遂逐渐出现。由广州顺冬季东北季风南下可及之区以西，谓之西洋；以东谓之东洋。东洋地区开始与宋交往，是宋以后对外贸易兴盛的另一因素，也是宋元时期泉州对外贸易能逐步赶上广州的重要因素。

65. 南宋政府之奖励外国贸易，详见桑原隲藏著，冯攸译，《中国阿拉伯海上交通史》（台北，商务，1966年），页40－10（编者注：原文如此）。

在航海技术方面，宋代有惊人的发展，这也是宋元时期海外贸易兴盛的重要因素。其中值得注意的是造船技术的进步、航海知识的增加及指南针（罗盘）之用于航海。在造船技术上，以福建地区最佳，海船“头尾尖高，当中平阔，冲波逆浪，都无畏惧”[66]，而出海贸易船只多为一二千科（即载重一二千石）的大船，合今60至120吨，更有大至五千料的“神舟”[67]。晚近泉州湾出土的宋代海船，长34.55米，宽9.9米，深3.27米，其特点为长宽比小、尖底、多隔舱、多重板及双桅等，除甲板以上朽坏无从稽考外，均能与文献资料相符[68]，可见宋代的造船技术已相当进步。在航海知识方面，宋后泉、广市舶司“祈风”仪式，最足以说明对风向的善于利用。我国沿海有极规律的季候风（或称信风，后因商贾多乘之往来，又称贸易风），冬季吹东北风，夏季吹西南风。能了解海上风向的季节性变化，进而运用其做最有利航海之安排，是唐以后中外海上交通贸易大盛的原因之一。而宋以后（唐代广州阿拉伯人已有祈风之举）广州、泉州市舶官吏，每届风期，均有祈风之举，“使风之从律而不愆”[69]，说明华人对季候风的了解。以泉州为例，一年祈风两次，对南海而言，初冬为“遣舶祈风”，在孟夏则为“祷回舶南风”；对东北亚高丽、日本地区则恰恰相反。宋赵彦卫《云麓漫钞》载福建市舶司常到诸国舶船时说：“以上船舶（南海）候南风方回，惟高丽北风方回。”可见舶商、舟子已颇知利用季候风往来国内外[70]。何况指南针（罗盘）也在此时用于航海，当然更有利于海外贸易的发展。在指南针用于航海以前，我国船只航海，所恃除风向外，昼则观日，夜则观星，即仗天星以定方向，对航海有许多限制。指南针应用于航海（最早记载系北宋末朱彧《萍洲可谈》一书）则根本改变了这种形态；它应用于航海，使得已知利用季风的我国舟子得到最精确的方向

66.《太平寰宇记》（台北，文海影印本），卷一〇二，“泉州风俗条”对福船的描绘。

67.《宣和奉使高丽图经》（台北，商务，《国学基本丛书》本），卷三十四，海道一，“神舟条”。

68.《泉州湾宋代海船复原初探》，《文物》，1975年第10期，页28－35。

69.《真文忠公文集》（台北，商务，《四部丛刊》本），卷四九，《祈风文》。

70. 有关祈风，详见方豪，《宋泉州等地之祈风》，《方豪六十自定稿》，下册，页1201－1246。

指示器。原来此时航海技术已相当进步，船舶顺风入洋，遇风向变化，除当头风外，均可调整帆篷方向，以顺风势继续航行[71]，只要有更精密的方向指示器，航海范围当不限于顺风涛可至之处。因此往昔不顺风涛，海路又称凶险之处，海船亦能仗恃针路之指引，御风前往，对外贸易乃得以开辟更多的交通路线，前述东洋地区出现泉州直航当地的航线即为一例。以上这些主、客观的有利因素，就成为宋元时期对外贸易鼎盛的重要因素。

71. 有关帆篷之运用，《萍洲可谈》及《宣和奉使高丽图经》均有记载。《萍洲可谈》（《守山阁丛书》本）卷二云："海中不惟使顺风，开岸就岸风皆可使，唯风逆则倒退尔，谓之使三面风。"《宣和奉使高丽图经》卷三四"客舟条"亦云："风有八面，唯当头不可行。"

• 宋元时代海外贸易的盛况——由几个现象看其梗概

随着宋代工商业的蓬勃发展，加上上述诸因素的影响，宋元时代的海外贸易达于自古以来的顶点。本文仅由以下几个角度，对宋元时代海外贸易的繁盛，略作描述。先由贸易额的多寡说起。宋以前我国对外贸易极少有数字资料可供利用，北宋以后，留存的史料大增，有若干有关市舶收入的数字资料，如表所列，可以略窥宋代海外贸易的实情。

时间	市舶收入 （单位：缗）	资料来源
太宗太平兴国元年（976年）	三十万	《宋史》卷二八六《张逊传》
太宗时（976－997年）	五十万	同上，云："未几，增至五十万缗。"
仁宗皇祐间（1049－1053年）	五十三万有余	《玉海》卷一八六（《宋史·食货志》同）
英宗治平间（1064－1067年）	六十三万	同上，云："治平中，增十万。"
神宗熙宁九年（1076年）	五十四万 一百七十三	《宋会要辑稿·职官》四四。 另支出二十三万八千〇五十六缗。
哲宗元祐元年（1086年）	同上	同上

（续表）

哲宗元符以前十二年间（1086－1097年）	五百万	《宋会要·职官》四四。
徽宗崇宁大观九年间（1102－1110年）	一千万	《文献通考》卷二十。
高宗绍兴十七年（1147年）	二百万	《玉海》卷二十。
高宗绍兴二九年（1159年）	二百万	《建炎以来系年要录》卷一八三，该年九月条。
孝宗淳熙年间（1174－1189岁获）	五十余万	

由上表可知，宋代市舶收入大体是递增的，南渡前后达于顶点。南渡初期市舶收入竟占宋室岁入的五分之一，其后宋室收入虽逐年增加，但市舶收入也占二十分之一左右[72]。至于元代，虽无具体资料可查，但由元时马可·波罗（Marco Polo）及伊本·拔都达（Ibn Batuta）对刺桐（泉州）税收所作的描述[73]及元吴澄《吴文正集》卷三二“董宗宣公神道碑”所说：“国家出财，资舶商往南海贸易，赢万数。”看来，市舶收入一定仍极为可观。这是宋元时代海外贸易兴盛的第一个现象——市舶收入大为增加。

宋以前对外贸易多为外商来贩，华人出海者不多。北宋以后，华商（尤以闽商为主）往南海、高丽贸易者日渐增加，贸易数量固然随之大增，海外贸易地区也日渐扩大。譬如，宋代与高丽的贸易，即多以华商为媒介，其中尤以闽商居多数。《宋史·高丽传》说：“（高丽）王城有华人数百，多闽人，因贾船而至者”，可见一斑[74]。至于对南海的贸易，则由南宋《诸蕃志》及元代《岛夷志略》二书中可约略看出[75]。双方的交易物品，我国的出口货以陶瓷器、丝绸（锦绫、缬绢、缎、丝、帛等）、

72. 桑原騭藏，《中国阿拉伯海上交通史》，页260。系以绍兴二十九年岁入四千至四千五百万缗计算。

73. 两人均称刺桐（泉州）为当时世界两大港之一，另一大港为亚历山大（Alexandria）港。

74. 有关宋丽贸易，可参阅宋晞，《宋商在宋丽贸易中的贡献》，《史学汇刊》，第8期（1977年），页83－110。

铁器、铜器、布匹、琉璃制品（珠、瓶等）及金、银等为大宗。由南海地区（包括印度洋）入华者，多为香料等特产。即我国出口多为工业制品、加工品，而南海来者多为原料及土产。我国出口品的产地，几遍于南宋全境，如瓷器多为处州瓷（即浙东著名的龙泉窑），丝绸有建阳锦（在闽北）及苏杭五色缎，此外如明州之席（元《真腊风土记》所载）、云南叶金、温州之漆盘、真州之锡鑞及四川之草芎等，可以看出当时广州、泉州出口货品产地之广[76]。至于宋元时代海外贸易究竟有哪些地区，也可由《诸蕃志》及《岛夷志略》记载中看出。兹将两书所载地区表列于下，以作说明：

75.《诸蕃志》系南宋宝庆元年（1225年）曾任提举福建路市舶使赵汝适所著，详载当时与泉州贸易诸地。《岛夷志略》则系元至正九年（1349年）汪大渊所撰，由该书卷首吴鉴序文可知汪大渊常由泉州附舶游历南海诸国，该书即系其记往昔历游南海之见闻而成。故两书史料价值均极高。

76. 有关香料贸易，见林天蔚，《宋代香药贸易史稿》（香港，中国学社，1960年）。而中国出口货之统计，可参阅未刊拙作，《泉州与我国中古的海上交通》，页199—208。

《诸蕃志》	《岛夷志略》	今地	备考
交趾	交趾	安南北圻及中圻北部	
占城	占城	安南中圻及南圻	
宾瞳胧	宾瞳胧	安南 Panrang	
	灵山	安南归仁以北	
	昆仑山	昆仑岛 Pulo condore	
真腊	真腊	高棉	
登流眉		在马来半岛	
真里富		泰国佛丕	
罗斛	罗斛	泰国南部或东部 Lophuri	
	暹	泰北	
蒲甘		缅甸中部 Pugan	
	八都马	缅甸东南之 Martaban	
	淡邈	缅甸 Tavoy 塔瓦	
	罗婆斯	尼古巴群岛 Nicobar Is.	

（续表）

《诸蕃志》	《岛夷志略》	今地	备考
	戎	克拉地峡东岸 Chumpon 春篷	
	东冲古刺	宋卡 Sunkla Sungora Singora 宋腒朥	
凌牙斯加	龙牙犀角	马来半岛 Lengkasuka 北部	
	苏洛南	Srokam 之译音，今 Kedah	
吉兰丹	吉兰丹	Kelantan	
登牙侬	丁家卢	Tringganu	
蓬丰	彭坑	Pahang	
单马令	丹马令	马来半岛南部 Tambralinga	
佛啰安	佛来安	马来半岛西岸之 Beranang	
	东西竺	马来半岛东南之 Pulo Aor	
	龙牙门	马六甲海峡东部入口 Lingga	
	龙涎屿	苏岛西北之小岛	
蓝无里	喃哑哩	苏岛西北之 Lambri	
	花面	苏岛西北某地，今 Battak	
	须文答剌	Sumadra（Sumatra）苏门答腊	
	淡洋	苏岛棉兰附近 Tamiyang	
宾窣	班卒	苏岛西北部 Pansur，今 Barus	
监篦	监篦	苏岛东部 Kampar 甘巴	
三佛齐	三佛齐	苏岛巨港一带	
巴林冯	旧港	Palembang	
新施	孙陀	西爪哇之 Sunda 巽他	《诸蕃志》云：“番商罕至兴贩”
阇婆	爪哇	爪哇中部北岸	
打板	杜瓶	爪哇东部 Tuban 杜坂	
苏吉丹		爪哇中部	《诸蕃志》：“番商罕至焉。”

（续表）

《诸蕃志》	《岛夷志略》	今地	备考
戎牙路（或作重迦卢）	重迦罗	泗水附近 Tanggale 章伽拉	
	八节那间	泗水之南 Pachekan	
麻篱	彭里	巴厘 Bali	
底门（底勿）	吉里地闷	帝汶 Gili Timor	
假里马打	假里马打	渤泥西岸之 Karimata	
渤泥	渤泥	Barneo	
丹重（戎）武（布）啰	丹重	加里曼丹岛（即婆罗州）南部 Tanjongpura	
	万年港	文莱港	
	蒲奔	加里曼丹岛东南 Balikpapan	
	文诞	班达（Banda）群岛？	
	文老古	摩鹿加（Molucca）群岛	
三屿	三岛	菲律宾	
蒲哩噜	蒲里咾	吕宋东 Polillo 群岛	
麻逸	麻逸	明多罗 Mindoro	
	麻尼鲁	马尼拉	
	民多朗	民答那峨 Mindanao	
	苏禄	苏禄（Sulu）群岛	
毗舍耶	毗舍耶	台湾南部或 Visaya Is.	
流球	琉求	台湾北部及琉球群岛	《诸蕃志》云："商贾不通"
细兰	僧加剌	锡兰 Sinhala	
	高郎步（浪皇）	锡兰之科伦坡 Colombo	
	沙里八丹	印度东岸今 Negapatam，昔 Solipatam	
鹏茄啰	朋加剌	印度东北之 Bangala 孟加拉	

（续表）

《诸蕃志》	《岛夷志略》	今地	备考
	北溜	马尔代夫（Maldive） 群岛	
南毗	小唄喃	印度西岸南部 Kaulam，即 Quilon	南毗泛指 Malabar Coast 一带
	班达里	印度西岸之 Fondaraina	从沈曾植《岛夷志略广证》说
	下里	印度西岸之 Hili	同上
	古里佛	印度西岸 Calicut	同上
	放拜	印度西岸之 Tana 港，即今之 Bombay	
麻啰华	华罗	印度西北海岸 Malwa	
	甘埋里	波斯湾 Kerman 海口之 Hormoz	
弼斯啰	波斯离	波斯湾头之 Basra	
麻嘉	天堂	即麦加（Mecca）	
	麻那里	阿拉伯半岛南岸或非洲东岸	
勿厮离	麻呵斯离	叙利亚一带 Mausil	
层拔	层摇罗	东非之 Zanjibar	
	哩伽塔	北非地中海岸 Magreb	

据此表可明显看出宋元时代海外贸易地区的扩展。宋代较以前扩大的贸易地区，主要有两个。一个就是所谓东洋地区，指婆罗洲以东，主要指今菲律宾群岛地区。一个就是印度洋地区贸易范围的扩大，举凡印度东西两岸所有大“国”，西亚阿拉伯回教地区，尤其是非洲东海岸地区亦逐步纳入与中国贸易的范围。至元代《岛夷志略》所载，则贸易地区有更进一步的增加。在中南半岛及马来半岛方面，除通商港埠记载较多外，大体仍旧。在东洋方面，琉球在宋时，《诸蕃志》云：“商贾不通”，《志略》则载其地与元贸易。在菲律宾群岛中，除习见之三屿（岛）、蒲里噜、麻逸等地外，苏禄群岛、民多郎（民答那峨）等较

远地区亦已与元通商。在东印度群岛方面，渤泥（即婆罗洲，加里曼丹岛 Kalimanton）除习见之文莱港外，东西两岸诸地，如东南沿岸之蒲奔（Balikpapan），西南之假里马打（Karimatu），南岸之丹重（Tanjongpura）等地均有华商往来。爪哇岛除有新贸易口岸出现外，最值得注意的是爪哇以东所谓大东洋地区，《诸蕃志》记载："蕃商罕至"处，如彭里（Bali，即巴厘）、古（吉）里地闷（Gili Timor）、文诞（Banda Is.）、文老古（Moluccu Is.）等岛屿亦有华商前往贸易。在西洋方面，除苏门答腊岛贸易口岸增多外，最值得注意的是印度洋地区记载之详明。如锡兰岛之高浪布（Colombo）、印度东岸之沙里八丹（Neyapatam）、西岸之小唄喃（Kulam 即故临 Quilon）、下里（Hili）、古里（佛）（Calicut）、放拜（Bombay，孟买）等地，均为华商常至之处。印度以西，如北溜（Maldive Is.）、甘埋里（波斯湾 Hormoz 一带）及非洲东岸之层摇罗（Zanjibar）等地，亦为华商所至之处，不过所载似不如印度详细。由宋元以来海外贸易地区的不断扩大，更可明显地看出中国海外贸易的兴盛。

除了市舶收入骤增及海外贸易范围不断扩大外，通商口岸的繁荣也足以反映宋元时代海外贸易的兴盛。宋元时代对外贸易最重要的港埠是广州与泉州。广州在宋元之际，受蒙古铁骑摧残，一度衰微，姑且不论；泉州则始终兴盛不衰。故以泉州为例，加以说明。泉州在唐末成为对外贸易港埠后，人口直线上升，由下表可以看出：

年代	户数	口数	资料来源
唐元和时（806－820 年）	24,586	154,900	《元和郡县图志》卷二九《江南道五》
宋太平兴国时（976－988 年）	96,581	（未载）	《太平寰宇记》卷一〇二《江南道》
元丰时（1078－1085 年）	201,406	（未载）	《元丰九域志》卷九，《宋史·地理志》载崇宁时户同
淳祐时（1241－1252 年）	255,758	348,874	《乾隆泉州府志》卷十八
元时	89,060	455,543	《元史》卷六二《地理志》

泉州户数，在北宋元丰年间已超过二十万户，是当时户数在二十万以上的有数州郡之一。至南宋淳祐年间，以户数计算，增加率为26.9%，与同时代其余州郡比较，虽不算太高，但泉州为对外贸易口岸，来往商旅不著户籍者极多，如一并计算，比率应该更高。而泉州城（即晋江县城）内的人口，由陆宇《修城记》所说：“城内画坊八十，生齿无虑五十万”[77]来看，城内竟有五十万人之多。若以每户五口计，泉州州城居民可达十万户左右，纵使除去不著籍的商旅，最少也有五万户之多。这在当时是除临安府外，我国最大的三个城市（鄂州、成都府及泉州）之一[78]，其繁荣大体来自兴盛的海外贸易。所谓“泉之地并海，蛮胡贾人，舶交其中，故货通而民富”[79]，诚非虚言。

泉州城的繁荣也可由城市的扩大来作观察。泉州由于户口大量增加，自然造成城内的拥挤现象，城中土地既感不足，乃向城外扩张，市区因之扩大。在宋代以前，泉州城即有卫城、子城及罗城三重，周凡二十里。至宋代由于海外贸易繁盛，宋人又有“化外人法不当城居”的规定，因此外商均集于城南晋江沿岸一带居住，城南反成为泉州最繁荣的地区。所谓“一城要地，莫盛于南关，四海舶商，诸蕃琛贡，皆于是乎集”[80]。南门外既如此繁荣，因此宋理宗绍定三年（1230年）知州游九功乃于南罗城外，沿江添筑翼城，东起浯浦，西至甘棠桥，而将城南富庶地区纳入城中。元至正十一年（1351年）郡守契玉立更废罗城南段与翼城合，始成今之泉州城，城周扩为三十里，较福州省城犹大[81]。泉州城市的扩大无疑与海外贸易之繁盛所造成泉州南门外的富庶有密切关系。

此外，由宋元时期外国商人留居泉州的情形也可以看出泉州的繁荣。刘克庄论知泉州者有四难，其一即为“民夷杂居”[82]。而泉州外

77.《舆地纪胜》，卷一三〇所引。

78. 详见梁庚尧，《南宋城市的发展》，《食货月刊》，复刊第10卷10－11期（1981年1－2月），页436。

79. 张纲，《华阳集》，卷一，《送（连）南夫知泉州》。

80.《乾隆泉州府志》，卷十一，《城池志》引元庄弥邵《重浚南壕记》语。

81. 明王世懋，《闽部疏》云：“泉州城大于福。”

82.《后村先生大全集》（台北，商务，《四部丛刊》初编本），卷六二。

商由于富有，竟有在府学前建楼者，也有为讨好官府，出钱助官者。而最足以说明其人数众多的，是外商竟在泉州东坂设有公墓，其墓碑遗物晚近在泉州出土者甚多。随着外商的居留，各种宗教也随之入泉。回教固不用说，其他如摩尼教、婆罗门教及基督教等均在泉州留下遗迹[83]，这些都足以说明泉州当时对外贸易的一般情形。

83. 有关泉州外商之居留及外来宗教之兴盛。可参阅吴文良，《泉州宗教石刻》（1957 年）。

总之，自隋唐以降，由于唐中期以后世界性海上贸易圈的形成，使东西交通、贸易均大为兴盛。其后更由于五代及宋代前述种种因素的影响，使宋元时代的海外贸易达于鼎盛。无论从海外贸易的收入、海外贸易地区的扩大及对外贸易口岸的空前繁荣上均可明显看出。如果没有明代对外的退缩政策，我国也许早已成为东方重要的海权国，历史发展可能有另一番面貌。

闭关主义下明清时期的海外贸易

宋元时代辉煌的海上交通，充分反映了唐代以来对外开放政策下，中外贸易的飞跃发展。这种情形一直持续到明代初期，仍未稍减。此后却因明太祖对外政策的转变——由开放而封闭，使得几百年来繁盛的海外贸易遭遇了前所未有的阻碍。

- 海禁与贡舶

明太祖之行海禁政策，理由是多方面的。明自创业开国后，虽将蒙元驱逐至大漠，但内陆蒙古的残余势力始终给明室极大的压力，是以开国后不得不集注意力于内陆沿边，对东南海上不愿再生事端，以免造成腹背受敌的困境。更有鉴于元代黩武海外，损兵折将，又恰值东南沿海海盗、倭寇猖獗，太祖数度遣使赴日谈判，均未能解决，因此颁下了影响深远的海禁政策，除了海防上的造船练兵、筑城置戍、巡海剿抚等措施外，更严禁人民下海贩蕃。这种政策不但违反了贸迁有无的自然要求，也忽略了滨海地区的经济环境，阻塞了唐、宋以来国人向海外发展的趋势，更逐渐丧失了国人在南海累世经营的成果。

海禁政策阻碍了唐宋以来国人出海贸易的行动，而外商也在明代的另一政策——贡舶贸易政策下，被禁止来华贸易，明代海外贸易因此益趋衰微。明代的对外政策消极保守，一反宋元以来不重朝贡而重贸易的趋向，重新强调并建立了所谓朝贡制度。这种制度在明以前即已存在，但有明一代之与前代，尤其宋元时期不同的是：前代之朝贡与私商贸易并行不悖，至明，则除朝贡贸易外，不许有其他私人贸易行为存在。在此制度下，海外诸国欲与中国通商，必须先在政治上与明建立宗藩关系，接受中国册封，奉朔称臣，然后由中国颁给贡舶勘合，作为来往封贡的凭信。持有勘合的国家，才能在修好朝贡的名义下附带货物来华，进行有限度的贸易。所带货物除贡品外，准许在市舶司港口及京师会同馆，由明官吏监督，开市三或五天。除此之外，任何私人贸易皆所不许，故谓之封贡贸易或贡舶贸易[84]，是“有贡舶，即有互市，非入贡即不许互市”。在这种制度下，虽然明代也沿前代之旧，设置了市舶司，但此市舶司的性质已大异于前。唐宋元时代，市舶司除掌管外国入贡之事、设有来远等驿招待外使外，其主要职责则在主管中外商舶出入及舶货之禁榷、抽解与博买等事。明代既除贡舶外，不许私人贸易，市舶司遂成为专门负责接送外使朝贡的机关，譬如宁波负责日本、泉州负责琉球、广州负责占城、暹罗及西洋诸国的贡使迎送。市舶司的对外贸易功能既失，中国对外贸易乃陷于全面停顿的状态。

84. 有关明初的海禁政策及贡舶贸易制度，可参阅陈文石，《明洪武嘉靖间的海禁政策》（台大，《文史丛刊》，1966年），第1、2章。

贡舶贸易制度既结束了唐宋以来外商来贩的私商贸易方式，海禁政策又严禁国人出海贸易，宋元以来繁盛的海外贸易在短时间内被完全扼杀了。从此以后，对外贸易由开放转为封闭，由主动变为被动，影响往后的历史发展极为深远。

• 郑和下西洋——海禁政策下的王室海外贸易

明初的海禁政策，使得中外贸易大为衰微，但在此期中，曾因郑和下西洋的盛举，冲淡甚至遮盖了海禁与贡舶措施的遗害，使人误认明代是我国对外交通、贸易的极盛时代。因此，郑和下西洋史事的历史地位，实有再加评估的必要。

首先值得探讨的是郑和下西洋的动机，究竟是政治的，还是经济的。虽然史书所载，不外踪迹惠帝、扬威海外之类的话，但深入探讨郑和下西洋，实与明初严行海禁以来所造成的经济困窘有重大关系。这可以从两方面来说。一方面，明初承元末大乱以后，农业刚刚复苏，但洪武年间北伐蒙古，平定西南诸藩，东南防倭，几于无日不用兵，继之以靖难之变，四年战火，大河南北尽遭蹂躏，江淮财富之区，亦多被破坏。成祖即位，又计划对蒙古用兵，国库支出浩大，为了弥补财政上的困难，所以在国内政情稍稍平定后，便遣使远出，开展国外贸易，以开拓财源。另一方面，自明初颁令禁海，严行贡舶贸易后，滨海居民私自通蕃与沿海盗乱问题日益严重，为了统制海上贸易利权及海防安全，既不愿违反“祖宗成法”，开放海禁，听民自由往来贸易，则只有招徕番商，放宽贡舶限制，许商民互市，以舒缓沿海居民生计，并征榷抽分，增加财政收入。因此成祖一方面恢复市舶司，设立驿馆，以示招徕；一方面遣郑和以宣慰南海诸国，招谕诸蕃为名，远出经营。由这两方面看来，郑和下西洋的动机主要是经济的，也就是从事海外贸易，充实府库；政治因素反是次要的[85]。

其次是郑和下西洋与海禁政策的问题，论者每谓郑和下西洋是明代移民海外的滥觞，大有助于国人的海外发展，事实是否如此，颇值得探讨。这可由郑和下西洋时，明代海禁政策非但不曾放宽，且更甚于太祖时代，看出一点消息。成祖即位之初，除下令重申海禁外，永乐二年（1404年）

85. 有关此问题，可参考吴晗，《十六世纪前的中国与南洋》，《清华学报》，第11卷1期，页157－177。童书业，《重论郑和下西洋事件之贸易性质》，收入《明代国际贸易》（台北，学生，1966年），页98－107。徐玉虎，《郑和下西洋原因之新探》，收入氏著《明郑和之研究》（高雄，德馨室，1980年），页14－16。陈文石，《明洪武嘉靖间的海禁政策》，第3章第1节“成祖向南洋活动的动机”，尤值得参阅。

更令民间所有海船一律改为平头，使不得下海。至宣宗宣德八年（1433年），仍敕都察院严厉执行私通蕃国禁令。这显示郑和下西洋的主要目的，在使朝廷独占海上利益，即“禁海贾，抑奸商，使利权在上”[86]，因此虽然郑和下西洋对明代闽粤人民之移民海外也有若干帮助，但大量移民乃明中期海禁弛禁后的发展，与郑和下西洋实无直接而重大的关联。

86. 吾学编，《四夷考》，上，“日本条”言。

虽然郑和下西洋，只不过是明代海禁政策下的皇室海外贸易而已，如能长期实行下去，对明代及尔后中国的海外贸易应该也有若干帮助。可惜的是这种皇室海外贸易，也只实行了30年，在宣宗即位，“蒸然有治平之象”后，就停止了这近似一时权宜之计的海外经营。因此，虽然郑和下西洋规模之庞大、组织之严密、计划之周详、航程之辽远、范围之广泛，都是我国史上，甚至世界史上空前之举，但也只能视为明代全面海禁政策下一次孤立的、权宜的大规模皇室海外贸易行动而已。它适宜地总结了自唐以来我国海外贸易的成就，但未能给往后的海外贸易带来任何突破性的发展。

- 正德年间（1506－1521年）贡舶贸易制度的转变与西人东来

自明初行海禁以来，私贩贸易始终不绝，由于明初国力甚强、禁令又严，故违禁下海者尚不多见。自成（祖）、宣（宗）以后，一方面由于郑和下西洋，中西海道大通，外蕃来贡者达于高潮，珍宝重利盈于朝野，对国人下海私贩有若干引领作用。另一方面，成宣以后明室承平，耽于宴安，海防不修，海禁之执行不如前期缜密，闽粤商民结党下海，或官商勾结、交通贡使之事，乃层出不穷，外人私自来华贸易，日趋严重。闽、广地方官遂出现开禁通商之建议，终于有武宗正德年间改变贡舶贸易制度的措施。

自明初行贡舶贸易制度以来，始终视贸易为怀柔外蕃的手段，因此贡舶来华无抽分之举。正德四年（1509年）广东镇巡官以私贩既不能彻底禁绝，何如公开榷税，准其进口，不但可以杜绝私贩，且可裨益国用。次年，巡抚广东都御史林廷举，以盗乱猖獗，连年用兵，军饷匮乏，奏请留番货粗重者，变卖拨充军门，为朝廷准许，于是抽分之法重新实行。凡贡舶至者，不拘年分，至即抽以十三之税，粗重者变卖留充军门开支。此措施实行后，虽然并未完全开放贸易，但却是由过去“非贡不得行商”走向自由贸易的转变契机[87]。弛禁之后，一时贸易甚盛，“番舶不绝于海澳，蛮夷杂沓于州城”。漳州也在穆宗隆庆元年（1567 年）在福建巡抚都御史涂泽民奏请下，得朝廷准许，开放海禁[88]。虽然此措施实行不久，即因其他地方官反对及葡萄牙（1517 年）、日本贡舶事件（1523 年）而再度重申前禁，但大体言之，此后中外贸易由于正德年间的转变，外商来贩者日多，其后虽数度严禁，闽广地方官开支既然多有赖番舶，故虽严禁，但贸易之门一开，即难再阻挠外人来华，遂至造成世宗嘉靖以后沿海走私贸易大盛的情形。

87. 见陈文石，《明洪武嘉靖间的海禁政策》，页106－109。

88. 张燮，《东西洋考》，卷七，《饷税考》。

正德年间另有一件重要的事情发生，就是西方人也在此时出现于我国南方海岸。最先来华的是葡萄牙人，葡人于1511 年占据满剌加后，于正德十二年（1517 年）冬出现于广东海面。其后十余年间葡人不断到广州要求通商，但广东地方官秉持贡舶贸易政策，以“海南诸蕃国无所谓佛郎机者，又使者无本国文书，未可信”不准葡人贸易，终于引发双方的战争。中西海上贸易的序幕竟以战争开启，说明了在明末闭关政策下，中西双方贸易观念的严重歧异。终明之世，虽然葡萄牙人及稍后的西班牙、荷兰人均先后出现于我国南方海岸，但在此期中，由于南海诸国，如印度、暹罗等尚未全为西人控制，而荷属东印度公司式的组织此时亦未出现，故中西贸易的主要方式仍是某些学者所说的“三角贸易”（Triangle trade）形式，即西人运货至暹罗、印度等地，交换他们由贡舶贸易所获得的中国产品，因此仍以间接贸易为主。

明末这段开阖不定的混乱时期，诚如顾炎武所云，是“不闭不收，利孔漏泄，以资奸萌，啸聚其中”的时期[89]，而通商口岸仍集中于粤、闽、浙地区的广州、漳州与宁波。广州由于通商与地方官之收利极重要，又少受倭患的影响，因此，其他海口之市舶司先后废止，大部分时间广州成了官方明令准许的唯一通商口岸。在广州开禁期间，贸易以广州为主，广州封港期间（如1517年葡萄牙商船事件后），则外舶竞趋闽、浙，因此漳州之月港（海澄）及宁波之双屿成为嘉靖年间两大走私贸易港。宁波主要为对日贸易；漳州则以吕宋贸易为主。西班牙人从新大陆带至菲律宾的银元大量输入中国，而我国的丝织品也大量经由菲律宾远渡太平洋销往新大陆[90]。而入港之船只也由万历三年（1575年）之88艘，增至十七年（1589年）的110艘[91]，其贸易之盛可以想见。

89.《天下郡国利病书》，卷九十三，“福建洋税条”。

90. 详见全汉昇，《明季中国与菲律宾间的贸易》、《明清间美洲白银的输入中国》及《自明季至清中叶西属美洲的中国丝货贸易》三文，《中国经济史论丛》第一册。

91.《东西洋考》，卷七，《饷税考》。

总之，明代自行海禁与贡舶贸易政策以后，唐宋元以来繁盛的海外贸易即遭扼杀。沿海地区，尤其是闽、粤两省，人民久习风涛，几百年来以海为田、以舶为家的传统，并未完全断绝，因此自明初起走私贸易即始终不断；明中叶以后，政治腐败、海禁不修，终于迫使明廷采纳粤、闽两省地方官的建议，开放海禁，征饷贸易；明末沿海寇乱频仍，贸易时开时禁，官吏对首度来华的西人欲开贸易的要求也多以祖宗成法未列，而不予准许，因此虽然明中叶以后海外贸易一度极盛，海澄之月港及宁波之双屿均成大规模走私贸易中心，由于闭关政策及官吏封闭心态的影响，对外贸易是消极被动的开放，而非主动积极的鼓励，这种政策影响其后的清代，终酿成中西双方为贸易而兵戎相见的后果。

- 清初海禁

17世纪初期，中国史上发生了明清嬗代的大事，在中西通商史上，也起了一个重大的转变，那就是中西直接贸易的开始。在此之前，欧洲商人虽已来华，但除了澳门一隅的旱地贸易外，中西贸易主要仍是前述间接的所谓“三角贸易”。由明末至清康熙初年的四十余年间，印度、东南亚大多数地区已为西洋人所臣服（仅余暹罗等少数国家），多数西洋商人已来到中国沿海口岸，经营直接贸易。另一方面在西洋商人的组织上，也有明显的改变。以往那种充满了个人英雄主义，冒险航海的个别商舶贸易形式衰微，代之而起的是有组织、有长远计划、以经商谋利并获得其母国专利权的公司组织形式。在贸易方面，西力开始冲击中国，却正逢清初的海禁时期。

清初行海禁，有四十余年（1644－1684年）之久。满清入关后，前有明末残余势力的抗拒，后有三藩之乱，尤其东南海上郑成功的势力极其活跃，自山东以南至广东沿海，都有“国姓爷”的商船往来，清廷对之莫可奈何，因此采“坚壁清海”的政策，将山东至广东沿海居民“尽徙入内地，设立边界，布置防守”，沿海船只亦“悉行烧毁”，务求“寸板不许下海，粒货不许越疆”。清初这种海禁政策较明初更为彻底，使海上与大陆的关系几乎完全断绝，因此，中西直接通商的开端十分暗淡。由明末到清初，西洋商人（主要是荷兰人及英国人）在南洋、吕宋、台湾及日本平户都站定了脚步，只有中国大陆沿海的门户仍然深锢闭锁。他们只寻到了两个半开的侧门：一个是广东的澳门，一个是福建的厦门。前者是“化外”之地，不在清廷海禁范围之内，后者是清廷实力未及之区。但在澳门的葡萄牙人此时想尽办法阻止其他欧洲商人（如荷人及英人）到广东贸易。厦门则在郑氏手中，英人曾与郑氏从事贸易，但由于海禁，不能得到来自大陆的货物，贸易量亦极有限[92]。因此一直要到清廷并有台湾，开放海禁后，中西通商才有大幅度的改变。

92. 张德昌，《清代鸦片战争前之中西沿海通商》，《中国近代史论丛》，第1辑第3册（台北，正中，1956年），页92－103。

• 从多口贸易到独口贸易

康熙二十二年（1683年），台湾内附。次年，清廷开放海禁，设立海关，准中外商民自由通商。

但清廷仍秉承明代以来以贸易为御夷的手段，对海外贸易加以压抑，因此清代虽开放海禁，中西通商并未因之繁盛，反而播下了中西冲突的种子。

清代之压抑海外贸易，可从两方面来说。对下海华商而言，康熙二十三年，海禁虽开，但下海商舶有带食米（每人每天一升）、资本（金、银、制钱皆不许携出）及武器的限制，对华商在海外活动有很大的影响。尤其此时南洋一带，已在西人控制之下，每有华商与西人发生争执，政府辄持不闻不问的态度，恰与此时西洋政府重商、助商的政策相反，华商在海外贸易的力量乃日趋衰微。对外商来华贸易，除继续明代的朝贡贸易外（仅余暹罗、琉球等少数几国），对西洋商人来华也沿袭明代故事，认为准其贸易，是嘉惠“夷商”的恩德。对外商来贩，既属施惠，则恩泽可由我施，“夷人”绝无要求任何其他条件之权利。因此对外商来华贸易抱着不阻挡，但也不鼓励的政策[93]。在这种政策下，外商来华既须牵就中国对他们的种种限制与勒索，在贸易初期数量不大时，尚能忍耐；至嘉庆、道光年间，双方贸易量骤增后，外人乃渐感不耐，通商问题遂逐渐成为双方争执的焦点。

93. 张德昌，《清代鸦片战争前之中西沿海通商》，《中国近代史论丛》，第1辑第3册（台北，正中，1956年），页103－108。

在开禁初期，由康熙二十三年（1684年）到乾隆二十四年（1759年）间，名义上是所谓多口贸易时期，但实际上中西贸易同时在江（云台山）、浙（宁波）、闽（厦门）、粤（广州）四关进行，只有短短的34年（1684－1716年）。其间由于英商几度北上厦门及宁波贸易，遭遇到极大的挫折，因此自康熙五十四年（1715年）英船安妮号（Anne）在厦门肇祸案后，外商赴厦门以北诸口贸易就更为稀少。在康熙五十五年至乾隆二十四年的80年当中，只有雍正十二年、十三年（1734、1735年）至厦门，及乾隆二十一至二十三年（1756－1758年）各有一舶至宁波外，贸易全集中于广州进行。因此，虽然要到乾隆二十四年清廷始因洪任辉事件，提高江、浙、闽三关关税，阻止外人赴三处贸易，早在此以前，广州已成为名符其实的对外贸易总吞吐口。

在广州直接间接从事对外贸易的中国商人，有由内地赴广州的客商，以运送内地货物到广州销售为主；有从事进出口贸易的行商，介于内地客商与外国商人之间，居间谋利；有洋货铺商，以供应“夷商”日用品及杂货为主。这三类商人中，以行商中的外洋行商为最重要，他们几乎垄断了整个中西海舶的贸易。他们有公行组织（又称行馆或会馆），不但经手进出口贸易，并代外国商人报输税饷，到乾隆十年（1745年）以后，更负“保”的责任。这种保商制度，一方面是“行”与“行”间互保，一方面则以“行商”保“夷商”——同行倒闭歇业，固由他行联保，分摊债务；夷商之事，更由保商负连带责任。在这种制度下，行商包办了一切对外贸易，介于官府与外商之间，上下其手。西洋商人来华，须居于商馆中，不能直接与清官府交通，须在行商引介下雇人充当通事及买办等，一切大小交涉均须透过由行商作保的通事、买办与行商联系，再由行商交通官府。这种层层相保的制度，终使久习于自由贸易的西洋商人难以忍耐，贸易纠纷遂层出不穷。

这种贸易方式，固令外人感到不便，加深了中西双方的误会，而广州关吏对出入口征收附加税及额外要索规费，更令外商不平。如康熙初年，外贸入口于正饷则例规定的税率外，关督要加征24%，关吏要加征16%至19%的税，规礼尚不在内。到康熙二十四年（1685年）常索为粤海关监督时，又添加一种6%的附征。种种附征有时超越合法税则税率所定三四倍以上。货税之外，船税的征收，尤其不规则[94]。外国商人生活感受束缚，又要交纳额外的加征，他们认为应持两项方法对付：（一）应于广州以外，另寻别的通商口岸，这样粤海关税收少了，官吏就会觉悟，减少附征。（二）朝廷加惠远人，税率定得极低，地方官吏违背皇帝旨意，私自加征，应当设法上达皇帝，不能再任由地方官遮瞒。这些解决之道均因乾隆二十四年洪任辉（James Flint）北上请愿事

94. 有关鸦片战争前广州贸易的情形，可参阅梁嘉彬，《广东十三行考》（台中，东海大学，1960年再版）一书，尤其尾论诸节颇为扼要地叙述广州贸易的实况。

件的失败而破灭。清廷不但不改正误失，且更加重其余三口的关税，更为强调广州是中西贸易的唯一口岸，中西双方为解决通商问题而兵戎相见的局面就无法避免了。

在清初到鸦片战争爆发前的中西海舶贸易中，中国的出口货除丝织品仍占重要地位外，茶出口的激增为一明显现象，到18世纪以后，茶出口总值竟跃居第一位，丝反居于次位。除丝、茶外，白铅（Tutenugue）、土布、大黄、铜、矾、水银、樟脑、糖、瓷器及茯苓等，也是出口重要货品。西洋商人输入的货物，就产地说，可分两类：一为由欧洲运来的金属及制造品，一为由南洋、印度等殖民地转运来的香料及土产。后者如胡椒、檀香等，在过去均由贡舶输入中国，为中国人所习用，因此虽改由欧洲商人运至中国，销路仍然很好。由欧洲运来的货物，金属以铅为主，制造品除少量的钟表、千里镜外，以毛呢织品为主要货物，但在中国销售情形并不好。此外，现银大量入口是中西海舶贸易中的显著现象，各国商人带来的银子，除纹银外，如英国的双烛洋、墨西哥的鹰洋、法国的Crown银币等，开始充斥于中国商场上。

在外商不断开展下，18世纪中西海舶贸易大幅度成长。据英人的统计，广州进口外国商船的吨数，由18世纪40年代的年平均7,500吨，增加到1776至1789年间的56,000吨，到鸦片战争前夕的19世纪20年代，更上升到年平均12万吨[95]。而同时期中国去南洋贸易的帆船，也由明末的137只（1597年）增加到1820年的295只[96]。在不断进展的贸易关系中，终18世纪末，中国是绝对居于出超地位的。因为中国政府厉行以物易物政策，不准金、银出口，而中国货物，如丝、茶等在欧洲市场极受欢迎，欧洲货物在中国则销路困难，因此中国的出超现象极为自然，上述银子的大量进口是出超情况下的自然结果。据估计，自明末至鸦片战争前夕，约有为

95. W. C. Costin, *Great Britain and China, 1833-1860* (Oxford, The Clarendon Press, 1968), p. 3.

96. 田汝康，《再论十七至十九世纪中叶中国帆船业的发展》，《中国近三百年社会经济史论集》（香港，崇文书店，1972—1974年），第3集，页292。

数五亿银元的洋银流入中国[97]，其中绝大部分都是在17世纪末年清代开放海禁后至18世纪末年的百年间流入中国的，这对中国近代的货币经济产生了重大的影响[98]。

18世纪以来清代对外贸易不断成长下的顺差现象，到19世纪初期以后随着鸦片贸易的骤增，而有了重大的改变。在短短的一二十年间，长期的出超一变而为大量的入超。据保守的估计，在鸦片战争前后短短的二三十年间，白银外流不下一亿三千四百万两[99]。长久以来，清廷既视对外贸易为抚夷的一种手段，过去贸易顺差时，尚可任其自然发展，至此白银大量外流，物价下跌，工商凋敝，对经济产生严重的影响。国人复因吸食鸦片而委靡不振，禁烟措施因之颁行。另一方面，外商长久以来已难容忍中国因贸易所加诸彼等的限制，此时获利愈大，愈不愿放弃对华贸易，乃利用此机会挑起影响中国历史既深且巨的鸦片战争。自明初以来，中国朝廷既采对外封闭、以御夷为主的贸易方式，鸦片战争的发生乃迟早之事。三千年来未有的大变局于焉爆发，传统中国的对外贸易亦因此一事件而进入一崭新的时期。

97. 此估计 Cf. Wen Pin Wei, *The Currency Problem in China* (New York, Columbia University Press, 1914), p. 34。也有估计高达八亿四千万至九亿元者（见孙毓棠，《明清时代的白银内流与封建社会》，《进步日报史学周刊》，第3期，1951年1月26日）。最低的估计，仅依广州进口外国船只所带银元计算，由1700－1826年间亦有二亿五千万元之巨（余捷琼，《1700－1937年中国银货输出入的一个估计》，长沙，商务，1981年，页20、36）。

98. 白银大量进口对我国货币经济的影响，可参阅王业键，《中国近代货币与银行的演进，1644－1937》（台北，中央研究院经济研究所，1981年），第1章第2、3节。

99. 鸦片输入中国，为时极早。在乾隆三十八年（1773年）以前大约每年进口二百箱，数量不大。但自英人在印度大量种植，极力向中国倾销后，情况大变。至嘉庆二十一年（1816年），输入之鸦片已达3210箱，其后更为骤增，至鸦片战争前夕的道光十六年（1836年），竟达27,111箱之巨。有关此，见徐颂周，《鸦片输入中国考》，《中国近代史论丛》，第1辑第3册，页156－158。白银外流数量之估计，据余捷琼，《1700－1937年中国银货输出入的一个估计》，页18－24。

结 语

自秦汉时代中外海上贸易萌芽以来，经六朝时期的积极拓展，终于有唐宋元时代海外贸易鼎盛情况，其时万邦来会，商旅络绎于途，国家财政依赖海外贸易的程度也日甚一日。不幸明代以后中国中心主义再度抬头，对外贸易受到压抑，而对外开放心态的消失，影响尤为深远。因此，明清时期对外贸易形成被动因应外商贸易的反常形态。鸦片战争虽然打开了这个死结，使中国对外贸易进入一新的境界，但国势既弱，生产又不足，长期的大量入超，造成清末民初国力疲惫的危殆局面。

轻徭薄赋

财政与税务

庄吉发

国家赋税，关系国计民生，是“邦国之本，生民之喉命”。赋税取之于民，用之于民，历代赋役政策，大体根据儒家的经济理论，主张轻徭薄赋，藏富于民，对赋税的负担，力求公平合理。秦汉以降，工商发达，货品流通，行商坐贾，获利甚厚，乃有关市之征。盐为人人佐膳不可或缺之物，铁则为家家必备之器，盐铁本为自然界的宝藏，其利益自不应由私家商贾独擅，故汉代以来多由国家专卖。酒为大众所喜爱，消费量尤大，亦多归国家经营，而有榷酤之税。总之，历代对商税的征课重于田赋，多少带有重农抑商的意义，正合于儒家的经济理想。

履亩而税

治于人者食人，治人者食于人，支持政府财政的主要手段，是赋税制度。在封建时代，土地为贵族所专有，农人对封君每年应纳定额的租税，是为粟米之征；农人每年在农隙时，又须为封君服数日劳役，从事浚河渠、筑城防、建宫殿等工作，封君贵族对外有战事，农人须贡献车牛或劳力，即所谓力役之征；逢年过节，农人尚须进献彘、兔、鸡、鹅或丝布之类，叫做布帛之征。《孟子·滕文公篇》指出古代田赋缴纳的方式是“夏后氏五十而贡，殷人七十而助，周人百亩而彻”。夏代农人耕田50亩，课5亩之税，缴纳定额的田赋，称为贡。殷行助法，农人耕作于封君贵族土地上，以一部分劳力的收获贡献于贵族封君，一部分归农人自用。农人耕种70亩之田，负担7亩的收获，就是缴纳十分之一的税。周行彻法，农户授田百亩，亦征什一税。

上古时代，一度实行井田。井田制度的立法本意，不仅在使人民福利均等，同时也要使赋税的负担均等。其力役之征，以每户征一人为原则，一年不过三日。到春秋战国时代，周室式微，徭役横作，公田不治。井田制度崩溃，什一税的制度随之破坏，赋税加重，鲁、齐各国，“租税倍于常”，什分取二，甚至什分取三。孟子曾云“什一而税，王者之政”。可见战国税额不止什一。董仲舒亦谓：“古者税民不过什一，其求易共；使民不过三日，其力易足。民财内足以养老尽孝，外足以事上共税，下足以畜妻子极爱，故民说从上，至秦则不然，用商鞅之法，改帝王之制，除井田，民得卖买，富者田连阡陌，贫者亡立锥之地。又颛川泽之利，管山林之饶，荒淫越制，逾侈以相高；邑有人君之尊，里有公侯之富，小民安得不困？又加月为更卒，已复为正，一岁屯戍，一岁力役，三十倍于古；田租口赋，盐铁之利，二十倍于古。”[1] 战国以来，各国课征重税，秦代税额，尤其苛重。

汉代常赋，以田租与人口税为主，其财政较秦代进步，税率较轻。汉高帝与民休息，减轻田租，规定什五税一；文帝以农为天下之本，减轻地税；景帝省徭薄赋，令民半出田租，三十而税一。并在文帝十三年（公元前167年）诏除民田租税，至景帝元年（公元前156年）复收半租，其间凡十一年未收民租，为历史上所罕见。武帝时，虽增加了不少新税，但田租仍保持三十税一。汉代除田租外，农民尚有人头税的负担。可分为算赋、口赋及更赋三种，算赋是成年人的人头税，15以上至56岁的成年人，每年纳120钱为一算，以治库兵车马。算指算人，即人口调查，汉代制度，规定每年八月实行人口调查，然后征收人头税，故称为算赋[2]。口赋为未成年的人头税，民年3至14岁者，年纳20钱。此外人民对国家有更戍的义务，包括对中央政府的防卫、边疆戍守及地方劳役；也可以出钱而免除更戍的义务，此种免役税就是更赋，民年23岁始赋，56岁而免。汉代人头税变动不大。惠帝时，女子年至30岁犹未出嫁者，须课五算。文帝时，算赋减为40钱；武帝时，又恢复为120钱，口赋钱增3钱；昭帝时，屡次减少。元帝时，口赋钱征课年龄提高为7至14岁。

秦汉田制，土地所有权属于耕户所有，可自由使用，亦可自由出卖，遂逐渐形成兼并现象。耕户卖去土地以后，就变成佃农，对地主

---

1. 班固，《汉书》（台北，明伦，1972年），《食货志》第四，页1137。
2. 加藤繁，《关于算赋的小研究》，《中国经济史考证》（台北，华世，1976年），页139。

须担负极高的租额，甚至有高达十分之五者。王莽曾指出“汉氏减轻田租，三十而税一，常有更赋，罢癃咸出，而豪民侵陵，分田劫假，厥名三十，实什税五也”。[3] 地主对政府按三十税一的税率缴纳田赋，佃农却要向地主缴纳什五之税，朝廷减轻田租，农人并未得到好处。土地私有制度到了西汉末年造成严重贫富不均的现象，“富者田连阡陌，贫者无立锥之地”。汉哀帝时师丹曾议限民名田，未能实行。不过，消弭贫富不均，始终是汉儒的共同理想。王莽受禅后，取法古代的井田制度，将一切田亩尽归国有，重行分配，称为王田，规定男口不满八人，而田过一井者，分余田给与九族乡党，田地不得买卖，豪富势家在法律上无兼并土地的权利。其用意是想要恢复封建时代的井田制度，解决当时社会问题，结果却因措施不当，在民怨沸腾声中失败了。

东汉初年，兵事频兴，田租一度增至十分之一。东汉末年，北方荒残，户口锐减，民生经济产生大变动。三国时期，实施屯田制度，因国家用度浩繁，农人田赋加重。在民屯制度下的租额是持官牛者，官得六分，民得四分；持私牛而官田者，则与官中分，即什税五。曹操得河北时，规定田租，每亩四升，户出绢二匹、绵二斤，其他不得擅自兴发[4]，此即户调的前身。户调与算赋的差别，除却钱币与绵绢的不同外，又有丁与户的差异，汉代的算赋，是以丁计算，曹魏的户调，则按户征收。曹操规定以绵绢缴纳户调及以农产品缴纳田租的办法，为隋唐租税制度奠定深固的基础[5]。

晋武帝平吴后，实施户调式，“制户调之式，丁男之户，岁输绢三匹、绵三斤，女及次丁男为户者半输，其诸边郡，或三分之二，远者三分之一，夷人输賨布，户一匹、远者或一丈，男子一人，占田七十亩，女子三十亩，其外，丁男课田五十亩，丁女二十亩，次丁男半之”。[6]合计一户占地百亩，男女所课田租共七十亩，田租负担极

3.《汉书·食货志》第四，页1143。

4. 陈寿，《三国志》(台北，明伦，1972年)，《武帝纪》第一，页26，引《魏书》。

5. 全汉昇，《中古自然经济》，《中国经济史研究》(香港，新亚研究所，1976年)，上册，页61。

6.《晋书》(台北，商务，1967年)，志十六，《食货》，页7。

重，规定持官牛者，官得八分，农人得二分，即按二八收租，持私牛及无牛者，官得七分，农人得三分，即按三七收租。《初学记》引《晋故事》云："凡民丁课田，夫五十亩，收租四斛，绢三匹，绵三斤。"[7]所纳绵绢在数量上比曹魏时多三分之一，惟其为实物税则同。东晋初年，户调式破坏，地主田多者，出一户税，平民田少者，亦出一户税，负担极不公平。其后税制曾经多次变动，按户征收的户调，除绵绢外，又征收布丝等物；按亩征收的田租，规定以米缴纳，男丁每年尚须服劳役。元帝时，丁男调布、绢各二丈，丝三两，绵八两，禄绢八尺，禄绵三两二分，租米五石，禄米二石，丁女并半之，男丁每岁供役不过二十日，又率十八人出一运丁役之，其田租，亩税米二斗[8]。成帝时，"始度百姓田，取十分之一，率亩税三升"。哀帝时，田租又减为每亩税米二升。

7. 徐坚，《初学记》（台北，鼎文，1972年），卷二十七，《绢第九》，页657。

8.《隋书》（台北，商务，1967年），卷二十四，《食货》，页4。

9. 周金声，《中国经济史》（台北，周金声著作发行所，1970年），第3册，页537。

大体而言，西晋实行户税，东晋成帝时，废田收租，孝武帝太元年间，改为口税。南朝财经制度大都承袭魏晋而来，然而税制复杂，名目繁多。刘宋武帝时，规定民户岁输布四匹，此外又有三调，即调粟、调布及杂调。南朝诸税中，最为后世所诟病者，则为资产税，按资产多寡取税，不失为国家重要收入，却不利农业。齐梁间，恢复户调，至陈又恢复田税；魏晋六朝三百余年的田赋，即徘徊于"从户税田"、"从丁税田"、"从田税田"三种赋税制的演变中[9]。

从均田制到两税法

均田制度是以国家土地分给人民耕种，然后向人民征收实物田租的办法。从经济的观点看，国家是地主，人民是佃户，因此，人民缴给国家的田租实际上就是佃户缴给地主的地租。均田制度又称授田制，本是儒家的传统经济理想。自永嘉乱后，百姓流亡，中原萧条，地广人稀；富强者兼并山泽，贫弱者望绝一廛，以致地有遗利，民无余财。北魏太武帝时，已有计口授田的诏令，孝文帝太和九年（485 年）十月，采纳李安世的建议，正式颁布均田诏，派遣使者循行州郡，与牧守均给全国之田。但当时户籍制度极不健全，人口多隐冒不实，50、30 家，始报一户，称为荫附，这些荫附的户口，俱无官役，豪强聚敛，倍于公赋，欲实行均田，必先审正户籍。太和十年（486 年）二月，采纳给事中李冲的建议，确立三长制，五家立一邻长，五邻立一里长，五里立一党长，则“包荫之户可出，侥幸之人可止”。随后正式推行均田制，规定男夫15 岁以上，授露田40 亩，妇人20 亩，奴婢与良人相同，老免及身殁则还田；除露田之外，另给桑田，男夫一人20 亩，种桑50 株、枣5 株、榆3 株，为世业，身终不还。

均田制与古代井田制有不同之处，井田分属于封建贵族，而均田则全属于朝廷；均田是郡县制度下的井田，而井田则是封建制度下的均田[10]。均田动机，着重在国计民生；均田本义，在于法律上承认每人有若干定额的田，系以口为单位之均，而非以户为单位之均，使人民做到耕地与人力比较合理化的地步[11]。均田制的主要用意，并不在要求田亩的绝对均给，只要求富者稍有一个限度，贫者也能维持一个最低的生活水准，以树立一个比较平允的赋税基础。尤其重要的是在使全国赋税尽归朝廷，禁止豪强私自征收及隐匿赋税。在均田制度下，人民赋税负担很轻，一夫一妇有田60 亩，岁纳帛1 匹、粟2 石，以每亩收获1 石计算，60 亩收获60 石，缴纳2 石，税额仅为三十分之一，便是汉代三十税一的田租。在实施均田制以前的税收惯例，是百亩收60 斛，两者相比，相差已到18 倍[12]。从表面上看，国库税收数字减少，唯因一切租税归公，负担赋税的人数增加，国库总额却较前增加，对农人惠泽亦大。北齐、北周大体上也是承继北魏的均田制，使人无闲力，地无遗利，自耕农负担了绝大部分的国家税

10. 钱穆,《中国历代政治得失》（台北，三民，1972 年），页50。

11. 谷霁光,《秦汉隋唐间之田制》,《中国经济发展史论文选集》（台北，联经，1980 年），上册，页233。

12. 钱穆,《国史大纲》（台北，商务，1960 年），上册，页242。

收，成为北朝经济的支柱。由于租税轻减，社会经济日趋繁荣，北朝比南朝富强，均田制的推行是主要原因之一。

均田制度最初仅限于黄河流域，隋代统一南北后，均田制遂扩展至南方。是时，甫经大乱之后，土地荒芜，人口减少，故能继续施行均田制。隋代的均田制，大体上仿照北齐的旧制，男子授露田80亩，妇女40亩，男子再给桑田20亩为永业。一夫一妇，称为一床，一床岁纳租粟3石，调绢1匹，役丁12番，一番3日。其后调绢减为2丈，役丁减为20日[13]，此法为唐代租庸调之所本。

唐代田制，以5尺为步，240步为亩，百亩为顷。丁年十八以上授田一顷，内80亩为口分田，年老还官，此即北魏的露田；20亩为永业田，即北魏的桑田。每丁岁输粟2石。此项粟米之征，称为租；随乡土所产，岁输绫、绢、絁各2丈，布加五分之一，输绫、绢、絁者，兼调绵3两，输布者另加麻3斤，此项布帛之征，称为调；丁男为国家服劳役，每岁20日，遇闰年加2日，不能服役者，每日折纳绢3尺以代役，有事加役25日者，免调，加役30日者，租调全免。一年内正役不过50日，此项力役之征，称为庸。

13.《隋书》，卷二四，《食货》，页4。

租庸调法为后世所称道的原因很多，最主要是在其轻徭薄赋的精神。除去永业田不论，其余80亩的口分田，若以每亩收1石计算，可收80石，纳粟2石，就是四十而税一，较之汉代制度更为轻减。以庸而言，汉制更戍之役，每岁一月，唐制仅20日，只有汉代的三分之二。西晋户调，丁户岁输绢3匹、绵3斤，比唐代多6倍。北魏一夫一妇，调帛一匹，比唐代多一倍。在唐代轻徭薄赋的制度下，农民可以安居乐业。而且租庸调法税收项目列举分明，有田则有租，有身则有庸，有户则有调，可以避免滥加名目，横征暴敛，又可以杜绝兼并，都是租庸调法的优点。其次，在租庸调法的背后，又含有为民制产的精神，民人成丁后即由政府授田，年老还官，为民制产与为官收租同时并重，尤为汉制所不及。在租庸调法下的农民，其生活宽舒安恬，促进整个社会的繁荣，盛唐时代的富足太平，绝非偶然[14]。

推行租庸调法，必须先有完密正确的户籍，也需要一个具有高度行政效率的政府。唐代自武后以后，户籍破坏，民避徭役，逃亡渐多，田移豪户，官不收授。更有戍兵死亡在外，边将不报，仍有籍贯，责令纳粟。当时人口凋耗，版图空虚，户籍已难整理，租庸调法，既无从实施，不得不改弦更张。唐德宗建中元年（780年），宰相杨炎另创两税法，废除授田之制，将人民现有土地，全部改为永业，归农民私有，政府先估计全年一切开支，“凡百役之费，一钱之敛，先度其数而赋于人，量出以制入”。“户无主客，以见居为簿，人无丁中，以贫富为差”。各地定居的人民，不论主户或客户，一律以现有男丁及田地的数目为标准，划分等级，规定税额，其余名目的租税，一律取销，商贾则于其所在州县课税，税率为其货物总值的三十分之一。每年征税两次，夏税无过六月，秋税无过十一月。

由于钱币数量的增加，使租税制度发生很大的变化，即由实物租税制度渐渐转变为货币租税制度。两税法实施后，便废除过去以征收粟帛等实物为主的办法而改为以征收钱币为主的办法[15]。其制度简捷明白，在户籍失修，人口变动极大的时期，不失为一种简便可行的赋税制度。两税法将租庸调归并一项，税制简单，纳税时间分明，又以贫富为标准，资产少者税轻，多者税重，视民财力而课税，颇合于租税公平的原则；行者与居者，即商人与农人同负租税，亦合于租税普及的原则。但两税法的推行，一变以往授田征租的办法，成为征租不授田的情形，已失为民制产的精神。此外，两税法的征税是折钱缴纳，而当时铜钱不足，形成钱重物轻、物价下跌的现象，无形中加重农人的负担。而且两税法的实施，只注意收税，不注意田地的主权，对于土地兼并者不予追究，社会贫富不均的情形，遂益趋严重。五代社会动乱，军需浩繁，赋役繁重，民生凋敝。后唐庄宗在位期间，曾因军食不

14.《国史大纲》，上册，页294—296。

15. 全汉昇，《从货币制度看中国经济的发展》，《中国经济史研究》，下册，页186。

足而预征田租，“峻法以剥下，厚敛以奉上”。后汉厉行聚敛，规定田租于正税之外，每斛更输二斗，称为省耗，即雀鼠耗，附加税大为加重。

宋代的二税法，其实就是唐代的两税法。二税交纳时期，是“视收成早暮而宽为之期”，夏税规定开封等七十州，五月十五日起纳，初定七月三十日纳毕，后又延一月。河北、河东诸州，五月十五日起纳，初定八月初五日纳毕，后又延一月。淮南、江南等十二州，五月初一日起纳，初定七月十五日纳毕，后又延一月；秋税规定九月初一日起纳，初定十二月十五日纳毕，后又延一月。自从均田制度破坏后，以户计税，不免失实，唐代两税法即以田亩之数为纳税标准，又以户数为课税的单位，故实有“地税”及“户税”两种意义[16]。宋代人民纳税亦以田亩为标准，而非以户为率，是以田有等差，或分上中下三等，或分五等，定以不同的税率。夏税收大小二麦，秋税则为粟、稻、菽、黍等，因此，夏税斛斗少于秋税，唯夏税所收银钱帛钱则多于秋税，主要是因丝绵之收在夏季。

宋初将唐末离乱无主的民田及所征服各国王公等私有地，合并为官田。官田与民田属于两种不同的耕地制度，因而所课租税亦不相同。课于官田者称为官租，属于官有财产的收入，税率约为什之五至什之八；课于民田者称为常赋即租税，大约以什之一为基准。太宗淳化五年（994年），规定民之佃种官田者，许为永业，3年之内免税，4年以后，令纳税三分之一。至道年间（995—997年），议行劝农制度，上田授100亩，中田130亩，下田200亩，5年以后征税什之二，旋因财力不足而罢。两税法是以资产多寡为课税的标准，到了宋代，因资产调查困难，改按人民垦田面积的大小，分夏秋两次来征税，故其所征收到的实物数量较多[17]，而且将租庸调三项完全并入田租，所以租额也增高。同时唐末五代兵丁所至，又要地方出劳役，纳土贡，增加百姓的负担；宋代沿而未改，于赋税之外，仍有差役，名目繁多，诸如公物的供给运输，赋税

16. 方豪，《宋代之赋税》，《幼狮月刊》，第3卷第6期（1955年6月），页33。

17. 全汉昇，《唐宋政府岁入与货币经济的关系》，《中国经济史研究》，上册，页237。

的督课追偿，盗贼的逐捕，公家的给使等莫不由乡户负担，苛扰备至，民不堪命。王安石变法，订出免役、助役钱的办法，由每户平均摊派，按民户大小贫富，分为差等，每年分夏秋两次缴纳免役钱，女户单丁等也要缴纳半数的助役钱。宋代租额，原已七倍于唐代，复于二税外，增免役、助役钱，又于额用已足外，复增取二分，以备水旱欠阙，称为宽剩钱，下户单丁女户更困；而且青苗、免役多缴纳现钱，扰农更甚。

元代税课繁重，其税法南北不同，北方地区，分地税及丁税两种，地税按地亩计算，丁税计丁缴纳，皆输粟为税。但地税、丁税不并纳，丁税多而地税少者纳丁税，反之则纳地税。其税户分为全科户、减半科户、协济户等，丁税方面全科户每丁纳粟三石，减半科户及协济户各一石；地税方面俱各每亩税粟三升。世祖初灭宋，于江南地区仍仿唐、宋两税法，分夏、秋纳税，均输粮，其后改为折输绵绢杂物，后来又改为以三分之一输米，其余折合钞价缴纳。常赋以外又有科差，分为丝料及包银两项，亦依税户等第定科纳数目，俱以财物代役。此外又有各种额外征课，名目多达32种[18]。

从一条鞭法到丁随地起

18. 傅乐成,《中国通史》(台北，大中国，1978年)，下册，页608。

元末丧乱，版籍多亡，田赋无准，富户逃税避役，铁脚诡寄，以田产托寄他户，飞洒隐没，百弊丛生。为使“官不缺租，民有恒产”，必须重新建立一套赋役制度，以恢复农业。欲建立赋役制度，首先必须整理户籍。明太祖建立政权后，即籍天下户口，“人户以籍为断”、“不许妄行变乱”，诏编黄册，以户口为主，每里编为一册，共四册，一册上于户部，其余三册，由布政司、府、县各存一册。因上于户部者，其册面为黄纸，故称为黄册，黄册内详具旧管、新收、开除、实在田亩之数。洪武二十年（1387年），又命编造鱼鳞册，以土田为主，书明主名，及田地丈尺，编类为册，状如鱼鳞。“鱼鳞册为经，土田之讼质焉；黄册为纬，赋役之法定焉”。[19]

明初赋役法，有田，有丁；田有赋，即地粮，丁有役，即差役。其田制相当复杂，主要可分为官田与民田；官田包括宋元时期入官的土田及后来的还官田、没官田、学田、皇庄、王公大臣赐乞庄田、百官职田、边臣养廉田、军民商屯田等，其余为民田。官田与民田，大约为一与七之比，其赋额差别甚大，官田亩税，定为五升三合，民田减二升，亩税三升三合。江南苏松嘉湖杭及浙西等地，征税特重，民田有每亩课税二斗至三斗者，官田亩税更高。在田赋征收方面，仍然仿效唐代的两税法，每年征收夏税与秋粮，夏税无过八月，秋粮无过次年二月，以征收实物为主。

自唐代两税法实施后，将租庸调归并一项征收，简便易行，但后来丁役仍然不免。宋高宗绍兴二年（1133年）八月，诏湖南丁米三分之二均取于民田，其一取之丁口[20]。明太祖为吴王时，赋税什取一，役法计田出夫。洪武元年（1368年），规定田一顷出丁夫一人，不及一顷者，以他田足之，称为均工夫。其后诏编应天十八府州，江西九江、饶州、南康三府均工夫图册，于每岁农隙时，赴京供役三十日，田多丁少者，以佃人充夫，由田主出米一石，以资其用，非佃人而计亩出夫者，亩资米二升五合。黄册编定后，一里内丁数，悉具黄册中，明代役法，即以黄册为基础。其差役最主要者为里甲、均徭、杂泛三种。里甲又称甲役，以户为单位，以110户为里，里分10甲，推丁多者10人为长，其余百户为甲民，每甲10人；一岁之役，由甲长一人，及其所属甲丁应役，以管摄一里之事，稽核户口，催征赋役，办理公事。其余甲长9人及9甲之丁，不应差役，10年一周，由丁多之甲开始，以至丁少者。均徭又称为徭役，以丁为单位，分上中下户三等，五岁均役，银力从所便，举凡马夫、巡栏、驿馆夫、皂隶等，皆属均徭。杂泛又

19.《明史》（台北，鼎文，1980年），卷七十七，《食货一》，页1882。

20.《宋史》（台北，中华），《本纪》第二十七，《高宗》四，页14。

称为杂役，如砍薪、抬柴、修河、修仓、运料、接递、站铺等，皆属杂泛，是不定时的力役。此外又有军役、匠役等，军役是到军营服役的军户，匠役是专门为朝廷提供手工业生产劳动及宫廷的各种劳动。

赋役制度是一种财经制度，有其财政作用，也有其经济作用。赋役制度以自然经济为基础，一方面对统治政权提供赋税与徭役，另一方面也阻止土地流为商品，阻止人民与土地分离。明初所执行的农业政策，迅速得到立竿见影的效果，不仅恢复了农业生产，也使农业得到了进一步的发展。然而，随着经济的发展，货币逐渐增加，社会分工日益细密，商业贸易日益发达，土地买卖日益频繁，户口大量逃亡，严重地影响了里甲制的运行，明初以来的赋役制度也就不得不随之变革。宣德、正统年间，徭役繁重，壮丁尽行，役及老幼，已是奔走不暇，更无余力从事耕种。旧的赋役法成为阻碍社会分工及商品经济发展的主要原因，一条鞭法乃应运而兴。所谓一条鞭法，就是以改革役法为重点。当时白银的需要增加，明英宗正统元年（1436 年），明廷在长江以南运输困难地区所课征的田赋，大都已由米麦改折为银，按照每石折银二钱五分的比率来征收，称为“金花银”。世宗嘉靖年间，更扩大范围，全国各地的田赋、徭役及其他摊派，俱合并在一起，改折成银两来缴纳[21]。

一条鞭法，就是“总括一州县之赋役，量地计丁，丁粮毕输于官，一岁之役，官为佥募。力差，则计其工食之费，量为增减。银差，则计其交纳之费，加以增耗，凡额办、派办、京库岁需与存留，供亿诸费，以及土贡方物，悉并为一条，皆计亩征银，折办于官，故谓之一条鞭”。[22]其立法颇为简明，嘉靖年间，数行数止，至神宗万历二十年（1592 年），始通行全国。一条鞭法通行后，原来由里甲负责供应的各项费用，改为征收一定数额的银两。均徭原有银差、力差之分，也将力差改为征银，由官方雇人充役，里甲改为与均徭银合并征收。差役原来由户或

21. 全汉昇，《宋明间白银购买力的变动及其原因》，《中国经济史研究》，中册，页 207。

22.《明史》，卷七十八，《食货二》，页 1902。

丁负担，渐渐转变为摊丁入地，均徭、里甲与两税遂合而为一。徭役折银是一条鞭法的主要内容，就是由土地负担差银；嗣后的赋税，遂扩大货币部分的比重，其征收解运，也由民收民运改为官收官解。

王庆云《熙朝纪政》指出明代采行一条鞭法的原因云："明之银差大约有二，初行里甲时，富者出财，贫者出力，所谓银力从所便，此丁之有银差也。正统以后，举京徭上供之数，按丁粮而征之，于是丁粮皆有银差之科派，而不问出力与否矣。其后上供者虽官为支解，而公私所需，复给银责里长营办，给不一二，供者什佰，而京徭解户为中官留难率至破产，民不堪命，于是行一条鞭。"[23] 可见明代实行一条鞭法，不过因势利导而已。任源祥论"条编征收之法"亦云："明之条编，犹唐之两税；两税之行也，天下有不得不两税之势，杨炎不过因其势而行之。议者或咎其轻于变古，卒未有更两税而善其法者。条编之行也，天下有不得不条编之势，张江陵不过因其势而行之。议者或病其奉行之不谨，名实之不孚，卒未有舍条编而善其法者。"[24] 丁有增减，难以划一，地无消长，较易划一，量地计丁，计亩征银，胥役不易为奸，且官方代为支给，使小农的负担额较前合理。

清初赋役制度，是按照明代万历年间则例征收，豁除明季辽饷、练饷、剿饷等加派；其田制则相当复杂，主要包括民赋田、更名田、农桑地、蒿草籽粒地、苇课地、归并卫地、河淤地、学田、退圈地、灶地、荡地、屯田等。民赋田为普通纳赋的民田，分别课征银、米、豆等，各省科则不同，以盛京、吉林等地赋额较轻，平均每亩科银一分至三分不等，米二升八勺至七升五合不等；其次为四川，每亩科银一厘五毫九丝至八分四厘九毫一丝不等。陕西西安府所属民赋田税额较重，每亩高达二两三钱八分一厘七毫，粮五升八合五勺至五升二合五勺不等；浙江亦颇高，每亩科银一分五厘三丝至二钱五分五厘不等，米三撮至一斗九升不等。河南每亩科银一厘四毫至二钱二分七厘不等，

23. 王庆云，《熙朝纪政》（光绪戊戌重校缩印本），卷三，页12。

24.《皇朝经世文编》（台北，国风，1963年），第1册，卷二十九，《赋役》，页33。

米七勺至二升二合不等。广东每亩科银八厘一毫至二钱二分三厘二毫不等，米六合五勺至二升二合九勺不等，税额较相近。更名田原为明代分给各藩之地，清初没收后编入所在州县，与民田一体给民为业。直隶、山东、山西、河南、湖广、甘肃、陕西等省均有更名田，其税额亦不相等，例如直隶更名田每亩科银五厘三毫至一钱一分七厘三毫不等，山东每亩科银一分至三钱七毫不等，麦三合二勺，米一升八合。湖北更名田每亩科粮四合九勺九抄至六升三合一勺不等。直隶等省有农桑地，每亩科银一厘六毫八丝。蒿草籽粒地为种苗之地，直隶每亩科银五分至七钱二分五厘一毫不等，山东卫所更名籽粒地每亩科银六厘至一钱二分不等。直隶苇课地每亩科银一分至六分不等。归并卫地，为没收明代卫所之地，每亩科银七毫二丝至七分九厘三毫不等，米八合九勺七抄至九升七勺二抄不等，豆四合三勺八抄至三升六合不等。河淤地每亩科银二分九厘至二钱五分六厘五毫不等。学田为专供学官祭祀、师生俸禀及赡给贫士之用，直隶学田每亩科银一分至二钱六分七厘八毫不等，山东每亩科银九厘至三钱不等。退圈地为赐给旗兵，其后旗兵退去之地，盛京退圈地每亩科银一分至三分不等，豆四升三合至一斗不等。灶地为设灶煮盐之地，长芦、山东、两淮、浙江等灶丁所属之地，就是灶地。山东每亩科银二分六厘五毫至四分四厘一毫不等，麦一勺至四合一勺不等，米一升八合至二升八合不等；浙江负担较重，每亩科银一分六厘一毫至一钱四分一厘四毫不等，米三合七勺至三升七合不等。浙江荡地每亩科银四毫至七分三厘不等，米五勺至七升五合不等，税额较轻。贵州归并卫所屯田每亩科银一分四厘一毫至二钱三分四厘不等，米五升三合五勺至三斗七升三合三勺不等，豆三斗，荞麦二斗三升三合三勺至三斗一升一合四勺不等，税额负担较重[25]。

明代一条鞭法的实行并不彻底，直省丁徭制度并不一致，或丁随地派，或丁随丁派[26]。清初赋役制度沿袭明代旧制，田赋与力役仍分为两

25.《钦定大清会典事例》(台北，中文，1963年)，卷一六二，页1—10。

26.《清史稿》(香港，文学研究所)，《食货二》，页439。

项，丁自为丁，地自为地，丁银与地粮同时并纳，差徭亦未尽革。雍正初年，户科掌印给事中王澍条陈时指出“今天下州县有丁随田办者，亦有丁田分办者。丁随田办，则计亩分丁，赋均而民易为力，丁田分办，则家无寸土之贫民，亦与田连阡陌者一样，照丁科派，未免苦乐不均”。[27] 掌浙江道事云南道监察御史秦国龙，籍隶山东，对该省丁徭知之最详，指出“东省丁徭俱从人起，凡遇五年编审之期，富户巨族，多贿嘱里长吏胥，隐漏不报，而贫民小户，按口入册，一切力役，照丁起派，以致穷民输将无力，逃亡不免，一至逃亡，则累及亲族里社，追呼日扰，而国课多至虚悬矣”。[28] 直省各州县，富室田连阡陌，竟少丁差；贫民地无立锥，反多徭役，以致丁倒累户，户倒累甲，甲倒累里，于国课实无裨益。

27.《宫中档》(台北，故宫博物院)，第七十八箱，三〇七包，五七六六号，雍正元年二月初八日，王澍奏折。

28.《宫中档》，第七十八箱，三〇七包，五七六〇号，雍正元年二月初十日，秦国龙奏折。

29.《清圣祖仁皇帝实录》(台北，华文，1970 年)，卷二四九，页 15。

30.《清朝通典》(台北，新兴，1963 年)，卷七，《食货七》，页 2060。

康熙年间（1662－1722 年），户口日繁，人丁虽增，地亩并未加广，清圣祖巡幸所至，曾询知一户或有五六丁，仅一人交纳钱粮，甚至一户有九丁、十丁者，亦仅二三人交纳钱粮，其余俱无差徭。康熙五十一年（1712 年）二月，谕令直省督抚“将见今钱粮册内，有名丁数，勿增勿减，永为定额，其自后所生人丁，不必征收钱粮，编审时，止将增出实数察明，另造清册题报”。[29] 征收地丁钱粮，依据康熙五十年（1711 年）丁册定为常额，其后续生人丁，称为盛世滋生人丁，永不加赋。丁额既定，其丁银已有定数，摊入地内，所加无几，有地富室，收租取利，虽赋额稍增，尚不至费力，无地穷丁，则豁免差徭，不必负担丁银，苦乐均平。

据《清朝通典》称“丁随地转之例，广东、四川已先行之。雍正二年（1724 年），通行各省，令行摊征。凡各州县按丁多寡、地亩广狭，分为差等，每地赋一两，摊地不过二钱，使无业贫民永免催科，有业民户，亦有定额，不至多寡悬殊”。[30] 清初赋额，各省并不一致，其

31. 王业键，《清雍正时期（1723—1935）的财政改革》，《中央研究院历史语言研究所集刊》，第三十二本（1968年7月），页70。

32.《畿辅通志》（上海，商务，民国二十三年），卷九十四，《田赋》，页3875。

33.《钦定大清会典事例》，卷一五七，页14。

丁随地起的办理经过，亦有先后；康熙末年，广东等省虽已开始实施，唯至雍正年间始形成普遍的运动[31]。而且各省摊丁银数及摊派方式，亦不相同，有按地粮两数摊派者，亦有按地粮石数摊派者，更有按亩摊征者。按地粮两数摊派者包括直隶、福建、山东、河南、陕甘、江西、湖北、广西等省。在丁随地起以前，直隶人丁，每口征银三分至二两六钱不等，共计民屯岁丁银四十二万四千四百余两，遇闰加增一万六千二百八十余两[32]；均摊入地亩随粮征收后，每地赋银一两合摊丁银二钱七厘[33]。福建省所属丁银是就各州县地亩分摊，每地赋银一两合摊丁银五分二厘七毫至三钱一分二厘不等，屯地每两征丁银八厘三毫至一钱四分四厘八毫不等。山东所属州县卫所各项丁银摊入地亩内征收后，每地赋银一两合摊丁银一钱一分五厘。河南每地赋银一两合摊丁银一分一厘七毫至二钱七厘不等。陕西西安所属民屯、更名地等丁摊入地粮后，每地赋银一两合摊丁银一钱五分三厘，遇闰每银一两合摊丁银一钱五分七厘不等。甘肃所属河东地方，粮轻而丁多，河西地方，粮重而丁少。河东每银一两摊丁银一钱五分九厘三毫不等，遇闰每银一两，加征银一钱七分四厘八毫；河西每银一两摊丁银一分六毫不等，遇闰不加增。江西丁银摊入地亩屯粮内完纳，每地赋一两，合摊征丁银一钱五厘六毫，屯地每两征丁银二分九厘一毫不等。广东每丁科银一厘九毫至一两三钱二分六厘不等。广西每地赋一两均摊丁银一钱三分六厘不等。湖北每地赋一两合摊丁银一钱二分九厘六毫不等。按地粮石数摊派者包括湖南、四川等省，湖南每地赋一石，合摊丁银一毫四丝至八钱六分一厘不等。四川所属州县，自雍正五年（1727年）起始以粮载丁，每粮五升二合至一石九斗六合算人丁一丁征收。按亩摊征者包括江苏、安徽等省。江苏所属丁银在各属田地项下按亩摊征；安徽每亩摊征丁银一厘一毫至六分二厘九毫不等。各省办理地丁摊派方式，因地制宜，各有不同，不可一概而论。

地丁合一的制度，源远流长，从一条鞭法至丁随地起，实为势之所趋，是出于不得已的措施，也是使租税合理化的尝试。为消弭土地兼并、贫富不均的现象，尽量使赋税的负担较为公平，丁随地起制度自有其重要意义，非仅在讨好平民而已[34]。然而地丁归并后，丁银与地租一切取之于田亩，丁额与赋税无关，户口编审之法愈宽，赋役册的编造遂失其效用，户籍编审法因之废弛。康熙五十年以前，人民逃避丁税，户口隐匿不报，其户口固无确数，雍正年间丁随地起实施后，户籍紊乱，其人口统计尤不足信[35]。

34.《国史大纲》，下册，页621。

35. 罗尔纲，《太平天国革命前的人口压迫问题》，《中国近代史论丛》，第1辑，第4册（台北，正中，1958年），页19。

36. 加藤繁，《关于榷的意义》，《中国经济史考证》，页153。

37. 马端临，《文献通考》（台北，新兴，1963年），卷十五，《征榷二》，页149。

榷酤之税

独占经济利益的行为叫做榷[36]，榷酒酤简称榷酤，就是由政府实行酒的专卖，以垄断其利益，至于盐、铁、茶的专卖，也都是榷酤之征。以盐铁作为租税的对象，由来甚早。《文献通考》谓“《周礼》所建山泽之官虽多，然大槩不过掌其政令之厉禁，不在于征榷取材也，至管夷吾相齐，负山海之利，始有盐铁之征”。[37]盐铁产销，其初听民自营，国家只是征税而已。至春秋时代，齐国才将盐铁列入管制，课以重税，国家因而致富。

秦代盐铁之利，二十倍于古，汉兴循而未改。富商大贾冶铁鬻盐，获利甚大。武帝时，兵连不解，国用困乏，为开辟利源，乃于元狩四年（公元前119年）置盐铁官，将盐铁收归国有，由国家经营，成为专利事业。朝廷以制盐器具供给盐商，再由盐商制盐出售，而课以重税，并在各产盐地区设置盐官，严禁民间私造盐具。铁的专卖是由朝廷在各产铁地区设置铁官，主持采冶、镕铸与出售，严禁人民私铸铁器。酒税亦为国家重要利源，武帝天汉三年（公元前98年），始榷酒酤，在各地置榷酤官，设厂酿酒出售，与盐铁一样，专利经营，禁止民间私酿。昭帝在始元六年（公元前81年）罢榷酤官，允许民间酿酒，纳税贩卖，其价格定为每升四钱，以禁遏暴利[38]。昭帝虽停止酒的专卖，却未废止盐铁的专卖。元帝时，罢盐、铁官，以示不与民争利，唯因国用不足，不久又行恢复。

38. 吴兆莘，《中国税制史》（台北，商务，1965年），上册，页40。

39.《文献通考》，卷十五，《征榷二》，页152。

王莽时，扩大国营专利事业，盐、铁、酒仍由国家专卖。东汉时，盐、铁、酒各官，时罢时置。魏晋南北朝时期，榷酤税仍为国家大宗税收。

隋代不征盐、铁、酒之税，唐初亦无榷酤之税，商民可以自由买卖。中叶以后，战乱频仍，国家收入锐减，不得不恢复征榷之举。玄宗开元时，始征盐铁之税，因税率甚低，盐铁之价仍贱。天宝年间，盐价每斗不过10钱。肃宗乾元初年，开始将盐铁收归官卖，就井灶近利之地置监院，由盐铁使统辖之，百姓有愿业盐者，充当亭户，隶于监院，免其杂徭，盐价每斗110钱[39]，禁止民间私自煮盐贩卖。代宗时，改为官卖商销，在产盐地区，仍置亭户，所制之盐，由商人批发，前往各地售与百姓，而官收其利，岁入六百余万缗，几占全国税收的半数。其后盐价屡增，德宗贞元年间，淮西节度使陈少游奏加民赋，江淮盐每斗加增200钱，官价每斗达310钱，后又加增60钱。河中两池之盐，官价每斗亦高达370钱。江淮豪贾射利，盐价加倍。由于军费日增，盐价益昂，有以谷数斗易盐一升者，以致私粜犯法未尝少息。顺宗时，始减江淮盐价，每斗为250钱，河中两池盐每斗300钱；其后盐铁使李锜奏江淮盐每斗减10钱以便民，未几又恢复旧价。除盐税外，玄宗时又开始征收银、锡等矿税。德宗时，将全国各地矿冶改为官办，由盐铁使主其事。酒税的征收开始于代宗，令全国各州自行征集酤酒户，依酿酒数量，按月纳税，此外无论公私，一律禁止酿造。德宗时，又禁止私人酤酒，改为国家专卖，由官方自置酒店，收利以助军费。贞元二年（786年），规定各地开铺贩酒者，每斗课钱百五十，其酒户免差役。建中年间，饮茶风气渐盛，开始课征茶税，税率为十分之一，以资军费。贞元九年（793年），分茶之时价为三等，各以十一为税，每岁得钱40万贯，是为茶税之始，亦即实行专卖之始。穆宗长庆年间，茶税增征五成，每百钱征五十；武宗会昌年间，课税益重。唐代由于实施盐铁酒茶的专卖制度，朝廷获利不赀，其中因盐利而得到的钱币数目便增加十倍之多[40]。

五代时，盐铛户须纳盐利，每斗折纳白米一斗五升。后晋高祖规定计户征税，每户自1,000至200文，分为五等，听商人贩盐，民自买食。出帝时，令诸州郡征收盐税，过税每斤7钱，住税每斤10钱，加征商税。后汉乾祐中，规定青盐1石，抽税1,000文，另征陌盐1斗。后周广顺中，诏青盐1石，抽税885文，另征陌盐1斗；白盐1石，抽税585文，陌盐5升。官方征课盐税外，另征陌盐，即唐代商税中的除陌钱，一盐二税，民甚苦之。五代时，农器不课税，许民自行铸造，但于夏秋两税每亩纳一文五分，称为农器钱。酒税方面，五代时，设卖曲官。后唐天成三年（928年），令三京邺诸道州府乡村人户，在夏秋两税内每亩纳曲钱五文，准许自行酿造，京城及诸道州府城镇内，则令买官曲。酒户许其自行造曲酿造，但须纳贩卖税，又令将买曲钱十分之二，充榷酒钱。长兴元年（930年），秋苗一亩曲钱五文者，减为二文；次年，罢曲钱，官方自造曲，其价逐年减半，于城中贩卖。

宋代军费庞大，非正常的田赋所能供应，乃实行盐、酒、茶、香料等物的专卖，以弥补财政的赤字[41]。朝廷在产盐地区设置盐场，并征百姓为亭户，或畦夫，户有盐丁，专司煮盐售盐事宜，每年由朝廷课税。在产茶区要会之地，设置山场，园户制成的茶，以部分充租税，其余由朝廷收买，再以高价出售。酒则在各州城镇内设厂酿酒出售，乡村则许民自酿，而定其税课。香料在泉州等指定地区，由官方专卖。元代以聚敛为务，盐铁酒等亦由官方专卖。宋、元以降，盐的专卖是

40. 全汉昇,《唐宋政府岁入与货币经济的关系》,《中国经济史研究》, 上册, 页220。

41. 徐泓,《清代两淮盐场的研究》(台北, 嘉新水泥公司文化基金会, 1972年), 页87。

采专商引岸的征税制，即由官方指定引商，给与引票，向制盐者购盐，缴纳盐税，而运销于指定区域销售。在此区域内的人民，不论盐质优劣，价格高低，均必须食用其盐，毫无选择自由[42]。

明太祖尚未统一全国以前，即立盐法，置局设官，采征税制度，令商人贩鬻，二十取一，以充军饷。洪武初年，在产盐各地次第设官，由官方收购专卖，称为官盐，严禁百姓贩运私盐。起初命百姓纳米换盐，其后又有纳马、纳茶、纳铁、纳布以换盐的办法。成祖永乐年间，又有计口配盐之法，以每月大口食盐一斤、小口食盐半斤计，配盐民户，每斤纳钞一贯。英宗正统年间，亦行计口配盐法，但规定市民输钞，乡民纳米，其比率是盐一斤为米二升五合。世宗嘉靖中，军民计口纳钞，其中浙江月纳米三升，买盐一斤。旋从给事中鲍辉之言，令民自买食盐于商，罢纳米令，但盐钞仍未废除，其后实行一条鞭法，始编入正赋[43]。洪武初年，亦制定茶法，颁布茶引由条例，规定官给茶引于产茶的各府州县，凡商人买茶者，赴官具告数目，纳钱给引，每引茶百斤，茶引一道，纳铜钱1,000文；不及一引者，另置由账记载，茶由一道，纳铜钱600文。但各地茶法并不一致，或以茶易米，或以盐易茶，或以茶易马。各地茶课亦不相同，江南地区三十税一，陕西、四川则高达什一。明代以民间造酒，靡费米麦，故行禁酒令，或课酒税，或包含于商税中征收。其矿税则有银课、铁课、铜课等，大约三十税二。

清代盐法分为官督商销、官运商销、商运商销、商运民销、民运民销、官督民销等。盐商分为场商，主收盐；运商，主行盐；其总揽之人称为总商，主散商纳课。凡盐未检查者称为生盐，已检查者称为熟盐，熟盐才可发售[44]。清初盐税以明代万历年间的旧额为标准，用引法征收盐税。道光以前，盐课分为场课及引课两类，场课又有滩课、灶课、锅课、井课之分，俱征于盐之生产者。清朝初期，两淮是

---

42. 刘翠溶，《顺治康熙年间的财政平衡问题》（台北，嘉新水泥公司文化基金会，1969年），页43。

43.《明史》，卷八十，《食货四》，页1946。

44.《清史稿》（台北，洪氏，1981年），《食货四》，页3604。

盐课最多的地区，仅此一区，即可当兵饷的十分之一，足见盐课对于军饷的重要。咸丰军兴，复征盐厘。各地征收数额，多寡不等，以淮北盐厘为例，每引收正课一两五分一厘，杂课二钱，每经一卡，每包（100斤），收制钱500文，其税重于正课。清初，采取禁酒方针，不置征税官，以遏消耗米粮。其后酒禁渐弛，准许商户贩酒，自雍正五年（1727年）至乾隆七年（1742年）的15年间，通州酒铺每月征以营业税，上户银一钱五分，中户一钱，下户八分。乾隆以后，常关税每酒两百斤，征银二分，其后改征银四钱[45]。清初茶法，仿效明制，实施茶马之法。顺治初年，陕西茶商向茶户购茶，大引（100斤）税十分之五，小引（50斤）税十分之三。顺治七年（1650年），改为大引小引均纳十分之五，官贮其茶，以为易马之用，雍正八年（1730年），议定川茶征税条例，由户部颁引于地方官，售与茶商，茶商赴各产茶地区购茶，运销各地，其税率甚低，每斤仅纳银四丝九忽，其后每斤增至一厘二毫五丝。川茶运销法，后来实行于产茶各省，税率相近。清季咸丰年间以降，征收厘金，茶厘遂成为产茶各省大宗税收来源。

45. 吴兆莘，《中国税制史》，下册，页110。

46. 钱穆，《中国历代政治得失》，页19。

关市之征

关市之税包括关征与市征，以商人为对象，所以又叫做征商。在封建时代，非耕地的山林池泽是不公开的禁地。当耕地散给农人耕种后，禁地亦逐渐开放，而在出入关隘，设置征收人员，遇有捕鱼伐木者，就其所获，征收少许实物，于是在田租之外，另成一种赋税，此即关市之税的缘起[46]。周代以前，四方之货，与中土交易，关政讥而不征。其后商业渐兴，商贾往返，关市之征由斯而起。设关征税，在东周初年，即已通行，其税率各地不同，齐国重商，关税是百分取一。市税则征于市肆，廛人掌敛市，其税目为絘布、緫布、质布、罚布、廛布，齐国税率为百分取二[47]。

47.《管子》(上海，商务，民国二十五年)，《幼官》，页32云“市赋百取二，关赋百取一”。

48.《旧唐书》，卷四十九，《食货下》，页2128。

战国以降，商业繁盛，商人势力抬头。汉武帝时，征匈奴，通西域，军费浩繁，国家用度大增，不得不增辟利源，扩大征收关市之税，名目繁多。其中车船税，规定人民有轺车即一马轻车者，年纳一算，即120钱；商贾有轺车者，纳二算。船只五丈以上者，年纳一算。又加重工商品的课税，称之为算缗钱，以一贯千钱为缗，商品按其价值，每二千钱纳一算，即值百抽六；工业品每四千钱纳一算，即值百抽三。车船税与工商品税均由物主自行申报，匿而不报，或报而不实者，罚其戍边一年，没入缗钱，有能告发者，以其半畀之。汉武帝征课商税，亦及于六畜。王莽时，扩大工商品的课税，凡从事渔猎、畜牧、巫、医、蚕桑、纺织、工匠等业者，皆按期取其所得纯利的十分之一，称为贡。晋室渡江后，采行散估制度，凡人民货买奴婢、马牛、田宅，俱作成文券，每一万钱，官方征收400钱，卖者纳300钱，买者纳100钱；无文券者则随其物价，课4%的税，南朝皆仿行此法。刘宋于石头津、方山津，各置津主，以检查禁物，荻炭薪鱼之类，课税十分之一。北魏、北周均课入市税，每人一钱，牛畜于货卖处征税，按售价每千钱抽30钱，即百取其三。

有隋一代，税收总额增加，国库充裕，屡诏减免赋税，关市之税甚轻，隋文帝时并罢入市之税。唐初，商贾之税亦轻，惟中叶以后，财政困难，关市之税，又行加重，种类甚多。德宗时因征收关税，设吏于诸道冲要之地，过路商贾携钱者，每缗收税20钱，贩运商货如竹木茶漆等类，则十税其一。同时规定粟麦粜于市者，四取其一，其后因民病苦，乃令粟麦不及五十斛者免收入市税。建中四年(783年)，课间架、除陌钱。间架法是“凡屋两架为一间，屋有贵贱，约价三等，上价间出钱二千，中价一千，下价五百”。类似后世房屋税。除陌法是“天下公私给与货易，率一贯旧算二十，益加算为五十。给与他物或两换者，约钱为率算之”。[48]买卖货物每缗纳50钱，称为除陌钱，其制类似后世所得税。唐代在广州、泉州、杭州等地设立市舶司，与外洋互市，并征收商税。德宗时，采行两税法，但又课以复杂的各种商税，对税制产生颇大的破坏作用，自唐末以至五代十国，诛求商税，商贾兴贩牛畜，不论黄牛、水牛，俱于货卖之处，每千文课税30文，其税率为值百抽三。

唐代中叶以前，对于市籍之人所课租税是商人对公家的负担中最主要的部分，唐代中叶以后，产生了在诸道津要地方对于通过货物课税的办法，并且对其买卖，亦行课税，到了宋代就确立了过税、住税的制度，成为一种重要的财源[49]。所谓过税就是对于行商随带的货物所课的税，行者赍货，每千钱课20钱。住税是对居住市镇的商人（即所谓坐贾或铺贾）所课的税，居者市鬻，每千钱课30钱[50]。凡布帛、什器、香药、宝货、羊彘，民间典卖庄田、店宅、马牛、驴骡、骆驼及商人贩茶、盐等物，皆征收过税或住税。此外尚有头子、力胜、包角等杂税，头子是过税与住税的附加税，每千文带纳数文。力胜为按搭载货物的数量向船主所课之税，包括商运五谷。包角似即按货物包装交纳的税钱。宋代于广州、杭州、明州、泉州置市舶司，专司大食、南洋地区的对外贸易，商货中如犀角、象齿是十分抽二，四分珠十分抽一，其余各物抽解亦有定数，输税宽其期，取之亦不苛。

49. 加藤繁，《宋代商税考》，《中国经济史考证》，页668。

50.《宋史》（台北，商务，1967年），卷一三九，《食货下八》，页1。

明代商税，仍不脱关市之征的范畴，凡货物过关及鬻于市肆，均须课税，率三十而税一。其征税机关设有都税使、宣课司、宣课局等，隶于全国十三布政司之下，以管理各区的商税。课税货物品目，因无明确规定，各税吏往往任意征收，于各州县桥梁、道路、关津等处，私设税局，凡一车一船一货一物，无不课税。官方征收货物税，明初规定以钱或钞纳税，宪宗时规定以钞一贯抵钱四文，钱钞各半纳税。商税中又有门税、过坝税、塌房税等。门税始于武宗正德年间，设官于京城九门，以征收通过税。过坝税始于世宗嘉靖年间，在淮安坝征收米麦杂粮等物之税，每石取银一厘。塌房税始于洪武永乐间，在南京、北京建造货栈，贮藏客商货物及猪羊等畜，称为塌房，按征收商税的原则三十而取一。宣宗宣德年间，由天津至长江运河诸要地，设立钞关，征收船钞，即船料税，以广狭为率，自五尺至三丈六尺之间，各分差等，按等征税。世宗时，规定每钞一贯折银五厘，每钱七文折银一分，依限解部。明末熹宗天启年间，钞关征什一税；思宗崇祯年间，财政困难，钞关税屡增，每两增收二钱。

元朝对外贸易，比较自由。东洋方面，对日本贸易日渐增多，阿拉伯人更占重要贸易地位，泉州一地，阿拉伯人数以万计。元代贸易，是由政府独占经营。定例：官自具船给本，选人下番，贸易诸货，其所获之息，以十分为率，官取其七，所易人得其三；诸番客旅，就官船买卖者，依例课税，是官船官本商贩之法，其征税的方式有双抽单抽之制[51]。明初洪武年间，曾罢去泉州等处市舶司，永乐年间，复行设置，成化、嘉靖间，福建市舶司移置福州[52]。穆宗隆庆元年（1567年），移于诏安县梅岭，其后移至海澄月港[53]。万历年间，其进口货物多达一百余种，以药材如丁香等最多，约占全部进口货物的22%。货物征税，分水饷与陆饷二种，水饷即船钞，以丈抽之例课税，按船只大小分别税额的轻重，船阔一丈六尺以下者，每尺抽税银五两；船阔一丈七尺以上者，每尺抽税银五两五钱。陆饷是入口税，按货物品质高下，以重量或单位计值，药材以百斤计值，器皿珍玩等以个计值，如胡椒百斤，值银三百两，只抽税银二钱五分，可知明末海关课税颇轻。

明初为征课竹、木材、薪炭之税，又设有抽分竹木局于各处，由工部管辖，称为工关税。客商贩运芦柴、茅草、稻草等物，三十而税一，贩运杉木、棕毛、软篾、黄藤、白藤等物，三十而税二；贩运松木、杉板、松板、檀木、黄杨、竹、木炭、木柴等物，则十分税二，

---

51. 侯厚培，《五口通商以前我国国际贸易之概况》，《中国经济发展史论文选集》，下册，页1463。

52. 萨士武，《明成化嘉靖间福建市舶司移置福州考》，《禹贡半月刊》，第1、2、3卷合刊（民国二十五年六月），页247。

53. 薛澄清，《明末福建海关情况及其地点变迁考略》，《禹贡半月刊》，第五卷第七期，页43。

其后或三十取四，或三十取六，或十分税一，轻重不等。此外又有市肆门摊税，始于仁宗洪熙元年（1425 年），以钞纳税，属于营业税。宣德中明定税额，油房、磨房、店房等每月纳钞500 贯，菜园每亩纳300 贯，果园每十株纳100 贯。英宗时，税额减轻，缎子铺每季纳钞120 贯，油磨等铺每季纳钞36 贯。

清初，在未设海关以前，所谓关税，是指内地货物税与船钞，习称为常关税。政府于全国水陆通衢商旅辐辏之地设关征课商货之税，计分正税、商税、船料税三种。正税按货物计数课征，商税按物价课征，均为对于货物的课税，船料税则按船的梁头大小课征，以船舶为课税的客体[54]。常关的税率依据户部则例，以从价5% 为标准，唯各关分局皆采用特定税率，彼此不同。康熙二十三年（1684 年），清廷以海外贸易有益民生，议开海禁，设立专官收税[55]，先后设立粤海、闽海、浙海、江海四关，以与外商贸易。二十八年（1689 年），定各海关征税之例，分衣物、食物、用物、杂货四种课税。进口税计课四分，出口税则课一分六厘；再于货税之外，每船按梁头征银二千两左右[56]。乾隆二十四年（1759 年），贸易限定广州一口，为公行所垄断。当时海关税收主要分为船钞与货税两种，船钞以船只大小为准，计分三等，大船课银1,200 两，中等约八百两，小船约四五百两。货税是就货物的精粗，以斤两丈尺计算，其进口货税率约2% 至4%。以上俱为正税，但正税以外，其陋规多至68 种。中英鸦片战争后，缔结南京条约，开放广州、福州、厦门、宁波、上海五口为商埠；又议定通商细则，输入税方面，商船每吨纳船钞银五钱，商物按5% 纳税，即以值百抽五为准，废除一切陋规。虎门条约规定150 吨以下小船，每吨纳银1 钱，输出税的税率亦值百抽五。其后天津条约加开牛庄、登州、台湾、潮州、琼州等口为商埠，议定进出口货物抽2.5% 子口税后，不再课征厘金，并减低船钞课税，150 吨以上大

54. 萧一山，《清代通史》（台北，商务，1962 年），第2 册，页400。

55. 马齐，《清圣祖仁皇帝实录》（台北，华文，1964 年），卷一一五，页21。

56. 李竞敏，《东北海关税设立之经过及各关贸易之情形》，《禹贡半月刊》，第6 卷第3、4 合期，页119。

船，每吨纳钞4钱，150吨以下，每吨1钱。

清季厘金也是古代关市之征的余绪。周官的廛布，相当于后来的坐厘，絘布相当于行厘。坐厘又名板厘，即交易税，抽之于坐贾；行厘又名活厘，即通过税，抽之于行商[57]。汉代的算缗，唐代的除陌钱，宋代的头子钱，与厘金名异而实同，都是取之于商贾的所得税[58]。道光年间，闽粤交界地方的会党，已开始招揽烟贩编号抽厘。道光二十九年（1849年）九月，内阁学士胜保奏请捐厘助饷，未奉允准。咸丰初年，太平军势力方兴未艾，需饷孔亟，金陵失陷后，饷源更形枯竭。是时副都御史雷以諴以刑部右侍郎在江北扬州帮办军务，咸丰三年（1853年）九月，雷以諴为筹措饷糈，在扬州附近的仙女庙、邵伯、宜陵、张网沟等镇，倡办厘捐，劝谕米行捐厘助饷，每米一石，捐钱五十文，平均每一升仅捐半文，既不扰民，又不累商，积少成多。次年春，又推广至里下河各州县米行，各大行铺户一律照章捐厘。厘金制度采行之初，是百取其一，即取一厘之意。王闿运曾指出“关税正则本千而取三十，榷之廛布，则入千而取十，谓之厘金，言取一厘也”。[59]雷以諴具折奏闻时亦称“大约每百分仅捐一分，甚有不及一分者”。百分之一就是厘的本意[60]。雷以諴在里下河一带南北粮台设立厘卡百余处，江苏省亦设立厘捐局及分局，以抽厘助饷，其所抽百货厘金，是以六陈即米、大麦、小麦、大豆、小豆、芝麻等为大宗。其他各省亦先后仿行厘金制度。安徽省以米厘为大宗，其次为盐厘、茶厘。浙江省以丝、茶各厘为大宗，四川省以盐厘为大宗，咸同年间，其盐厘岁入达百万两。山东省货厘稀少，每年核计各局所收京钱不过万余串，其军饷及协拨各饷主要是赖盐厘挹注，每包567斤，抽收厘金京钱360文，平均每三斤加抽制钱一文。直隶以米厘为大宗，次为洋药厘金，按照正税之半

---

57. 罗玉东，《中国厘金史》，《中国近代史论丛》，第2辑，第3册（台北，正中，1958年），页195。

58.《军机处月折包》（台北故宫博物院），第二七四二箱，三十六包，一〇〇二八〇号，同治三年十月初九日，郭嵩焘奏折录副。

59. 王闿运，《湘军志》（台北，文海），《筹饷》十六，页5。《清史稿·雷以諴列传》谓厘捐税率千取其一，误。

60. 何烈，《厘金制度新探》（台北，中国学术著作奖助委员会，1972年），页5。

抽收。山西省行商货物以药料、毡、皮、花布、绸、缎、烟、酒、茶、油、盐、铁、牲畜十种为大宗，到卡时抽厘一次，所有米面、杂粮及小本商贩，概免抽收。坐贾各项货物，已于进口时在卡完纳厘金，落地免抽，唯药料一项，获利较厚，除进口纳厘外，仍于落地行销处所纳厘一次。河南省各局所收厘金，以水烟为大宗，药材、茶叶次之，三项所入占厘金收入总额十之七八，其余为毡货、皮货、绸缎、布匹等类所占仅十之二三。陕西省行厘，以布匹、水烟、棉花、纸料、绸缎、皮货、海菜、茶、酒、木料及土货药材为主，俱依货价抽收四厘五毫；其开设铺户等坐贾，定以一年，卖银在四百两以上，或卖钱在六百串以上者，即照四厘五毫章程抽收。甘肃省以水烟为大宗，按担抽厘，每驼担抽银二钱，每骡担抽银一钱五六分。其次为土烟，每斤抽厘320文。棉花出产甚旺，每斤抽收厘金二文。福建省厘金，以茶叶与洋药为大宗。广东省以洋药为大宗；盐厘抽收亦重，每包盐抽收厘金银二两。贵州紧邻四川，以盐斤为大宗，每盐百斤酌抽十斤，即十取一，此外输出的木材及转入的棉花，俱抽收货厘。东北吉林、奉天，以米豆杂粮为大宗，百分抽一；此外亦抽收茶、马厘捐，出关茶票一张，抽厘银六十两，进关马匹，每匹抽厘银五分。黑龙江省以烟厘为大宗，每包按五十两抽厘银四钱四分，为当地最旺的财税。

明清赋税的征收，是银钱并纳，顺治十四年（1657年），题准征收钱粮，银七钱三，银尽数提解中央，其钱充地方存留之用[61]。唯钱有贵贱，银有定分，钱价减贱时，兵役不肯支领，因此实际征收时90%以上皆以银折纳[62]。但银色好坏有差等，不良银色，征收镕铸时损耗更多。而且民间完粮时，多系小锭碎银，州县必须倾镕，解赴布政司时，又有平头脚费、沿路盘缠等支出，为弥补此项差额，各州县遂多收火耗，在正项之外，征收附加税。清初课税方针，极力避免增加正赋，地方正项不得轻易动支，州县遂借口种种名目，公然加

61.《钦定大清会典事例》，卷二二〇，《钱法》，页1。

62. 安部健夫，《清代史之研究》（日本，创文社，昭和四十六年），页547。

添重耗，病民甚巨。顺治、康熙年间，屡次用兵，军需挪用，各省亏空累累，乃私征火耗以弥补亏空。各省征收火耗轻重不同，山西省火耗较重，正项一两，加征耗银三四钱至四钱六分不等，即30%、40%至46%；陕西、山东较轻，加征耗银30%或40%不等。雍正二年（1724年），议准耗羡归公，裁减火耗，原未及加二者，照旧征收，其加二以外者，尽行裁去，一律以加二为率，即加征20%为率，将火耗提解藩库，以便弥补亏空、支付各官养廉，并充地方各项公用[63]。

导致各省钱粮亏空的原因，除军需挪用外，官侵、役蚀、民欠等亦为重要原因。清初康熙年间，中央岁入银二千数百万两，世宗即位后，积极整顿财政，厘剔积弊，杜绝中饱，岁入增至银4,300万两。咸丰以后，内忧外患，兵事方殷，军费浩繁；同光年间，岁入银两，减为二千七八百万两[64]。而地方要政及军需饷项，需款孔亟，在用兵期间，疆臣只得就地筹饷。咸丰三年（1853年），雷以諴正式设立局卡抽收厘金后，各省相继仿行。同光年间，新增洋税岁入银1,200万两，盐厘银300万两，百货厘银1,500两[65]。在新增款项中，以厘金为大宗，因此，厘金在清季财政上占有极重要的地位。厘金或解归中央，或留地方支用，项目繁伙，举凡京饷、边防经费、固本兵饷、各省协饷、本省防费、河工经费、赈恤款项、内务府经费、备荒经费、水师经费、息借洋款、新案赔款以及各项新政经费，多仰给于厘金，以资挹注。但由于局卡委员聚敛中饱，征多报少，抽收厘金每每加至一分即10%以上，任意朘削；厘金赡军之举，转为病民之事，民不胜其苦。

63. 庄吉发，《清世宗与耗羡归公》，《东吴文史学报》（台北，东吴大学，1976年3月），页102。

64.《月摺档》（台北故宫博物院），光绪五年八月十二日，王先谦奏折。

65. 吴廷燮，《论清光绪时之根政》，《文献论丛》（台北，台联国风，1967年），页37。

结 语

在上古的井田制度下，耕地由贵族分配，农民不许拥有私有土地，但税收甚为宽大。井田制度破坏后，农民可以自由增辟耕地，贵族只能按亩收租，土地所有权转移到农民手里，可以世代承继，自由买卖。汉代税额颇轻，三国两晋时代，农民荫附豪门，租额加重，直到北魏均田制出现，租额锐减，始复汉制。唐代租庸调制乃由北魏均田制蜕变而来，在轻徭薄赋的传统精神下，使农民有一份最低限度的生活凭借。租庸调制破坏后，自由经济抬头，田地兼并盛行，历代整理户籍，丈量田亩，旨在杜绝豪门逃避租税，使农民能在国家法定租额的基础上公平负担赋税。明季私征滥派，民不聊生。满清定鼎之初，即颁诏革除横征，蠲租贷赋，老幼废疾，豁免丁银，军民年七十以上者，许一丁侍养，免其徭役，此即清代发挥传统之轻徭薄赋精神以收揽人心的具体表现。顺治年间，因恐有司额外加派，胥役侵渔中饱，又敕编《赋役全书》，将直省每年额定征收起存实数，编列成帙，以期赋役公平，便于输将。官吏奉此章程，不敢苛敛，不失为一代良法。传统经济结构，到了清代，虽未改变，但并非全处于完全停滞的状态[66]。清代财政，量入制出，康熙年间，海宇承平，户口日繁，人丁虽增，地亩并未加广，盛世滋生人丁永不加赋的谕旨，不独不必更出丁银，其地粮亦不必征收。雍正年间，将丁银并入地亩摊派，免除无地贫民的丁银负担，是清代税制上的一大特色。长江流域各省，以富庶著称，赋税虽觉稍重，民力尚足供支，唯自雍乾以降百余年间，由于水利失修，农田生产力减退，银贵钱贱，增加农民负担，漕粮积弊日深，浮收勒折，农民纳赋能力骤减。道咸年间，太平军起事前后，清廷为减轻农民负担，收揽人心，而有减赋措施，裁减浮收，减定赋额，革除陋规，厘剔积弊。减赋运动的结果，加速了农村的复兴[67]，从而延续了清朝的国祚达数十年之久。有清一代的赋役制度，一方面极力减轻农民负担，一方面使赋税的负担力求公平合理化，较之晚明，实见宽减。自井田始，以清代赋役终，传统中国的赋税制度，正是“轻

66. 王业键,《清代经济刍论》,《中国经济发展史论文选集》, 上册, 页143。

67. 夏鼐,《太平天国前后长江各省之田赋运动》,《中国近代史论丛》, 第1辑, 第2册, 页199。

徭薄赋”精神的具体表现；其间固不免波折起伏、旋回进退，要皆以苏解民困、力求均平为最高理想。

作者简介

刘石吉

台湾大学历史研究所硕士。现任中央研究院人文社科中心和近代史研究所研究员、成功大学历史研究所合聘教授、台湾暨南国际大学历史研究所兼任教授、《汉学研究》(台湾图书馆汉学研究中心)编辑委员。研究专长为中国社会经济史，著作有《明清时代江南市镇研究》(1987)、《海洋文化论集》(2010)、《海洋、跨界与族裔》(2010)等。

陈良佐

1929年生。台湾大学历史系学士。曾任成功大学历史系教授、台湾清华大学历史研究所教授，现任中央研究院历史语言研究所兼任研究员。研究专长为中国数学史、农业史，论文有《再探战国到两汉的气候变迁》、《从生态学的交会带(ecotone)、边缘效应(edge effect)——试论史前中原核心文明的形成》等。

黄耀能

台湾学者，著作有《左氏春秋婚俗考》(1967)、《中国古代农业水利史研究：中国经济史研究之一》(1978)、《续修高雄市志》(1995)、《南投县志》(2002)。

梁庚尧

1948年生。台湾大学历史系硕士及博士。现任台湾大学历史系教授，兼任中央研究院历史语言研究所研究员。研究专长为宋代社会经济史，著作有《南宋的农地利用政策》(1977)、《南宋的农村经济》(1984)、《宋代社会经济史论集》(1997)、《南宋盐榷——食盐产销与政府控制》(2010)等。

戴晋新

1953年生。台湾大学历史研究所硕士，曾任辅仁大学历史系主任，现任辅仁大学历史系教授。研究范围包括先秦史、中国史学史、史学方法与理论，著作有《中国文化概论·社会经济篇》(合著，李振英主编)(1998)、《先秦史学史论稿——观念与方法》(2000)等。

陈慈玉

日本东京大学博士。曾任淡江大学副教授，现为中央研究院近代史研究所研究员。研究范围包括近代中国经济史、近代日本经济史、近代台湾经济史，著作有《近代中国茶业的发展与世界市场》（1982）、《近代中国的机械缫丝工业》（1989）、《台北县茶业发展史》（1994）、《台湾矿业史上的第一家族——基隆颜家研究》（1999）、《日本在华煤业投资四十年》（2004）、《生津解渴——中国茶叶的全球化》（2008）等。

陈国栋

美国耶鲁大学博士。曾任台湾大学经济学系兼任教授，现任台湾暨南国际大学历史学研究所合聘教授、中央研究院历史语言研究所研究员。研究范围包括经济史、明清史、台湾史，著作有《台湾的山海经验》（2005）、《东亚海域一千年》（2005）等。

张瑞德

台湾师范大学历史研究所博士。曾任中央研究院近代史研究所研究员兼副所长、台湾东海大学历史研究所兼任教授，现任中国文化大学史学系教授、中央研究院近代史研究所兼任研究员、台湾师范大学历史研究所兼任教授。研究专长为中国现代史，著作有《平汉铁路与华北的经济发展，1905－1937》（1987）、《中国近代铁路事业管理的研究——政治层面的分析，1876－1937》（1991）等。

李东华

1951年生，2010年卒。台湾大学历史学硕士、台湾大学历史学博士，并留校任教，担任台湾大学历史学教授。曾出任台湾大学文学院院长，后转任辅仁大学历史系。研究专长为中国海洋史，著作有《泉州与我国中古的海上交通》（1986）、《中国海洋发展关键时地个案研究》（1990）、《方豪先生年谱》（2001）等。

庄吉发

1936年生，曾任台北故宫博物院研究员、淡江大学历史学系、私立东吴大学历史研究院、台湾师范大学历史学系兼任教授，现任政治大学民族学研究所兼任教授，著作有《清代史料论述》（1979）《清代秘密会党史研究》（1994）、《清史讲义》（2002）、《咸丰事典》（2008）等。

本书为台湾联经出版公司授权出版发行简体字版

图书在版编目（CIP）数据

中国民生的开拓 / 刘石吉主编. ——合肥：黄山书社, 2011.12 （文化中国丛书）
ISBN 978-7-5461-2472-8

Ⅰ. ①中… Ⅱ. ①刘… Ⅲ. ①中国经济史－研究 Ⅳ. ①F129

中国版本图书馆CIP数据核字(2011)第275242号

中国民生的开拓 **刘石吉 主编**
出版人： 左克诚 **责任编辑：** 郑实 肖小困
责任印制： 李磊 赵彬 **装帧设计：** 范晔文

出版： 时代出版传媒股份有限公司（http://www.press-mart.com）
黄山书社（http://www.hsbook.cn）
合肥市翡翠路1118号出版传媒广场7层 邮编：230071
策划： 香港三联书店北京工作室
发行： 北京时代联合图书有限公司 **电话：** 010-65513628
经销： 全国新华书店
印制： 环球印刷（北京）有限公司 **电话：** 010-61202350

开本： 710×1050 1/16 **印张：** 24.5 **字数：** 318 千字
版次： 2012年5月第1版 2012年5月第1次印刷
书号： ISBN 978-7-5461-2472-8 **定价：** 49.80 元